성경, 통通으로 숲이야기

# 통숲

## 저자 조병호 박사

지난 35년간 한국 교회에 성경통독을 퍼뜨리고, 학문화한 성경통독 전문가이다.
이제 통通성경의 세계화를 위해 열정을 쏟고 있다.

2004년　독일 신학사전 RGG⁴에 아티클 '세계기독학생선교운동
　　　　　(Studentische Missionsbewegung)'을 기고했다.
2006년　영국 왕립역사학회(Royal Historical Society)에 스피커로 초청되어 발제했다.
2006년　삶의 방법론이자 새로운 성경 읽기의 방식으로서 '통(通)'을 최초로 말했다.
2008년　한국 신학자 140인 서울선언 '성경을 통通한 재정향'의 공동대표로 책임을 감당했다.
2014년　'통通성경 포뮬라(Formula for TongBible)'를 발표했다.
2016년　통바이블칼리지 통通성경학교 인터넷 120강의 강사
2017년　종교개혁 500주년기념 독일 비텐베르크 2017 CONGRESS 스피커
2021년　글로벌처치디비니티스쿨 Board of Governors
2022년　통독바이블 앱 미국 론칭
2022년　미주 통독바이블 네트워크 설립

성경통독원 원장, 하이기쁨교회 담임목사
미국 드루대학교 객원교수, 글로벌처치디비니티스쿨 Board of Governors

장로회신학대학교 신학과 (Th.B. 신학사)
장로회신학대학교 신학대학원 (M.Div. 교역학석사)
연세대학교 연합신학대학원 (Th.M. 조직신학, 신학석사)
영국 에딘버러대학교 대학원 (Th.M. 선교신학, 신학석사)
영국 버밍엄대학교 대학원 (Ph.D. 역사신학, 철학박사)

베스트셀러
　　《성경과 5대제국》– 2011 한국기독교출판문화상 대상 수상
　　《성경통독》– 2005 한국기독교출판문화상 최우수상 수상
　　《통通하는 사도행전 30년》– 2020 한국기독교출판문화상 신학부문 우수상 수상
　　《통通성경 길라잡이 지도자 지침서》– 2022 한국기독교출판문화상 목회자료부문 우수상 수상
주요저서
　　《와우! 예레미야 70년》, 《제사장 나라 하나님 나라》, 《통通하는 마지막 유월절, 첫번째 성찬식》,
　　《통通성경 길라잡이(개정증보판)》, 《통通성경학교》, 《통通성경학교 워크북》
　　《消失的帝國》(中國 團結出版社/성경과 5대제국 중국판), 《성경과 고대전쟁》, 《성경과 고대정치》,
　　《신구약 중간사》, 《성경통독과 통通신학》 등 50여 종

편찬
　　《일년일독 통通독성경》, 《역사순 통通성경》

성경, 통通으로 숲이야기

# 통숲

조병호 지음

Bible through Tong
Tong Observation

통독원

예수님께서 지혜로운 사람은 반석 위에 집을 짓는다고 말씀하십니다.

"그러므로 누구든지 나의 이 말을 듣고 행하는 자는 그 집을 반석 위에 지은 지혜로운 사람 같으리니"(마 7:24)

"또 내가 네게 이르노니 너는 베드로라 내가 이 반석 위에 내 교회를 세우리니 음부의 권세가 이기지 못하리라"(마 16:18)

지혜롭게 성경의 집을 짓는 다섯 가지 방법입니다.

**첫째, 기초를 놓습니다.**
성경 66권 전체는 예수 십자가 '원 스토리(One Story)'입니다. 즉 구약 39권은 모두 예수 이야기로 향하고 있으며 신약 27권은 예수 이야기와 예수를 증거하는 이야기입니다.

그러므로 성경 66권 전체의 반석은 예수 그리스도입니다.


**둘째, 기둥을 세웁니다.**
성경은 개인, 가정, 나라 이야기를 담고 있습니다. 그리고 제사장 나라(율법), 5대 제국(선지자), 하나님 나라(복음)가 들어 있습니다. 하나님께서는 세계 경영의 도구로 '제국'을 사용하시며 '제사장 나라'와 '하나님 나라'로 우리를 이끄십니다. 그러므로 율법(제사장 나라), 선지자(5대 제국), 복음(하나님 나라)으로 기둥을 세웁니다.


**셋째, 지붕을 덮습니다.**
창세기에서 요한계시록까지 성경 66권 각 권의 숲을 정리하며 지붕을 덮습니다. 그래야 '권별주의'와 '요절주의'를 극복할 수 있습니다. 하나님께서는 우리에게 성경 66권 전체를 선물로 주셨는데 어느 한 권만 집중해서 몇 년씩 공부하거나 몇 구절의 요절로 만족한다면 그것은 너무 부족하고 아쉬운 성경공부가 될 것입니다.


**넷째, 벽을 붙입니다.**
성경의 대략 2,000여 년의 시간, 1,500여 곳의 공간, 그리고

5,000여 명의 인간을 통通으로 공부하여 벽을 붙입니다. 그러면 결국 시간, 공간, 인간 모두 하나님의 소유라는 사실을 깨닫게 됩니다. 그러므로 정말 세상 예화 없이도 '성경 이야기', 충분히 재밌게 할 수 있습니다.

**다섯째, 창문을 냅니다.**

이렇게 성경의 기초를 반석 위에 세우고, 기둥을 세우고, 지붕을 덮고, 벽을 붙이면 그 때에 비로소 그리스도인의 삶의 주제들인 예배, 선교, 교육, 봉사, 섬김, 교제 등의 다양한 주제들에 대한 창문을 열 수 있습니다. 성경 속 하나님의 사람들처럼 오직 하나님의 말씀으로 승리하는 삶을 넉넉히 살 수 있습니다.

〈통숲〉은 모든 그리스도인들이 '성경의 반석' 위에 튼튼한 집을 짓는 데 도움이 되기를 꿈꾸며 지난 35년간 매일매일 성경을 읽으며 연구한 열매 중 하나입니다. 저에게는 하나님께서 주신 큰 은혜의 산물입니다.

이 땅의 모든 사람들이 하루도 빠짐없이 매일의 일용할 양식이 필요하듯이 하나님의 말씀도 1년 365일 매일 하루도 빠짐없이

필요합니다.

본서 〈통숲〉으로 1년 365일, 성경 66권 전체를 역사 순서에 따라 나누어 매일 다섯 가지 포인트로 누구나 쉽게 통通으로 읽고 공부할 수 있게 될 것입니다. 그래서 그리스도인 누구나 "성경 한 권이면 충분합니다."라고 고백할 수 있기를 꿈꿉니다.

하나님께서 은혜와 평강의 복으로 함께하시길 기도합니다.
God bless you~

통독원에서

**CONTENTS**

• 들어가면서 _ 4

# 88일
## 한나의 제사장 나라 기도 (삼상 1~3장)

어두운 사사 시대의 역사를 끝내고 새 광명의 시대로 인도할 한 사람이 준비되고 있습니다. 한나가 하나님의 전에 와서 눈물로 기도합니다. 그 기도의 내용은 "아들을 주시면 내가 그의 평생에 그를 여호와께 드리고 삭도를 그의 머리에 대지 아니하겠나이다"(삼상 1:11)입니다.

한나는 기도하며 구한 대로 아들을 낳았으며 또 서원한 대로 그 아들을 하나님께 바칩니다. 한나가 엘리의 아들들에 대해 나쁜 소문을 몰랐을 리가 없습니다. 그럼에도 불구하고 한나는 하나님을 향한 믿음을 가지고 엘리에게 아들을 맡긴 것입니다.

이렇게 사무엘은 젖을 떼자마자 부모를 떠나 하나님의 사람으로 준비되기 시작합니다. 준비 방법은 첫째, 엘리를 통한 율법교육이며 둘째, 홉니와 비느하스를 반면교사로 삼아 하나님 앞에 바로 서는 것입니다. 그 준비 뒤에는 어머니 한나의 간절한 기도가 있었습니다.

## 성경통독 BIBLETONGDOK

《일년일독 통독성경》 사무엘상 1~3장

## 통通으로 숲이야기 ; 통숲 TONG OBSERVATION

● 첫 번째 포인트
선지자 모세는 만나세대를, 선지자 사무엘은 미스바세대를 길러냅니다.

모세와 사무엘은 여러 가지 타이틀로 정말 유명하지만 이들에게 가장 중요한 타이틀은 '선지자'입니다. 선지자란, 히브리어로 '나비(נָבִיא)'입니다. 이는 '하나님의 말씀을 전하는 사람', '하나님의 영감을 입은 사람'을 뜻합니다.

먼저 선지자 모세를 보겠습니다.

"그 후에는 이스라엘에 모세와 같은 선지자가 일어나지 못하였나니 모세는 여호와께서 대면하여 아시던 자요"(신 34:10)

선지자 모세는 제사장 나라의 율법으로 40년 동안 만나세대를 길러냈습니다.

"우리는 범사에 모세에게 순종한 것 같이 당신에게 순종하려니와 오직 당신의 하나님 여호와께서 모세와 함께 계시던 것 같이 당신과 함께 계시기를 원하나이다"(수 1:17)

이렇게 모세에게 배운 만나세대들이 여호수아에게 큰 용기를 주었습니다. 선지자 모세가 '만나세대'를 길러냈다면 선지자 사무엘은 '미스바세대'를 길러냅니다.

"단에서부터 브엘세바까지의 온 이스라엘이 사무엘은 여호와의 선지자로 세우심을 입은 줄을 알았더라"(삼상 3:20)

"사무엘이 이르되 온 이스라엘은 미스바로 모이라 내가 너희를 위하여 여호와께 기도하리라"(삼상 7:5)

[65일]에서 살펴보았듯이 선지자는 하나님의 말씀을 대언하는 사람, 즉 하나님의 대변인입니다. 그리고 선지자는 이스라엘 백성들을 위한 중보자이자 하나님께 계시를 받은 사람입니다.

선지자 모세와 선지자 사무엘은 다른 선지자들처럼 하나님의 말씀을 대언하며 선지자로서의 모든 역할을 수행했음은 물론 새로운 '세대'를 길러낸 월등한 하나님의 사람들이었습니다.

'세대(generation)'란 생리학적으로 보면 보통 30여 년의 시간 폭을 가지는 같은 연령대를 뜻하며 사회학적으로 보면 동일한 역사적 사건, 그리고 정치·문화적 경험을 공유하는 '동시대인'을 가리킵니다.

성경에 등장하는 '세대'를 살펴보면 다음과 같습니다.

첫 번째는 '만나세대'입니다. 그들은 광야 40년 동안 모세로부터 제사장 나라 교육을 받은 세대로 가나안에 입성한 세대입니다(신 8장).

두 번째는 '미스바세대'입니다. 그들은 20년 동안 사무엘로부터 제사장 나라 재교육을 받고 미스바에 모여서 회개한 세대입니다(삼상 7장).

세 번째는 '재건세대'입니다. 그들은 바벨론 포로 70년을 체험하고 다시 제사장 나라를 재건한 세대입니다(스 1~3장).

네 번째는 '제자세대'입니다. 그들은 예수님께 3년 동안 교육받은 후 사도행전 30년 시대를 이끈 세대입니다(행 1:8).

● **두 번째 포인트**

**여호수아의 '실로'가 수백 년 만에 사무엘의 '실로'로 되살아납니다.**

입(入)가나안의 지도자 여호수아는 약속의 땅 가나안을 정복한 후 '실로'에 제사장 나라 중앙 성소를 세웠습니다.

"이스라엘 자손의 온 회중이 실로에 모여서 거기에 회막을 세웠으며 그 땅은 그들 앞에서 돌아와 정복되었더라"(수 18:1)

그런데 350여 년의 사사 시대 동안 '여호와의 이름을 두려고 택하신 곳'인 바로 이 중앙 '성소'의 명절 기능이 약화되었습니다. 그래서 제사장 나라의 중심이 무너지고 말았던 것입니다.

중앙 성소 기능의 약화는 48개 지역 관공서 기능 약화로 이어지고 결국 제사장 나라의 모든 기능들, 곧 3대 명절(유월절, 칠칠절, 초막절), 4대 절기(안식일, 안식년, 희년, 면제년), 그리고 5대 제사(번제, 소제, 화목제, 속죄제, 속건제)의 약화로 이어졌습니다. 그러다 수백 년 만에 드디어 사무엘 때에 '실로'의 중앙 성소가 회복됩니다.

"여호와께서 실로에서 다시 나타나시되 여호와께서 실로에서 여호와의 말씀으로 사무엘에게 자기를 나타내시니라"(삼상 3:21)

● 세 번째 포인트
한나는 제사장 나라 '나실인 법'으로 기도합니다.

먼저 한나가 왜 그렇게 전심으로 기도했는지 그의 가정 이야기를 살펴보겠습니다. 한나의 적수 브닌나에게 '가정에서 자녀'란 한나를 괴롭히는 수단이었습니다. 한나는 브닌나의 괴롭힘으로 인해 괴로움과 고통을 당해 통곡할 정도였습니다. 사실 이 정도면 한나가 모든 것을 포기하고 망가지거나 아니면 복수심에 불타 브닌나를 응징할 수도 있었을 것입니다. 그런데 한나는 모세를 통한 '제사장 나라 지식'을 가진 여인이었습니다.

'모세오경'을 공부한 한나에게 '가정에서 자녀'란 아브라함과 사라에게 이삭처럼, 그리고 아므람과 요게벳에게 모세처럼 '가정'은 제사장 나라의 '헌신자'를 배출하는 곳이었으며 '자녀'는 제사장 나라의 '거룩한 시민'이었습니다. 그러므로 한나는 이제 수백 년 전에 기록된 모세의 제사장 나라 '나실인 법'으로 서원하며 기도하기 시작합니다.

"한나가 마음이 괴로워서 여호와께 기도하고 통곡하며 서원하여 이르되 만군의 여호와여 만일 주의 여종의 고통을 돌보시고 나를 기억하사 주의 여종을 잊지 아니하시고 주의 여종에게 아들을 주시면 내가 그의

평생에 그를 여호와께 드리고 삭도를 그의 머리에 대지 아니하겠나이다"(삼상 1:10~11)

한나의 기도 속에는 수백 년 전 하나님께서 자신의 처지와 비슷한 사라에게 아이를 주셨고 사라는 그 아이를 잘 키워 하나님께 헌신자로 바쳤다는 이야기가 들어 있습니다. 또한 한나는 수백 년 전 모세를 통해 주신 제사장 나라 '나실인 법'으로 대제사장급의 헌신자인 나실인에 대해 알고 그런 자녀를 갖기 원하는 그 소망으로 하나님께 통곡하며 기도했습니다.

한나는 자신에게 아들을 주시면 포도주나 독주를 먹지 않고, 머리에 삭도를 대지 않고, 그리고 시체를 만지지 않도록, 즉 한나 자신이 죽더라도 자신의 시체까지도 돌아보지 않고 오직 하나님께만 평생 헌신하는 '나실인'으로 드리겠다는 기도를 한 것입니다. 그러자 하나님께서 엘리를 통해 한나에게 응답을 주십니다.

"엘리가 대답하여 이르되 평안히 가라 이스라엘의 하나님이 네가 기도하여 구한 것을 허락하시기를 원하노라 하니 이르되 당신의 여종이 당신께 은혜 입기를 원하나이다 하고 가서 먹고 얼굴에 다시는 근심 빛이 없더라"(삼상 1:17~18)

한나는 사무엘이 젖을 떼자마자 어린 사무엘을 실로에 있는 엘리에게 맡깁니다.

"젖을 뗀 후에 그를 데리고 올라갈새 수소 세 마리와 밀가루 한 에바와 포도주 한 가죽부대를 가지고 실로 여호와의 집에 나아갔는데 아이가 어리더라"(삼상 1:24)

당시 이스라엘은 3~4세까지 수유했을 것이기 때문에 이때까지 한나는 어린 사무엘에게 모세의 율법을 들려주며 가르쳤을 것입니다(신 6:4~9). 한편, 수소 세 마리를 드릴 정도로 상당한 재력가였던 한나는 자기 집에서 나실인 사교육을 시킬 수도 있었을 것입니다. 하지만 만약 그랬다면 나실인 사무엘은 나실인 삼손 정도로 끝났을 것입니다. 한나는 어린 사무엘을 하나님께 드린 후 하나님을 찬양하는 기도를 드립니다.

"여호와는 죽이기도 하시고 살리기도 하시며 스올에 내리게도 하시고 거기에서 올리기도 하시는도다 여호와는 가난하게도 하시고 부하게도 하시며 낮추기도 하시고 높이기도 하시는도다"(삼상 2:6~7)

● 네 번째 포인트
제사장 엘리는 자식 교육은 실패하지만 제자 교육은 성공합니다.

제사장 엘리의 안타까운 자식 교육 실패 이야기는 다음과 같습니다.

....................................................................................................

....................................................................................................

....................................................................................................

....................................................................................................

"엘리의 아들들은 행실이 나빠 여호와를 알지 못하더라 그 제사장들이 백성에게 행하는 관습은 이러하니 곧 어떤 사람이 제사를 드리고 그 고기를 삶을 때에 제사장의 사환이 손에 세 살 갈고리를 가지고 와서 그 것으로 냄비에나 솥에나 큰 솥에나 가마에 찔러 넣어 갈고리에 걸려 나오는 것은 제사장이 자기 것으로 가지되 실로에서 그 곳에 온 모든 이스라엘 사람에게 이같이 할 뿐 아니라"(삼상 2:12~14)

**그러므로 하나님께서 다음과 같이 말씀하십니다.**

"너희는 어찌하여 내가 내 처소에서 명령한 내 제물과 예물을 밟으며 네 아들들을 나보다 더 중히 여겨 내 백성 이스라엘이 드리는 가장 좋은 것으로 너희들을 살지게 하느냐"(삼상 2:29)

**그런데 제사장 엘리가 '제자 교육'은 성공합니다.**

"사무엘은 어렸을 때에 세마포 에봇을 입고 여호와 앞에서 섬겼더라"
(삼상 2:18)

한나는 사무엘을 제사장 엘리 앞에 두고 왔을 때에 엘리가 이미 자식 교육에 실패했다는 사실을 알고 있었을 것입니다. 그리고 어린 사무엘은 어머니와 헤어지지 않으려고 울었을 것입니다. 한나도 많이 울었을 것입니다. 이 모습을 지켜보았을 엘리가 비록 자기 자식 교육은 실패했으나 제자 사무엘은 잘 교육하여 훌륭하게 자라게 했던 것입니다.

"아이 사무엘이 점점 자라매 여호와와 사람들에게 은총을 더욱 받더라"(삼상 2:26)

"사무엘이 자라매 여호와께서 그와 함께 계셔서 그의 말이 하나도 땅에 떨어지지 않게 하시니"(삼상 3:19)

엘리는 사무엘에게 '모세오경'은 물론 하나님의 음성 앞에 엎드리게 하고 심지어 하나님께서 자신에게 내리신 심판의 메시지까지도 수납하는 모습을 보여주며 사무엘을 가르쳤습니다.

"여호와께서 세 번째 사무엘을 부르시는지라 그가 일어나 엘리에게로 가서 이르되 당신이 나를 부르셨기로 내가 여기 있나이다 하니 엘리가 여호와께서 이 아이를 부르신 줄을 깨닫고 엘리가 사무엘에게 이르되 가서 누웠다가 그가 너를 부르시거든 네가 말하기를 여호와여 말씀하옵소서 주의 종이 듣겠나이다 하라 하니 이에 사무엘이 가서 자기 처소에 누우니라"(삼상 3:8~9)

"사무엘이 아침까지 누웠다가 여호와의 집의 문을 열었으나 그 이상을 엘리에게 알게 하기를 두려워하더니 엘리가 사무엘을 불러 이르되 내 아들 사무엘아 하니 그가 대답하되 내가 여기 있나이다 하니"(삼상 3:15~16)

"사무엘이 그것을 그에게 자세히 말하고 조금도 숨기지 아니하니 그가 이르되 이는 여호와이시니 선하신 대로 하실 것이니라 하니라"(삼상 3:18)

엘리의 제자 교육은 어떤 스승에 견주어도 뒤지지 않았습니다. 비록 엘리가 자식 교육에는 실패했지만 하나님께서는 그런 엘리를 사용하셔서 마침내 모세와 같은 월등한 선지자 사무엘을 길러내게 하셨던 것입니다. 그리고 그 뒤에는 어린 아들을 하나님께 맡긴 기도의 어머니 한나가 있었습니다.

● 다섯 번째 포인트
네 자녀에게 어릴 때부터 하나님을 가르치라!

한나가 남편 엘가나에게 한 말입니다.
"그 사람 엘가나와 그의 온 집이 여호와께 매년제와 서원제를 드리러 올라갈 때에 오직 한나는 올라가지 아니하고 그의 남편에게 이르되 아이를 젖 떼거든 내가 그를 데리고 가서 여호와 앞에 뵙게 하고 거기에 영원히 있게 하리이다"(삼상 1:21~22)

살아 계신 하나님의 말씀인 성경은 가정에서 부모가 자녀에게 '어릴 때부터(from infancy)' 하나님을 가르치라고 교훈합니다. 성경에 기록된 그 예들은 다음과 같습니다.

첫 번째, 이삭의 예입니다. 이삭은 난 지 8일 만에 할례를 받고 부모를 통해 하나님을 교육받기 시작했습니다.

"그 아들 이삭이 난 지 팔 일 만에 그가 하나님이 명령하신 대로 할례를 행하였더라"(창 21:4)

두 번째, 요셉의 예입니다. 요셉은 청소년 때 부모를 떠나 애굽에서 노예 생활을 하게 되었습니다. 그런데 요셉은 가정을 떠나기 전 이미 아버지 야곱을 통해 하나님을 알고 있었습니다.

"여호와께서 요셉과 함께 하시므로 그가 형통한 자가 되어 그의 주인 애굽 사람의 집에 있으니"(창 39:2)

"요셉이 그들에게 이르되 해석은 하나님께 있지 아니하니이까 청하건대 내게 이르소서"(창 40:8)

세 번째, 모세의 예입니다. 모세는 애굽의 왕자였으나 젖 먹던 시절부터 어머니 요게벳의 교육을 통해 하나님을 알고 있었습니다.

"바로의 딸이 그에게 이르되 이 아기를 데려다가 나를 위하여 젖을 먹이라 내가 그 삯을 주리라 여인이 아기를 데려다가 젖을 먹이더니 그 아기가 자라매 바로의 딸에게로 데려가니"(출 2:9~10)

네 번째, 사무엘의 예입니다. 사무엘은 어머니 한나의 나실인 서원과 엘리의 교육을 통해 어려서부터 하나님을 교육받았습니다.

다섯 번째, 다윗의 예입니다. 다윗은 아버지 이새에게 '모세오경'을 교육받아 청소년 시절 이미 '전쟁은 여호와께 속한 것'임을 알고 있었습니다.

"여호와의 구원하심이 칼과 창에 있지 아니함을 이 무리에게 알게 하리라 전쟁은 여호와께 속한 것인즉 그가 너희를 우리 손에 넘기시리라"(삼상 17:47)

여섯 번째, 솔로몬의 예입니다. 솔로몬은 어려서부터 아버지 다윗에게 제사장 나라를 교육받아 약 20세에 왕이 되어 다음과 같은 기도를 하나님께 할 수 있었습니다.

"나의 하나님 여호와여 주께서 종으로 종의 아버지 다윗을 대신하여 왕이 되게 하셨사오나 종은 작은 아이라 출입할 줄을 알지 못하고"(왕상 3:7)

일곱 번째, 예레미야의 예입니다. 예레미야는 어려서부터 아버지 제사장 힐기야에게 제사장 나라를 배웠고 그래서 일반적으로 30세부터 일하는 제사장들과는 달리 약 20세에 하나님의 선지자로 사명을 감당했습니다.

"내가 너를 모태에 짓기 전에 너를 알았고 네가 배에서 나오기 전에 너를 성별하였고 너를 여러 나라의 선지자로 세웠노라"(렘 1:5)

여덟 번째, 다니엘의 예입니다. 다니엘은 어렸을 때 예루살렘에서 부모를 통해 제사장 나라를 배웠기에 청소년기에 바벨론 포로로 끌려갔음에도 〈레위기〉의 율법대로 뜻을 정할 수 있었습니다.

"다니엘은 뜻을 정하여 왕의 음식과 그가 마시는 포도주로 자기를 더럽히지 아니하리라 하고 자기를 더럽히지 아니하도록 환관장에게 구하니"(단 1:8)

**아홉 번째, 세례 요한의 예입니다.** 세례 요한은 부모를 통해 난 지 8일 만에 할례를 받았습니다.

"팔 일이 되매 아이를 할례하러 와서"(눅 1:59)

"아이가 자라며 심령이 강하여지며 이스라엘에게 나타나는 날까지 빈 들에 있으니라"(눅 1:80)

**열 번째, 예수님의 예입니다.**

"할례할 팔 일이 되매 그 이름을 예수라 하니"(눅 2:21)

"예수께서 열두 살 되었을 때에 그들이 이 절기의 관례를 따라 올라갔다가"(눅 2:42)

"예수는 지혜와 키가 자라가며 하나님과 사람에게 더욱 사랑스러워 가시더라"(눅 2:52)

**열한 번째, 사도 바울의 예입니다.**

"나는 팔일 만에 할례를 받고 이스라엘 족속이요 베냐민 지파요 히브리인 중의 히브리인이요 율법으로는 바리새인이요"(빌 3:5)

열두 번째, 디모데의 예입니다. 디모데는 두말할 필요가 없습니다. 디모데는 '어려서부터 성경을 알았나니'로 이미 너무 유명하기 때문입니다.

"또 어려서부터 성경을 알았나니 성경은 능히 너로 하여금 그리스도 예수 안에 있는 믿음으로 말미암아 구원에 이르는 지혜가 있게 하느니라"(딤후 3:15)

아이가 어릴 때에는 '요절'을 가르치기보다는 '이야기'로 성경의 큰 그림을 보여주는 것이 효과적입니다. 이야기는 쉽고, 재미있고, 이어지기 때문입니다. '이야기'로 하나님의 말씀인 성경을 가르쳐야 합니다.

## 디저트 DESSERT

430년의 애굽 시대를 끝내고 만나세대를 만들어낸 하나님의 사람이 모세였다면 350년의 사사 시대를 끝내고 미스바세대를 만들어낸 하나님의 사람은 사무엘입니다. 사무엘이 준비되기까지 오래 기다리신 하나님께서는 한나와 엘리를 통해 마침내 하나님의 일을 이루십니다. 참으로 기쁘고 감격스러운 하나님의 역사입니다.

.............................................................................

.............................................................................

.............................................................................

.............................................................................

# $89_{일}$

## 미스바세대 탄생 (삼상 4~7장)

350년의 사사 시대를 끝내고 미스바세대를 만들어낸 사람은 사무엘입니다. 사무엘은 오랜 시간 제사장 나라를 멀리한 이스라엘 백성들에게 하나님의 말씀을 들려주고자 전국을 순회하며 말씀을 선포하고 여러 우상을 제거하게 하며 오직 여호와 하나님만을 섬기도록 백성들을 가르칩니다.

그 결과 "이스라엘 온 족속이 여호와를 사모"(삼상 7:2)하는 역사가 일어납니다.

《일년일독 통독성경》 사무엘상 4~7장

## 통通으로 숲이야기 ; 통숲 TONG OBSERVATION

● 첫 번째 포인트
언제나 '한 사람의 순종'은 하나님의 시작입니다.

사람들은 눈에 보이는 많은 숫자에 전전긍긍하지만 하나님께서는 '순종하는 한 사람'으로 시대를 바꾸시고 역사를 바꾸십니다. '한 사람의 순종'으로 하나님의 놀라운 일이 시작된 예들을 살아 계신 하나님의 말씀인 성경에서 통(通)으로 먼저 살펴보겠습니다.

첫째, 한 사람 노아의 순종으로 하나님의 심판이 홍수로 실행되었고 '구원의 방주'도 만들어질 수 있었습니다.

"노아가 그와 같이 하여 하나님이 자기에게 명하신 대로 다 준행하였더라"(창 6:22)

둘째, 한 사람 아브라함의 순종으로 '모든 민족'을 위한 '한 민족'이 탄생할 수 있었습니다.

"너를 축복하는 자에게는 내가 복을 내리고 너를 저주하는 자에게는 내가 저주하리니 땅의 모든 족속이 너로 말미암아 복을 얻을 것이라 하신지라"(창 12:3)

셋째, 한 사람 모세의 순종으로 '제사장 나라'가 세워질 수 있었습니다.

"세계가 다 내게 속하였나니 너희가 내 말을 잘 듣고 내 언약을 지키면 너희는 모든 민족 중에서 내 소유가 되겠고 너희가 내게 대하여 제사장 나라가 되며 거룩한 백성이 되리라"(출 19:5~6)

넷째, 한 사람 사무엘의 순종으로 '미스바세대'가 탄생할 수 있었습니다.

"궤가 기럇여아림에 들어간 날부터 이십 년 동안 오래 있은지라 이스라엘 온 족속이 여호와를 사모하니라"(삼상 7:2)

다섯째, 한 사람 예레미야의 순종으로 '새 언약이 예고'될 수 있었습니다.

"보라 날이 이르리니 내가 이스라엘 집과 유다 집에 새 언약을 맺으리라"(렘 31:31)

여섯째, 예수님의 순종으로 '새 언약이 선포'될 수 있었습니다.

"한 사람이 순종하심으로 많은 사람이 의인이 되리라"(롬 5:19)

● 두 번째 포인트
**제사장 나라 언약궤는 전쟁 승리의 도구가 아닙니다.**

제사장 나라 언약궤가 있기 전에는 이 땅의 피조물들이 하늘의 하나님을 만난다는 것은 말 그대로 하늘의 별을 따는 것만큼이나 어려운 일이었습니다. 하나님을 만났던 모세의 이야기만 보아도 피조물이 하나님을 만나는 것이 얼마나 어려운 일인지를 알 수 있습니다.

"하나님이 이르시되 이리로 가까이 오지 말라 네가 선 곳은 거룩한 땅이니 네 발에서 신을 벗으라"(출 3:5)

"내 영광이 지나갈 때에 내가 너를 반석 틈에 두고 내가 지나도록 내 손으로 너를 덮었다가 손을 거두리니 네가 내 등을 볼 것이요 얼굴은 보지 못하리라"(출 33:22~23)

"여호와께서 모세에게 이르시되 내려가서 백성을 경고하라 백성이 밀고 들어와 나 여호와에게로 와서 보려고 하다가 많이 죽을까 하노라"(출 19:21)

그런데 하나님께서 제사장 나라 언약궤를 주신 후 피조물인 인간은 하늘의 하나님과 함께 동행하는 삶을 살게 되었습니다.

"구름이 성막에서 떠오르는 때에는 이스라엘 자손이 곧 행진하였고 구

름이 머무는 곳에 이스라엘 자손이 진을 쳤으니"(민 9:17)

하나님께서 시내산에서 이스라엘 백성들에게 언약궤를 주실 때 하나님의 계획은 그때로부터 1,500년 동안 언약궤가 있는 곳에서 지속적으로 '5대 제사'를 통해 이스라엘 백성들과 만나는 것이었습니다.

"여호와께서 회막에서 모세를 부르시고 그에게 말씀하여 이르시되 이스라엘 자손에게 말하여 이르라 너희 중에 누구든지 여호와께 예물을 드리려거든 가축 중에서 소나 양으로 예물을 드릴지니라"(레 1:1~2)

그런데 사사 시대 때, 사무엘이 아직 활동하기 전에 이스라엘의 장로들은 블레셋과의 전쟁에서 언약궤만 있으면 전쟁에 승리할 것이라 생각했습니다. 언약궤를 전쟁 승리의 도구로 사용했던 것입니다.

"이스라엘이 블레셋 사람들 앞에서 패하여 그들에게 전쟁에서 죽임을 당한 군사가 사천 명 가량이라 백성이 진영으로 돌아오매 이스라엘 장로들이 이르되 여호와께서 어찌하여 우리에게 오늘 블레셋 사람들 앞에 패하게 하셨는고 여호와의 언약궤를 실로에서 우리에게로 가져다가 우리 중에 있게 하여 그것으로 우리를 우리 원수들의 손에서 구원하게 하자 하니"(삼상 4:2~3)

수백 년 전 이스라엘 백성들이 여호수아의 인도로 언약궤를 앞세우고 요단강을 마른 땅으로 건넌 기억(수 3:14)과 그리고 여리고성 전쟁 때 언약궤를 앞세우고 승리했던 그 기억(수 6:13)이 그들의 지식이었습니다. 그러나 그때 하나님께서 언약궤를 앞세우신 이유는 만나세대들의 '순종'을 보시기 위해서였습니다.

그런데 사사 시대에 엘리의 두 아들 홉니와 비느하스 그리고 이스라엘의 장로들은 '전쟁은 하나님께 속해 있다'는 믿음이 아닌, 언약궤를 전쟁 승리의 도구로 이용하는 어리석은 행동을 했습니다.

그래서 그들은 블레셋과의 전쟁에서 서둘러 언약궤를 메고 갔다가 결국 전쟁에 패하고 블레셋에게 언약궤를 빼앗기고 맙니다. 언약궤는 블레셋의 아스돗, 가드, 에그론으로 갔다가 일곱 달 만에 수레에 실려 이스라엘의 벧세메스로 돌아옵니다.

"블레셋 사람들이 하나님의 궤를 빼앗아 가지고 … 다곤의 신전에 들어가서 다곤 곁에 두었더니"(삼상 5:1~2)

"여호와의 궤가 블레셋 사람들의 지방에 있은 지 일곱 달이라 블레셋 사람들이 제사장들과 복술자들을 불러서 이르되 우리가 여호와의 궤를 어떻게 할까 그것을 어떻게 그 있던 곳으로 보낼 것인지 우리에게 가르치라"(삼상 6:1~2)

"그러므로 새 수레를 하나 만들고 멍에를 메어 보지 아니한 젖 나는 소

두 마리를 끌어다가 소에 수레를 메우고 그 송아지들은 떼어 집으로 돌려보내고"(삼상 6:7)

"암소가 벧세메스 길로 바로 행하여 대로로 가며 갈 때에 울고 좌우로 치우치지 아니하였고 블레셋 방백들은 벧세메스 경계선까지 따라 가니라"(삼상 6:12)

그때 벧세메스 사람들이 골짜기에서 밀을 베다가 궤를 보고 기뻐합니다. 그런데 제사장 나라의 법을 제대로 알지 못한 벧세메스 사람들이 블레셋에서 돌아온 언약궤를 들여다보다가 죽는 일이 일어납니다.

"벧세메스 사람들이 여호와의 궤를 들여다 본 까닭에 그들을 치사 (오만) 칠십 명을 죽이신지라"(삼상 6:19)

오래전, 이미 하나님께서 모세를 통해 주셨던 말씀입니다.

"그들이 지성물에 접근할 때에 그들의 생명을 보존하고 죽지 않게 하기 위하여 이같이 하라 아론과 그의 아들들이 들어가서 각 사람에게 그가 할 일과 그가 멜 것을 지휘하게 할지니라 그들은 잠시라도 들어가서 성소를 보지 말라 그들이 죽으리라"(민 4:19~20)

이것은 하나님의 말씀에 무지했던 사사 시대 끝자락의 어두운 한 단면이었습니다.

..............................................................................................................

..............................................................................................................

..............................................................................................................

..............................................................................................................

● 세 번째 포인트
드디어 제사장 나라의 제2부흥 시대 '미스바세대'가 탄생됩니다.

제사장 나라 제1부흥 시대를 이룬 '만나세대'는 모세가 광야 생활 40년 동안 그들을 교육한 후에 탄생되었습니다. 그리고 제사장 나라 제2부흥 시대는 기도하는 어머니 한나와 엘리의 율법 교육을 받고 등장한 지도자 사무엘과 그의 20여 년의 순회 교육을 통해 '미스바세대'가 탄생하면서 시작됩니다.

350년의 어두운 사사 시대의 고리를 끊으며 사무엘은 "이방신들을 제거하고 여호와만 섬기라."라며 이스라엘 백성들에게 제사장 나라를 가르치기 시작했습니다.

사무엘은 식을 줄 모르는 열정을 가지고 20여 년 동안이나 이스라엘 전국을 순회하며 모든 백성이 하나님을 알고 하나님만 사모하도록 새로운 시대를 위해 헌신했습니다. 그러자 이스라엘이 350년 동안이나 하나님을 알지 못하고 각자 자기 소견에 옳은 대로 살던 습관을 버리고 마침내 하나님께로 돌아오게 됩니다.

나실인 사무엘의 헌신이 드디어 '미스바세대'를 탄생시킨 것입니다.

"궤가 기럇여아림에 들어간 날부터 이십 년 동안 오래 있은지라 이스

.................................................................................................

.................................................................................................

.................................................................................................

.................................................................................................

라엘 온 족속이 여호와를 사모하니라 사무엘이 이스라엘 온 족속에게 말하여 이르되 만일 너희가 전심으로 여호와께 돌아오려거든 이방 신들과 아스다롯을 너희 중에서 제거하고 너희 마음을 여호와께로 향하여 그만을 섬기라 그리하면 너희를 블레셋 사람의 손에서 건져내시리라 이에 이스라엘 자손이 바알들과 아스다롯을 제거하고 여호와만 섬기니라 사무엘이 이르되 온 이스라엘은 미스바로 모이라 내가 너희를 위하여 여호와께 기도하리라 하매 그들이 미스바에 모여 물을 길어 여호와 앞에 붓고 그 날 종일 금식하고 거기에서 이르되 우리가 여호와께 범죄하였나이다 하니라 사무엘이 미스바에서 이스라엘 자손을 다스리니라"(삼상 7:2~6)

성경에는 여러 곳의 미스바가 있습니다. 그 가운데 '미스바세대'가 탄생한 미스바는 베냐민 지파의 성읍으로, 사무엘의 명령으로 블레셋과의 전쟁을 앞두고 온 이스라엘이 모인 곳입니다.

이스라엘 백성들은 그 미스바에 모여 종일 금식기도를 하며 회개했습니다. 그때 블레셋이 사무엘 중심으로 모인 이스라엘 열두 지파의 단결을 해체시키기 위해 철 병기를 들고 침략했습니다. 바로 그때 큰 우렛소리와 함께 기적이 일어났습니다.

"사무엘이 번제를 드릴 때에 블레셋 사람이 이스라엘과 싸우려고 가까이 오매 그 날에 여호와께서 블레셋 사람에게 큰 우레를 발하여 그들을 어지럽게 하시니 그들이 이스라엘 앞에 패한지라 이스라엘 사람들이 미스바에서 나가서 블레셋 사람들을 추격하여 벧갈 아래에 이르기까지 쳤더라"(삼상 7:10~11)

블레셋(Philistine)은 팔레스타인 서부 해안 평지 지대에 위치한 다섯 개의 도시국가 연합으로 구성된 나라들입니다. 다섯 개 도시국가는 가사, 아스글론, 아스돗, 에글론, 가드였습니다.

● 네 번째 포인트
미스바세대는 제사장 나라의 세 가지 '행복한 이야기'를 체험합니다.

21세기 대부분의 나라들은 자유, 평등, 정의를 꿈꾸며 민주국가를 만듭니다. 그렇게 만든 나라들이지만 국가를 통해 진정한 자유, 평등, 정의를 체험하는 것은 쉽지 않습니다. 내세운 목표를 이룰 수 있는 진정한 제도적 장치의 뒷받침과 헌신된 지도자를 찾기 어렵기 때문입니다.

그런데 놀랍게도 그 옛날 미스바세대는 진정한 자유, 평등, 정의의 시대를 살았습니다. 다시 말해 미스바세대는 제사장 나라 제도와 헌신된 지도자 사무엘을 통해 정치, 경제, 국방 세 가지 측면에서 자유, 평등, 정의가 살아 숨 쉬는 행복한 나라를 맛보았습니다.

첫째, 정치적 측면에서의 행복이었습니다. 사무엘은 뇌물 없는 권력, 곧 공정한 권력의 지도자였기 때문입니다.

"내가 여기 있나니 여호와 앞과 그의 기름 부음을 받은 자 앞에서 내게 대하여 증언하라 내가 누구의 소를 빼앗았느냐 누구의 나귀를 빼앗았느냐 누구를 속였느냐 누구를 압제하였느냐 내 눈을 흐리게 하는 뇌물을 누구의 손에서 받았느냐 그리하였으면 내가 그것을 너희에게 갚으리라 하니 그들이 이르되 당신이 우리를 속이지 아니하였고 압제하지 아니하였고 누구의 손에서든지 아무것도 빼앗은 것이 없나이다 하니라"(삼상 12:3~4)

이는 모세를 떠올리게 하는 지도자 사무엘의 모습입니다. 모세가 바로 사무엘 발언의 원조입니다. 모세의 말을 들어보십시오.

"나는 그들의 나귀 한 마리도 빼앗지 아니하였고 그들 중의 한 사람도 해하지 아니하였나이다"(민 16:15)

둘째, 경제적 측면에서의 행복이었습니다. 사무엘 시대는 더이상 흉년이나 수탈을 당하지 않고 묵은 곡식을 먹다가 새 곡식으로 바꾸었기 때문입니다.

"블레셋 사람들이 이스라엘에게서 빼앗았던 성읍이 에그론부터 가드까지 이스라엘에게 회복되니 이스라엘이 그 사방 지역을 블레셋 사람들의 손에서 도로 찾았고 또 이스라엘과 아모리 사람 사이에 평화가 있었더라"(삼상 7:14)

"너희는 오래 두었던 묵은 곡식을 먹다가 새 곡식으로 말미암아 묵은 곡식을 치우게 될 것이며"(레 26:10)

사무엘 시대는 이처럼 정말 오랜만에 하나님께서 주시는 제사장 나라의 복을 받았습니다. 각자 자기 소견에 옳은 대로 살았던 사사 시대에는 외적의 수탈이 일상이었는데 말입니다.

"이스라엘이 파종한 때면 미디안과 아말렉과 동방 사람들이 치러 올라와서 진을 치고 가사에 이르도록 토지 소산을 멸하여 이스라엘 가운데에 먹을 것을 남겨 두지 아니하며 양이나 소나 나귀도 남기지 아니하니"(삿 6:3~4)

셋째, 국방 외교적 측면에서의 행복이었습니다. 사무엘 시대는 불필요한 내분 없이 단결하여 외부 세력들의 침략을 억제시킴으로 다섯이 백을 쫓고, 백이 만을 쫓는 시대가 되었기 때문입니다.

"이스라엘 자손이 미스바에 모였다 함을 블레셋 사람들이 듣고 그들의 방백들이 이스라엘을 치러 올라온지라 이스라엘 자손들이 듣고 블레셋 사람들을 두려워하여 이스라엘 자손이 사무엘에게 이르되 당신은 우리를 위하여 우리 하나님 여호와께 쉬지 말고 부르짖어 우리를 블레셋 사람들의 손에서 구원하시게 하소서 하니"(삼상 7:7~8)

"이에 블레셋 사람들이 굴복하여 다시는 이스라엘 지역 안에 들어오지 못하였으며 여호와의 손이 사무엘이 사는 날 동안에 블레셋 사람을 막으시매"(삼상 7:13)

"또 너희 다섯이 백을 쫓고 너희 백이 만을 쫓으리니 너희 대적들이 너희 앞에서 칼에 엎드러질 것이며"(레 26:8)

이 복은 제사장 나라의 3대 명절의 회복, 4대 절기 시행, 그리고 5대 제사의 일상화를 통해 가능했습니다. 다시 말해 1년 세 차례 중앙 성소로 20세 이상 싸움에 나갈 만한 모든 남자가 모임으로 내부 결속이 이뤄졌고 그 결속된 몇십만 명의 힘은 레반트 지역 국가들 입장에서 감히 상상도 못할 힘이었습니다.

여호수아 때 암몬, 모압이 떨고 여리고성이 두려워 떨던 것처럼 말입니다. 이를 위해 이스라엘의 지도자 사무엘은 해마다 벧엘, 길갈, 미스바로 순회했고 지속적으로 하나님의 말씀을 가르치며 미스바세대를 이끌었습니다.

"사무엘이 사는 날 동안에 이스라엘을 다스렸으되 해마다 벧엘과 길갈과 미스바로 순회하여 그 모든 곳에서 이스라엘을 다스렸고"(삼상 7:15~16)

..............................................................................................

..............................................................................................

..............................................................................................

..............................................................................................

● 다섯 번째 포인트

보아스는 베들레헴을, 사무엘은 전국을 행복하게 만듭니다.

보아스는 사사 시대를 살고 있었음에도 불구하고 제사장 나라의 추수법, 기업 무를 자의 법, 계대결혼법 등을 잘 지킴으로 베들레헴을 행복한 웃음꽃이 피어나는 곳으로 만들었습니다.

"여인들이 나오미에게 이르되 찬송할지로다 여호와께서 오늘 네게 기업 무를 자가 없게 하지 아니하셨도다 이 아이의 이름이 이스라엘 중에 유명하게 되기를 원하노라"(룻 4:14)

그리고 350년의 사사 시대를 끝나게 한 사무엘은 이스라엘 전국을 40년 동안 제사장 나라의 법으로 '5대 제사'를 회복시킴으로 전국을 행복하게 만들었습니다.

"사무엘이 젖 먹는 어린 양 하나를 가져다가 온전한 번제를 여호와께 드리고 이스라엘을 위하여 여호와께 부르짖으매 여호와께서 응답하셨더라"(삼상 7:9)

"라마로 돌아왔으니 이는 거기에 자기 집이 있음이니라 거기서도 이스라엘을 다스렸으며 또 거기에 여호와를 위하여 제단을 쌓았더라"(삼상 7:17)

이스라엘 전국은 사무엘 시대 때 하나님께 올려드리는 제사장 나라의 5대 제사를 통해 하나님의 용서, 이웃과 나눔, 민족 간에 평화를 체험하는 시대였습니다. 즉, 사무엘과 미스바세대는 3대 명절, 4대 절기, 그리고 1개의 중앙 성소와 48개 지방 관공서들이 온전히 제사장 나라의 제 기능을 수행할 수 있도록 했으며 5대 제사를 일상화했습니다.

한 사람이 준비되고 그 한 사람이 하나님께 순종하고 헌신하면 시대가 바뀝니다. 하나님 앞에 준비되는 그 한 사람이 바로 우리가 되기를 기도합니다.

# *90*일
## 제사장 나라 제도 vs. 왕정 제도 (삼상 8~10장)

### 애피타이저 APPETIZER

사랑이 많은 쪽과 사랑이 적은 쪽이 다투면 오히려 사랑이 적은 쪽이 이긴다는 사실을 사랑을 해본 사람은 압니다. 때문에 부모와 자식 간에 일어나는 다툼은 자식이 이기는 법입니다. 그래서 자식 이기는 부모 없다고 말합니다.

이스라엘 백성들과 하나님과의 관계에서도 마찬가지였습니다. 이스라엘이 왕정을 실시하게 된 이유는 사랑이 많으신 하나님께서 왕정을 고집하는 이스라엘 백성들의 요구를 들어주셨기 때문입니다.

그래서 오늘 이야기를 포함해 성경을 통(通)으로 보면 성경 66권 모든 이야기가 '하나님은 사랑이시다'라는 사실을 말하고 있음을 발견하게 됩니다.

## 성경통독 BIBLETONGDOK

《일년일독 통독성경》 사무엘상 8~10장

## 통通으로 숲이야기 ; 통숲 TONG OBSERVATION

● 첫 번째 포인트
왜! 모세, 여호수아, 기드온, 사무엘은 왕이 되지 않으려고 노력까지 했는가?

이 질문의 답은 바로 '제사장 나라 거룩한 시민'이 되고 싶어서입니다. 사실 모세, 여호수아, 기드온, 사무엘은 세상의 어떤 기준으로 보아도 왕이 되고도 남음이 있는 '훌륭한 왕의 재목들'입니다.

그런데 그들은 하나같이 왕이 되지 않겠다고 선언했습니다. 그들이 왕이 되지 않은 이유는 제사장 나라가 얼마나 좋은 나라

인지 그리고 그 제사장 나라의 거룩한 시민이 얼마나 자랑스러
운지를 잘 알고 있었기 때문입니다.

모세, 여호수아, 기드온, 사무엘이 세상 나라의 왕 대신 제사
장 나라 거룩한 시민을 선택한 선언들이 성경에 기록되어 있습
니다.

첫 번째, 모세의 선택입니다.

다단과 아비람이 광야 40년간 모세 왕정이 시작됐다고 오해
하며 억지 주장을 펼 때 모세는 '제사장 나라 법'으로 그들의 헌
물을 돌아보지 말아 달라고 기도합니다.

> "네가 우리를 젖과 꿀이 흐르는 땅에서 이끌어 내어 광야에서 죽이려
> 함이 어찌 작은 일이기에 오히려 스스로 우리 위에 왕이 되려 하느냐
> … 모세가 심히 노하여 여호와께 여짜오되 주는 그들의 헌물을 돌아보
> 지 마옵소서 나는 그들의 나귀 한 마리도 빼앗지 아니하였고 그들 중의
> 한 사람도 해하지 아니하였나이다"(민 16:13~15)

두 번째, 여호수아의 선택입니다.

> "너희가 섬길 자를 오늘 택하라 오직 나와 내 집은 여호와를 섬기겠노
> 라"(수 24:15)

세 번째, 기드온의 선택입니다.

> "내가 너희를 다스리지 아니하겠고 나의 아들도 너희를 다스리지 아니

할 것이요 여호와께서 너희를 다스리시리라 하니라"(삿 8:23)

네 번째, 사무엘의 선택입니다.

이스라엘이 왕정 제도를 선택한 이후에도 사무엘이 끝까지 제사장 나라를 위해 헌신하겠다는 기도입니다.

"사무엘이 백성에게 이르되 오라 우리가 길갈로 가서 나라를 새롭게 하자"(삼상 11:14)

"나는 너희를 위하여 기도하기를 쉬는 죄를 여호와 앞에 결단코 범하지 아니하고 선하고 의로운 길을 너희에게 가르칠 것인즉 너희는 여호와께서 너희를 위하여 행하신 그 큰 일을 생각하여 오직 그를 경외하며 너희의 마음을 다하여 진실히 섬기라"(삼상 12:23~24)

이들의 선택은 참으로 멋지고 품위 있습니다. 역사에 길이 남을 세계 최고의 정치적 선택이 아닐 수 없습니다.

● 두 번째 포인트

이스라엘 백성들이 왕정 제도를 요구한 것에는 표면적 이유 두 가지와 실질적 이유 두 가지가 있습니다.

이스라엘 백성들이 사무엘에게 왕정 제도를 요구한 것은 표면적으로 다음의 두 가지 이유 때문이었습니다.

..............................................................................................

..............................................................................................

..............................................................................................

..............................................................................................

첫째, 사무엘이 이제 늙었다는 것입니다.

"사무엘이 늙으매 그의 아들들을 이스라엘 사사로 삼으니"(삼상 8:1)

둘째, 새로 사사가 된 사무엘의 아들들이 부패한 까닭이었습니다.

"그의 아들들이 자기 아버지의 행위를 따르지 아니하고 이익을 따라 뇌물을 받고 판결을 굽게 하니라"(삼상 8:3)

그런데 이스라엘 백성들이 사무엘에게 왕정 제도를 요구한 실제적인 이유는 다음 두 가지로 볼 수 있습니다.

첫째, 이스라엘 백성들이 하나님을 믿고 의지하지 않고 있다는 것입니다.

"내가 그들을 애굽에서 인도하여 낸 날부터 오늘까지 그들이 모든 행사로 나를 버리고 다른 신들을 섬김 같이 네게도 그리하는도다"(삼상 8:8)

둘째, 이스라엘 백성들은 다른 나라의 왕정 제도를 부러워했습니다. 다른 나라들처럼 이스라엘도 왕정을 하면 국민들이 단합하는 나라, 외적의 침입으로부터 보호해주는 그런 나라가 될 것이라고 착각했던 것입니다.

"우리도 다른 나라들 같이 되어 우리의 왕이 우리를 다스리며 우리 앞에 나가서 우리의 싸움을 싸워야 할 것이니이다 하는지라"(삼상 8:20)

....................................................................................................

....................................................................................................

....................................................................................................

....................................................................................................

## ● 세 번째 포인트
왕정 제도는 '백성이 왕의 노예'가 되게 합니다.

이스라엘 백성들이 사무엘에게 왕정 제도를 요구하자 사무엘도 슬퍼하고 하나님께서도 슬퍼하십니다. 하나님의 슬픔은 '모든 민족'을 위한 하나님의 뜻, 제사장 나라 제도가 버림받았다는 것 때문입니다(삼상 8:6~9).

그러므로 이스라엘 백성들의 왕정 제도 요구에 대해 먼저 하나님께서는 사무엘을 통해 두 가지 엄한 경고를 말씀하십니다.

첫째, 하나님께서는 사무엘을 통해 왕정 제도가 가진 폐단을 알려주라고 말씀하십니다. 결론은 왕정 제도는 '백성이 왕의 노예'가 된다는 것입니다.

"그러므로 그들의 말을 듣되 너는 그들에게 엄히 경고하고 그들을 다스릴 왕의 제도를 가르치라 사무엘이 왕을 요구하는 백성에게 여호와의 모든 말씀을 말하여 이르되 너희를 다스릴 왕의 제도는 이러하니라 그가 너희 아들들을 데려다가 그의 병거와 말을 어거하게 하리니 그들이 그 병거 앞에서 달릴 것이며 그가 또 너희의 아들들을 천부장과 오십부장을 삼을 것이며 자기 밭을 갈게 하고 자기 추수를 하게 할 것이며 자기 무기와 병거의 장비도 만들게 할 것이며 그가 또 너희의 딸들

......................................................................................

......................................................................................

......................................................................................

......................................................................................

을 데려다가 향료 만드는 자와 요리하는 자와 떡 굽는 자로 삼을 것이며 그가 또 너희의 밭과 포도원과 감람원에서 제일 좋은 것을 가져다가 자기의 신하들에게 줄 것이며 그가 또 너희의 곡식과 포도원 소산의 십일조를 거두어 자기의 관리와 신하에게 줄 것이며 그가 또 너희의 노비와 가장 아름다운 소년과 나귀들을 끌어다가 자기 일을 시킬 것이며 너희의 양 떼의 십분의 일을 거두어 가리니 너희가 그의 종이 될 것이라"

(삼상 8:9~17)

둘째, 왕의 폭정으로 인해 이스라엘 백성들이 하나님께 부르짖을지라도 그때는 이미 늦음을 경고하십니다.

"그 날에 너희는 너희가 택한 왕으로 말미암아 부르짖되 그 날에 여호와께서 너희에게 응답하지 아니하시리라"(삼상 8:18)

그러나 이스라엘 백성들은 떼쓰는 아이처럼 무조건 '왕정 아니면 죽음을 달라'는 식으로 왕정만을 요구합니다. 그래서 하나님께서 사무엘에게 차선의 선택으로 이를 허락하십니다.

"그들의 말을 들어 왕을 세우라"(삼상 8:22)

결국 이렇게 이스라엘의 '왕정 500년'이 시작됩니다.


● 네 번째 포인트

**40대 초반이었던 사울에게는 네 가지 장점이 있었습니다.**

.................................................................................

.................................................................................

.................................................................................

.................................................................................

제사장 나라가 아닌 '왕정'을 선택한 이스라엘 백성들에게 하나님께서는 안타까움과 서운함을 뒤로하시고 왕을 선택해주셨습니다. 그가 바로 사울입니다.

하나님의 선택을 받은 40대 초반의 이스라엘 초대 왕 사울에게는 네 가지 장점이 있었습니다.

첫째, 사울은 부모를 걱정할 줄 아는 효자였고 외모도 준수했습니다.

"기스에게 아들이 있으니 그의 이름은 사울이요 준수한 소년이라 이스라엘 자손 중에 그보다 더 준수한 자가 없고 키는 모든 백성보다 어깨 위만큼 더 컸더라"(삼상 9:2)

"그들이 숩 땅에 이른 때에 사울이 함께 가던 사환에게 이르되 돌아가자 내 아버지께서 암나귀 생각은 고사하고 우리를 위하여 걱정하실까 두려워하노라"(삼상 9:5)

둘째, 사울은 해야 할 말과 하지 말아야 할 말을 아는 지혜롭고 신중한 사람이었습니다.

"사울이 그의 숙부에게 말하되 그가 암나귀들을 찾았다고 우리에게 분명히 말하더이다 하고 사무엘이 말하던 나라의 일은 말하지 아니하니라"(삼상 10:16)

셋째, 사울은 시대의 흐름을 읽는 안목이 있었습니다. 사울은 왕을 세우기 원하는 열두 지파가 모두 모인 가운데 제비뽑기를 통해 이스라엘의 초대 왕이 되었습니다. 그러나 자신이 왕 된 것을 인정하지 않고 멸시하는 사람들을 생각해 고향으로 돌아가 농사를 지으며 때를 기다렸습니다. 그들은 나라에 어떤 공로도 없는 사울이 단지 제비뽑기로 왕이 된 것을 못마땅하게 여기는 자들이었습니다.

"사울도 기브아 자기 집으로 갈 때에 마음이 하나님께 감동된 유력한 자들과 함께 갔느니라 어떤 불량배는 이르되 이 사람이 어떻게 우리를 구원하겠느냐 하고 멸시하며 예물을 바치지 아니하였으나 그는 잠잠하였더라"(삼상 10:26~27)

넷째, 사울은 용기와 결단력이 있는 사람이었습니다. 사울은 위기에 처한 길르앗 야베스 사람들을 돕기 위해 열두 지파를 움직였습니다.

"한 겨리의 소를 잡아 각을 뜨고 전령들의 손으로 그것을 이스라엘 모든 지역에 두루 보내어 이르되 누구든지 나와서 사울과 사무엘을 따르지 아니하면 그의 소들도 이와 같이 하리라 하였더니 여호와의 두려움이 백성에게 임하매 그들이 한 사람 같이 나온지라"(삼상 11:7)

하나님께서는 사무엘을 통해 이러한 장점들을 가진 사울을 미리 왕으로 정하시고 12,000 대 1의 제비뽑기를 통해 이스라엘의 왕이 되게 하셨습니다.

또한 하나님께서는 공식적으로 사울이 이스라엘 백성들을 통해 왕으로 선택되기 전에 미리 다음과 같은 일들을 시행하셨습니다.

첫째, 사무엘은 사울에게 온 이스라엘의 기대를 받을 사람이 사울 자신임을 알려주었습니다.

"온 이스라엘이 사모하는 자가 누구냐 너와 네 아버지의 온 집이 아니냐 하는지라"(삼상 9:20)

둘째, 사무엘은 유력한 자 30여 명의 모임 중 사울을 상석에 앉히고 사울에게 특별히 준비한 음식을 주었습니다.

"사무엘이 사울과 그의 사환을 인도하여 객실로 들어가서 청한 자 중 상석에 앉게 하였는데 객은 삼십 명 가량이었더라"(삼상 9:22)

"요리인이 넓적다리와 그것에 붙은 것을 가져다가 사울 앞에 놓는지라 사무엘이 이르되 보라 이는 두었던 것이니 네 앞에 놓고 먹으라 내가 백성을 청할 때부터 너를 위하여 이것을 두고 이 때를 기다리게 하였느니라 그 날에 사울이 사무엘과 함께 먹으니라"(삼상 9:24)

셋째, 사무엘은 사울과 지붕에서 담화를 하고 사울의 머리에 기름을 부었습니다.

"사무엘이 사울과 함께 지붕에서 담화하고"(삼상 9:25)

"이에 사무엘이 기름병을 가져다가 사울의 머리에 붓고 입맞추며 이르되 여호와께서 네게 기름을 부으사 그의 기업의 지도자로 삼지 아니하셨느냐"(삼상 10:1)

그러자 사울이 정말 겸손히 자신을 낮추며 대답합니다.

"사울이 대답하여 이르되 나는 이스라엘 지파의 가장 작은 지파 베냐민 사람이 아니니이까 또 나의 가족은 베냐민 지파 모든 가족 중에 가장 미약하지 아니하니이까 당신이 어찌하여 내게 이같이 말씀하시나이까 "(삼상 9:21)

그리고 사무엘은 하나님의 말씀대로 제비뽑기를 통해 사울을 이스라엘의 초대 왕으로 세웠습니다. 베냐민 지파 기스의 아들 사울이 이스라엘의 초대 왕이 된 것은 사사 시대의 기브아 사건으로 열두 지파 가운데 가장 작은 지파가 된 베냐민 지파를 다시 일으켜 세워 열두 지파 간에 힘의 균형을 이루게 하고 서로 견제할 수 있는 좋은 장치가 되었습니다.

"그런즉 이제 너희의 지파대로 천 명씩 여호와 앞에 나아오라 하고 사무엘이 이에 이스라엘 모든 지파를 가까이 오게 하였더니 베냐민 지파가 뽑혔고 베냐민 지파를 그들의 가족별로 가까이 오게 하였더니 마드리의 가족이 뽑혔고 그 중에서 기스의 아들 사울이 뽑혔으나 그를 찾아도 찾지 못한지라 그러므로 그들이 또 여호와께 묻되 그 사람이 여기

.......................................................................................

.......................................................................................

.......................................................................................

.......................................................................................

왔나이까 여호와께서 대답하시되 그가 짐보따리들 사이에 숨었느니라 하셨더라 그들이 달려 가서 거기서 그를 데려오매 그가 백성 중에 서니 다른 사람보다 어깨 위만큼 컸더라 사무엘이 모든 백성에게 이르되 너희는 여호와께서 택하신 자를 보느냐 모든 백성 중에 짝할 이가 없느니라 하니 모든 백성이 왕의 만세를 외쳐 부르니라"(삼상 10:19~24)

● 다섯 번째 포인트
사무엘은 '제사장 나라'와 '왕정 제도'를 비교하는 책을 써서 남깁니다.

사무엘은 모세가 만약을 전제로 왕정을 예고했던 것을 기록을 통해 이미 알고 있었습니다. 지난 [64일] '다섯 번째 포인트'에서 "만약 왕정이 시작된다면, 율법 법치 국가가 되어야 합니다."라는 제목으로 살펴본 바 있습니다. 다시 그 말씀을 보면 다음과 같습니다.

"네가 네 하나님 여호와께서 네게 주시는 땅에 이르러 그 땅을 차지하고 거주할 때에 만일 우리도 우리 주위의 모든 민족들 같이 우리 위에 왕을 세워야겠다는 생각이 나거든 반드시 네 하나님 여호와께서 택하신 자를 네 위에 왕으로 세울 것이며 네 위에 왕을 세우려면 네 형제 중에서 한 사람을 할 것이요 네 형제 아닌 타국인을 네 위에 세우지 말 것이며 그는 병마를 많이 두지 말 것이요 병마를 많이 얻으려고 그 백성을 애굽으로 돌아가게 하지 말 것이니 이는 여호와께서 너희에게 이르시기를 너희가 이 후에는 그 길로 다시 돌아가지 말 것이라 하셨음이며 그에게 아내를 많이 두어 그의 마음이 미혹되게 하지 말 것이며 자기를 위하여 은금을 많이 쌓지 말 것이니라 그가 왕위에 오르거든 이 율법서의 등사본을 레위 사람 제사장 앞에서 책에 기록하여 평생에 자기 옆에 두고 읽어 그의 하나님 여호와 경외하기를 배우며 이 율법의 모든 말과 이 규례를 지켜 행할 것이라 그리하면 그의 마음이 그의 형제 위에 교만하지 아니하고 이 명령에서 떠나 좌로나 우로나 치우치지 아니하리니 이스라엘 중에서 그와 그의 자손이 왕위에 있는 날이 장구하리라"

(신 17:14~20)

사무엘은 왕정 시행을 앞두고 모세를 통해 하나님께서 이미 주신 〈신명기〉를 토대로 '제사장 나라'와 '왕정'을 비교해서 첫째, 이스라엘 모든 백성에게 말하고 둘째, 책에 써서 여호와 앞에 둡니다.

"사무엘이 나라의 제도를 백성에게 말하고 책에 기록하여 여호와 앞에 두고 모든 백성을 각기 집으로 보내매"(삼상 10:25)

이렇게 '모세오경'을 지나 이제 '왕정 500년'의 시대로 들어

가게 됩니다. '왕정 500년'은 통일 왕국 이스라엘의 사울 왕에서부터 시작되어 남유다의 시드기야 왕으로 끝이 납니다.

디저트 DESSERT

통(通)으로 성경 66권을 보면 구약 39권은 크게 모세오경, 왕정 500년, 페르시아 7권으로 정리할 수 있고, 신약 27권은 크게 사복음서, 사도행전 30년, 공동서신 9권으로 정리할 수 있습니다. 그리고 구약과 신약 사이에 신구약 중간사 400년이 있습니다. 이렇게 큰 그림으로 성경을 보았을 때 〈사무엘상〉 통독은 '모세오경'을 지나 '왕정 500년'에 진입한 것입니다.

이제 우리는 이스라엘이 약 500년 동안 시행했던 왕정과 그 왕정 시대에 활동했던 선지자들을 함께 보면서 구약에서 가장 어렵다는 역사서와 선지서를 통(通)으로 공부할 것입니다.

이렇게 성경을 읽고 공부하면 '왕정 500년'도 쉽고 결국 성경은 쉽고 재미있다는 것을 발견하게 됩니다. 그리고 누구나 자기 자녀에게 성경을 이야기로 전할 수 있게 될 것입니다.

그러니 20세 미만의 청소년들은 만나세대들처럼 용기를 내십시오. 그리고 20세에서 40세까지의 장년들은 넘치는 힘으로 하나님의 기쁨이 되어주십시오. 또한 40세 이상은 여호수아와 갈렙처럼 탄력 있는 놀라운 저력을 보여주십시오. 우리 모두 파이팅(fighting)입니다.

# *91*일
## 사무엘 퇴임사 (삼상 11~12장)

위기가 오히려 기회가 될 수도 있습니다. 사울이 바로 그런 경우에 해당됩니다. 사울은 하나님의 선택과 이스라엘 백성들의 제비뽑기를 통해 왕이 되었음에도 전처럼 계속 고향에서 농사를 짓고 있었습니다. 사울은 초기에 말만 왕이었지 왕궁도 신하도 없는 왕이었습니다.

그런데 바로 그때 암몬이 요단 동편의 길르앗 야베스를 침략해왔습니다. 이에 죽음의 위기에 빠진 길르앗 야베스의 장로들이 이스라엘의 왕 사울에게 도움을 청했습니다. 그러자 사울이 그 위기를 기회로 살려냅니다.

길르앗 야베스를 돕기 위해 온 이스라엘을 하나로 묶어낸 것입니다. 이 사건으로 인해 사울이 마침내 명실상부한 이스라엘의 왕이 됩니다. 그리고 이제 이스라엘은 본격적인 왕정으로 돌입합니다.

## 성경통독 BIBLETONGDOK

《일년일독 통독성경》 사무엘상 11~12장

## 통通으로 숲이야기 ; 통숲 TONG OBSERVATION

● 첫 번째 포인트
역사를 통해 교육받지 못한 암몬이 길르앗 야베스를 또다시 침략합니다.

암몬이 길르앗 야베스를 두 번째로 침략해왔습니다. 처음 침략한 것은 사사 시대였는데 그때는 입다가 사사로 나서서 암몬을 물리치고 길르앗 야베스를 구했었습니다. 암몬이 사사 시대에 길르앗 야베스를 침략했던 이유는 당시 암몬 왕이 요단 동편 땅에 대해 잘못된 역사관을 가지고 있었기 때문입니다(83일).

당시 암몬 왕은 모세 때 이스라엘이 아모리 왕 시혼에게서 빼앗은 요단 동편의 길르앗 야베스가 원래 자기네 땅이었다고 주장했습니다. 그래서 이스라엘과 암몬 사이에 전쟁이 일어났고 그 전쟁은 이스라엘의 승리로 끝이 났습니다.

"이에 입다가 암몬 자손에게 이르러 그들과 싸우더니 여호와께서 그들을 그의 손에 넘겨 주시매 아로엘에서부터 민닛에 이르기까지 이십 성읍을 치고 또 아벨 그라밈까지 매우 크게 무찌르니 이에 암몬 자손이 이스라엘 자손 앞에 항복하였더라"(삿 11:32~33)

그런데 사울이 이스라엘의 왕이 된 직후 암몬이 길르앗 야베스를 또다시 침략해왔던 것입니다. 암몬의 이 같은 두 번째 길르앗 야베스 침략은 사울에게는 이스라엘의 왕이 되고 처음 맞는 전쟁이자 국가 위기였습니다.

"암몬 사람 나하스가 올라와서 길르앗 야베스에 맞서 진 치매 야베스 모든 사람들이 나하스에게 이르되 우리와 언약하자 그리하면 우리가 너를 섬기리라 하니 암몬 사람 나하스가 그들에게 이르되 내가 너희 오른 눈을 다 빼야 너희와 언약하리라 내가 온 이스라엘을 이같이 모욕하리라"(삼상 11:1~2)

그런데 이 위기가 사울에게는 오히려 기회가 됩니다.

● 두 번째 포인트

사울은 길르앗 야베스 사건을 계기로 '중앙집권적 왕권'을 시작합니다.

앞서 살펴보았듯이 사울이 이스라엘의 초대 왕으로 세워졌지만 이스라엘은 아직 강력한 중앙집권적 국가를 세우지 못한 상태로 유지되고 있었습니다. 따라서 사울도 왕으로서의 역할을 하기보다는 고향으로 돌아가 전처럼 농사를 짓고 있었습니다. 그런 사울에게 암몬의 길르앗 야베스 침략은 기회가 됩니다.

길르앗 야베스 사람들은 암몬이 요구하는 어떤 조공이라도 바치겠다는, 항복이나 다름없는 상태로 암몬에게 엎드렸습니다. 그러나 암몬의 나하스는 언약을 맺자고 요청하는 길르앗 야베스 사람들에게 "내가 너희 오른 눈을 다 빼야 너희와 언약하리라 내가 온 이스라엘을 이같이 모욕하리라"(삼상 11:2)라며 어떤 자비도 없이 무차별 공격을 감행하겠다고 선포합니다.

그러자 다급해진 야베스 장로들은 이스라엘 온 지역에 자기들의 형편을 알리는 전갈을 보내 급히 도움을 요청합니다. 그때 이 소식을 들은 사울이 곧바로 자신이 몰고 있던 소를 잡아 각을 떠 이스라엘 모든 지파에 보내면서 이 싸움에 동참할 것을 요구합니다.

"사울이 이 말을 들을 때에 하나님의 영에게 크게 감동되매 그의 노가 크게 일어나 한 겨리의 소를 잡아 각을 뜨고 전령들의 손으로 그것을 이스라엘 모든 지역에 두루 보내어 이르되 누구든지 나와서 사울과 사무엘을 따르지 아니하면 그의 소들도 이와 같이 하리라 하였더니 여호와의 두려움이 백성에게 임하매 그들이 한 사람 같이 나온지라"(삼상 11:6~7)

길르앗 야베스 사람들을 구하기 위한 사울의 캐치프레이즈(catchphrase, 구호)는 바로 "사울과 사무엘을 따르라!"(삼상 11:7)였습니다. 그리고 이에 따른 사울의 퍼포먼스(performance)는 한 겨리의 소를 잡아 각을 떠서 열두 지파에 보내는 것이었습니다. 사울은 이렇게 이스라엘 열두 지파의 단결을 이끌어내 33만 명의 군사를 모여들게 했습니다.

"사울이 베섹에서 그들의 수를 세어 보니 이스라엘 자손이 삼십만 명이요 유다 사람이 삼만 명이더라"(삼상 11:8)

이렇게 뛰어난 리더십을 발휘하여 모든 지파를 한마음으로 묶어낸 사울은 암몬과의 전쟁에서 큰 승리를 얻게 됩니다. 이 일로 인해 사울은 이스라엘 온 백성들에게 신망을 얻습니다. 이는 위기의 상황에서 발휘된 사울의 놀라운 리더십이었습니다. 이 사건으로 사울은 마침내 이스라엘에서 강력한 권력을 소유한 왕이 됩니다.

● 세 번째 포인트
길르앗 야베스 사람들은 '은혜를 흐르는 물이 아닌 심비'에 새깁니다.

"원수는 흐르는 물에 새기고 은혜는 돌에 새긴다."라는 속담이 있습니다. 이러한 속담에도 불구하고 많은 사람은 오히려 원수는 돌에 새겨 끝내 기억하고 은혜는 흐르는 물에 새겨 잊어버립니다. 그러나 길르앗 야베스 사람들은 은혜를 심비에 새겼습니다.

사울이 길르앗 야베스에 보낸 기쁜 소식입니다.

"전령들에게 이르되 너희는 길르앗 야베스 사람에게 이같이 이르기를 내일 해가 더울 때에 너희가 구원을 받으리라 하라 전령들이 돌아가서 야베스 사람들에게 전하매 그들이 기뻐하니라"(삼상 11:9)

"이튿날 사울이 백성을 삼 대로 나누고 새벽에 적진 한가운데로 들어가서 날이 더울 때까지 암몬 사람들을 치매 남은 자가 다 흩어져서 둘도 함께 한 자가 없었더라"(삼상 11:11)

........................................................

........................................................

........................................................

........................................................

이 일이 있은 지 40년 후 사울이 블레셋과의 전쟁 중 길보아 전투에서 죽어 사울과 그의 세 아들이 목 없는 시신으로 벧산 성벽에 박혀 있을 때 길르앗 야베스 사람들이 40년 전의 고마움을 잊지 않고 그들의 시신을 수습하여 장사 지냅니다.

"사울의 머리를 베고 그의 갑옷을 벗기고 자기들의 신당과 백성에게 알리기 위하여 그것을 블레셋 사람들의 땅 사방에 보내고 그의 갑옷은 아스다롯의 집에 두고 그의 시체는 벧산 성벽에 못 박으매 길르앗 야베스 주민들이 블레셋 사람들이 사울에게 행한 일을 듣고 모든 장사들이 일어나 밤새도록 달려가서 사울의 시체와 그의 아들들의 시체를 벧산 성벽에서 내려 가지고 야베스에 돌아가서 거기서 불사르고 그의 뼈를 가져다가 야베스 에셀 나무 아래에 장사하고 칠 일 동안 금식하였더라"(삼상 31:9~13)

길르앗 야베스 사람들은 40년 전의 고마운 은혜를 흐르는 물이 아닌 그들의 심비에 새겼던 것입니다.


● 네 번째 포인트
모세는 모압 평지에서, 사무엘은 길갈에서 고별사를 합니다.


통(通)으로 구약성경을 보면 모세와 사무엘은 리더로서 거의 같은 카테고리(category, 범주) 안에 들어갑니다. 즉 모세와 사무엘은 각기 '만나세대'와 '미스바세대'를 탄생시켰고, 모세와 사무엘이 하나님께 목숨을 걸고 간구하면 하나님께서는 그들의 간구를 들으시고 뜻을 돌이키실 정도였습니다.

또한 모세와 사무엘은 이스라엘 백성들에게 공식적으로 고별사를 한 지도자이기도 합니다. 우리가 이미 알고 있듯이 모세는 모압 평지에서 두 달에 걸쳐 이스라엘 백성들에게 〈신명기〉로 고별사를 했습니다.

"모세가 요단 저쪽 모압 땅에서 이 율법을 설명하기 시작하였더라"(신 1:5)

"모세가 이 율법을 써서 여호와의 언약궤를 메는 레위 자손 제사장들과 이스라엘 모든 장로에게 주고 모세가 그들에게 명령하여 이르기를 매 칠 년 끝 해 곧 면제년의 초막절에 온 이스라엘이 네 하나님 여호와 앞 그가 택하신 곳에 모일 때에 이 율법을 낭독하여 온 이스라엘에게 듣게 할지니 곧 백성의 남녀와 어린이와 네 성읍 안에 거류하는 타국인을 모으고 그들에게 듣고 배우고 네 하나님 여호와를 경외하며 이 율법의 모든 말씀을 지켜 행하게 하고 또 너희가 요단을 건너가서 차지할 땅에 거주할 동안에 이 말씀을 알지 못하는 그들의 자녀에게 듣고 네 하나님 여호와 경외하기를 배우게 할지니라"(신 31:9~13)

한편 사무엘은 길갈에서 사울을 이스라엘의 초대 왕으로 즉위하게 하고 곧바로 그곳에서 공식 고별식을 거행했습니다.

사무엘이 이스라엘 백성들에게 고별사를 한 장소인 '길갈'은 사무엘이 매년 라마(집)에서 벧엘로 그리고 길갈과 미스바로 순회하며 이스라엘 백성들을 가르쳤던 성읍 가운데 하나였습니다. 그리고 길갈은 가나안 정복 전쟁을 앞두고 여호수아와 만나세대들이 열두 개의 돌로 요단강을 건넌 표징으로 삼았던 곳이며, 할례를 행하며 이스라엘 백성들이 제사장 나라 거룩한 시민으로서의 하나님과의 관계를 재정립한 곳이기도 합니다.

"여호수아가 요단에서 가져온 그 열두 돌을 길갈에 세우고 이스라엘 자손들에게 말하여 이르되 후일에 너희의 자손들이 그들의 아버지에게 묻기를 이 돌들은 무슨 뜻이니이까 하거든 너희는 너희의 자손들에게 알게 하여 이르기를 이스라엘이 마른 땅을 밟고 이 요단을 건넜음이라"(수 4:20~22)

"그 모든 백성에게 할례 행하기를 마치매 백성이 진중 각 처소에 머물며 낫기를 기다릴 때에 여호와께서 여호수아에게 이르시되 내가 오늘 애굽의 수치를 너희에게서 떠나가게 하였다 하셨으므로 그 곳 이름을 오늘까지 길갈이라 하느니라"(수 5:8~9)

바로 이곳 길갈에서 이스라엘의 초대 왕으로 사울의 공식 즉

위식을 한 후, 사무엘의 고별식이 이스라엘 백성들과의 공개 대화 형식으로 진행되었습니다.

첫 번째 순서는 사무엘이 먼저 사울 왕의 즉위를 축하합니다.

"사무엘이 온 이스라엘에게 이르되 보라 너희가 내게 한 말을 내가 다 듣고 너희 위에 왕을 세웠더니 이제 왕이 너희 앞에 출입하느니라"(삼상 12:1~2)

두 번째 순서는 사무엘이 제사장 나라의 지도자로서 어려서부터 지금까지 공적 지위를 이용해 소 한 마리나 나귀 한 마리도 취하지 않았음을 공개 발언합니다.

"보라 나는 늙어 머리가 희어졌고 내 아들들도 너희와 함께 있느니라 내가 어려서부터 오늘까지 너희 앞에 출입하였거니와 내가 여기 있나니 여호와 앞과 그의 기름 부음을 받은 자 앞에서 내게 대하여 증언하라 내가 누구의 소를 빼앗았느냐 누구의 나귀를 빼앗았느냐 누구를 속였느냐 누구를 압제하였느냐 내 눈을 흐리게 하는 뇌물을 누구의 손에서 받았느냐 그리하였으면 내가 그것을 너희에게 갚으리라 하니"(삼상 12:2~3)

세 번째 순서는 이스라엘 백성들이 사무엘이 제사장 나라의 지도자로서 공명정대(公明正大)했음을 인정하고 증언합니다.

"그들이 이르되 당신이 우리를 속이지 아니하였고 압제하지 아니하였

고 누구의 손에서든지 아무것도 빼앗은 것이 없나이다 하니라 사무엘
이 백성에게 이르되 너희가 내 손에서 아무것도 찾아낸 것이 없음을 여
호와께서 너희에게 대하여 증언하시며 그의 기름 부음을 받은 자도 오
늘 증언하느니라 하니 그들이 이르되 그가 증언하시나이다 하니라"(삼
상 12:4~5)

제사장 나라 지도자, 모세와 여호수아 그리고 사무엘의 수준
은 이렇게 월등합니다.


● 다섯 번째 포인트
사무엘은 '우레와 비' 기적을 통해 왕정 요구의 잘못을 다시 한번
재확인합니다.


사무엘은 그의 고별사에서 자신이 제사장 나라의 지도자로
서 충성했음을 이스라엘 백성들에게 확인한 후, 다음 순서를 이
어갔습니다.

첫째, 사무엘은 500년 제사장 나라의 역사를 회고하며 이스
라엘 백성들로 하여금 하나님의 은혜를 기억하게 합니다.

"사무엘이 백성에게 이르되 모세와 아론을 세우시며 너희 조상들을 애
굽 땅에서 인도하여 내신 이는 여호와이시니 … 여호와께서 여룹바알

과 베단과 입다와 나 사무엘을 보내사 너희를 너희 사방 원수의 손에서 건져내사 너희에게 안전하게 살게 하셨거늘"(삼상 12:6~11)

둘째, 사무엘은 이스라엘 초대 왕으로 즉위한 사울과 백성들 앞에서 '여호와가 진정한 왕'이시라는 사실을 다시 밝힙니다. 그리고 제사장 나라의 진정한 왕이신 여호와를 두고도 왕정을 요구했던 것이 큰 잘못이었음을 또 한 번 지적합니다.

"너희가 암몬 자손의 왕 나하스가 너희를 치러 옴을 보고 너희의 하나님 여호와께서는 너희의 왕이 되심에도 불구하고 너희가 내게 이르기를 아니라 우리를 다스릴 왕이 있어야 하겠다 하였도다"(삼상 12:12)

셋째, 사무엘은 하나님께서 이스라엘 백성들에게 왕을 세워주셨지만, 그럼에도 불구하고 이스라엘은 '제사장 나라의 사명'을 다해야 하며 제사장 나라의 법을 지키지 않을 때에는 처벌을 받게 된 것임을 다시 확인해줍니다.

"너희가 만일 여호와를 경외하여 그를 섬기며 그의 목소리를 듣고 여호와의 명령을 거역하지 아니하며 또 너희와 너희를 다스리는 왕이 너희의 하나님 여호와를 따르면 좋겠지마는 너희가 만일 여호와의 목소리를 듣지 아니하고 여호와의 명령을 거역하면 여호와의 손이 너희의 조상들을 치신 것 같이 너희를 치실 것이라"(삼상 12:14~15)

넷째, 하나님께서는 이스라엘 백성들의 왕정 요구의 잘못이 얼마나 큰 것인지 깨달을 수 있도록 '우레와 비'의 기적을 일으키십니다.

> "너희는 이제 가만히 서서 여호와께서 너희 목전에서 행하시는 이 큰 일을 보라 오늘은 밀 베는 때가 아니냐 내가 여호와께 아뢰리니 여호와께서 우레와 비를 보내사 너희가 왕을 구한 일 곧 여호와의 목전에서 범한 죄악이 큼을 너희에게 밝히 알게 하시리라"(삼상 12:16~17)

다섯째, 사무엘은 '우레와 비'의 기적을 통해 이스라엘 백성들로부터 '왕정' 요구가 그들의 잘못된 선택이었다는 공식 시인을 받아냅니다.

> "모든 백성이 사무엘에게 이르되 당신의 종들을 위하여 당신의 하나님 여호와께 기도하여 우리가 죽지 않게 하소서 우리가 우리의 모든 죄에 왕을 구하는 악을 더하였나이다"(삼상 12:19)

여섯째, 그러자 사무엘이 이스라엘 백성들에게 그들이 비록 '왕정 요구'라는 악을 행했으나 오직 마음을 다하여 하나님을 섬기라고 당부하며 이스라엘 백성들을 격려합니다.

> "사무엘이 백성에게 이르되 두려워하지 말라 너희가 과연 이 모든 악을 행하였으나 여호와를 따르는 데에서 돌아서지 말고 오직 너희의 마음을 다하여 여호와를 섬기라"(삼상 12:20)

일곱째, 사무엘은 이스라엘 백성들에게 자신은 끝까지 제사장 나라를 가르치고 기도할 것이라고 결론을 내고 '더 이상 죄를 짓지 말 것'을 강력히 경고하며 고별사를 마무리합니다.

> "나는 너희를 위하여 기도하기를 쉬는 죄를 여호와 앞에 결단코 범하지 아니하고 선하고 의로운 길을 너희에게 가르칠 것인즉 너희는 여호와께서 너희를 위하여 행하신 그 큰 일을 생각하여 오직 그를 경외하며 너희의 마음을 다하여 진실히 섬기라 만일 너희가 여전히 악을 행하면 너희와 너희 왕이 다 멸망하리라"(삼상 12:23~25)

사무엘의 이 고별사를 기점으로 이제 사사 시대가 막을 내리고 본격적인 왕정 시대가 열립니다.

## 디저트 DESSERT

이스라엘의 마지막 사사이자 동시에 선지자이며 제사장인 나실인 사무엘이 사사 시대에도, 그리고 왕정이 시작되었음에도 온 이스라엘 백성들에게 변함없이 강조한 기준은 바로 '이스라엘은 제사장 나라'라는 것입니다.

모세의 유언도, 여호수아의 유언도 그리고 사무엘의 고별사도 모두 동일합니다.

"하나님만 섬기라!"

이 귀한 말씀은 오늘 우리에게도 동일하게 들려주시는 소중한 말씀입니다.

"하나님만 섬기라!"

..................................................................................................

..................................................................................................

..................................................................................................

..................................................................................................

# 92일

## 왕정 500년의 시작 (삼상 13~14장)

**애피타이저 APPETIZER**

사무엘이 고별사를 통해 남긴 간절한 부탁에도 불구하고 사울은 점점 처음의 마음 자세를 잃어버리고 제사장 나라에서 멀어지는 정치를 합니다. 사울이 이스라엘을 다스린 지 2년째 되던 해에 이스라엘은 블레셋과 전쟁을 치르게 됩니다.

해변의 모래같이 많아 보이는 블레셋 군대를 보고 이스라엘 백성들이 두려움에 떨자 초조해진 사울은 제사장인 사무엘 없이 스스로 번제를 집례하는 죄를 범합니다. 안타깝게도 사울은 하나님께 온전한 제사를 드리려고 하기보다는 단지 하나님의 도움을 받아 전쟁에서 승리하는 것에만 관심이 있었던 것입니다.

**성경통독** BIBLETONGDOK

《일년일독 통독성경》 사무엘상 13~14장

**통通으로 숲이야기 ; 통숲** TONG OBSERVATION

● 첫 번째 포인트
왕정 500년은 사울로 시작하여 시드기야로 끝이 납니다.

앞서 공부했듯이 구약성경 39권 전체는 제사장 나라 기준으로 크게 세 부분, 모세오경, 왕정 500년, 페르시아 7권으로 구분할 수 있습니다. 우리가 공부하기 시작한 '왕정 500년'을 통(通)으로 보면 네 가지 특징이 있습니다.

첫째, 왕정 500년은 사무엘 선지자로 시작해서 예레미야 선지자로 끝납니다.

둘째, 왕정 500년은 사울 왕으로 시작해서 시드기야 왕으로 끝납니다.

셋째, 왕정 500년에는 왕과 선지자의 대립과 협력이 있습니다.

넷째, 왕정 500년에는 두 번의 분단(사울 왕과 솔로몬 왕의 사후) 으로 분단 국가가 된 시기가 있습니다.

이런 부분들을 앞으로 자세하게 살펴볼 것입니다.

● 두 번째 포인트
이스라엘의 초대 왕 사울은 백성들과 가까워진 만큼 하나님과는 멀어집니다.

고대 사회에서는 일반적으로 목숨을 걸고 국가를 구한 전쟁 영웅들이 왕이 되는 경우가 상식이었습니다. 그런데 제비뽑기로 이스라엘의 초대 왕이 된 사울은 어떤 공도 없이 왕이 되었기에 왕으로서의 면모를 갖추기가 쉽지 않았습니다. 더 나아가 일부 백성들은 사울을 왕으로 인정하지 않는 정도를 넘어 멸시하기까 지 했습니다.

"어떤 불량배는 이르되 이 사람이 어떻게 우리를 구원하겠느냐 하고 멸시하며 예물을 바치지 아니하였으나 그는 잠잠하였더라"(삼상 10:27)

그러나 길르앗 야베스를 구하기 위한 암몬과의 전쟁 승리를 계기로 사울은 드디어 이스라엘 백성들에게 왕으로서의 리더십 을 인정받고 왕의 면모까지 갖추게 됩니다.

............................................................................................

............................................................................................

............................................................................................

............................................................................................

그러자 사울의 측근들이 그동안 제비뽑기를 통해 왕이 되었다는 사실을 빌미로 사울을 멸시했던 자들을 찾아 죽이자고 말합니다.

"백성이 사무엘에게 이르되 사울이 어찌 우리를 다스리겠느냐 한 자가 누구니이까 그들을 끌어내소서 우리가 죽이겠나이다"(삼상 11:12)

이때 사울이 서둘러 이 상황을 지혜롭게 잘 마무리합니다.

"사울이 이르되 이 날에는 사람을 죽이지 못하리니 여호와께서 오늘 이스라엘 중에 구원을 베푸셨음이니라"(삼상 11:13)

처음에 사울은 이렇게 괜찮았던 왕이었습니다. 그런데 사울이 왕이 된 지 2년 만에 블레셋과의 전쟁 과정에서 문제가 발생합니다. 먼저 사울의 블레셋과의 전쟁 준비는 크게 두 가지였습니다.

첫째, 사울은 3,000명의 '왕 직속 근위대'를 편성하여 블레셋과의 전쟁을 준비합니다. 사울은 '왕 직속 근위대' 3,000명 가운데 2,000명은 베냐민 지파 성읍인 믹마스와 벧엘산에 배치하고 1,000명은 요나단의 근위대로 사울의 고향인 기브아에 배치합니다.

"이스라엘 사람 삼천 명을 택하여 그 중에서 이천 명은 자기와 함께 믹마스와 벧엘 산에 있게 하고 일천 명은 요나단과 함께 베냐민 기브아에

있게 하고 남은 백성은 각기 장막으로 보내니라"(삼상 13:2)

이들은 이후에도 계속해서 사울 정권의 핵심 군사 세력이 됩니다.

"사울이 사는 날 동안에 블레셋 사람과 큰 싸움이 있었으므로 사울이
힘 센 사람이나 용감한 사람을 보면 그들을 불러모았더라"(삼상 14:52)

둘째, 사울은 블레셋과의 전쟁을 위해 군사를 모집합니다.

"그 백성이 길갈로 모여 사울을 따르니라"(삼상 13:4)

그러나 이스라엘 군대는 막상 블레셋 군대를 마주하자 숨고,
요단 동편으로 도망하고, 두려워 떨기만 했습니다. 이스라엘 군
인들의 눈에 보이는 블레셋의 군사력은 자그마치 병거 3만과 마
병 6천 명 그리고 모래같이 많은 군사들이었습니다. 그래서 이스
라엘 군대는 모두 숨고 도망하고 겨우 600명가량만 블레셋과 싸
우겠다고 남아 있었습니다.

"이스라엘 사람들이 위급함을 보고 절박하여 굴과 수풀과 바위 틈과
은밀한 곳과 웅덩이에 숨으며 어떤 히브리 사람들은 요단을 건너 갓과
길르앗 땅으로 가되 사울은 아직 길갈에 있고 그를 따른 모든 백성은
떨더라"(삼상 13:6~7)

이러한 위기 상황에 빠진 사울 왕은 일단 먼저 제사를 드리려
합니다. 그런데 사무엘이 정해진 기한에 오지 않자 사울은 기다

리지 못하고 제사장 사무엘이 드려야 할 번제와 화목제를 자신이 직접 집례합니다. 이는 제사장 나라의 제사 제도에 대한 명백한 사울의 범죄였습니다.

당시 제사장 나라의 제사는 세 가지 방법, 즉 예물, 제사장, 여호와의 이름을 두려고 택하신 곳에서 드려야 하는 것이 법입니다. 그런데 사울이 제사의 제사장 집례법을 범한 것입니다.

"사울이 이르되 번제와 화목제물을 이리로 가져오라 하여 번제를 드렸더니"(삼상 13:9)

사무엘이 이 문제에 대해서 사울에게 잘못을 추궁하자 사울은 회개하지 않고 변명하기에 급급했습니다.

"사무엘이 이르되 왕이 행하신 것이 무엇이냐 하니 사울이 이르되 백성은 내게서 흩어지고 당신은 정한 날 안에 오지 아니하고 블레셋 사람은 믹마스에 모였음을 내가 보았으므로 이에 내가 이르기를 블레셋 사람들이 나를 치러 길갈로 내려오겠거늘 내가 여호와께 은혜를 간구하지 못하였다 하고 부득이하여 번제를 드렸나이다 하니라"(삼상 13:11~12)

이렇게 사울은 '부득이하다'는 이유로 제사장 나라 제사법을 어겼습니다. 이때부터 사울은 이스라엘 백성들과 가까워지려는 만큼 하나님과는 멀어졌으며 사무엘의 큰 책망에도 별로 신경

쓰지 않는 권력자가 되어버렸습니다.

● 세 번째 포인트
사울은 제사보다, 제사를 통한 전쟁 승리에 더 관심이 많았습니다.

제사장 나라의 5대 제사 가운데 '번제'는 생명 헌신을 목적으로 하는 제사이고, '화목제'는 하나님과 이웃 사이에서 나눔과 감사를 목적으로 하는 제사입니다. 그러므로 번제와 화목제는 당연히 어떤 전쟁 승리를 위한 수단이 아닙니다. 그런데 사울은 참으로 어리석게도 전쟁의 승리를 위한 수단으로 제사를 가져다 사용했습니다.

"사울이 이르되 번제와 화목제물을 이리로 가져오라 하여 번제를 드렸더니"(삼상 13:9)

그러자 사무엘은 사울의 이러한 제사장 나라의 범죄를 목도하고 가차 없이 사울에 대한 '제1차 왕위 폐지 예언'을 합니다.

"사무엘이 사울에게 이르되 왕이 망령되이 행하였도다 왕이 왕의 하나님 여호와께서 왕에게 내리신 명령을 지키지 아니하였도다 그리하였더라면 여호와께서 이스라엘 위에 왕의 나라를 영원히 세우셨을 것이거늘 지금은 왕의 나라가 길지 못할 것이라 여호와께서 왕에게 명령하신 바를 왕이 지키지 아니하였으므로 여호와께서 그의 마음에 맞는 사람을 구하여 여호와께서 그를 그의 백성의 지도자로 삼으셨느니라 하고"(삼상 13:13~14)

이후에 보면 남유다의 웃시야 왕도 사울처럼 제사장 나라의 제사법을 어기고 직접 제사를 드림으로 무거운 처벌을 받습니다.

"웃시야 왕 곁에 서서 그에게 이르되 웃시야여 여호와께 분향하는 일은 왕이 할 바가 아니요 오직 분향하기 위하여 구별함을 받은 아론의 자손 제사장들이 할 바니 성소에서 나가소서 왕이 범죄하였으니 하나님 여호와에게서 영광을 얻지 못하리이다 웃시야가 손으로 향로를 잡고 분향하려 하다가 화를 내니 그가 제사장에게 화를 낼 때에 여호와의 전 안 향단 곁 제사장들 앞에서 그의 이마에 나병이 생긴지라"(대하 26:18~19)

● 네 번째 포인트
요나단의 '첫 번째 마음을 합한 자'는 자신의 무기를 든 자였습니다.

사울 왕의 아들 요나단이 마음을 합하는 대상은 언제나 제사장 나라를 기준으로 '하나님을 사랑하는 자'였습니다. 제사장 나라를 기준으로 요나단이 처음으로 마음을 합한 자는 자신의 무

......................................................................................

......................................................................................

......................................................................................

......................................................................................

기를 든 자였고, 이후 두 번째로 마음을 합한 자는 바로 '다윗'이었습니다.

요나단은 그의 무기 든 자와 둘이 힘과 용기를 합하여 블레셋의 전쟁터로 과감하게 나아갔습니다. 칼과 창으로는 이스라엘이 철기 문명을 가진 블레셋에게 질 수밖에 없지만 전쟁의 승리는 하나님의 손에 달려 있다는 믿음으로 그들은 전쟁터로 나아갔던 것입니다.

요나단에게는 하나님을 향한 믿음이 있었고, 요나단의 무기를 든 자에게도 이 믿음이 있었습니다. 이때 요나단은 전쟁에 나아가면서 하나님께 '블레셋이 내려오겠다' 하는 경우와 '자신들에게로 올라오라'고 하는 경우에 대해 여쭈었습니다. 그리고 '자신들에게로 올라오라'고 한다면 그것은 하나님께서 전쟁을 허락하신 표징으로 보겠다고 했습니다.

> "그들이 만일 말하기를 우리에게로 올라오라 하면 우리가 올라갈 것은 여호와께서 그들을 우리 손에 넘기셨음이니 이것이 우리에게 표징이 되리라"(삼상 14:10)

그러자 하나님께서 요나단에게 표징을 주십니다.

> "그 부대 사람들이 요나단과 그의 무기를 든 자에게 이르되 우리에게로 올라오라 너희에게 보여 줄 것이 있느니라 한지라"(삼상 14:12)

하나님께서 주신 표징을 보고 요나단이 그의 무기 든 자에게 다음과 같은 믿음의 고백을 합니다.

"요나단이 자기의 무기를 든 소년에게 이르되 우리가 이 할례 받지 않은 자들에게로 건너가자 여호와께서 우리를 위하여 일하실까 하노라 여호와의 구원은 사람이 많고 적음에 달리지 아니하였느니라 무기를 든 자가 그에게 이르되 당신의 마음에 있는 대로 다 행하여 앞서 가소서 내가 당신과 마음을 같이 하여 따르리이다"(삼상 14:6~7)

그리고 요나단과 그의 무기 든 자가 나아가 블레셋과 싸워 첫 전투에서 20명가량을 죽이고 승리함으로 블레셋과의 전쟁에서 승리의 교두보를 만듭니다.

"요나단과 그 무기를 든 자가 반나절 갈이 땅 안에서 처음으로 쳐죽인 자가 이십 명 가량이라"(삼상 14:14)

요나단과 요나단의 무기 든 자가 용감하게 나가 싸우자 블레셋 군대가 두려워서 떨며 그들 사이에서 자중지란(自中之亂)이 일어났습니다. 그래서 블레셋과의 첫 번째 전투에서 이스라엘이 승리합니다.

예수님께서는 "두세 사람이 내 이름으로 모인 곳에는 나도 그들 중에 있느니라"(마 18:20)라고 말씀하십니다. 이 말씀처럼 요나단과 그의 무기 든 자, 두 사람이 믿음을 합하여 블레셋과의 전쟁에서 승리하는 계기를 만들었던 것입니다.

● 다섯 번째 포인트
**사울 왕의 잘못된 제사는 사무엘이 막고, 사울 왕의 잘못된 명령은
백성들이 막습니다.**

사울은 블레셋과의 전쟁에서 전쟁의 총사령관이자 왕으로
두 번에 걸쳐 잘못된 결정을 했습니다.

첫 번째, 사울은 제사장 나라 국방에 대해 간증한 '기드온
과 300용사'에게서 교훈을 얻지 못하고 두려워 도망하는 이스
라엘 군인들을 붙잡으려고 제사를 수단으로 사용했습니다(삼상
13:6~8).

기드온과 300용사들은 두려워 떠는 자들은 돌아가게 하고 남
은 자들이었습니다.

"이제 너는 백성의 귀에 외쳐 이르기를 누구든지 두려워 떠는 자는 길
르앗 산을 떠나 돌아가라 하라 하시니 이에 돌아간 백성이 이만 이천
명이요"(삿 7:3)

〈신명기〉의 말씀입니다.

"책임자들은 또 백성에게 말하여 이르기를 두려워서 마음이 허약한 자

가 있느냐 그는 집으로 돌아갈지니 그의 형제들의 마음도 그의 마음과 같이 낙심될까 하노라"(신 20:8)

"어떤 히브리 사람들은 요단을 건너 갓과 길르앗 땅으로 가되 사울은 아직 길갈에 있고 그를 따른 모든 백성은 떨더라"(삼상 13:7)

여기서 사울은 기드온처럼 "두려워 떠는 자는 집으로 가라." 라고 명령하는 것을 주저하지 말아야 했습니다. 그리고 제사장 나라의 안보 지식으로 다섯이 백을 이길 수 있는 믿음으로 서야 했습니다.

두 번째, 사울은 전쟁 중에 금식 명령을 내렸습니다. 이로 인해 부작용이 발생하게 되었습니다. 즉 전쟁 중 금식으로 말미암아 이스라엘 백성들이 지쳐 전쟁 성과가 떨어진 것입니다.

"이 날에 이스라엘 백성들이 피곤하였으니"(삼상 14:24)

"하물며 백성이 오늘 그 대적에게서 탈취하여 얻은 것을 임의로 먹었더라면 블레셋 사람을 살륙함이 더욱 많지 아니하였겠느냐"(삼상 14:30)

더해서 전쟁 중 금식으로 이스라엘 백성들은 허기를 참지 못하고 짐승을 잡아 피째 먹었습니다.

"백성이 이에 탈취한 물건에 달려가서 양과 소와 송아지들을 끌어다가 그것을 땅에서 잡아 피째 먹었더니 무리가 사울에게 전하여 이르

되 보소서 백성이 고기를 피째 먹어 여호와께 범죄하였나이다"(삼상 14:32~33)

그리고 사울의 명령과 맹세를 몰랐던 요나단이 죽을 위기에 처하게 됩니다.

"요나단은 그의 아버지가 백성에게 맹세하여 명령할 때에 듣지 못하였으므로 손에 가진 지팡이 끝을 내밀어 벌집의 꿀을 찍고 그의 손을 돌려 입에 대매 눈이 밝아졌더라"(삼상 14:27)

"사울이 이르되 요나단아 네가 반드시 죽으리라 그렇지 않으면 하나님이 내게 벌을 내리시고 또 내리시기를 원하노라 하니 백성이 사울에게 말하되 이스라엘에 이 큰 구원을 이룬 요나단이 죽겠나이까 결단코 그렇지 아니하니이다 여호와의 살아 계심을 두고 맹세하옵나니 그의 머리털 하나도 땅에 떨어지지 아니할 것은 그가 오늘 하나님과 동역하였음이니이다 하여 백성이 요나단을 구원하여 죽지 않게 하니라"(삼상 14:44~45)

이스라엘 백성들이 나서줌으로 요나단은 간신히 생명을 건지게 됩니다. 블레셋과의 전쟁에서 사울은 이렇게 잘못된 판단과 결정과 맹세를 함으로 하나님과 사무엘을 실망시켰고 요나단을 죽일 뻔했으며 이스라엘 백성들이 죄를 범하게 하는 큰 잘못들을 했습니다.

여호수아가 전쟁 중에도 모세가 쓴 다섯 권의 책인 '창세기, 출애굽기, 레위기, 민수기, 신명기'를 늘 그의 곁에 두고 읽고 묵상했듯이 사울 또한 사무엘이 쓴 책을 옆에 두고 늘 읽어야 했습니다.

"사무엘이 나라의 제도를 백성에게 말하고 책에 기록하여 여호와 앞에 두고 모든 백성을 각기 집으로 보내매"(삼상 10:25)

여호수아가 전쟁 승리를 이룬 전쟁 영웅임에도 끝까지 권력에 취하지 않고 부패하지 않을 수 있었던 이유는 모세가 쓴 다섯 권의 책 때문이었습니다.

"이 율법책을 네 입에서 떠나지 말게 하며 주야로 그것을 묵상하여 그 안에 기록된 대로 다 지켜 행하라 그리하면 네 길이 평탄하게 될 것이며 네가 형통하리라"(수 1:8)

세상에서, 그리고 하나님 나라를 살면서 끝내 승리하는 길은 세상 뉴스를 넘어 살아 계신 하나님의 말씀인 성경, 곧 굿뉴스로 사는 것입니다.

# *93*일
## 사울의 권력 사유화 (삼상 15~16장)

### 애피타이저 APPETIZER

비포(before, 전에)와 애프터(after, 후에)가 이렇게까지 다를 수 있습니다. 사울 왕의 비포(before)는 '겸손'이었습니다.

"나는 이스라엘 지파의 가장 작은 지파 베냐민 사람이 아니니이까 또 나의 가족은 베냐민 지파 모든 가족 중에 가장 미약하지 아니하니이까"(삼상 9:21)

그런데 사울 왕의 애프터(after)는 '권력에 취한 안타까운 정치인'일 뿐입니다.

"사무엘이 사울을 만나려고 아침에 일찍이 일어났더니 어떤 사람이 사무엘에게 말하여 이르되 사울이 갈멜에 이르러 자기를 위하여 기념비를 세우고 발길을 돌려 길갈로 내려갔다 하는지라"(삼상 15:12)

사울은 이렇게 자신을 위해 기념비를 세우고 있습니다. 그러자 라마로 돌아온 사무엘이 큰 슬픔에 빠집니다. 그것은 시대를 향한 근심이요, 사울을 향한 슬픔이었습니다. 바로 그때 하나님께서 사무엘에게 "언제까지 슬퍼하겠느냐"(삼상 16:1)라고 말씀하시며 이스라엘의 다음 왕을 예선하였으니 뿔에 기름을 채워서 베들레헴 사람 이새에게 가라고 말씀하십니다. 그곳에서 사무엘은 다윗의 머리 위에 기름을 붓습니다.

이제 사무엘상 16장부터는 본격적으로 '다윗 이야기'가 펼쳐집니다.

## 성경통독 BIBLETONGDOK

《일년일독 통독성경》 사무엘상 15~16장

## 통通으로 숲이야기 ; 통숲 TONG OBSERVATION

● 첫 번째 포인트
아말렉의 삶의 방식은 500년 동안이나 변함이 없습니다.

................................................

................................................

................................................

................................................

아말렉 족속은 이스라엘이 출애굽할 때에 대열에서 뒤처질 수밖에 없었던 약자들을 공격해 약탈하며 괴롭혔던 족속입니다. 때문에 하나님께서는 이스라엘 백성들에게 아말렉 족속의 일을 잊지 말라고 말씀하시며 약속의 땅 가나안에 들어가 평안해지면 반드시 그들을 멸하라고 말씀하셨습니다.

"너희는 애굽에서 나오는 길에 아말렉이 네게 행한 일을 기억하라 곧 그들이 너를 길에서 만나 네가 피곤할 때에 네 뒤에 떨어진 약한 자들을 쳤고 하나님을 두려워하지 아니하였느니라 그러므로 네 하나님 여호와께서 네게 기업으로 주어 차지하게 하시는 땅에서 네 하나님 여호와께서 사방에 있는 모든 적군으로부터 네게 안식을 주실 때에 너는 천하에서 아말렉에 대한 기억을 지워버리라 너는 잊지 말지니라"(신 25:17~19)

모세에게 이 말씀을 주신 지 500여 년이 지나고 또 사울이 이스라엘의 초대 왕으로 즉위한 지 20여 년이 지나면서 이스라엘은 매우 강성해졌습니다. 그때 사무엘을 통해서 사울에게는 아말렉을 쳐서 모든 소유를 남김없이 진멸해야 하는 사명이 주어졌습니다.

아말렉은 과거 출애굽 때뿐만 아니라 그때로부터 500여 년의 세월이 흐른 당시까지도 그 삶의 방식을 여전히 이어가고 있었습니다. 때문에 공의의 하나님께서는 아말렉을 진멸함으로써 그들이 행한 일에 대해 보응하라고 명령하신 것입니다.

> "사무엘이 사울에게 이르되 여호와께서 나를 보내어 왕에게 기름을 부어 그의 백성 이스라엘 위에 왕으로 삼으셨은즉 이제 왕은 여호와의 말씀을 들으소서 만군의 여호와께서 이같이 말씀하시기를 아말렉이 이스라엘에게 행한 일 곧 애굽에서 나올 때에 길에서 대적한 일로 내가 그들을 벌하노니"(삼상 15:1~2)

사무엘을 통한 하나님의 말씀에 따라 사울이 이스라엘 군대 21만 명을 이끌고 나가 아말렉과 싸워 크게 이깁니다.

> "사울이 백성을 소집하고 그들을 들라임에서 세어 보니 보병이 이십만 명이요 유다 사람이 만 명이라"(삼상 15:4)

그러나 사울은 하나님의 말씀에 전적으로 순종하지는 않습니다. 아말렉을 '진멸'하라는 말씀을 거역한 것입니다.

> "사울과 백성이 아각과 그의 양과 소의 가장 좋은 것 또는 기름진 것과 어린 양과 모든 좋은 것을 남기고 진멸하기를 즐겨 아니하고 가치 없고 하찮은 것은 진멸하니라"(삼상 15:9)

사울이 하나님의 명령보다 이스라엘 백성들에게 인기 있는 것을 더 좋아하게 되었기 때문입니다. 사울은 자신의 소견에 따라 '권력을 유지하는 길'은 이스라엘 백성들에게서 나온다고 판단했습니다. 그래서 사울은 제사장 나라 거룩한 시민인 하나님의 백성 이스라엘을 그때부터 "내 백성"(삼상 15:30)이라고 말하며 하나님으로부터 더욱더 멀어져만 갔습니다.

● 두 번째 포인트
**사무엘과 사울이 서로 버립니다.**

하나님께서 아말렉과의 전쟁 후 사울이 행한 '전쟁 처리 방식'을 보시고 사무엘에게 다음과 같이 말씀하십니다.

"여호와의 말씀이 사무엘에게 임하니라 이르시되 내가 사울을 왕으로 세운 것을 후회하노니 그가 돌이켜서 나를 따르지 아니하며 내 명령을 행하지 아니하였음이니라"(삼상 15:10~11)

하나님의 이 말씀을 듣고 사무엘이 근심하여 온 밤을 새워 하나님께 부르짖습니다. 그런데 사울은 정작 자신이 잘못했다고 반성하기는커녕 오히려 사무엘에게 변명하기에 급급했습니다.

사울의 당황스러운 모습들을 살펴보면 다음과 같습니다.

첫째, 사울은 자신의 잘못은 인정하지 않고 이스라엘 백성들에게 책임을 전가합니다.

"나는 실로 여호와의 목소리를 청종하여 여호와께서 보내신 길로 가서 아말렉 왕 아각을 끌어 왔고 아말렉 사람들을 진멸하였으나 다만 백성이 그 마땅히 멸할 것 중에서 가장 좋은 것으로 길갈에서 당신의 하나님 여호와께 제사하려고 양과 소를 끌어 왔나이다 하는지라"(삼상 15:20~21)

둘째, 사울은 자신의 죄를 시인하기는 하지만 회개 없이 이스라엘 백성들의 눈만 두려워합니다.

"내가 범죄하였나이다 내가 여호와의 명령과 당신의 말씀을 어긴 것은 내가 백성을 두려워하여 그들의 말을 청종하였음이니이다"(삼상 15:24)

셋째, 사울은 아말렉 전쟁 후 자신을 위해 기념비를 세웁니다.

"사울이 갈멜에 이르러 자기를 위하여 기념비를 세우고 발길을 돌려 길갈로 내려갔다 하는지라"(삼상 15:12)

넷째, 사울은 제사장 나라 거룩한 시민 이스라엘 백성을 '내 백성'이라고 말합니다.

"내가 범죄하였을지라도 이제 청하옵나니 내 백성의 장로들 앞과 이스라엘 앞에서 나를 높이사 나와 함께 돌아가서 내가 당신의 하나님 여호와께 경배하게 하소서"(삼상 15:30)

다섯째, 사울은 사무엘의 책망에도 진정한 회개 대신 위기 상황만 모면하려고 합니다.

"청하오니 지금 내 죄를 사하고 나와 함께 돌아가서 나로 하여금 여호

와께 경배하게 하소서"(삼상 15:25)

결국 하나님께서 사울 왕에 대한 '단계적인 왕위 폐지'를 끝내 결정하십니다.

"사무엘이 사울에게 이르되 나는 왕과 함께 돌아가지 아니하리니 이는 왕이 여호와의 말씀을 버렸으므로 여호와께서 왕을 버려 이스라엘 왕이 되지 못하게 하셨음이니이다 하고 사무엘이 가려고 돌아설 때에 사울이 그의 겉옷자락을 붙잡으매 찢어진지라 사무엘이 그에게 이르되 여호와께서 오늘 이스라엘 나라를 왕에게서 떼어 왕보다 나은 왕의 이웃에게 주셨나이다 이스라엘의 지존자는 거짓이나 변개함이 없으시니 그는 사람이 아니시므로 결코 변개하지 않으심이니이다 하니"(삼상 15:26~29)

이때 사울이 사무엘의 겉옷 자락을 붙잡으니 사무엘의 겉옷 자락이 찢어집니다. 이는 왕위 폐지의 상징적인 모습이었습니다. 이후 솔로몬 사후에 일어날 일 또한 겉옷 자락으로 그 표징이 나타납니다.

"아히야가 자기가 입은 새 옷을 잡아 열두 조각으로 찢고 여로보암에게 이르되 너는 열 조각을 가지라 이스라엘의 하나님 여호와의 말씀이 내가 이 나라를 솔로몬의 손에서 찢어 빼앗아 열 지파를 네게 주고"(왕상 11:30~31)

........................................................................................

........................................................................................

........................................................................................

........................................................................................

● 세 번째 포인트

**거침없는 사울은 이제 자신의 권력을 위해 사무엘을 죽일 수도 있습니다.**

사울 왕을 향한 단계적 왕위 폐지를 결정하신 하나님과 하나님의 그 뜻을 알고 있는 사무엘은 한동안 슬픔의 시간을 보냅니다.

"이에 사무엘은 라마로 가고 사울은 사울 기브아 자기의 집으로 올라가니라 사무엘이 죽는 날까지 사울을 다시 가서 보지 아니하였으니 이는 그가 사울을 위하여 슬퍼함이었고 여호와께서는 사울을 이스라엘 왕으로 삼으신 것을 후회하셨더라"(삼상 15:34~35)

**그 후 하나님께서 먼저 사무엘에게 다음과 같이 말씀하십니다.**

"여호와께서 사무엘에게 이르시되 내가 이미 사울을 버려 이스라엘 왕이 되지 못하게 하였거늘 네가 그를 위하여 언제까지 슬퍼하겠느냐 너는 뿔에 기름을 채워 가지고 가라 내가 너를 베들레헴 사람 이새에게로 보내리니 이는 내가 그의 아들 중에서 한 왕을 보았느니라 하시는지라"(삼상 16:1)

**그런데 사무엘의 대답이 심상치 않습니다.**

"사무엘이 이르되 내가 어찌 갈 수 있으리이까 사울이 들으면 나를 죽이리이다"(삼상 16:2)

아니, 이게 무슨 말입니까? 항상 하나님의 말씀에 "예."로만 대답했던 사무엘이 아니었습니까? 그런데 이 말은 사울과 사무엘이 서로 돌아섰기에 사울은 국가 권력기관을 총동원하여 사무엘을 감시하기 시작했고 여차하면 사무엘을 죽일 수도 있다는 것입니다. 그러자 하나님께서 사무엘에게 다음과 같은 퍼포먼스 아이디어를 주시며 사무엘을 설득하십니다.

"여호와께서 이르시되 너는 암송아지를 끌고 가서 말하기를 내가 여호와께 제사를 드리러 왔다 하고 이새를 제사에 청하라 내가 네게 행할 일을 가르치리니 내가 네게 알게 하는 자에게 나를 위하여 기름을 부을 지니라"(삼상 16:2~3)

하나님께서 이렇게까지 하셔야 되는 안타까운 상황에 이르고 말았습니다. 대개의 경우 권력자들은 후임 권력자가 세워지면 그를 예의 주시하거나 최소한 자신에 대한 방어 능력은 갖추어놓습니다.

그러나 사무엘은 그렇게 하지 않았습니다. 사무엘이 그렇게 하지 않은 이유는 그가 '제사장 나라 권력의 공공성'에 목숨을 건 사람이었기 때문입니다. 사무엘은 '권력'이 하나님의 통치 수단임을 알고 하나님께만 충성한 사람이었습니다. 그러나 사울은 이미 자신의 지파인 베냐민 지파들로 '권력 사유화 장치'를 해놓은 상태였습니다.

> "사울이 곁에 선 신하들에게 이르되 너희 베냐민 사람들아 들으라 이
> 새의 아들이 너희에게 각기 밭과 포도원을 주며 너희를 천부장, 백부장
> 을 삼겠느냐"(삼상 22:7)

이러한 상황 가운데 죽을 위험을 무릅쓰고 사무엘이 베들레
헴에 도착합니다. 그런데 베들레헴 성읍 장로들이 사무엘을 맞
이하는데 겉으로는 반가워하면서도 그들의 떨리는 속내를 감추
지 못했습니다.

> "사무엘이 여호와의 말씀대로 행하여 베들레헴에 이르매 성읍 장로들
> 이 떨며 그를 영접하여 이르되 평강을 위하여 오시나이까 이르되 평강
> 을 위함이니라 내가 여호와께 제사하러 왔으니 스스로 성결하게 하고
> 와서 나와 함께 제사하자 하고 이새와 그의 아들들을 성결하게 하고 제
> 사에 청하니라"(삼상 16:4~5)

베들레헴에 나타난 사무엘을 본 성읍 장로들이 왜 떠는 것
입니까? 평소에 떠는 습관이 있어서입니까? 아니면, 지금 영하
20도가 넘는 추위 속에 있습니까? 그들이 떤 이유는 사울의 무서
운 공안 정치와 사울의 권력 사유화 때문이었습니다.

사울은 자신의 권력을 지키기 위해서라면 스승 사무엘이라
도 죽일 수 있는 무서운 권력자로 이미 변해 있음을 베들레헴 장

로들이 눈치챘던 것입니다. 사무엘도 이 때문에 베들레헴 가기를 주저했던 것입니다.

● 네 번째 포인트
**이새는 아들 모두를 제사장 나라 왕의 재목으로 키웠습니다.**

베들레헴 이새의 집에서 역사적인 일이 시작됩니다. 이미 사울에게서 실패를 맛본 사무엘이지만 이새의 큰아들 엘리압을 보고는 크게 만족합니다.

"그들이 오매 사무엘이 엘리압을 보고 마음에 이르기를 여호와의 기름 부으실 자가 과연 주님 앞에 있도다 하였더니 여호와께서 사무엘에게 이르시되 그의 용모와 키를 보지 말라 내가 이미 그를 버렸노라 내가 보는 것은 사람과 같지 아니하니 사람은 외모를 보거니와 나 여호와는 중심을 보느니라 하시더라"(삼상 16:6~7)

엘리압에 이어 이새의 일곱 명의 아들들을 다 만나본 사무엘이 이새에게 묻습니다.

"또 사무엘이 이새에게 이르되 네 아들들이 다 여기 있느냐 이새가 이르되 아직 막내가 남았는데 그는 양을 지키나이다 사무엘이 이새에게 이르되 사람을 보내어 그를 데려오라 그가 여기 오기까지는 우리가 식

사 자리에 앉지 아니하겠노라"(삼상 16:11)

그러자 그때서야 이새는 부랴부랴 그 중요한 잔치를 잠시 멈
춘 후 다윗을 데려옵니다.

"이에 사람을 보내어 그를 데려오매 그의 빛이 붉고 눈이 빼어나고 얼
굴이 아름답더라 여호와께서 이르시되 이가 그니 일어나 기름을 부으
라 하시는지라 사무엘이 기름 뿔병을 가져다가 그의 형제 중에서 그에
게 부었더니 이 날 이후로 다윗이 여호와의 영에게 크게 감동되니라 사
무엘이 떠나서 라마로 가니라"(삼상 16:12~13)

다윗은 양을 치고 있다가 갑자기 잔치에 불려왔고 그 잔치 자
리에서 사무엘로부터 머리에 기름 부음을 당하게(?) 됩니다. 그
일은 다윗에게는 갑작스러운 일이었지만 하나님께서는 오랜 준
비 끝에 행하신 일이었습니다.


● 다섯 번째 포인트
다윗은 물매로 아버지의 재산도 그리고 제사장 나라 이스라엘도
지켜냅니다.


다윗은 베들레헴 목동으로 청소년 시절을 보냈습니다. 이솝
우화에서 나온 이야기대로 소년 목동들이 "늑대가 나타났다!"라

고 거짓말을 할 정도로 양을 치는 일은 지루한 일이고 따분한 시간을 보내야 하는 일이었습니다.

그러나 다윗은 오히려 그때 양을 치면서 물매 돌리기 연습을 수천수만 번을 반복하며 아버지의 양 떼를 지킬 실력을 키웠습니다. 그 결과 다윗은 아버지의 양을 훔쳐 가려는 곰과 사자와도 맞설 수 있을 정도로 물매 돌리기의 정확도를 갖추게 되었습니다.

이제 다윗은 그 솜씨로 나라를 지키게 될 것입니다. 다윗의 이러한 노력이 하나님께서 다윗을 '왕의 후보로 예선'하신 중요한 이유였습니다. 하나님께서는 다윗이 아버지 이새의 소유를 지키듯 하나님의 나라를 지킬 것이라고 보셨던 것입니다.

### 디저트 DESSERT

350년 사사 시대의 어두운 긴 터널을 빠져나와 드디어 '미스바세대'가 탄생했는데 그 미스바세대 이후 이스라엘이 왕정을 시작하면서 또다시 어둠 속으로 빠져들어 갑니다.

이스라엘의 초대 왕 사울의 마음이 하나님을 향한 마음에서 사람으로 옮겨갔기 때문입니다. 이에 하나님과 사무엘이 함께 힘들어했습니다. 그러나 다시 사사 시대로 돌아갈 수는 없습니다. 그래서 하나님께서는 사무엘을 통해 다음 지도자를 빨리 준비하셨습니다.

하나님의 대안으로 등장한 이스라엘의 새로운 지도자, 다윗! 이제부터 본격적으로 시작되는 다윗 이야기로 하나님도 기쁘시고 우리도 행복한 시간이 될 것입니다. 제사장 나라의 '권력의 공공성'이 무엇인지 다윗이 보여줄 것이기 때문입니다.

세상 뉴스에서 가장 큰 부분을 차지하는 뉴스는 언제나 정치 뉴스입니다. 그런데 세상 정치 뉴스는 굿 뉴스(good news)보다 배드 뉴스(bad news)가 대부분입니다. 언제 어디서나 굿 뉴스는 오직 하나님의 말씀인 성경뿐입니다.

# $94_{일}$

## 다윗과 요나단 (삼상 17~18장)

구약성경에서 가장 많이 등장하는 개인 이야기의 주인공은 바로 '다윗'입니다. 사실 처음에는 누구도 다윗을 주목하지 않았습니다. 그런데 아버지와 형들 그리고 사무엘까지도 눈여겨보지 않았던 다윗을 하나님께서는 주목하고 계셨던 것입니다. 아버지의 양을 돌보고 있던 다윗이 아직 베들레헴의 무명 목동으로 있을 때 이스라엘이 큰 위기에 빠집니다.

엘라 골짜기에서 이스라엘 군대와 블레셋 군대가 40일째 대치 상태에 있습니다. 블레셋의 장수 골리앗은 기골이 장대하고 엄청난 위력을 가진 자였습니다.

바로 그 전쟁에 다윗의 형들 일곱 명 중에 세 명이 이스라엘 군인으로 참전하고 있었습니다. 다윗의 아버지 이새는 전쟁에 참전한 세 명의 아들들의 안위를 알아보고자 막내아들 다윗을 전쟁터로 보냈습니다.

그런데 청소년 다윗의 눈에 비친 전쟁터의 모습은 다윗이 상상했던 용감한 이스라엘 군대의 모습이 아니었습니다. 결국 다윗은 자신이 골리앗과 맞서기로 결심합니다. 그에게는 하나님의 이름이 모욕을 당해서는 안 된다는 생각이 있었기에 블레셋의 거대한 장수 골리앗을 향해 맞선 것입니다.

다윗이 가진 무기는 믿음, 용기, 그리고 물매 이렇게 세 가지였습니다. 다윗은 이 무기들을 가지고 결국 골리앗을 물리쳤고 하루아침에 블레셋과의 전쟁을 승리로 이끈 주역이 됩니다.

이 일을 계기로 이스라엘의 영웅이 된 다윗은 사울의 딸 미갈과 결혼도 하고 이스라엘의 군대 장관도 됩니다. 그런데 사울이 이스라엘 백성들의 사랑을 한 몸에 받게 된 다윗을 시기하고 경계하기 시작합니다. 그러면서 다윗을 향한 하나님의 시험이자 훈련이 시작됩니다.

《일년일독 통독성경》 사무엘상 17~18장

 통通으로 숲이야기 ; 통숲 TONG OBSERVATION

● 첫 번째 포인트
엘라 골짜기 40일의 두려움이 '천천 만만' 노래를 만듭니다.

사무엘 시대에는 블레셋이 이스라엘을 침범하지 못했습니다.
"여호와의 손이 사무엘이 사는 날 동안에 블레셋 사람을 막으시매"(삼상 7:13)

그러나 사울 시대 내내 이스라엘은 블레셋과의 전쟁에 시달리며 크게 세 차례 싸웁니다. 사울은 그의 정권 초기 때 이미 한 차례 블레셋이 쳐들어와 전쟁을 치렀는데 또다시 블레셋이 골리앗을 앞세워 쳐들어옵니다(삼상 17:3~4). 그리고 이후 사울은 80세에 블레셋과의 길보아 전투에서 결국 죽습니다(삼상 31:8~9).

사울 시대 때 블레셋이 두 번째로 이스라엘을 침략했을 때의 일입니다.

"블레셋 사람들의 진영에서 싸움을 돋우는 자가 왔는데 그의 이름은 골리앗이요 가드 사람이라 그의 키는 여섯 규빗 한 뼘이요 머리에는 놋 투구를 썼고 몸에는 비늘 갑옷을 입었으니 그 갑옷의 무게가 놋 오천 세겔이며 그의 다리에는 놋 각반을 쳤고 어깨 사이에는 놋 단창을 메었으니 그 창 자루는 베틀 채 같고 창 날은 철 육백 세겔이며 방패 든 자가 앞서 행하더라"(삼상 17:4~7)

"그 블레셋 사람이 또 이르되 내가 오늘 이스라엘의 군대를 모욕하였으니 사람을 보내어 나와 더불어 싸우게 하라 한지라 사울과 온 이스라엘이 블레셋 사람의 이 말을 듣고 놀라 크게 두려워하니라"(삼상 17:10~11)

이처럼 블레셋의 골리앗이 하나님과 이스라엘 군대를 모욕하는데도 사울과 이스라엘의 군대는 골리앗의 기세에 눌려 40일 동안이나 아무 대책 없이 엘라 골짜기에서 두려움만 키워가고 있었습니다. 그리고 심지어 이스라엘 군인들 가운데에는 골리앗에 대한 두려움으로 도망가는 자들까지 있었습니다.

"그 블레셋 사람이 사십 일을 조석으로 나와서 몸을 나타내었더라"(삼상 17:16)

"이스라엘 모든 사람이 그 사람을 보고 심히 두려워하여 그 앞에서 도망하며"(삼상 17:24)

다급해진 사울은 골리앗을 이기는 자에게 세금 면제, 왕의 상금, 그리고 '왕의 사위' 자리까지 내겁니다.

"그를 죽이는 사람은 왕이 많은 재물로 부하게 하고 그의 딸을 그에게 주고 그 아버지의 집을 이스라엘 중에서 세금을 면제하게 하시리라"(삼상 17:25)

사실 많은 사람이 왕의 사위 자리는 탐났지만 목숨은 아깝기에 선뜻 나서지 못했습니다. 그러는 가운데 엘라 골짜기의 두려움은 40일 만에 온 이스라엘로 퍼지게 되었습니다.

바로 그때 다윗이 엘라 골짜기로 형들을 면회하러 갔다가 골리앗을 죽임으로 3,000년 동안이나 골리앗을 유명하게 만들어줍니다. 골리앗이 3,000년이 지난 지금까지 '다윗과 골리앗'으로 전 세계적으로 유명한 이유는 절대 져서는 안 되는 상대, 다윗에게 진 케이스(case)이기 때문입니다.

"또 여호와의 구원하심이 칼과 창에 있지 아니함을 이 무리에게 알게 하리라 전쟁은 여호와께 속한 것인즉 그가 너희를 우리 손에 넘기시리라 블레셋 사람이 일어나 다윗에게로 마주 가까이 올 때에 다윗이 블레셋 사람을 향하여 빨리 달리며 손을 주머니에 넣어 돌을 가지고 물매로 던져 블레셋 사람의 이마를 치매 돌이 그의 이마에 박히니 땅에 엎드러지니라"(삼상 17:47~49)

이 이야기가 얼마나 충격적인 일이었는지 당시에는 "사울이 죽인 자는 천천이요 다윗은 만만이로다"(삼상 18:7)라는 노래로 온 이스라엘을 강타했고, 그 이후 3,000년 동안이나 유명한 이야기로 계속해서 전해지고 있으며 오늘날도 스포츠 경기 때마다 잊을 만하면 "다윗과 골리앗의 싸움이네요."라는 멘트로 또다시 골리앗을 유명하게 만들고 있습니다.

"무리가 돌아올 때 곧 다윗이 블레셋 사람을 죽이고 돌아올 때에 여인들이 이스라엘 모든 성읍에서 나와서 노래하며 춤추며 소고와 경쇠를 가지고 왕 사울을 환영하는데 여인들이 뛰놀며 노래하여 이르되 사울이 죽인 자는 천천이요 다윗은 만만이로다 한지라"(삼상 18:6~7)

'사울 천천 다윗 만만' 이 노래는 블레셋과 골리앗에 대해 이스라엘이 40일이나 두려워했기에 이스라엘 전역에 퍼진 노래가 된 것입니다.


● 두 번째 포인트
다윗의 예선은 사자의 발톱, 골리앗의 베틀 채 그리고 사울의 사유화된 권력이었습니다.


이렇게 다윗은 30세 이전에 왕으로서의 예선을 세 차례 치릅니다. 하나님께서는 이미 사무엘을 통해 청소년 다윗을 차기 왕

103

으로 예선하신 상태입니다.

"너는 뿔에 기름을 채워 가지고 가라 내가 너를 베들레헴 사람 이새에게로 보내리니 이는 내가 그의 아들 중에서 한 왕을 보았느니라"(삼상 16:1)

이스라엘의 초대 왕 사울은 12,000 대 1의 제비뽑기로 하루 아침에 갑자기 왕이 된 사람이었습니다. 그러나 다윗은 제비뽑기가 아닌 긴 시간, 세 차례의 예선을 통과한 후 하나님과 이스라엘 백성들에 의해 왕으로 세워집니다.

다윗의 세 차례 예선은 다음과 같습니다.

첫 번째 예선은 다윗이 사자와 곰을 이겨야 하는 싸움이었습니다.

"다윗이 사울에게 말하되 주의 종이 아버지의 양을 지킬 때에 사자나 곰이 와서 양 떼에서 새끼를 물어가면 내가 따라가서 그것을 치고 그 입에서 새끼를 건져내었고 그것이 일어나 나를 해하고자 하면 내가 그 수염을 잡고 그것을 쳐죽였나이다"(삼상 17:34~35)

이때 다윗이 사자와 곰을 이긴 무기는 바로 '물매'였습니다.

두 번째 예선은 다윗이 골리앗과 맞서 싸워 이겨야 하는 싸움이었습니다.

"그 블레셋 사람이 둘러보다가 다윗을 보고 업신여기니 이는 그가 젊

고 붉고 용모가 아름다움이라"(삼상 17:42)

"블레셋 사람이 일어나 다윗에게로 마주 가까이 올 때에 다윗이 블레셋 사람을 향하여 빨리 달리며 손을 주머니에 넣어 돌을 가지고 물매로 던져 블레셋 사람의 이마를 치매 돌이 그의 이마에 박히니 땅에 엎드러지니라 다윗이 이같이 물매와 돌로 블레셋 사람을 이기고 그를 쳐죽였으나 자기 손에는 칼이 없었더라 다윗이 달려가서 블레셋 사람을 밟고 그의 칼을 그 칼 집에서 빼내어 그 칼로 그를 죽이고 그의 머리를 베니 블레셋 사람들이 자기 용사의 죽음을 보고 도망하는지라"(삼상 17:48~51)

이때도 다윗이 골리앗을 이긴 무기는 바로 '물매'였습니다. 다윗이 이렇게 1차, 2차 예선을 힘겹게 통과했지만 3차 예선은 물매로도 이길 수 없는 예선이었습니다. 노련하며 자신의 권력 사유화를 위해서는 무슨 일이든 할 수 있는 정치 9단인 사울 왕과 싸워 이겨야 하는 것입니다.

"사울이 그 말에 불쾌하여 심히 노하여 이르되 다윗에게는 만만을 돌리고 내게는 천천만 돌리니 그가 더 얻을 것이 나라 말고 무엇이냐 하고 그 날 후로 사울이 다윗을 주목하였더라"(삼상 18:8~9)

이스라엘 여인들이 부른 '사울 천천 다윗 만만' 노래를 듣자마자 사울은 다윗을 정적으로 견제하기 시작합니다.

● 세 번째 포인트

다윗과 요나단은 "전쟁은 여호와께 속해 있다"라는 말로 통합니다.

일찍이 블레셋과의 싸움에서 요나단은 자신의 무기를 든 자에게 다음과 같이 말했습니다.

"요나단이 자기의 무기를 든 소년에게 이르되 우리가 이 할례 받지 않은 자들에게로 건너가자 여호와께서 우리를 위하여 일하실까 하노라 여호와의 구원은 사람이 많고 적음에 달리지 아니하였느니라 무기를 든 자가 그에게 이르되 당신의 마음에 있는 대로 다 행하여 앞서 가소서 내가 당신과 마음을 같이 하여 따르리이다 … 그들이 만일 말하기를 우리에게로 올라오라 하면 우리가 올라갈 것은 여호와께서 그들을 우리 손에 넘기셨음이니 이것이 우리에게 표징이 되리라 하고"(삼상 14:6~10)

엘라 골짜기에서의 40일 후, 요나단이 듣고 있는 상황에서 다윗은 골리앗에게 다음과 같은 말을 합니다.

"다윗이 블레셋 사람에게 이르되 너는 칼과 창과 단창으로 내게 나아오거니와 나는 만군의 여호와의 이름 곧 네가 모욕하는 이스라엘 군대의 하나님의 이름으로 네게 나아가노라 오늘 여호와께서 너를 내 손에 넘기시리니 내가 너를 쳐서 네 목을 베고 블레셋 군대의 시체를 오늘 공중의 새와 땅의 들짐승에게 주어 온 땅으로 이스라엘에 하나님이 계신 줄 알게 하겠고 또 여호와의 구원하심이 칼과 창에 있지 아니함을 이 무리에게 알게 하리라 전쟁은 여호와께 속한 것인즉 그가 너희를 우리 손에 넘기시리라"(삼상 17:45~47)

이때 요나단은 마치 자신의 예전 모습을 보는 것 같았습니다. 요나단은 다윗의 물매 솜씨에도 놀랐지만 다윗이 골리앗에게 한 말을 듣고 정말 깜짝 놀랐습니다. 그래서 요나단은 첫 번째로 마음을 합했던 자신의 무기를 든 자에 이어 다윗과 두 번째로 통하게 됩니다.

"다윗이 사울에게 말하기를 마치매 요나단의 마음이 다윗의 마음과 하나가 되어 요나단이 그를 자기 생명 같이 사랑하니라"(삼상 18:1)

"전쟁은 여호와께 속해 있다." 이 한마디로 다윗과 요나단은 모든 것을 뛰어넘어 통할 수 있게 된 것입니다.

나라와 나라 사이에 이기고 지게 하는 전쟁 승패의 결정권이 하나님께 있다는 것입니다. 이것이 하나님의 제사장 나라 세계 경영입니다.

"세계가 다 내게 속하였나니"(출 19:5)

다윗과 요나단은 이 분명한 사실을 알고 믿고 서로 통했습니다.

● 네 번째 포인트

요나단의 제안으로 요나단과 다윗은 언약을 맺습니다.

하나님을 믿는 믿음과 용기로 골리앗과 맞서 싸워 이긴 다윗을 보고 요나단이 먼저 다윗에게 언약을 맺자고 제안을 합니다. 그리고 요나단은 죽는 순간까지 그 약속을 지킵니다.

"요나단은 다윗을 자기 생명 같이 사랑하여 더불어 언약을 맺었으며 요나단이 자기가 입었던 겉옷을 벗어 다윗에게 주었고 자기의 군복과 칼과 활과 띠도 그리하였더라"(삼상 18:3~4)

요나단과 다윗의 언약은 왕자가 일개 목동과 평등한 언약을 맺은 참으로 놀라운 사건입니다. 요나단이 다윗에게 언약의 증표로 준 겉옷과 군복, 칼, 활은 왕자의 신분을 상징하는 겉옷과 생명을 의탁하는 표현으로 자신의 군장 일체를 준 것입니다.

요나단도 다윗에 대한 언약을 끝까지 지켰지만 다윗 또한 요나단에 대한 언약을 끝까지 지킵니다. 다윗은 요나단이 죽은 이후 몸이 불편한 요나단의 아들 므비보셋을 찾아 그를 평생 왕의 상에서 함께 먹게 합니다. 요나단에 대한 사랑으로 므비보셋을 끝까지 책임진 것입니다.

"므비보셋이 항상 왕의 상에서 먹으므로 예루살렘에 사니라"(삼하 9:13)

.....................................................................................

.....................................................................................

.....................................................................................

.....................................................................................

● 다섯 번째 포인트

사울은 자신의 딸 미갈을 이용해 다윗에 대한 차도살인을 시도합니다.

사울 왕의 귀에 들리는 여인들의 '사울 천천 다윗 만만' 노래는 사울로 하여금 다윗을 서둘러 죽이려는 계획을 갖게 했습니다. '사울 천천 다윗 만만' 노래는 사울과 다윗에 대한 이스라엘 백성들의 평가였기에 사울은 다윗을 왕권 경쟁자로 주목했던 것입니다.

사실 사울은 처음에는 다윗을 높이 평가하여 이스라엘의 군대 장관으로 삼았습니다. 그러나 여인들의 노래를 듣고 사울은 다윗을 왕권 경쟁자로 여기게 되었고 죽이려는 결심을 서두릅니다. 더욱이 사울은 이미 사무엘에게 자신의 왕위 폐지 선언을 들었기에 다윗이 너무나 두려웠던 것입니다.

> "지금은 왕의 나라가 길지 못할 것이라 여호와께서 왕에게 명령하신 바를 왕이 지키지 아니하였으므로 여호와께서 그의 마음에 맞는 사람을 구하여 여호와께서 그를 그의 백성의 지도자로 삼으셨느니라"(삼상 13:14)

사울은 다윗이 수금을 탈 때 직접 창을 던져 죽이려 했습니다. 그때 다윗은 피하기만 했습니다.

"내가 다윗을 벽에 박으리라 하고 사울이 그 창을 던졌으나 다윗이 그의 앞에서 두 번 피하였더라"(삼상 18:11)

그리고 사울은 다윗에게 맏사위가 되는 조건으로 블레셋과 싸우게 하려 했습니다.

"사울이 다윗에게 이르되 내 맏딸 메랍을 네게 아내로 주리니 오직 너는 나를 위하여 용기를 내어 여호와의 싸움을 싸우라 하니 이는 그가 생각하기를 내 손을 그에게 대지 않고 블레셋 사람들의 손을 그에게 대게 하리라 함이라"(삼상 18:17)

이 계획은 계속 이어져 마침내 사울은 자신의 딸 미갈을 이용해 다윗에 대한 차도살인을 계획합니다. 차도살인(借刀殺人)이란, 남의 칼을 빌려 사람을 죽이는 것입니다.

사울은 다윗에게 왕의 사위가 되는 조건으로 전쟁 때도 아닌 평상시였음에도 불구하고 블레셋에 들어가 적의 포피 100개를 가져오게 합니다. 이는 블레셋을 통해 다윗을 죽이려는 계획이었습니다.

"내가 딸을 그에게 주어서 그에게 올무가 되게 하고 블레셋 사람들의 손으로 그를 치게 하리라 하고 이에 사울이 다윗에게 이르되 네가 오늘 다시 내 사위가 되리라 하니라 사울이 그의 신하들에게 명령하되 너희는 다윗에게 비밀히 말하여 이르기를 보라 왕이 너를 기뻐하시고 모든 신하도 너를 사랑하나니 그런즉 네가 왕의 사위가 되는 것이 가하니라 하라"(삼상 18:21~22)

"다윗이 일어나서 그의 부하들과 함께 가서 블레셋 사람 이백 명을 죽이고 그들의 포피를 가져다가 수대로 왕께 드려 왕의 사위가 되고자 하니 사울이 그의 딸 미갈을 다윗에게 아내로 주었더라 여호와께서 다윗과 함께 계심을 사울이 보고 알았고 사울의 딸 미갈도 그를 사랑하므로 사울이 다윗을 더욱더욱 두려워하여 평생에 다윗의 대적이 되니라"(삼상 18:27~29)

그런데 다윗은 블레셋의 손에 죽지 않았을뿐더러 블레셋 사람의 포피를 100개가 아닌 200개나 가져다가 사울에게 바칩니다. 사울의 차도살인 계획은 결국 수포로 돌아가고 오히려 이 일로 인해 다윗은 왕의 사위가 되어 사울의 권력 깊숙한 곳으로 들어가 권력을 가까이서 지켜보는 공부를 하게 됩니다.

**디저트** DESSERT

세상에서는 권력이 얼마나 좋은지 부자지간에도 나눌 수 없을 정도라 말합니다. 우리는 사울을 통해서는 반면교사(反面敎師)

로, 다윗을 통해서는 올바른 '권력의 공공성'을 배우게 됩니다.

성경은 다윗을 통해 '권력의 사유화가 아닌 권력의 공공성'을 제시해줍니다. 그리고 공과 의를 행하는 것이 올바른 정치라고 가르쳐줍니다. 성경은 이처럼 정치를 비롯한 세상의 모든 문제를 답해줍니다. 그래서 우리 삶의 모든 이야기, 성경 한 권으로 충분합니다.

# 사울과 맞서지 않는 다윗
(삼상 19장, 시 59편)

다윗이 골리앗을 무너뜨리고 국가 영웅으로 놀랍게 신분이 상승됩니다. 그러나 다윗에 대한 사울 왕의 살해 의지가 커지면서 다윗은 사울의 칼과 창끝을 피해 도망자가 되어야 했습니다. 이제부터 사울에게 쫓기는 다윗의 여정이 〈사무엘상〉 마지막 장까지 계속됩니다.

.....................................................................
.....................................................................
.....................................................................
.....................................................................

《일년일독 통독성경》 사무엘상 19장, 시편 59편

**통通으로 숲이야기 ; 통숲** TONG OBSERVATION

● 첫 번째 포인트

사울이 계획한 '우연을 가장한 다윗 죽이기'가 모두 실패로 돌아갔습니다.

사울은 노련한 정치 9단답게 블레셋을 이용해 '우연을 가장한 다윗 죽이기', 즉 차도살인(借刀殺人)을 실행합니다. 그것도 자기 두 딸과 블레셋을 묶어 계략을 세워 명령합니다. 이러한 명령은 오직 왕의 자리를 가진 자만이 가능합니다.

"사울이 다윗에게 이르되 내 맏딸 메랍을 네게 아내로 주리니 오직 너는 나를 위하여 용기를 내어 여호와의 싸움을 싸우라 하니 이는 그가 생각하기를 내 손을 그에게 대지 않고 블레셋 사람들의 손을 그에게 대게 하리라 함이라"(삼상 18:17)

이때 이미 자기 큰딸 메랍을 므홀랏 사람 아드리엘에게 시집보내기로 약속되어 있었습니다(삼상 18:19).

........................................................................

........................................................................

........................................................................

........................................................................

그런데 그때 마침 사울은 자신의 작은딸 미갈이 다윗을 사랑한다는 말을 듣고 또다시 일부 신하를 비밀리에 불러 차도살인 계획을 세웁니다.

"사울이 그의 신하들에게 명령하되 너희는 다윗에게 비밀히 말하여 이르기를 보라 왕이 너를 기뻐하시고 모든 신하도 너를 사랑하나니 그런즉 네가 왕의 사위가 되는 것이 가하니라 하라"(삼상 18:22)

"사울이 이르되 너희는 다윗에게 이같이 말하기를 왕이 아무 것도 원하지 아니하고 다만 왕의 원수의 보복으로 블레셋 사람들의 포피 백 개를 원하신다 하라 하였으니 이는 사울의 생각에 다윗을 블레셋 사람들의 손에 죽게 하리라 함이라"(삼상 18:25)

"블레셋 사람들의 손에 죽게 하리라!"

딸의 사랑도 다윗의 충성심도 전혀 중요하지 않은 참으로 부패한 권력자의 위선의 극치를 보여주는 차도살인 계획이라 할 수 있습니다.

그런데 사울의 이 모든 계획이 다윗의 용감한 행동으로 말미암아 '우연을 가장한 다윗 죽이기'가 모두 실패로 돌아갑니다. 그러자 사울은 더 이상 그의 속내를 감추지 않습니다.

● 두 번째 포인트
**사울은 다윗 살해 의지를 모든 신하에게 공개적으로 표명합니다.**

사울은 다윗이 국가 영웅이자 딸 미갈이 진심으로 사랑하는 사위이지만 다윗에 대한 살해 의지를 공개적으로 표명합니다.

"사울이 그의 아들 요나단과 그의 모든 신하에게 다윗을 죽이라 말하였더니"(삼상 19:1)

사울이 그동안은 속내를 감추고 다윗을 죽이려 했지만 임계점을 넘자 더 이상 못 참고 다윗을 죽이겠다고 공포한 것을 보면, 과거에 사울이 사무엘에게도 속내를 드러내지는 않았지만 사무엘은 사울이 자신을 죽이려 한다는 것을 잘 알고 있었음을 알 수 있습니다.

단지 비공개적이냐 공개적이냐 그것만이 문제였습니다. 그래서 하나님께서 사무엘에게 베들레헴에 가라고 하신 말씀에 "사울이 들으면 자신을 죽일 것"이라고 사무엘이 말했던 것입니다.

"사무엘이 이르되 내가 어찌 갈 수 있으리이까 사울이 들으면 나를 죽이리이다"(삼상 16:2)

어쨌든 이제 사울이 공개적으로 다윗을 죽이겠다고 공포한 상황입니다. 그러자 이를 듣고 요나단이 우선 서둘러 다윗을 피신시켜놓고 아버지 사울을 설득하여 그 마음을 돌려보려고 합니다.

"그가 다윗에게 말하여 이르되 내 아버지 사울이 너를 죽이기를 꾀하시느니라 그러므로 이제 청하노니 아침에 조심하여 은밀한 곳에 숨어 있으라 내가 나가서 네가 있는 들에서 내 아버지 곁에 서서 네 일을 내 아버지와 말하다가 무엇을 보면 네게 알려 주리라 하고 요나단이 그의 아버지 사울에게 다윗을 칭찬하여 이르되 원하건대 왕은 신하 다윗에게 범죄하지 마옵소서 그는 왕께 득죄하지 아니하였고 그가 왕께 행한 일은 심히 선함이니이다"(삼상 19:2~4)

사울은 요나단의 말을 듣고 잠시나마 그의 뜻을 접는 듯했습니다. 그러나 다윗이 블레셋과의 싸움에서 또 승리하자 사울은 다윗을 직접 죽이려 합니다. 사울이 지난번처럼 다윗에게 단창을 던진 것입니다.

"사울이 단창으로 다윗을 벽에 박으려 하였으나 그는 사울의 앞을 피하고 사울의 창은 벽에 박힌지라 다윗이 그 밤에 도피하매"(삼상 19:10)

다윗이 일단 사울을 피해 집으로 온 후 더 큰 위험이 가까이 다가오자 아내 미갈의 도움으로 집을 벗어나 도피합니다.

"사울이 전령들을 다윗의 집에 보내어 그를 지키다가 아침에 그를 죽이게 하려 한지라 다윗의 아내 미갈이 다윗에게 말하여 이르되 당신이 이 밤에 당신의 생명을 구하지 아니하면 내일에는 죽임을 당하리라 하고"(삼상 19:11)

그리고 미갈은 사울이 보낸 자객들을 피해 서둘러 다윗을 창문을 통해 달아나게 합니다.

"미갈이 다윗을 창에서 달아 내리매 그가 피하여 도망하니라"(삼상 19:12)

"사울이 또 전령들을 보내어 다윗을 보라 하며 이르되 그를 침상째 내게로 들고 오라 내가 그를 죽이리라"(삼상 19:15)

아침이 되자 사울이 자기 딸 미갈의 집에서 사위 다윗을 침상째 묶어 데려오라고 말합니다. 자신이 직접 죽이겠다는 것입니다. 상황이 여기까지 이르게 되자 이제 다윗은 숨 쉴 틈도 없이, 왜 도망해야 하는지 따져볼 겨를도 없이 목숨을 건지기 위해 도피 길에 오릅니다.

이 다급한 순간에 그의 머리에 떠오른 것은 오직 사무엘뿐이었습니다. 다윗은 발길을 서둘러 사무엘에게로 달려갑니다.

"다윗이 도피하여 라마로 가서 사무엘에게로 나아가서 사울이 자기에게 행한 일을 다 전하였고 다윗과 사무엘이 나욧으로 가서 살았더라"(삼상 19:18)

................................................................

................................................................

................................................................

................................................................

사울은 주저하지 않고 사무엘에게 숨은 다윗을 죽이기 위해 자객들을 세 차례에 걸쳐 보내지만 실패합니다. 그러자 사울은 자신이 직접 다윗을 죽이기 위해 라마 나욧까지 달려갑니다. 그런데 그곳에서 사울이 벌거벗고 예언하는 이상한 상황이 펼쳐지면서 그 사이에 다윗은 또다시 도망하게 됩니다.

> "그가 또 그의 옷을 벗고 사무엘 앞에서 예언을 하며 하루 밤낮을 벗은 몸으로 누웠더라 그러므로 속담에 이르기를 사울도 선지자 중에 있느냐 하니라"(삼상 19:24)

● 세 번째 포인트
다윗이 사울과 맞서지 않고 도망하는 이유는 두 가지 때문입니다.

사실 다윗은 보통 사람들과는 달리 곰, 사자, 골리앗 앞에서도 쫓기거나 도망하기보다는 오히려 맞서 싸우는 사람입니다. 그러니 사울과도 맞서 싸우는 것이 더 다윗답습니다. 그런 다윗이 사울과 맞서지 않고 쫓기며 도망하는 이유는 두 가지 때문입니다.

첫째, 다윗이 쫓기는 이유는 '제사장 나라 법' 때문입니다.

제사장 나라 법에 의하면 '기름 부음을 받은 자'를 죽이면 안 되었습니다. 하나님께 '기름 부음을 받은 자'는 하나님만 직접 다스리시고 폐기하실 수 있습니다. '기름 부음을 받은 자'는 하나님의 소관이었습니다.

이를 잘 알고 있던 다윗이 신하들에게 이렇게 말합니다.

"자기 사람들에게 이르되 내가 손을 들어 여호와의 기름 부음을 받은 내 주를 치는 것은 여호와께서 금하시는 것이니 그는 여호와의 기름 부음을 받은 자가 됨이니라 하고 다윗이 이 말로 자기 사람들을 금하여 사울을 해하지 못하게 하니라"(삼상 24:6~7)

이처럼 제사장 나라에서 모든 공직자의 임명권자는 당연히 하나님이십니다.

둘째, 다윗이 쫓기는 이유는 '사울의 권력 사유화 폐단' 때문입니다.

다윗이 어떤 한 가지라도 죄를 지어 쫓기는 것이 아닙니다. 오직 사울의 권력 사유화 때문입니다. 사울은 자신의 권력 유지를 위해 사무엘까지도 죽일 수 있습니다. 그러니 다윗을 죽이는 것은 사울에게는 일도 아니었습니다.

"사울이 그 말에 불쾌하여 심히 노하여 이르되 다윗에게는 만만을 돌리고 내게는 천천만 돌리니 그가 더 얻을 것이 나라 말고 무엇이냐 하고"(삼상 18:8)

다윗에게 사울의 권력 사유화 폐단은 사자와 골리앗을 상대해서 싸우는 것보다 훨씬 어려운 싸움이었습니다. 때문에 사울의 뒤를 이어 차기 이스라엘의 왕이 될 다윗은 사울을 통해 권력 사유화에 따른 폐단에 대해 맞서 공부해야 했던 것입니다.

● 네 번째 포인트
그럼에도 다윗을 지키려는 사람들이 있습니다.

이스라엘의 최고 권력자 사울이 대놓고 다윗을 죽이려 하는 상황 가운데에서도 다윗을 지키려는 사람들이 있었습니다. 요나단, 미갈, 사무엘이 그랬습니다.

첫 번째는 요나단입니다.

"요나단이 그의 아버지 사울에게 다윗을 칭찬하여 이르되 원하건대 왕은 신하 다윗에게 범죄하지 마옵소서 그는 왕께 득죄하지 아니하였고 그가 왕께 행한 일은 심히 선함이니이다 그가 자기 생명을 아끼지 아니하고 블레셋 사람을 죽였고 여호와께서는 온 이스라엘을 위하여 큰 구원을 이루셨으므로 왕이 이를 보고 기뻐하셨거늘 어찌 까닭 없이 다윗을 죽여 무죄한 피를 흘려 범죄하려 하시나이까"(삼상 19:4~5)

두 번째는 미갈입니다.

"사울이 전령들을 다윗의 집에 보내어 그를 지키다가 아침에 그를 죽이게 하려 한지라 다윗의 아내 미갈이 다윗에게 말하여 이르되 당신이 이 밤에 당신의 생명을 구하지 아니하면 내일에는 죽임을 당하리라 하고 미갈이 다윗을 창에서 달아 내리매 그가 피하여 도망하니라"(삼상 19:11~12)

### 세 번째는 사무엘입니다.

"다윗이 도피하여 라마로 가서 사무엘에게로 나아가서 사울이 자기에게 행한 일을 다 전하였고 다윗과 사무엘이 나욧으로 가서 살았더라"(삼상 19:18)

'나욧'은 라마로 피신한 다윗이 머물렀던 곳인데 '거주지'라는 뜻으로 라마의 어느 한 곳인 듯합니다. 그곳에 선지자 무리가 있다는 것과 사무엘이 수령으로 활동한 것을 볼 때 사무엘이 그의 제자들을 키우는 선지 학교가 그곳에 있었던 것 같습니다.

"사울이 다윗을 잡으러 전령들을 보냈더니 그들이 선지자 무리가 예언하는 것과 사무엘이 그들의 수령으로 선 것을 볼 때에 하나님의 영이 사울의 전령들에게 임하매 그들도 예언을 한지라"(삼상 19:20)

● 다섯 번째 포인트
**사방이 다 막히자, 다윗은 기도로 하늘 문을 열기 시작합니다.**

사울에 의해 다윗의 사방이 다 막힙니다. 그때 다윗은 기도로 하늘 문을 엽니다.

"여호와여 주께서 그들을 비웃으시며 모든 나라들을 조롱하시리이다 하나님은 나의 요새이시니 그의 힘으로 말미암아 내가 주를 바라리이다 나의 하나님이 그의 인자하심으로 나를 영접하시며 하나님이 나의 원수가 보응 받는 것을 내가 보게 하시리이다 그들을 죽이지 마옵소서 나의 백성이 잊을까 하나이다 우리 방패 되신 주여 주의 능력으로 그들을 흩으시고 낮추소서 그들의 입술의 말은 곧 그들의 입의 죄라 그들이 말하는 저주와 거짓말로 말미암아 그들이 그 교만한 중에서 사로잡히게 하소서 진노하심으로 소멸하시되 없어지기까지 소멸하사 하나님이 야곱 중에서 다스리심을 땅 끝까지 알게 하소서"(시 59:8~13)

〈시편〉은 하나님께 찬양과 경배를 드리기 위해 쓰인 이스라엘의 기도서입니다. 그런데 시편의 다수, 곧 150편 중 73편가량이 다윗이 지은 시편입니다.

〈사무엘서〉를 통해서는 정치인으로서의 다윗의 모습을 볼 수 있다면 다윗의 〈시편〉을 통해서는 찬양과 기도로 하나님과 깊고 친밀한 만남을 가졌던 신앙인으로서의 다윗의 모습을 살펴볼 수 있습니다.

사울 정권의 어두운 시대 흐름을 하나님 중심으로 바꿔낼 수 있었던 다윗의 힘이 그의 신앙고백 안에 담겨 있습니다.

## 디저트 DESSERT

다윗이 사울의 칼끝을 피해 집으로 도망쳐 온 그 밤에 사울은 전령들을 보내 집을 포위하고 있다가 아침에 다윗을 죽이도록 명령했습니다(삼상 19:11). 그러나 그 밤에 하나님께서는 미갈을 통하여 다윗이 도망갈 길을 급하게 열어주십니다.

그때 지은 다윗의 〈시편〉이 바로 '시편 59편'입니다. 사방이 꽉 막혀 있는 상황에서 다윗이 할 수 있는 일은 자신의 힘이신 하나님만 바라며 기도하는 것이었습니다.

"나를 건지시고 높이 드소서", "구원하소서", "살펴주소서", "위하여 일어나소서".

이 시편 앞부분에 나오는 짙은 호소는 다윗의 다급한 호흡을 잘 드러내고 있습니다. 다윗은 이러한 상황에서 하나님께 "나는 주의 힘을 노래하며 아침에 주의 인자하심을 높이 부르오리니 주는 나의 요새이시며 나의 환난 날에 피난처심이니이다"(시 59:16)라고 기도했습니다.

우리 인생길에서 사방이 다 막혔을 때 할 수 있는 유일한 길을 하나님의 사람 다윗이 이렇게 가르쳐주고 있습니다. 사방이 모두 막혔을 때에 하늘의 하나님께서는 하늘 문을 여시고 우리를 돕기 위해 기다리고 계십니다. 그 하나님이 바로 우리 아버지이십니다.

# $\mathcal{96}_{일}$

## 기도로 여는 하늘 문 (삼상 20~21장, 시 34편)

사울의 아들 요나단마저도 사울의 위협으로부터 다윗의 생명을 지켜줄 수 없었습니다. 요나단은 자신이 아니라 다윗을 통해서 이스라엘의 왕위가 이어지는 것이 하나님의 뜻임을 인정하고 도피 길에 오르는 다윗과 하나님의 이름으로 언약을 맺습니다.

그렇게 도피 길에 오르게 된 다윗은 아히멜렉의 제사장들의 성읍인 놉 땅에 도착하게 됩니다. 급한 도피 길이었으니 무기는 커녕 변변한 먹을거리조차 챙기지 못한 다윗은 제사장 아히멜렉으로부터 골리앗의 칼과 떡 조금을 얻게 됩니다.

그리고 다윗은 살기 위해 블레셋의 가드 왕 아기스에게로 갔지만 아기스의 신하들이 골리앗을 죽인 다윗을 알아보고 아기스에게 다윗이 얼마나 위험한 인물인지를 알립니다. 그러자 살기 위해 망명해 들어간 적진 블레셋이 이스라엘 사울의 칼끝보다도 더 안전하지 않다는 사실을 깨달은 다윗은 그 위기에서 벗어나기 위해 블레셋 가드 왕 아기스와 그의 신하들 앞에서 최선을 다해 미친 척을 했습니다. 다윗은 겨우 목숨을 건져 블레셋에서 빠져나옵니다.

그렇게 미친 척까지 하며 목숨을 구하자 자존감은 땅바닥으로 내려갔지만 다윗은 이 비참한 상황에서도 불평하기보다는 오히려 하나님을 노래합니다.

"젊은 사자는 궁핍하여 주릴지라도 여호와를 찾는 자는 모든 좋은 것에 부족함이 없으리로다"(시 34:10)

"여호와는 마음이 상한 자를 가까이 하시고 충심으로 통회하는 자를 구원하시는도다"(시 34:18)

다윗은 앞뒤 상황이 꽉 막힐 때마다 이렇게 '기도'로 하늘 문을 열었습니다.

《일년일독 통독성경》 사무엘상 20~21장, 시편 34편

 통通으로 숲이야기 ; 통숲 TONG OBSERVATION

● 첫 번째 포인트
다윗과 요나단의 언약은 '권력'을 뛰어넘습니다.

권력은 너무 좋은 것이어서 부자(父子) 사이에도 나눌 수 없다
고 말합니다. 그런데 권력을 뛰어넘는 언약이 바로 다윗과 요나
단의 언약입니다.

처음, 다윗과 요나단은 엘라 골짜기에서 언약을 맺었습니다.
이 두 사람의 언약은 이후 역사에서 인간과 인간이 맺은 언약 중
가장 아름다운 언약으로 남게 됩니다.

먼저 제사장 나라를 기반으로 한 다윗과 요나단의 언약을 통
(通)으로 살펴보겠습니다.

첫째, 다윗과 요나단의 언약은 다윗이 골리앗을 물리친 후 엘
라 골짜기에서 첫 만남 때 이루어졌습니다.

요나단은 하나님의 명예에 대해 늘 생각하는 사람이었습니

다. 그런데 요나단은 자기보다 더 하나님을 사랑하고 하나님의 명예를 지키려 하는 다윗을 보고 감동했습니다. 당시 모든 사람은 다윗의 물매 실력과 용기에 감동했지만 요나단은 '전쟁은 여호와께 속한 것'이라며 골리앗에게 달려든 다윗의 믿음을 보고 감동받았습니다.

> "다윗이 사울에게 말하기를 마치매 요나단의 마음이 다윗의 마음과 하나가 되어 요나단이 그를 자기 생명 같이 사랑하니라 그 날에 사울은 다윗을 머무르게 하고 그의 아버지의 집으로 다시 돌아가기를 허락하지 아니하였고 요나단은 다윗을 자기 생명 같이 사랑하여 더불어 언약을 맺었으며"(삼상 18:1~3)

둘째, 요나단은 다윗을 지켜 보호해주고자 사울을 설득하기까지 했습니다. 다윗이 골리앗을 무찌른 사건이 '다윗 돌풍'을 일으키며 '사울 천천 다윗 만만' 노래가 온 나라에 울려 퍼지자 사울은 질투와 시기로 다윗을 죽이려 했습니다. 이때 요나단이 아버지 사울에게 간절하게 요청하므로 잠깐이나마 사울이 마음을 돌이켰었습니다.

> "요나단이 그의 아버지 사울에게 다윗을 칭찬하여 이르되 원하건대 왕은 신하 다윗에게 범죄하지 마옵소서 그는 왕께 득죄하지 아니하였고 그가 왕께 행한 일은 심히 선함이니이다 ··· 사울이 요나단의 말을 듣고

맹세하되 여호와께서 살아 계심을 두고 맹세하거니와 그가 죽임을 당하지 아니하리라"(삼상 19:4~6)

셋째, 그러나 끝내 다윗을 죽이려고 하는 아버지 사울의 본심을 확인한 요나단은 다윗을 도망하게 하면서 다윗과 더 깊은 언약을 맺습니다. 사울은 자신의 권력을 아들 요나단에게 반드시 넘기고자 끝내 다윗을 죽이려 합니다. 사울의 그 결심은 그 누구도 막을 수 없는 상황이 되었습니다.

그러나 요나단은 이스라엘의 왕위가 자신이 아닌 다윗을 통해 이어지는 것이 하나님의 뜻임을 인정하고 다윗에게 대권 후보의 자리를 양보하며 사울에게서 멀리 도망하게 합니다. 요나단은 도망 길에 오르는 다윗과 하나님의 이름으로 언약을 다시 맺으며 그 언약이 그들의 후손 때까지 영원할 것을 확인합니다.

요나단이 다윗에게 말합니다.

"너는 내가 사는 날 동안에 여호와의 인자하심을 내게 베풀어서 나를 죽지 않게 할 뿐 아니라 여호와께서 너 다윗의 대적들을 지면에서 다 끊어 버리신 때에도 너는 네 인자함을 내 집에서 영원히 끊어 버리지 말라"(삼상 20:14~15)

요나단이 말하는 다윗의 대적들이 누구입니까? 요나단 자신의 아버지 사울과 그의 맹종자들 아니겠습니까? 그런데 요나단이 그들을 하나님께서 다 끊어 버리시기를 원한다는 것입니다. 그러므로 결국 승리자가 될 다윗에게 자신의 집을 돌봐달라는 것입니다.

"너와 내가 말한 일에 대하여는 여호와께서 너와 나 사이에 영원토록 계시느니라"(삼상 20:23)

"요나단이 다윗에게 이르되 평안히 가라 우리 두 사람이 여호와의 이름으로 맹세하여 이르기를 여호와께서 영원히 나와 너 사이에 계시고 내 자손과 네 자손 사이에 계시리라 하였느니라 하니 다윗은 일어나 떠나고 요나단은 성읍으로 들어가니라"(삼상 20:42)

넷째, 이후 도망자 다윗과 십 광야에서 잠깐 만난 요나단이 그들의 언약을 다시 확인합니다. 요나단 자신이 아닌 다윗이 확실히 왕이 될 것이라는 언약입니다.

"곧 요나단이 그에게 이르기를 두려워하지 말라 내 아버지 사울의 손이 네게 미치지 못할 것이요 너는 이스라엘 왕이 되고 나는 네 다음이 될 것을 내 아버지 사울도 안다 하니라 두 사람이 여호와 앞에서 언약하고 다윗은 수풀에 머물고 요나단은 자기 집으로 돌아가니라"(삼상 23:17~18)

다섯째, 이후 10여 년이 지나고 요나단이 블레셋과 싸운 길보아 전투에서 죽자 다윗이 요나단의 죽음을 진심으로 슬퍼합니다.

"이에 다윗이 자기 옷을 잡아 찢으매 함께 있는 모든 사람도 그리하고 사울과 그의 아들 요나단과 여호와의 백성과 이스라엘 족속이 칼에 죽음으로 말미암아 저녁 때까지 슬퍼하여 울며 금식하니라"(삼하 1:11~12)

여섯째, 다윗은 요나단과의 언약대로 그가 왕이 되었을 때 요나단의 아들 므비보셋을 끝까지 돌보고 책임집니다.

다윗이 요나단의 아들 므비보셋에게 따뜻하게 말합니다.

"다윗이 그에게 이르되 무서워하지 말라 내가 반드시 네 아버지 요나단으로 말미암아 네게 은총을 베풀리라 내가 네 할아버지 사울의 모든 밭을 다 네게 도로 주겠고 또 너는 항상 내 상에서 떡을 먹을지니라"(삼하 9:7)

수백 년 전 야곱의 두 아들 유다와 베냐민이 아버지의 편애로 발생한 형제 갈등을 끝내 뛰어넘고 유다 형이 동생 베냐민을 위해 대신 종으로 남겠다고 선택해 둘의 월등한 형제애를 보여주었었습니다. 그 후 이렇게 베냐민 지파 요나단과 유다 지파 다윗은 언약을 맺고 사울로 인한 권력 투쟁의 갈등을 뛰어넘어 진정한 우정을 꽃피웠습니다. 솔로몬 사후, 열두 지파가 남북으로 분단될 때도 유다 지파와 베냐민 지파, 두 지파만이 남아 남유다를 이룹니다.

이렇게 다윗과 요나단의 언약은 역사적 우정이 됩니다. 이 관계는 오랜 세월이 지나고 베냐민 지파 사도 바울이 유다 지파 예수님을 목숨 걸고 사랑하는 이야기로 이어집니다.

● 두 번째 포인트
**다윗과 요나단은 이별하여 같이 한없이 웁니다.**

사실 사울이 반드시 다윗을 죽이겠다고 결심한 이유는 사무엘의 예언과 사울이 그것을 확인했기 때문입니다.

"사무엘이 그에게 이르되 여호와께서 오늘 이스라엘 나라를 왕에게서 떼어 왕보다 나은 왕의 이웃에게 주셨나이다"(삼상 15:28)

"여호와께서 사울을 떠나 다윗과 함께 계시므로 사울이 그를 두려워한 지라"(삼상 18:12)

요나단은 이와 같은 이유로 다윗을 죽이려는 사울을 더 이상 말릴 길이 없었습니다. 그러나 요나단은 마지막으로 한 번만 더 사울을 시험해보고 그 후에 다윗의 진로를 결정하자고 다윗에게 말합니다.

"그가 다윗에게 말하여 이르되 내 아버지 사울이 너를 죽이기를 꾀하시느니라 그러므로 이제 청하노니 아침에 조심하여 은밀한 곳에 숨어 있으라 내가 나가서 네가 있는 들에서 내 아버지 곁에 서서 네 일을 내 아버지와 말하다가 무엇을 보면 네게 알려 주리라"(삼상 19:2~3)

따라서 요나단은 왕실 공식 식사 자리를 통해 다윗 이야기를 꺼내어 사울의 의중을 최종 확인합니다. 그러자 사울은 요나단에게 아주 거친 용어를 사용하면서 솔직하게 말합니다. 다윗을 반드시 죽여야만 하는 이유가 있다는 것입니다.

"사울이 요나단에게 화를 내며 그에게 이르되 패역무도한 계집의 소생아 네가 이새의 아들을 택한 것이 네 수치와 네 어미의 벌거벗은 수치됨을 내가 어찌 알지 못하랴 이새의 아들이 땅에 사는 동안은 너와 네 나라가 든든히 서지 못하리라 그런즉 이제 사람을 보내어 그를 내게로 끌어 오라 그는 죽어야 할 자이니라 한지라"(삼상 20:30~31)

다윗을 반드시 죽이고야 말겠다는 사울의 결심을 재차 확인한 요나단은 이제는 다윗을 도망하게 하는 길밖에 없다고 최종 판단합니다. 다윗에게 도망 길을 제안하는 요나단의 마음이 미어집니다. 그럼에도 다윗을 살릴 길은 그 길밖에 없기에 요나단이 다윗을 멀리 보내며 둘은 황량한 들에서 다시 그들의 언약을 재차 확인합니다. 그리고 결국 요나단과 다윗은 끝내 참지 못하고 함께 웁니다.

다윗과 요나단은 세상에서 둘도 없는 용감한 사람들입니다.

일찍이 요나단은 자신의 무기를 든 자와 단둘이 블레셋 진영으로 거침없이 뛰어들어 갔던 용감한 사람입니다.

"요나단이 자기의 무기를 든 소년에게 이르되 우리가 이 할례 받지 않은 자들에게로 건너가자 여호와께서 우리를 위하여 일하실까 하노라 여호와의 구원은 사람이 많고 적음에 달리지 아니하였느니라"(삼상 14:6)

다윗도 블레셋의 장수 골리앗 앞에 홀로 거침없이 나서는 사람입니다.

"다윗이 블레셋 사람에게 이르되 너는 칼과 창과 단창으로 내게 나아오거니와 나는 만군의 여호와의 이름 곧 네가 모욕하는 이스라엘 군대의 하나님의 이름으로 네게 나아가노라"(삼상 17:45)

그런데 세상에 둘째가라면 서러워할 정도로 용감하기로 유명한 이 두 사람이 서로 입을 맞추며 소리를 낮추어 울고 있습니다.

"아이가 가매 다윗이 곧 바위 남쪽에서 일어나서 땅에 엎드려 세 번 절한 후에 서로 입 맞추고 같이 울되 다윗이 더욱 심하더니 요나단이 다윗에게 이르되 평안히 가라 우리 두 사람이 여호와의 이름으로 맹세하여 이르기를 여호와께서 영원히 나와 너 사이에 계시고 내 자손과 네 자손 사이에 계시리라 하였느니라 하니 다윗은 일어나 떠나고 요나단은 성읍으로 들어가니라"(삼상 20:41~42)

.......................................................................................................

.......................................................................................................

.......................................................................................................

.......................................................................................................

그렇게 다윗과 요나단은 울며 헤어지고 그때부터 다윗은 '도
망자'의 삶을 살게 됩니다. 다윗의 '도망자'의 삶은 사울이 죽는
날까지 10여 년 동안이나 계속됩니다.

● 세 번째 포인트
사울은 도망자 다윗에게 떡 한 조각을 주었다는 이유로 놉의 제사
장 85명을 한번에 다 죽입니다.

다윗이 요나단과 헤어진 후 놉 제사장 아히멜렉을 찾아갔는
데 놉 제사장 아히멜렉이 다윗을 보고 떱니다.

"다윗이 놉에 가서 제사장 아히멜렉에게 이르니 아히멜렉이 떨며 다윗
을 영접하여 그에게 이르되 어찌하여 네가 홀로 있고 함께 하는 자가
아무도 없느냐 하니"(삼상 21:1)

다윗은 일단 아히멜렉 제사장을 안심시키기 위해 자신의 처
지를 숨기고 말합니다.

"다윗이 제사장 아히멜렉에게 이르되 왕이 내게 일을 명령하고 이르시
기를 내가 너를 보내는 것과 네게 명령한 일은 아무것도 사람에게 알리
지 말라 하시기로 내가 나의 소년들을 이러이러한 곳으로 오라고 말하
였나이다"(삼상 21:2)

그렇게 해서 다윗은 아히멜렉을 통해 먹을 것을 구하고 골리앗의 칼을 구해 무장하고 그곳을 급히 떠나갑니다.

제사장 아히멜렉이 이때 다윗에게 준 음식은 제사장만 먹을 수 있는 진설병이었습니다.

"상 위에 진설병을 두어 항상 내 앞에 있게 할지니라"(출 25:30)

"안식일마다 이 떡을 여호와 앞에 항상 진설할지니 이는 이스라엘 자손을 위한 것이요 영원한 언약이니라 이 떡은 아론과 그의 자손에게 돌리고 그들은 그것을 거룩한 곳에서 먹을지니 이는 여호와의 화제 중 그에게 돌리는 것으로서 지극히 거룩함이니라 이는 영원한 규례니라"(레 24:8~9)

그런데 이 아름다운 일을 사울이 끔찍하고 섬뜩한 일로 만들어버립니다. 얼마 지나지 않아 그 자리에 함께 있었던 사울의 목자장이며 재물을 탐내는 기회주의자 도엑의 밀고로 이 일이 발각되고 사울은 다윗을 도왔다는 이유로 놉 제사장 85명을 한꺼번에 죽입니다.

"왕이 도엑에게 이르되 너는 돌아가서 제사장들을 죽이라 하매 에돔 사람 도엑이 돌아가서 제사장들을 쳐서 그 날에 세마포 에봇 입은 자 팔십오 명을 죽였고 제사장들의 성읍 놉의 남녀와 아이들과 젖 먹는 자들과 소와 나귀와 양을 칼로 쳤더라"(삼상 22:18~19)

이 사건은 이스라엘 전역으로 삽시간에 퍼져나갔습니다. 한마디로 사울의 의지를 온 나라에 알린 가장 강력한 사인(sign)으로 어떤 일이 있더라도 다윗에게 지금부터 떡 한 조각도 주지 말고 신고하라는 경고였습니다.

그 무서운 살육의 현장에서 오직 한 사람, 아비아달만이 살아남아 다윗에게로 합류하게 됩니다. 다윗은 아비아달이 들고 온 그 소식을 듣고 그 일이 자기 탓이라며 미안해합니다.

"다윗이 아비아달에게 이르되 그 날에 에돔 사람 도엑이 거기 있기로 그가 반드시 사울에게 말할 줄 내가 알았노라 네 아버지 집의 모든 사람 죽은 것이 나의 탓이로다"(삼상 22:22)

한편 놉 제사장 아히멜렉이 다윗에게 진설병을 준 일은 이후 예수님께서 언급하십니다. 예수님께서 안식일에 밀밭 사이를 가실 때 제자들이 시장하여 이삭을 잘라 먹습니다. 이때 바리새인들이 이를 보고 예수님께 질문합니다.

"바리새인들이 보고 예수께 말하되 보시오 당신의 제자들이 안식일에 하지 못할 일을 하나이다"(마 12:2)

이때 예수님께서 다윗이 진설병을 먹은 이 사건으로 답을 주십니다.

"예수께서 이르시되 다윗이 자기와 그 함께 한 자들이 시장할 때에 한 일을 읽지 못하였느냐 그가 하나님의 전에 들어가서 제사장 외에는 자기나 그 함께 한 자들이 먹어서는 안 되는 진설병을 먹지 아니하였느냐 또 안식일에 제사장들이 성전 안에서 안식을 범하여도 죄가 없음을 너희가 율법에서 읽지 못하였느냐 내가 너희에게 이르노니 성전보다 더 큰 이가 여기 있느니라 나는 자비를 원하고 제사를 원하지 아니하노라 하신 뜻을 너희가 알았더라면 무죄한 자를 정죄하지 아니하였으리라"
(마 12:3~7)

● 네 번째 포인트
다윗은 사울을 피해 서쪽 블레셋 땅으로 도망합니다.

놉에서 제사장 아히멜렉을 통해 음식과 골리앗의 칼을 가지게 된 다윗은 위험한 이스라엘 땅을 벗어나 적진 블레셋 땅으로 망명을 갑니다.

"그 날에 다윗이 사울을 두려워하여 일어나 도망하여 가드 왕 아기스에게로 가니"(삼상 21:10)

가드(Gath)는 블레셋 다섯 개 도시국가 중 하나로 골리앗의 고향 땅이었습니다. 그런데 다윗이 골리앗의 고향, 가드까지 들어간 이유는 우선 도엑을 비롯한 사울의 추종자들에게 체포될 것이 두려웠기 때문이고, 가드는 지역적으로 이스라엘과 가장 가까운 곳이지만 어쨌든 이스라엘을 벗어난 남의 나라였기 때문이었습니다.

그런데 블레셋의 신하들이 다윗을 알아보고 깜짝 놀랍니다. 다윗이 단순한 정치인이 아닌 그들의 영웅 골리앗을 죽인 이스라엘의 명장이었기 때문입니다. 그 순간 다윗이 그 분위기를 간파합니다. 여차하면 죽을 위기였던 것입니다. 그러자 침 삼킬 시간도 없이 다윗이 갑자기 미친 척을 하기 시작합니다.

> "아기스의 신하들이 아기스에게 말하되 이는 그 땅의 왕 다윗이 아니니이까 무리가 춤추며 이 사람의 일을 노래하여 이르되 사울이 죽인 자는 천천이요 다윗은 만만이로다 하지 아니하였나이까 한지라 다윗이 이 말을 그의 마음에 두고 가드 왕 아기스를 심히 두려워하여 그들 앞에서 그의 행동을 변하여 미친 체하고 대문짝에 그적거리며 침을 수염에 흘리매 아기스가 그의 신하에게 이르되 너희도 보거니와 이 사람이 미치광이로다 어찌하여 그를 내게로 데려왔느냐 내게 미치광이가 부족하여서 너희가 이 자를 데려다가 내 앞에서 미친 짓을 하게 하느냐 이 자가 어찌 내 집에 들어오겠느냐 하니라"(삼상 21:11~15)

다윗의 미친 척 연기는 다윗의 생명을 건지게 해주었습니다. 이는 다윗의 놀라운 정무적(?) 판단이었습니다. 왕 정도의 위치에 있는 사람은 자신의 명예 때문에라도 미친 자를 베는 데 자기 칼을 더럽히지 않는다는 것을 다윗이 그 순간 판단하고 행동해 승부수를 띄운 것입니다.

● 다섯 번째 포인트
미친 체하며 겨우 살아남은 다윗은 "젊은 사자는 궁핍하여 주릴지라도 여호와를 찾는 자는 부족함이 없다"라고 고백합니다.

사울을 피해 블레셋으로 도망간 다윗이 그곳에서 한 일은 '미친 척 연기'였습니다. 다윗의 연기가 얼마나 사실적이었던지 블레셋의 가드 왕 아기스가 "저거 내 앞에서 치워."라고까지 했겠습니까. 그렇게 간신히 살아 나온 다윗이 수염에 흘렸던 침을 닦으며 자존감이 바닥을 치는 그 와중에 시편을 지어 하나님께 올려드립니다.

"내가 여호와를 항상 송축함이여 내 입술로 항상 주를 찬양하리이다 내 영혼이 여호와를 자랑하리니 곤고한 자들이 이를 듣고 기뻐하리로다 나와 함께 여호와를 광대하시다 하며 함께 그의 이름을 높이세 내가 여호와께 간구하매 내게 응답하시고 내 모든 두려움에서 나를 건지셨도다 그들이 주를 앙망하고 광채를 내었으니 그들의 얼굴은 부끄럽지 아니하리로다 이 곤고한 자가 부르짖으매 여호와께서 들으시고 그의 모든 환난에서 구원하셨도다 여호와의 천사가 주를 경외하는 자를 둘러 진 치고 그들을 건지시는도다 너희는 여호와의 선하심을 맛보아 알지어다 그에게 피하는 자는 복이 있도다 너희 성도들아 여호와를 경외하라 그를 경외하는 자에게는 부족함이 없도다 젊은 사자는 궁핍하여 주릴지라도 여호와를 찾는 자는 모든 좋은 것에 부족함이 없으리로다"

(시 34:1~10)

힘 있는 젊은 사자가 사냥에 실패하는 경우는 거의 없습니다. 그러나 혹 그런 일이 만에 하나 있을지라도 오직 여호와를 찾는 자는 모든 좋은 것에 부족함이 없으리라고 고백합니다. 시편 34편은 이렇게 다윗이 아비멜렉(가드 왕 아기스) 앞에서 미친 체하다가 쫓겨나서 지은 시입니다.

다윗이 놉으로, 그리고 블레셋의 가드로 사람들에게 의지하며 피할 길을 찾았으나 진정 의지해야 할 분, 진정한 피난처는 하나님이심을 깨닫고 고백한 것입니다. 그때 부른 시편이 바로 이 34편입니다.

다윗은 이처럼 앞뒤 상황이 꽉 막힐 때마다 '기도'로 하늘 문을 엽니다. 하나님의 사람은 생각에 머물지 않고 이렇게 다윗처럼 엎드려 하나님께 기도하는 사람입니다.

다윗의 시편 34편을 듣고 하나님께서 얼마나 기쁘고 행복하셨겠습니까? 사울 때문에 상하셨던 하나님의 마음을 다윗이 한 방에 모두 날려 보내게 했을 것입니다. 하나님의 마음을 기쁘게 해드리는 다윗! 우리도 다윗처럼 하나님의 마음을 기쁘게 해드릴 수만 있다면 정말 좋겠습니다.

세상 권력보다 더 좋은 것이 진정으로 하나님을 찬양하고 하나님을 영화롭게 하는 것입니다.

# $97_\text{일}$
## 사울의 공포 정치 (삼상 22장, 시 52편)

**애피타이저** APPETIZER

    다윗은 블레셋 아기스 왕 앞에서 초긴장 상태로 미친 척해서 겨우 위기를 모면한 후 "젊은 사자는 사냥을 못해 주릴지라도 여호와를 찾는 자는 부족함이 없을 것"이라고 하나님을 찬양했습니다. 그리고 그 후 블레셋에서 도망 나와 일단 자기 고향 인근으로 숨어들어 갑니다.

    다윗은 도망자로 예정(?)된 시간들을 보냅니다. 이 시간들은 하나님께는 다윗을 낮추시고 시험하시는 시간이었고, 다윗에게는 '권력의 공공성'을 배우기 위한 훈련의 시간이었습니다.

《일년일독 통독성경》사무엘상 22장, 시편 52편

## 통通으로 숲이야기 ; 통숲 TONG OBSERVATION

● 첫 번째 포인트

다윗은 아둘람굴에서 신진 정치 세력 400여 명을 규합합니다.

하나님을 믿는 믿음으로, 그리고 하나님을 찬양함으로 다시 자존감을 회복한 다윗은 블레셋에서 도망 나와 자기 고향 인근 아둘람굴로 들어가 숨습니다.

"그러므로 다윗이 그 곳을 떠나 아둘람 굴로 도망하매"(삼상 22:1)

아둘람(Adullam)은 가드와 베들레헴 사이에 위치한 성읍으로 여호수아 때 그 땅을 점령하여 유다 지파의 성읍이 된 곳입니다. 그곳은 석회암 동굴이 많은 지역으로 이후에 솔로몬의 아들인 르호보암이 유다 땅을 방비하는 성읍을 건축할 때 아둘람도 방비하는 성읍에 포함됩니다(대하 11:7).

한편 다윗이 아둘람굴에 있다는 소식을 듣고 다윗과 비슷한 처지에 놓인 사람들, 즉 다윗의 가족들과 환난 당한 자, 빚진 자,

그리고 마음이 원통한 자들이 다윗에게로 모여듭니다.

> "그러므로 다윗이 그 곳을 떠나 아둘람 굴로 도망하매 그의 형제와 아버지의 온 집이 듣고 그리로 내려가서 그에게 이르렀고 환난 당한 모든 자와 빚진 모든 자와 마음이 원통한 자가 다 그에게로 모였고 그는 그들의 우두머리가 되었는데 그와 함께 한 자가 사백 명 가량이었더라"
>
> (삼상 22:1~2)

다윗에게 모여든 400여 명은 사울의 '권력 사유화'로 인해 이스라엘 공동체에서 살 수 없게 된 사람들이었습니다.

첫째, '환난 당한 자'는 사울의 포학한 정치로 인해 고통당하게 된 사울의 정치적 정적들이었습니다.

둘째, '빚진 자'는 사울의 그릇된 경제 정책으로 경제 공동체 복원 시스템이 붕괴되어 이로 인해 채무를 이행할 수 없게 된 빚진 자들이었습니다.

셋째, '마음이 원통한 자'는 사울의 잘못된 왕정 체제에 비통함을 느끼는 자들 그리고 억울함을 당한 자들이었습니다.

400여 명의 면면은 모두 사울 정권하에서는 살 수 없는 자들로, 가장 피부에 와닿는 예를 든다면 사울이 놉의 제사장 85명을 한꺼번에 무참히 살해할 때 혼자 간신히 살아남아 다윗에게로 도망한 아비아달이 대표적인 케이스(case)라 할 수 있습니다.

사실 그 당시 다윗의 상황이나 형편은 자기 한 몸조차 돌보기 어려운 상황이었습니다. 그러나 다윗이 거두지 않으면 그들은 모두 사울에게 죽임을 당할 사람들이었습니다. 그래서 그들 400여 명은 다윗의 신진 정치 세력이 되어 다윗과 함께합니다.

한편 400여 명을 이끌게 된 다윗은 더 이상 유다 땅에 머물 수 없다는 판단하에 이스라엘 동쪽에 있는 모압에 공식적으로 정치적 망명을 요청합니다. 다윗 일행은 모압으로 들어가 어느 정도 안정을 취하게 됩니다. 그런데 하나님께서는 모압에 있는 다윗에게 유다 땅으로 돌아오라고 말씀하십니다. 유다로 돌아와 사울의 '권력 사유화'가 국민들을 얼마나 피폐하게 하는지 다윗에게 온몸으로 경험하라고 하신 것입니다. 그러자 다윗이 하나님의 그 말씀에 순종합니다.

제사장 나라는 환난 당한 자, 빚진 자, 그리고 마음이 원통한 자들이 없는 나라입니다. 그런데 오히려 사울 정권은 이런 이들을 양산하고 있었습니다. 다윗이 사울의 악행을 보고 공부해야 할 제사장 나라의 율법은 다음의 항목들입니다.

"그들은 공의로 백성을 재판할 것이니라 너는 재판을 굽게 하지 말며" (신 16:18~19)

"네 하나님 여호와께서 네게 기업으로 주시는 땅에서 무죄한 피를 흘리

지 말라 이같이 하면 그의 피가 네게로 돌아가지 아니하리라"(신 19:10)

"객이나 고아나 과부의 송사를 억울하게 하는 자는 저주를 받을 것이라 할 것이요 모든 백성은 아멘 할지니라"(신 27:19)

"그의 이웃을 암살하는 자는 저주를 받을 것이라 할 것이요 모든 백성은 아멘 할지니라 무죄한 자를 죽이려고 뇌물을 받는 자는 저주를 받을 것이라 할 것이요 모든 백성은 아멘 할지니라"(신 27:24~25)

"너희는 오십 년째 해를 거룩하게 하여 그 땅에 있는 모든 주민을 위하여 자유를 공포하라 이 해는 너희에게 희년이니 너희는 각각 자기의 소유지로 돌아가며 각각 자기의 가족에게로 돌아갈지며"(레 25:10)

사울 왕정은 제사장 나라의 이러한 법으로부터 멀어져 가고 있었고 다윗은 사울의 권력 사유화를 보고 다시 이스라엘을 제사장 나라로 회복시킬 각오를 다져야만 했습니다.


● 두 번째 포인트
이스라엘 서쪽 블레셋에서 도망 나온 다윗이 이번에는 이스라엘 동쪽 모압으로 피신합니다.


다윗이 이스라엘 서쪽 블레셋으로 도망할 때는 혼자였습니다. 그러나 이제 다윗은 400여 명을 이끄는 책임자로 그들과 함께 이스라엘 동쪽 모압으로 도망합니다. 하지만 이 400여 명은 장정의 숫자이고 다윗은 그들의 가족들까지도 책임져야 했습니다. 어쨌든 다행히 모압이 다윗의 망명을 받아줌으로 다윗과 그의 일행은 모압에서 안정을 취하고 안식처도 얻게 됩니다.

> "다윗이 거기서 모압 미스베로 가서 모압 왕에게 이르되 하나님이 나를 위하여 어떻게 하실지를 내가 알기까지 나의 부모가 나와서 당신들과 함께 있게 하기를 청하나이다"(삼상 22:3)

아마도 다윗이 망명지로 모압을 선택한 이유는 모압 땅이 룻의 고향으로 다윗의 외가인 까닭이었을 것입니다. 그리고 블레셋처럼 모압 또한 사울의 손길이 미치지 않는 곳이었습니다. 다윗은 블레셋으로 도망했다가 블레셋에서 큰 위기를 겪은 적이 있었기 때문에 일단 "하나님이 나를 위하여 어떻게 하실지를 내가 알기까지는"이라는 단서를 달고 신중하게 행하며 자기 부모의 안위를 모압 왕에게 맡깁니다.

● 세 번째 포인트
다윗이 선지자의 말을 듣기 시작합니다.

다윗은 나름대로 판단하여 가족의 안전을 담보할 곳으로 모압이 적합하다고 생각해 그곳으로 피신했습니다. 그런데 하나님의 계획은 다윗의 계획과 달랐습니다. 하나님께서는 모압의 요새가 다윗에게 피난처가 되는 것이 아니라 다윗이 사울의 칼끝에 설 때 하나님께서 피난처가 되어주겠다는 계획이셨습니다. 모압에서 하나님의 계획을 기다리던 다윗에게 하나님께서는 갓 선지자를 통해 다음과 같은 말씀을 주십니다.

> "선지자 갓이 다윗에게 이르되 너는 이 요새에 있지 말고 떠나 유다 땅으로 들어가라 다윗이 떠나 헤렛 수풀에 이르니라"(삼상 22:5)

선지자 갓을 통해 하나님의 말씀을 듣고 다윗이 다시 모압에서 나와 위험천만한 유다 땅으로 들어갑니다. 그리고 다윗은 아둘람 근처 헤렛 수풀에 이릅니다.

하나님의 뜻은 다윗을 연단시켜 정금같이 사용하시기 위함입니다.

> "보라 내가 너를 연단하였으나 은처럼 하지 아니하고 너를 고난의 풀무 불에서 택하였노라"(사 48:10)

하나님께서는 하나님의 일을 맡기기에 앞서 택하신 일꾼으로 하여금 충분한 연단과 훈련을 받은 뒤에 일하게 하십니다. 주어진 고난을 연단의 기회로 알고 잘 극복해 나갈 때 그 고난은 하나님의 손에 의해 다듬어지는 소중한 기회가 됩니다.

................................................................

................................................................

................................................................

................................................................

● 네 번째 포인트

다윗이 머물러야 할 곳은 모압이나 블레셋이 아닌 사울 권력 사유화의 칼끝입니다.

다윗과 400여 명 일행이 유다로 돌아왔다는 정보가 사울에게 보고됩니다.

"사울이 다윗과 그와 함께 있는 사람들이 나타났다 함을 들으니라"(삼상 22:6)

그러자 사울은 그의 권력 사유화 주체 세력들인 자신의 신하들과 베냐민 지파 사람들을 긴급 소집합니다.

이제 다윗 개인이 아닌 다윗이 이끄는 반체제 세력으로 위험 수위를 높여 적을 규정하고 본격적인 '다윗 세력 소탕 작전'을 시행하겠다는 것입니다.

"그 때에 사울이 기브아 높은 곳에서 손에 단창을 들고 에셀 나무 아래에 앉았고 모든 신하들은 그의 곁에 섰더니 사울이 곁에 선 신하들에게 이르되 너희 베냐민 사람들아 들으라 이새의 아들이 너희에게 각기 밭과 포도원을 주며 너희를 천부장, 백부장을 삼겠느냐 너희가 다 공모하여 나를 대적하며 내 아들이 이새의 아들과 맹약하였으되 내게 고발하는 자가 하나도 없고 나를 위하여 슬퍼하거나 내 아들이 내 신하를 선동하여 오늘이라도 매복하였다가 나를 치려 하는 것을 내게 알리는 자가 하나도 없도다 하니"(삼상 22:6~8)

참으로 기가 막힌(?) 사울의 연설이 아닐 수 없습니다. 그러나 이는 하나님께서 이스라엘에 왕정 제도를 허락하실 때에 이미 사무엘 선지자를 통해 경고하신 내용입니다. 왕은 백성들을 종으로 삼을 뿐만 아니라 좋은 것을 거두고 **빼앗아** 자신의 측근 관리들과 자기의 신하들에게 줄 것이라고 강력히 예고하신 말씀이 현실이 되었을 뿐입니다.

"그가 또 너희의 밭과 포도원과 감람원에서 제일 좋은 것을 가져다가 자기의 신하들에게 줄 것이며 그가 또 너희의 곡식과 포도원 소산의 십일조를 거두어 자기의 관리와 신하에게 줄 것이며"(삼상 8:14~15)

사울의 이 연설은 권력 사유화의 현장을 극명하게 보여준 것입니다. 사울은 자신이 속한 베냐민 지파 중심으로 권력을 사유화했습니다. 한마디로 다른 열한 지파의 좋은 것들을 국민 세금이란 명목으로 거두어다가 베냐민 지파끼리 좋은 것을 나누어 가지는 것입니다. 결국 베냐민 지파 내에서 선발된 무능한 공직자들이 자신들의 사리사욕을 위해 사울의 잘못된 명령에 앞장서 분별없이 칼을 쓰는 것입니다.

지금 사울의 '기브아 연설'은 지파 이기심으로 똘똘 뭉친 베냐민 지파가 가지게 된 기득권을 결코 다윗과 유다 지파에게 빼앗기지 말자고 자극하는 것입니다. 이는 이전 모세, 여호수아, 사무엘의 연설과는 너무나 다른, 참으로 안타까운 연설입니다. 바로 이즈음에 기회주의자 에돔 사람 도엑이 등장합니다. 사울이 그의 신하들과 베냐민 지파 사람들에게 자신의 편에 서서 충성을 보이라고 질책하자 에돔 사람 도엑이 그 기회를 틈타서 다윗을 밀고하며 사울에게 자신의 충성을 보이려 했던 것입니다.

"그 때에 에돔 사람 도엑이 사울의 신하 중에 섰더니 대답하여 이르되 이새의 아들이 놉에 와서 아히둡의 아들 아히멜렉에게 이른 것을 내가 보았는데 아히멜렉이 그를 위하여 여호와께 묻고 그에게 음식도 주고 블레셋 사람 골리앗의 칼도 주더이다"(삼상 22:9~10)

도엑의 말을 듣고 사울이 놉의 제사장 아히멜렉을 죽이라고 명령합니다. 그러나 사울의 신하들은 차마 제사장을 죽이는 것까지는 꺼립니다. 심지어 사울의 호위병들조차 여호와의 제사장 죽이기를 거부합니다. 그러나 사울 왕은 에돔 사람 도엑에게 제사장 처형을 명령합니다. 도엑은 이 기회를 놓칠세라 놉의 제사장 85명과 놉의 남녀와 아이들과 젖 먹는 자들과 그들의 가축들까지 다 죽입니다.

"왕이 도엑에게 이르되 너는 돌아가서 제사장들을 죽이라 하매 에돔

사람 도엑이 돌아가서 제사장들을 쳐서 그 날에 세마포 에봇 입은 자 팔십오 명을 죽였고"(삼상 22:18)

이제 그 어떤 누구라 할지라도 다윗 세력을 돕는 자가 한 사람이라도 나오면 그 집안과 그 마을 전체를 묶어 척살하겠다는 것을 온 나라 개인, 가정과 마을에 공포한 것입니다. 이때 놉에서 유일하게 살아남은 아비아달이 다윗에게 피신했던 것입니다.

● 다섯 번째 포인트
다윗은 또다시 하늘 문을 열고자 무릎을 꿇습니다.

다윗이 선지자 갓의 말을 듣고 동쪽 모압에서 유다 땅으로 돌아왔을 때 지난번 자신이 아히멜렉에게 도움받았던 일이 빌미가 되어 사울 왕이 도엑을 시켜 제사장 85명을 죽였다는 사실을 알게 됩니다. 다윗은 가슴에 분노를 삭이며 하나님께 이렇게 기도합니다.

"포악한 자여 네가 어찌하여 악한 계획을 스스로 자랑하는가 하나님의 인자하심은 항상 있도다 네 혀가 심한 악을 꾀하여 날카로운 삭도 같이 간사를 행하는도다 네가 선보다 악을 사랑하며 의를 말함보다 거짓을 사랑하는도다 간사한 혀여 너는 남을 해치는 모든 말을 좋아하는도다 그런즉 하나님이 영원히 너를 멸하심이여 너를 붙잡아 네 장막에서 뽑아 내며 살아 있는 땅에서 네 뿌리를 빼시리로다 의인이 보고 두려워하며 또 그를 비웃어 말하기를 이 사람은 하나님을 자기 힘으로 삼지 아니하고 오직 자기 재물의 풍부함을 의지하며 자기의 악으로 스스로 든든하게 하던 자라 하리로다 그러나 나는 하나님의 집에 있는 푸른 감람나무 같음이여 하나님의 인자하심을 영원히 의지하리로다 주께서 이를 행하셨으므로 내가 영원히 주께 감사하고 주의 이름이 선하시므로 주의 성도 앞에서 내가 주의 이름을 사모하리이다"(시 52:1~9)

여기서 "하나님이 아닌 오직 자기 재물의 풍부함을 의지하는 자"는 도엑과 같은 사람을 말합니다. 도엑이 다윗에 관한 정보를 사울에게 알리면서 놉의 제사장 85명과 그 성읍 사람들을 죽이기까지 했던 핵심 이유는 도엑이 재물을 차지하고 싶었기 때문입니다. 도엑은 밭과 포도원과 높은 지위를 얻을 수 있는 절호의 기회를 놓치고 싶지 않았던 것입니다.

재물을 가장 우선순위에 놓고 나면 나머지는 그것을 얻기 위한 수단에 불과하기 때문입니다. 이러한 도엑과 같은 사람의 끝이 어떻게 될 것인지에 대해서 다윗은 확신을 가지고 말합니다.

시편 1편의 말씀대로 '악인은 바람에 나는 겨요 악인들의 길은 망할 것'입니다. 자신을 하나님의 집에 있는 푸른 감람나무로 묘사하는 다윗은 이처럼 늘 하나님 편에서 하나님을 선택하며 살아갑니다.

　하나님께서 하나님의 사람을 낮추시고 주리게 하시며 시험하시는 이유는 그로 하여금 그 시험을 통과하고 마침내 그가 하나님께 복을 받게 하기 위함입니다.

　다윗은 지금 하나님의 시험을 통과하고 있습니다. 당장은 힘들고 어렵지만 결국 다윗이 하나님의 시험을 다 통과하면 그가 생각하지도 못한 놀라운 복을 누리게 될 것입니다. 하나님께서 낮추시고 주리게 하시며 시험하시는 것이 은혜의 시작입니다.

# *98*일
## 하나님의 임명권 <small>(삼상 23~24장, 시 57편)</small>

**애피타이저 APPETIZER**

사울은 특수부대원 3천 명을 이끌고 엔게디 광야까지 다윗을 뒤쫓습니다. 그러다가 사울이 다윗이 숨어 있는 굴 안으로 들어옵니다. 다윗 일행이 거기 숨어 있는지 모른 채 말입니다. 그러자 다윗의 측근이 다윗에게 "이는 하나님께서 주신 기회이니 사울을 지금 죽입시다."라고 제안합니다.

그러나 다윗은 "내가 손을 들어 여호와의 기름 부음을 받은 내 주를 치는 것은 여호와께서 금하시는 것이니 그는 여호와의 기름 부음을 받은 자가 됨이니라"(삼상 24:6)라고 말하며 사울을 살려줍니다. 다윗은 제사장 나라 법에 따라 하나님의 임명권을 존중했습니다. 그 모습을 하나님께서 지켜보고 계십니다.

## 성경통독 BIBLETONGDOK

《일년일독 통독성경》 사무엘상 23~24장, 시편 57편

## 통通으로 숲이야기 ; 통숲 TONG OBSERVATION

● 첫 번째 포인트

다윗은 골리앗을 이겨 '사울 천천 다윗 만만 전국 노래'를 만들고 사울은 제사장 85명을 한꺼번에 죽여 '전 국민 밀고자들'을 만듭니다.

요단 동편 모압의 요새에서 지내던 다윗이 선지자 갓을 통해 들려주신 하나님의 말씀에 순종하여 자신을 따르는 자들과 함께 유다 땅으로 다시 돌아옵니다. 그런데 바로 그즈음에 블레셋 접경지대에 있는 유다 지파의 한 성읍 '그일라(Keilah)'에 블레셋이 침공해옵니다.

"사람들이 다윗에게 전하여 이르되 보소서 블레셋 사람이 그일라를 쳐

서 그 타작 마당을 탈취하더이다"(삼상 23:1)

이 소식을 전해 들은 다윗이 자신과 함께한 사람들에게 그일라 사람들을 도우러 가자고 말합니다. 그러자 함께한 사람들이 난색을 표합니다.

"다윗의 사람들이 그에게 이르되 보소서 우리가 유다에 있기도 두렵거든 하물며 그일라에 가서 블레셋 사람들의 군대를 치는 일이리이까"(삼상 23:3)

다윗은 그럼에도 불구하고 블레셋의 공격을 받고 있는 그일라를 구해야 한다고 말합니다. 그일라는 가나안 땅 정복 후 유다 지파에게 분배된 땅이었고 당시 유다 지파는 다윗으로 말미암아 사울에게 크나큰 고통을 당하고 있었기 때문입니다.

측근들의 반대에도 불구하고 다윗은 그일라를 구할 결심을 하고 그 일에 대해 하나님께 여쭙니다.

"다윗이 여호와께 다시 묻자온대 여호와께서 대답하여 이르시되 일어나 그일라로 내려가라 내가 블레셋 사람들을 네 손에 넘기리라 하신지라"(삼상 23:4)

하나님의 말씀에 힘입어 다윗이 용기를 냅니다. 다윗은 결국 블레셋과 싸워 그일라를 구합니다.

"다윗과 그의 사람들이 그일라로 가서 블레셋 사람들과 싸워 그들을

크게 쳐서 죽이고 그들의 가축을 끌어 오니라 다윗이 이와 같이 그일라

주민을 구원하니라"(삼상 23:5)

그런데 그 후 이어지는 이야기는 참으로 참담합니다. 다윗 덕분에 목숨을 건진 그일라 사람들이 다윗에게 고마움을 표하지도 않고 도리어 사울에게 다윗을 밀고한 것입니다.

이렇게까지 된 안타까운 이유는 그일라 사람들뿐만 아니라 온 이스라엘 백성들이 놉의 제사장 85명이 한꺼번에 죽은 일로 인해 사울을 너무나 두려워하고 무서워했기 때문입니다.

"다윗이 그일라에 온 것을 어떤 사람이 사울에게 알리매"(삼상 23:7)

그일라 사람이 사울에게 다윗을 밀고하자 사울은 즉시 군인들을 모으고 직접 지휘해 다윗과 다윗 일행을 잡기 위해 출정합니다. 마치 무슨 나라라도 구하고, 전쟁이라도 치르러 가는 것처럼 말입니다.

"사울이 모든 백성을 군사로 불러모으고 그일라로 내려가서 다윗과 그의 사람들을 에워싸려 하더니"(삼상 23:8)

사울의 급습을 예측한 다윗은 곧바로 하나님께 사울이 내려오는 여부와 그일라 사람들의 배신 여부를 묻고 재빨리 그곳에서 빠져나갑니다.

"다윗이 이르되 그일라 사람들이 나와 내 사람들을 사울의 손에 넘기

겠나이까 하니 여호와께서 이르시되 그들이 너를 넘기리라 하신지라 다윗과 그의 사람 육백 명 가량이 일어나 그일라를 떠나서 갈 수 있는 곳으로 갔더니 다윗이 그일라에서 피한 것을 어떤 사람이 사울에게 말하매 사울이 가기를 그치니라"(삼상 23:12~13)

그 사이에 다윗과 함께한 이들이 400여 명에서 600여 명으로 늘어나 있었습니다. 그일라 사람의 밀고 사건 이후에도 다윗이 이스라엘 내에 숨어들어 가는 곳은 어디든지, 그곳이 굴이든지, 숲이든지, 황무지든지 다윗이 나타나기만 하면 그 지역 사람들이 다윗을 알아보고 곧바로 사울에게 다윗의 숨은 곳을 밀고합니다.

이 모든 것이 바로 사울이 놉 제사장 85명을 한꺼번에 죽인 '효과'였습니다. 다윗이 골리앗을 이겨 전국에 '사울 천천 다윗 만만 노래'가 울려 퍼진 것처럼 사울은 제사장 85명을 한꺼번에 죽여 '다윗 밀고'가 전국 곳곳에서 일어날 수 있도록 만들었던 것입니다.

● 두 번째 포인트
다윗과 요나단이 십 광야에서 마지막으로 만납니다.

그일라에서 도망 나온 다윗 일행이 이번에는 십 광야로 숨어 들어 갑니다.

"다윗이 광야의 요새에도 있었고 또 십 광야 산골에도 머물렀으므로 사울이 매일 찾되 하나님이 그를 그의 손에 넘기지 아니하시니라"(삼상 23:14)

이 같은 정보를 알게 된 요나단이 몰래 다윗을 찾아와 마지막으로 둘이 만납니다. 다윗은 요나단을 만나 격려를 받고 쫓기는 중에 잠시나마 큰 위로를 얻습니다.

다윗을 향한 요나단의 위로와 격려의 말입니다.

첫째, 하나님을 의지하라는 것입니다.

둘째, 두려워하지 말라는 것입니다. 사울 왕은 너를 해치지 못한다는 것입니다.

셋째, 결국 너는 이스라엘의 왕이 될 것이라는 격려입니다.

"사울의 아들 요나단이 일어나 수풀에 들어가서 다윗에게 이르러 그에게 하나님을 힘 있게 의지하게 하였는데 곧 요나단이 그에게 이르기를 두려워하지 말라 내 아버지 사울의 손이 네게 미치지 못할 것이요 너는 이스라엘 왕이 되고 나는 네 다음이 될 것을 내 아버지 사울도 안다 하니라"(삼상 23:16~17)

그리고 다윗과 요나단이 언약을 재확인합니다.

............................................

............................................

............................................

............................................

"두 사람이 여호와 앞에서 언약하고 다윗은 수풀에 머물고 요나단은 자기 집으로 돌아가니라"(삼상 23:18)

요나단은 사실 목숨을 걸고 다윗을 찾아왔던 것입니다. 그리고 하나님의 이름으로 다윗을 위로하고 그의 아픔을 함께 나누고 돌아갑니다.

● 세 번째 포인트
사울의 '특수부대 3,000명'이 마온 황무지에서 다윗의 '오합지졸 600명'을 포위합니다.

사울이 다윗 일행 600명을 잡기 위해 3,000명이나 되는 특수부대 요원들을 데리고 체포 작전에 나선 이유는 다윗이 그만큼 유능하고 실력 있고 사울 권력을 위협할 만한 인물이라는 판단이 섰기 때문이었습니다.

사울은 3,000명의 특수부대 요원들을 자신이 직접 이끌었을 뿐 아니라 온 이스라엘 백성들이 다윗을 보면 즉시 밀고하도록 만들어놓았습니다. 공안 정치로 온 나라를 벌벌 떨게 한 것입니다. 사울은 제사장들 85명도 한꺼번에 죽이는 사람이니 다윗을 보고 밀고하지 않으면 어떤 자비도 없다는 것을 모든 이스라엘 백성들이 충분히 학습받았습니다.

그일라 사건 이후 이스라엘 백성들의 다윗 밀고와 사울의 다윗 추격전은 끝이 없습니다. 먼저, 그일라 사람들처럼 십 사람들도 사울에게 다윗을 밀고합니다.

"그 때에 십 사람들이 기브아에 이르러 사울에게 나아와 이르되 다윗이 우리와 함께 광야 남쪽 하길라 산 수풀 요새에 숨지 아니하였나이까 그러하온즉 왕은 내려오시기를 원하시는 대로 내려오소서 그를 왕의 손에 넘길 것이 우리의 의무니이다"(삼상 23:19~20)

여기에서 '십(Ziph)'은 그일라처럼 유다 지파의 한 성읍으로 갈멜 부근에 있는 성입니다. '십'은 사울이 있던 기브아에서 상당히 먼 거리였는데도 십 사람들은 그곳까지 다윗을 밀고하러 갔습니다. 다윗은 이처럼 자신의 지파인 유다 지파의 땅 그일라와 십 광야에서도 밀고를 당했습니다.

사울 군대는 마온 황무지까지 찾아가 다윗 일행을 포위합니다. 완벽한 수색 보고로 사울과 그의 특수부대원 3,000명은 마온 황무지에 피해 있던 다윗 일행을 찾아 수색망을 좁혀갑니다. 다윗 일행은 곧 잡힐 절체절명의 위기 상황에 처합니다.

"사울이 산 이쪽으로 가매 다윗과 그의 사람들은 산 저쪽으로 가며 다윗이 사울을 두려워하여 급히 피하려 하였으니 이는 사울과 그의 사람

들이 다윗과 그의 사람들을 에워싸고 잡으려 함이었더라"(삼상 23:26)

그런데 다윗 일행 600명이 사울 군대의 포위망에 거의 잡히기 직전, 블레셋이 이스라엘을 공격한다는 소식이 전해집니다. 사울은 블레셋의 공격에 맞서 싸우러 가기 위해 다윗 수색 작전을 그제야 포기하고 전쟁터로 갑니다.

하나님께서 블레셋을 사용하셔서 다윗을 도우신 것입니다.

"전령이 사울에게 와서 이르되 급히 오소서 블레셋 사람들이 땅을 침노하나이다 이에 사울이 다윗 뒤쫓기를 그치고 돌아와 블레셋 사람들을 치러 갔으므로 그 곳을 셀라하마느곳이라 칭하니라"(삼상 23:27~28)

하마터면 다윗 일행은 마온 황무지에서 사울에게 잡힐 뻔했습니다. 아슬아슬하게 이 위기를 넘긴 다윗 일행은 엔게디 요새로 피합니다.

"다윗이 거기서 올라가서 엔게디 요새에 머무니라"(삼상 23:29)


● 네 번째 포인트
다윗은 사울의 겉옷 자락만 베고도 하나님의 임명권 기준으로 괴로워합니다.


다윗은 마온 황무지에서 너무나 위험한 상황에 처했었지만 때마침 블레셋의 침공으로 사울이 다윗 수색을 포기하면서 그 위기에서 벗어날 수 있었습니다. 그런데 사울이 블레셋과의 전쟁을 마치고 돌아오자 엔게디 황무지 사람들도 사울에게 다윗을 밀고합니다.

"사울이 블레셋 사람을 쫓다가 돌아오매 어떤 사람이 그에게 말하여 이르되 보소서 다윗이 엔게디 광야에 있더이다"(삼상 24:1)

그러자 사울 왕과 3,000명의 군사가 또다시 다윗을 추격하기 시작합니다.

"사울이 온 이스라엘에서 택한 사람 삼천 명을 거느리고 다윗과 그의 사람들을 찾으러 들염소 바위로 갈새"(삼상 24:2)

그런데 다윗 일행을 추격하던 사울이 갑자기 다윗이 숨어 있는 굴속으로 들어옵니다. 다윗의 심장이 거의 멎는 듯했을 것입니다. 하지만 사울은 그의 개인적인 볼일을 위해 따르는 사람도 하나 없이 혼자 그 굴속으로 들어왔던 것입니다.

그러자 숨죽이고 있던 다윗의 측근이 다윗에게 말합니다.

"다윗의 사람들이 이르되 보소서 여호와께서 당신에게 이르시기를 내가 원수를 네 손에 넘기리니 네 생각에 좋은 대로 그에게 행하라 하시더니 이것이 그 날이니이다"(삼상 24:4)

이제 오히려 다윗에게 사울을 죽일 수 있는 절호의 기회가 찾아온 것입니다. 여기서 사울을 죽이면 다윗은 자신을 휘감고 있는 생명의 위협으로부터 자유로울 수 있었습니다. 뿐만 아니라 이미 사울 정권은 이스라엘 백성을 칼과 창으로 다스리고 있기에 사울의 죽음과 함께 오히려 민심은 다윗 자신을 향할 것입니다. 그러나 다윗은 끝내 사울을 죽이지 않습니다.

다윗은 제사장 나라 원칙을 힘겹지만 지켜냈습니다. 하나님이 사울을 임명하셨기에 임명권자 하나님의 명예를 끝까지 지켜드린 것입니다. 그래서 다윗은 사울의 목이 아닌 사울의 겉옷 자락을 가만히 베어냅니다. 그런데 다윗은 그 일마저도 곧바로 후회합니다.

> "그리 한 후에 사울의 옷자락 벰으로 말미암아 다윗의 마음이 찔려 자기 사람들에게 이르되 내가 손을 들어 여호와의 기름 부음을 받은 내 주를 치는 것은 여호와께서 금하시는 것이니 그는 여호와의 기름 부음을 받은 자가 됨이니라 하고 다윗이 이 말로 자기 사람들을 금하여 사울을 해하지 못하게 하니라 사울이 일어나 굴에서 나가 자기 길을 가니라"(삼상 24:5~7)

사울은 자신의 권력을 위해 제사장 85명을 '일부러' 서슴없이 죽였습니다. 그러나 다윗은 제사장 나라 안에서 하나님께서 임명하시고 기름 부으신 사울을 끝까지 존중했습니다. 다윗에게 하나님의 임명권은 가장 중요한 문제였던 것입니다.

여기에서 '기름 부음'은 히브리어로 '마쉬아흐(מָשִׁיחַ)'입니다. 이는 구약에서 제사장, 왕, 선지자를 세울 때 그 머리에 기름을 부어 이들을 세우신 이가 하나님이심을 밝히는 것입니다. 또한 사람들뿐만 아니라 물건도 기름 부음을 통해서 성별된 것이 되어 봉헌의 의미를 담게 됩니다.

한편 그렇게 사울을 살려 보낸 다윗이 이때 처음으로 사울에게 대화를 시도합니다. 놀랍게도 사울과 다윗의 대립은 엔게디 황무지에서 이 대화로 전세가 역전됩니다.

먼저 다윗이 사울에게 "내 주 왕이여" 그리고 "내 아버지여"라고 부르며 호소합니다. "내 주 왕이여"(삼상 24:8)는 다윗이 천부장인 군대 장관이자 왕의 신하로서 사울 왕을 부른 것입니다. 그리고 "내 아버지여"(삼상 24:11)는 다윗이 친숙한 표현으로 사울의 마음에 호소한 것입니다. 다윗은 이 같은 호칭으로 사울을 부르며 자신이 사울을 살려주었으며 앞으로도 사울을 결코 죽일 생각이 없음을 말합니다. 다윗이 이때 빗대어 사용한 표현과 그의 결심을 보면 다음과 같습니다.

첫째, 다윗은 "악은 악인에게서 난다"는 속담을 말합니다(삼상 24:13).

.............................................................................................

.............................................................................................

.............................................................................................

.............................................................................................

악한 행동은 악한 마음을 가진 데에서 나오는 것이므로 자신은 그러한 마음이 없으므로 기름 부음을 받은 사울을 결코 죽이지 않을 것임을 밝힙니다.

둘째, "이스라엘 왕이 … 누구의 뒤를 쫓나이까 죽은 개나 벼룩을 쫓음이니이다"(삼상 24:14). 이는 죽은 개나 벼룩 같은 다윗 자신을 이스라엘의 왕이 쫓는 것은 말이 되지 않음을 강조한 말입니다.

셋째, 다윗은 "여호와께서 재판장이 되어 나와 왕 사이에 심판하사"(삼상 24:15) 즉 하나님께서 자신의 결백을 입증하실 것이라고 말합니다.

다윗의 이 말을 들은 사울은 이때에도 기회주의적으로 잠깐 사과를 합니다. 사울은 소리 높여 울면서 다윗을 인정하기는 하지만 자신의 잘못을 인정하거나 회개하지는 않습니다.

"사울이 이르되 내 아들 다윗아 이것이 네 목소리냐 하고 소리를 높여 울며 다윗에게 이르되 나는 너를 학대하되 너는 나를 선대하니 너는 나보다 의롭도다"(삼상 24:16~17)

사실 이때 사울은 "너는 의롭고 나는 악하다."라고 진심으로 인정해야 했습니다. 어쨌든 사울은 다윗과의 대화 가운데 다윗이 왕으로 기름 부음 받은 자임을 인정했습니다.

"보라 나는 네가 반드시 왕이 될 것을 알고 이스라엘 나라가 네 손에 견고히 설 것을 아노니"(삼상 24:20)

그러면서 사울은 다윗에게 자신의 후손들에게 자비를 베풀어줄 것을 당부합니다.

"너는 내 후손을 끊지 아니하며 내 아버지의 집에서 내 이름을 멸하지 아니할 것을 이제 여호와의 이름으로 내게 맹세하라 하니라"(삼상 24:21)

다윗이 사울에게 맹세하자 마침내 사울은 다윗 추격전을 접고 기브아로 돌아갑니다.

● 다섯 번째 포인트
다윗은 엔게디 광야 굴속에서 제사장 나라 세계 경영의 꿈을 새롭게 합니다.

다윗은 자신이 숨어 있는 굴속에 사울이 들어오자 독 안에 든 쥐와 같았습니다. 그런데 오히려 이 상황은 사울을 한 칼에 벨 수 있는 기회로 바뀌었습니다. 하지만 다윗은 위기이자 기회의 순간에 동굴 속에서 자신의 마음을 오히려 하나님께 고정합니다. 그리고 제사장 나라 세계 경영의 꿈을 그의 가슴속에 품습니다.

곧 하나님의 영광이 온 세계 위에 높아지기를 바라는 꿈입니다. 이 어두운 역사의 새벽을 깨우려는 그 꿈을 위해 다윗은 다시 일어날 수 있었습니다.

시편 57편은 사울을 피해 굴에 있던 때에 지은 다윗의 '탄원시'이자 '찬양시'입니다.

"하나님이여 내게 은혜를 베푸소서 내게 은혜를 베푸소서 내 영혼이 주께로 피하되 주의 날개 그늘 아래에서 이 재앙들이 지나기까지 피하리이다 내가 지존하신 하나님께 부르짖음이여 곧 나를 위하여 모든 것을 이루시는 하나님께로다 그가 하늘에서 보내사 나를 삼키려는 자의 비방에서 나를 구원하실지라 하나님이 그의 인자와 진리를 보내시리로다 내 영혼이 사자들 가운데에서 살며 내가 불사르는 자들 중에 누웠으니 곧 사람의 아들들 중에라 그들의 이는 창과 화살이요 그들의 혀는 날카로운 칼 같도다 하나님이여 주는 하늘 위에 높이 들리시며 주의 영광이 온 세계 위에 높아지기를 원하나이다 그들이 내 걸음을 막으려고 그물을 준비하였으니 내 영혼이 억울하도다 그들이 내 앞에 웅덩이를 팠으나 자기들이 그 중에 빠졌도다 하나님이여 내 마음이 확정되었고 내 마음이 확정되었사오니 내가 노래하고 내가 찬송하리이다 내 영광아 깰지어다 비파야, 수금아, 깰지어다 내가 새벽을 깨우리로다 주여 내가 만민 중에서 주께 감사하오며 뭇 나라 중에서 주를 찬송하리이다 무릇 주의 인자는 커서 하늘에 미치고 주의 진리는 궁창에 이르나이다 하나님이여 주는 하늘 위에 높이 들리시며 주의 영광이 온 세계 위에 높아지기를 원하나이다"

**일찍이 하나님께서 모세를 통해 말씀하셨습니다.**

"세계가 다 내게 속하였나니 너희가 내 말을 잘 듣고 내 언약을 지키면 너희는 모든 민족 중에서 내 소유가 되겠고 너희가 내게 대하여 제사장 나라가 되며 거룩한 백성이 되리라 너는 이 말을 이스라엘 자손에게 전할지니라"(출 19:5~6)

**디저트** DESSERT

다윗은 이스라엘의 왕이 될 사람입니다. 즉 모세, 여호수아, 기드온, 사무엘은 이스라엘의 지도자이지만 왕이 되지 않고 제사장 나라 거룩한 시민을 꿈꾸었습니다. 그러나 다윗은 이스라엘 왕정 500년의 한 획을 그을 왕입니다. 그럼에도 불구하고 다윗은 사울과 달리 어느 누구보다 제사장 나라 거룩한 시민을 꿈꿉니다.

다윗은 사울의 권력 사유화를 보며 이를 반면교사로 삼아 자신은 제사장 나라의 권력 공공성을 지킬 것을 각오하고 결심합니다. 그 놀라운 꿈에 하나님께서 기름 부어주십니다. 하나님의 꿈을 위해 사는 자에게 하나님께서는 상상할 수 없는 하나님의 놀라운 복을 내려주십니다. 다윗은 바로 그 복을 받은 하나님의 사람이었습니다.

우리도 다윗처럼 하나님의 꿈을 위해 헌신한다면 다윗이 받은 놀라운 복을 누릴 수 있을 것입니다. 성경이 그 사실을 우리에게 보여주고 있습니다.

# 99일

## 3,000명을 잠들게 하신 이유 (삼상 25~26장, 시 54편)

### 애피타이저 APPETIZER

하나님의 종으로서 이스라엘 백성들에게 전심을 다해 하나님의 말씀을 전했던, 그리하여 '미스바세대'를 탄생시킨 나실인이자 제사장이며, 선지자이자 마지막 사사였던 사무엘이 삶을 마감합니다.

사무엘은 사울에게 기름을 부어 이스라엘의 초대 왕으로 세웠고 제사장 제도에서 왕정 제도로 변화하는 시대의 중심에 서 있었으며 사울이 하나님으로부터 멀어지고 다윗에게 왕위가 넘어가려는 격변의 시대를 온몸으로 겪었습니다. 마지막 사사 사무엘의 죽음으로 사사 시대는 완전히 끝이 나고 이스라엘은 본격적인 왕정 중심에 섭니다. 이제 다윗은 사무엘 없이 홀로 서야 합니다. 그러나 하나님께서 사무엘이 떠난 빈자리를 채워주시며 여전히 다윗과 함께하십니다.

## 성경통독 BIBLETONGDOK

《일년일독 통독성경》 사무엘상 25~26장, 시편 54편

## 통通으로 숲이야기 ; 통숲 TONG OBSERVATION

● 첫 번째 포인트
이스라엘 백성들의 다윗에 대한 평가가 확연하게 둘로 나뉘기 시작합니다.

다윗이 자그마치 10여 년에 걸쳐 사울의 칼날을 피해 길고 긴 도망자의 생활을 하면서 점차 일반 백성들에게 평가를 받기 시작합니다. 처음에 이스라엘 백성들에게 다윗은 블레셋의 골리앗을 물리친 구국 영웅이었습니다. 그러나 사울의 흑색선전(黑色宣傳)으로 인해 다윗은 '도망 나온 종'으로 전락했습니다. 그 한 예

가 나발의 말입니다.

> "나발이 다윗의 사환들에게 대답하여 이르되 다윗은 누구며 이새의 아들은 누구냐 요즈음에 각기 주인에게서 억지로 떠나는 종이 많도다"(삼상 25:10)

그렇지만 점차 시간이 지나면서 다윗에 대한 평가가 달라지기 시작했습니다. 다윗이 도망하는 중에도 그일라 성읍을 블레셋으로부터 구출하고 나발의 양 떼를 돌보는 데 손을 보태는 등의 일을 바라보면서 일반 백성들이 다윗에 대한 오해를 풀기 시작했기 때문입니다.

> "다윗과 그의 사람들이 그일라로 가서 블레셋 사람들과 싸워 그들을 크게 쳐서 죽이고 그들의 가축을 끌어 오니라 다윗이 이와 같이 그일라 주민을 구원하니라"(삼상 23:5)

> "우리가 들에 있어 그들과 상종할 동안에 그 사람들이 우리를 매우 선대하였으므로 우리가 다치거나 잃은 것이 없었으니 우리가 양을 지키는 동안에 그들이 우리와 함께 있어 밤낮 우리에게 담이 되었음이라"(삼상 25:15~16)

반면 사울은 권력 사유화로 인해 점차 이스라엘 백성들에게 신망을 잃어가고 있었습니다. 이때 백성들이 어떻게 다윗을 평가하는지 잘 알 수 있는 대표적 사건이 바로 '나발 사건'입니다.

성경에 비교적 길게 기술된 나발 사건은 도망자 다윗에 대한 일반 국민들의 평가가 '나발 유형 vs. 아비가일 유형'으로 정반대로 양분되어 있다는 것을 보여주고 있습니다.

● **두 번째 포인트**
**다윗은 도망자 생활 중에 도엑, 나발, 그리고 수많은 밀고자르 만납니다.**

다윗이 10여 년에 걸쳐 도망자 생활 중에 만났던 도엑이나 나발과 같은 사람들은 사울 편에 서서 다윗을 적대한 자들이었습니다. 특히 나발의 사건은 사울의 흑색선전이 어떤 효과를 내었는지를 극명하게 보여주는 대표적인 예라 할 수 있습니다.

나발 사건을 자세히 살펴보면 다음과 같습니다.

첫째, 부자 나발이 양털을 깎는 시기가 됩니다. 유목민들에게 양털을 깎는 날은 추수 때와 같은 날로 수확의 날이자 축제의 날입니다. 특히 양 3,000마리와 염소 1,000마리를 소유한 부자인 나발의 경우는 더욱 그러했습니다.

"심히 부하여 양이 삼천 마리요 염소가 천 마리이므로 그가 갈멜에서 그의 양 털을 깎고 있었으니"(삼상 25:2)

"그가 왕의 잔치와 같은 잔치를 그의 집에 배설하고"(삼상 25:36)

이렇게 나발은 수많은 가축을 소유하고 왕의 잔치와 같은 잔치를 베풀 정도의 부자였습니다. 사실 나발의 아내 아비가일이 화가 난 다윗을 만나기 위해 당장 집에서 준비한 음식의 규모만 보아도 대단합니다.

"아비가일이 급히 떡 이백 덩이와 포도주 두 가죽 부대와 잡아서 요리한 양 다섯 마리와 볶은 곡식 다섯 세아와 건포도 백 송이와 무화과 뭉치 이백 개를 가져다가 나귀들에게 싣고"(삼상 25:18)

둘째, 다윗은 나발에게 정중히 자신과 자신의 세력 600여 명의 양식을 위해 도움을 요청합니다.

"내 소년들이 네게 은혜를 얻게 하라 우리가 좋은 날에 왔은즉 네 손에 있는 대로 네 종들과 네 아들 다윗에게 주기를 원하노라"(삼상 25:8)

다윗이 소년들을 통해 나발에게 양식을 구한 이유는 그동안 다윗이 나발의 양 떼들, 곧 그의 재산을 보호해주는 역할을 완벽히 해냈기 때문입니다. 그러므로 나발은 자신의 양 떼들을 돌봐주고 재산을 증식해준 다윗에게 응당 대가를 주어야 했습니다. 나발의 하인이 아비가일에게 말합니다.

"우리가 들에 있어 그들과 상종할 동안에 그 사람들이 우리를 매우 선대하였으므로 우리가 다치거나 잃은 것이 없었으니 우리가 양을 지키

.........................................................................................
.........................................................................................
.........................................................................................
.........................................................................................

는 동안에 그들이 우리와 함께 있어 밤낮 우리에게 담이 되었음이라"
(삼상 25:15~16)

다윗은 소년들을 통해 나발에게 정중하고 겸손하게 양식을
요청했습니다.

"너는 평강하라 네 집도 평강하라 네 소유의 모든 것도 평강하라"(삼상
25:6)

"내 소년들이 네게 은혜를 얻게 하라"(삼상 25:8)

"네 종들과 네 아들 다윗에게 주기를 원하노라"(삼상 25:8)

다윗은 '아들 다윗'이라는 표현을 쓸 정도로 나발을 지극하게
존중하며 아버지와 같은 자비로 양식을 더해주고 은혜를 베풀어
주기를 간절히 원했습니다.

셋째, 그런데 나발은 다윗에게 감사의 대가는커녕 오히려 다
윗을 모욕합니다.

"나발이 다윗의 사환들에게 대답하여 이르되 다윗은 누구며 이새의
아들은 누구냐 요즈음에 각기 주인에게서 억지로 떠나는 종이 많도
다 내가 어찌 내 떡과 물과 내 양 털 깎는 자를 위하여 잡은 고기를 가
져다가 어디서 왔는지도 알지 못하는 자들에게 주겠느냐 한지라"(삼상
25:10~11)

나발은 골리앗을 물리친 다윗, 왕의 사위이자 군대 장관인 다

윗, 그리고 그동안 자신의 재산을 지켜준 다윗 일행을 완벽하게 무시했습니다.

나발이 다윗에게 그렇게 한 이유는 갈멜 지역과 연관이 있을 것입니다. 나발의 생업이 있는 갈멜은 풍요로운 지역이자 사울의 기념비가 있는 곳으로 이곳에서 부자였던 나발은 아마도 지역의 유지였을 것입니다. 그리고 나발은 사울에게 충성하는 사람으로 자신이 다윗에게 진 신세는 기억하지 않고 도망자 신분의 다윗을 조롱했던 것입니다. 그리고 나발은 재물의 소유권이 하나님께 있음을 인정하지 않고 나그네에게 은혜와 자비를 베풀지 않는 고약한 사람이었습니다. 오래전 하나님께서 주신 말씀입니다.

"너희와 함께 있는 거류민을 너희 중에서 낳은 자 같이 여기며 자기 같이 사랑하라 너희도 애굽 땅에서 거류민이 되었었느니라 나는 너희의 하나님 여호와이니라"(레 19:34)

제사장 나라 법은 안중에도 없는 나발입니다.

넷째, 다윗이 이로 인해 분노하며 나발을 응징하고자 합니다.

"너희는 각기 칼을 차라"(삼상 25:13)

"다윗이 이미 말하기를 내가 이 자의 소유물을 광야에서 지켜 그 모든 것을 하나도 손실이 없게 한 것이 진실로 허사라 그가 악으로 나의 선을 갚는도다 내가 그에게 속한 모든 남자 가운데 한 사람이라도 아침까

지 남겨 두면 하나님은 다윗에게 벌을 내리시고 또 내리시기를 원하노라 하였더라"(삼상 25:21~22)

● 세 번째 포인트
다윗은 도망자 생활 중 아비가일을 만나게 됩니다.

사실 사울은 마타도어에 아주 능숙합니다.
"너희가 다 공모하여 나를 대적하며 내 아들이 이새의 아들과 맹약하였으되 내게 고발하는 자가 하나도 없고 나를 위하여 슬퍼하거나 내 아들이 내 신하를 선동하여 오늘이라도 매복하였다가 나를 치려 하는 것을 내게 알리는 자가 하나도 없도다"(삼상 22:8)

사실 이 말은 정말 다윗과 요나단을 모략하는 전혀 근거 없는 마타도어입니다. 마타도어(matador)란 근거 없는 사실을 조작해 상대편을 중상모략하거나 그 내부를 교란시키기 위해 하는 흑색선전(黑色宣傳)을 말합니다(투우사 matador에서 유래함).

도망자 다윗에게는 나발처럼 사울 편에 서서 적대하는 세력도 있었지만 아비가일처럼 사울의 마타도어에 넘어가지 않는 이스라엘 백성들도 당시에 상당수 있었습니다. 나발 때문에 화가 머리끝까지 났던 다윗에게 나발의 아내 아비가일의 등장은 큰 위로와 용기가 됩니다.

"아비가일이 다윗을 보고 급히 나귀에서 내려 다윗 앞에 엎드려 그의 얼굴을 땅에 대니라"(삼상 25:23)

그리고 지혜로운 아비가일이 다윗을 설득합니다.

"원하옵나니 내 주는 이 불량한 사람 나발을 개의치 마옵소서 그의 이름이 그에게 적당하니 그의 이름이 나발이라 그는 미련한 자니이다"(삼상 25:25)

이 말은 나발이 사울의 마타도어에 현혹된 미련한 자라는 것입니다.

"내 주를 이스라엘의 지도자로 세우실 때에 내 주께서 무죄한 피를 흘리셨다든지 내 주께서 친히 보복하셨다든지 함으로 말미암아 슬퍼하실 것도 없고 내 주의 마음에 걸리는 것도 없으시리니"(삼상 25:30~31)

아비가일의 이 말은 지금 당장은 사울의 철권통치가 기승을 부리지만 머지않아 하나님께서 다윗으로 온 이스라엘을 다스리게 하실 것이니 나중에 왕이 되었을 때에 발목을 잡힐지도 모를 오점 따위는 남기지 말라는 충언이었습니다. 그러자 아비가일의 말을 듣고 다윗이 그녀에게 감사를 표합니다.

"다윗이 아비가일에게 이르되 오늘 너를 보내어 나를 영접하게 하신 이스라엘의 하나님 여호와를 찬송할지로다 또 네 지혜를 칭찬할지며 또 네게 복이 있을지로다 오늘 내가 피를 흘릴 것과 친히 복수하는 것을 네가 막았느니라"(삼상 25:32~33)

얼마 후 나발은 죽고 아비가일은 다윗의 아내가 됩니다.

"나발이 죽었다 함을 다윗이 듣고 이르되 나발에게 당한 나의 모욕을 갚아 주사 종으로 악한 일을 하지 않게 하신 여호와를 찬송할지로다 여호와께서 나발의 악행을 그의 머리에 돌리셨도다 하니라"(삼상 25:39)

● 네 번째 포인트
십 사람들이 또다시 다윗을 밀고합니다.

이제 이스라엘 전역에서 다윗에 대한 밀고는 일상이 되어버렸습니다. 나발 사건 이후 십 사람들이 또다시 다윗을 사울에게 밀고합니다.

"십 사람이 기브아에 와서 사울에게 말하여 이르되 다윗이 광야 앞 하길라 산에 숨지 아니하였나이까 하매"(삼상 26:1)

이는 유다 지파 십 사람들의 두 번째 밀고였습니다. 그러자 사울과 특수부대원 3,000명이 다시 다윗 추격에 나섭니다.

"사울이 일어나 십 광야에서 다윗을 찾으려고 이스라엘에서 택한 사람 삼천 명과 함께 십 광야로 내려가서"(삼상 26:2)

이들이 이렇게까지 열심히(?) 다윗을 밀고하는 이유는 바로 사울의 유혹과 협박 때문이었습니다.

"사울이 곁에 선 신하들에게 이르되 너희 베냐민 사람들아 들으라 이 새의 아들이 너희에게 각기 밭과 포도원을 주며 너희를 천부장, 백부장을 삼겠느냐"(삼상 22:7)

"왕이 좌우의 호위병에게 이르되 돌아가서 여호와의 제사장들을 죽이라 그들도 다윗과 합력하였고 또 그들이 다윗이 도망한 것을 알고도 내게 알리지 아니하였음이니라"(삼상 22:17)

"왕이 도엑에게 이르되 너는 돌아가서 제사장들을 죽이라 하매 에돔 사람 도엑이 돌아가서 제사장들을 쳐서 그 날에 세마포 에봇 입은 자 팔십오 명을 죽였고 제사장들의 성읍 놉의 남녀와 아이들과 젖 먹는 자들과 소와 나귀와 양을 칼로 쳤더라"(삼상 22:18~19)

사울은 밀고하는 자들에게는 천부장 자리와 재물로 유혹하고 이를 숨기는 자들에게는 놉 제사장들처럼 죽이겠다고 위협했습니다. 사실 또 한편으로 생각하면 다윗이 그동안 자기 자신을 향한 밀고자들을 처단하지 않고 넘어갔기 때문이기도 했습니다. 다윗은 사울의 위협에 겁먹고 자신을 밀고할 수밖에 없는 하나님의 백성들의 처지를 오히려 안타까워했을 것입니다.

● 다섯 번째 포인트
하나님께서는 사울의 특수부대원 3,000명 모두를 잠들게 하신 후 다윗 한 명을 지켜보십니다.

다윗과 사울의 만남과 대립은 이번이 마지막입니다. 다윗에 대한 하나님의 마지막 테스트(test)이기도 합니다. 하나님께서 이번에는 다윗을 사울의 야영지로 이끄십니다.

"다윗이 정탐꾼을 보내어 사울이 과연 이른 줄 알고 다윗이 일어나 사울이 진 친 곳에 이르러 사울과 넬의 아들 군사령관 아브넬이 머무는 곳을 본즉 사울이 진영 가운데에 누웠고 백성은 그를 둘러 진 쳤더라"(삼상 26:4~5)

바로 그때 하나님께서 사울과 특수부대원 3,000명 모두를 잠들게 하십니다. 다윗이 아비새와 함께 적진에 침투합니다. 그리고 사울을 죽일 수 있는 절호의 기회를 맞게 됩니다.

"다윗과 아비새가 밤에 그 백성에게 나아가 본즉 사울이 진영 가운데 누워 자고 창은 머리 곁 땅에 꽂혀 있고 아브넬과 백성들은 그를 둘러 누웠는지라"(삼상 26:7)

이런 상황은 하나님께서 만드시지 않으면 결코 있을 수 없는 일입니다. 다시 말해 이는 '하나님의 테스트'였습니다.

"이는 여호와께서 그들을 깊이 잠들게 하셨으므로 그들이 다 잠들어 있었기 때문이었더라"(삼상 26:12)

이 상황은 다윗이 사울을 죽일 수 있는 두 번째 기회입니다. 사무엘상 24장(98일)에서 살펴보았습니다만 첫 번째 기회는 우연히 이루어진 것이었습니다. 그리고 이때에는 다윗이 사울 왕의 겉옷 자락만 베어 나왔습니다. 사실 이 일도 자책감을 느끼고 하나님께 회개했었습니다.

그런데 지금 이 상황은 다윗이 사울을 죽일 수 있는 극적인 기회입니다. 첫 번째 기회를 던져버린 다윗을 너무나도 잘 아는 아비새가 이번에는 자신이 직접 사울을 죽이겠다고 다윗을 설득합니다. 이는 다윗이 손대지 않고도 사울을 죽일 수 있는 '유혹'이나 다름없었습니다.

"내가 창으로 그를 찔러서 단번에 땅에 꽂게 하소서 내가 그를 두 번 찌를 것이 없으리이다"(삼상 26:8)

그러나 이번에도 다윗은 하나님께 기름 부음 받은 사울을 살려줍니다.

"내가 손을 들어 여호와의 기름 부음 받은 자를 치는 것을 여호와께서 금하시나니 너는 그의 머리 곁에 있는 창과 물병만 가지고 가자"(삼상 26:11)

하나님께서는 이 같은 다윗을 보시며 크게 기뻐하십니다. 후에 이 사실을 안 사울이 다윗에게 사과합니다.

"사울이 이르되 내가 범죄하였도다 내 아들 다윗아 돌아오라 네가 오늘 내 생명을 귀하게 여겼은즉 내가 다시는 너를 해하려 하지 아니하리라 내가 어리석은 일을 하였으니 대단히 잘못되었도다 하는지라"(삼상 26:21)

사울이 다윗에게 사과하기는 하지만 또다시 다윗을 죽이려 하므로 결국 다윗은 블레셋으로 도망하게 됩니다.

**디저트 DESSERT**

시편 54편은 십 사람이 사울에게 이르러 말하기를 "다윗이 우리가 있는 곳에 숨지 아니하였나이까." 하던 때에, 다윗이 십 광야에서 위기 상황을 겪고 쓴 '탄원시'입니다.

"하나님이여 주의 이름으로 나를 구원하시고 주의 힘으로 나를 변호하소서 하나님이여 내 기도를 들으시며 내 입의 말에 귀를 기울이소서 낯선 자들이 일어나 나를 치고 포악한 자들이 나의 생명을 수색하며 하나님을 자기 앞에 두지 아니하였음이니이다 하나님은 나를 돕는 이시며 주께서는 내 생명을 붙들어 주시는 이시니이다 주께서는 내 원수에게 악으로 갚으시리니 주의 성실하심으로 그들을 멸하소서 내가 낙헌제로 주께 제사하리이다 여호와여 주의 이름에 감사하오리니 주의 이름이 선하심이니이다 참으로 주께서는 모든 환난에서 나를 건지시고 내 원수가 보응 받는 것을 내 눈이 똑똑히 보게 하셨나이다"(시 54:1~7)

다윗에게 '고난'은 흑암 속으로 내려가는 절망의 사닥다리가 아닌 하나님께 더욱 밀착되어 하나님과 동행하기 위해 올라가는 '희망의 사닥다리'였습니다.

우리도 인내를 통해 연단을 배우고 연단을 통해 소망을 이루기를 기도합니다.

....................................................................................................................
....................................................................................................................
....................................................................................................................
....................................................................................................................

# *100*일
## 망명지에 들려온 조국의 슬픈 소식 (삼상 27~31장)

그동안 끊임없이 계속된 사울의 추적을 견디다 못한 다윗이 할 수 없이 다시 한번 블레셋 땅의 가드로 정치적 망명을 시도합니다. 다윗은 그를 따르는 600명과 그들의 가족들을 이끌고 블레셋의 시글락성에 가서 1년 4개월을 머물게 됩니다. 이 기간에 시글락성에서 일어난 이야기입니다.

《일년일독 통독성경》 사무엘상 27~31장

● 첫 번째 포인트
다윗은 블레셋 왕과 정치적 거래를 통해 블레셋으로 두 번째 망명을 합니다.

8년 전 다윗의 첫 번째 블레셋 망명은 급한 상황에 어떤 대책도 없이 혼자 블레셋 땅에 들어갔다가 오히려 그곳에서 생명의 위협을 느껴 미친 척하고 간신히 살아서 도망 나온 잠깐의 망명이었습니다. 그러나 이제 다윗은 도피 생활 8년 만에 자신의 세력도 이끌게 되었고 블레셋 왕과 정치적 거래까지도 가능해져 이번에는 600명의 측근들과 그의 가족들까지 모두 데리고 '블레셋으로 망명'을 합니다.

"다윗이 그 마음에 생각하기를 내가 후일에는 사울의 손에 붙잡히리니 블레셋 사람들의 땅으로 피하여 들어가는 것이 좋으리로다 사울이 이스라엘 온 영토 내에서 다시 나를 찾다가 단념하리니 내가 그의 손에서 벗어나리라 하고 다윗이 일어나 함께 있는 사람 육백 명과 더불어 가드 왕 마옥의 아들 아기스에게로 건너가니라"(삼상 27:1~2)

다윗은 자신의 정치적 망명을 받아준 블레셋의 가드 왕 아기스에게 자신과 자신의 측근들이 블레셋 왕이 사는 곳이 아닌 블레셋의 한 성읍에 살게 해달라고 요청합니다. 그래서 그들 모두가 '시글락(Ziklag)'이라는 곳에 거하게 됩니다.

"다윗이 아기스에게 이르되 바라건대 내가 당신께 은혜를 입었다면 지방 성읍 가운데 한 곳을 내게 주어 내가 살게 하소서 당신의 종이 어찌 당신과 함께 왕도에 살리이까 하니 아기스가 그 날에 시글락을 그에게 주었으므로 시글락이 오늘까지 유다 왕에게 속하니라"(삼상 27:5~6)

아기스 입장에서는 다윗에게 블레셋 변방의 한 성을 주면 외적으로부터 성을 보호하는 이점이 있었고 다윗 입장에서도 시글락은 이스라엘과 접경지대이므로 이스라엘과 계속해서 관계를 맺을 수 있는 이점이 있었습니다. 그렇게 다윗과 다윗의 측근 600명 그리고 그들의 가족들은 블레셋의 한 지방 성읍인 시글락 성에서 1년 4개월을 지내게 됩니다. 그 사이 다윗은 지도자로서의 역량을 키웁니다.

그런데 사실 '시글락'은 가나안 땅 분배 때 유다 지파에 분배되었다가 다시 시므온 지파에게 분배된 땅이었습니다.

"유다 자손의 지파가 그들의 가족대로 받은 기업은 이러하니라 시글락과 맛만나와 산산나와"(수 15:20,31)

"둘째로 시므온 곧 시므온 자손의 지파를 위하여 그들의 가족대로 제비를 뽑았으니 그들의 기업은 유다 자손의 기업 중에서라 시글락과 벧말가봇과 하살수사와"(수 19:1,5)

그런데 사울 때까지도 그 땅은 정복되지 못하고 블레셋에 속해 있었던 것입니다. 다윗이 그때 1년 4개월을 머물면서 그곳은 그 이후로 유다 지파의 영토가 됩니다. 그리고 시글락은 그 이후에 바벨론 포로 귀환 때에 유다 자손들이 거한 곳 중에 하나로 성경에 기록됩니다.

"또 시글락과 므고나와 그 주변 동네들에 거주하며"(느 11:28)

어쨌든 다윗과 600명의 일행은 1년 4개월 동안 공식적으로 블레셋에 망명해 있는 사이에 블레셋 주변의 소수 민족들을 징벌합니다.

"다윗과 그의 사람들이 올라가서 그술 사람과 기르스 사람과 아말렉 사람을 침노하였으니 그들은 옛적부터 술과 애굽 땅으로 지나가는 지방의 주민이라 다윗이 그 땅을 쳐서 남녀를 살려두지 아니하고 양과 소와 나귀와 낙타와 의복을 빼앗아 가지고 돌아와 아기스에게 이르매"(삼상 27:8~9)

..................................................................

..................................................................

..................................................................

..................................................................

이 일은 겉보기에는 블레셋에 이득을 주는 일 같았지만 실상은 그동안 이스라엘 남쪽 지역을 괴롭혔던 그술과 기르스와 아말렉 족속을 응징한 것이었습니다. 다윗은 그들을 공격해 전리품을 얻어 시글락으로 가지 않고 아기스에게 가서 일부러 허위 보고합니다.

> "아기스가 이르되 너희가 오늘은 누구를 침노하였느냐 하니 다윗이 이르되 유다 네겝과 여라무엘 사람의 네겝과 겐 사람의 네겝이니이다 하였더라"(삼상 27:10)

이렇게 다윗은 아기스에게 자신이 공격한 그술, 기르스, 아말렉 족속 대신 다른 족속들을 공격했다고 허위 보고함으로 아기스 왕이 자신을 의심하지 않게 했습니다. 다윗은 아기스에게는 신임을 얻었고 이스라엘 백성들에게는 민심을 얻게 되었습니다.

> "아기스가 다윗을 믿고 말하기를 다윗이 자기 백성 이스라엘에게 심히 미움을 받게 되었으니 그는 영원히 내 부하가 되리라고 생각하니라"(삼상 27:12)

● 두 번째 포인트
다윗을 자기편으로 우군화하지 못한 사울은 겨우 신접한 여인을 찾는 처지가 됩니다.

사울은 평생 블레셋과의 전쟁에 시달렸습니다. 그런데 사실 다윗은 한마디로 '블레셋 킬러(killer)'라고 해도 과언이 아닐 정도로 블레셋과의 싸움에서 이기는 사람이었습니다.

"다윗이 달려가서 블레셋 사람을 밟고 그의 칼을 그 칼 집에서 빼내어 그 칼로 그를 죽이고 그의 머리를 베니 블레셋 사람들이 자기 용사의 죽음을 보고 도망하는지라"(삼상 17:51)

"다윗이 일어나서 그의 부하들과 함께 가서 블레셋 사람 이백 명을 죽이고 그들의 포피를 가져다가 수대로 왕께 드려 왕의 사위가 되고자 하니 사울이 그의 딸 미갈을 다윗에게 아내로 주었더라"(삼상 18:27)

"블레셋 사람들의 방백들이 싸우러 나오면 그들이 나올 때마다 다윗이 사울의 모든 신하보다 더 지혜롭게 행하매 이에 그의 이름이 심히 귀하게 되니라"(삼상 18:30)

만약 사울이 이러한 다윗을 자기편으로 삼았다면 사울은 국가 위기 상황 속에서 블레셋과의 전쟁을 앞두고 신접한 여인을 찾는 데까지 가지 않아도 되었을 것입니다.

사울이 또다시 블레셋과 전쟁을 치르게 된 이유는 정치적 거래를 통해 다윗의 망명을 받아준 블레셋의 아기스 왕이 아마 다윗도 없는 이스라엘이라면 이제 마음껏 공격해 이길 수 있을 것이라고 판단했을 것이기 때문입니다. 이때 발발한 이스라엘과 블레셋의 전쟁이 바로 '길보아 전투'입니다.

> "블레셋 사람들이 모여 수넴에 이르러 진 치매 사울이 온 이스라엘을 모아 길보아에 진 쳤더니"(삼상 28:4)

이에 다급해진 사울이 블레셋과의 전쟁을 앞두고 하나님의 뜻을 구했으나 이미 하나님께서는 사울을 떠나셨기에(삼상 15:26), 사울은 그 어떤 말씀도 들을 수 없었습니다.

> "사울이 여호와께 묻자오되 여호와께서 꿈으로도, 우림으로도, 선지자로도 그에게 대답하지 아니하시므로"(삼상 28:6)

그러자 사울은 신접한 여인까지 찾기에 이릅니다.

> "사울이 그의 신하들에게 이르되 나를 위하여 신접한 여인을 찾으라 내가 그리로 가서 그에게 물으리라 하니 그의 신하들이 그에게 이르되 보소서 엔돌에 신접한 여인이 있나이다"(삼상 28:7)

사울은 제사장 나라 거룩한 시민으로 결코 해서는 안 되는 일까지 한 것입니다. 일찍이 하나님께서 말씀하셨습니다.

> "그의 아들이나 딸을 불 가운데로 지나게 하는 자나 점쟁이나 길흉을 말하는 자나 요술하는 자나 무당이나 진언자나 신접자나 박수나 초혼자를 너희 가운데에 용납하지 말라 이런 일을 행하는 모든 자를 여호와께서 가증히 여기시나니 이런 가증한 일로 말미암아 네 하나님 여호와께서 그들을 네 앞에서 쫓아내시느니라 너는 네 하나님 여호와 앞에서

완전하라"(신 18:10~13)

사실 사울이 집권 초기에 하나님의 말씀에 순종하여 미신을
다 없앴는데 그 미신을 다시 찾은 것입니다. 사울은 변장하고 가
서 신접한 여인을 만납니다.

"사울이 다른 옷을 입어 변장하고 두 사람과 함께 갈새 그들이 밤에 그
여인에게 이르러서는 사울이 이르되 청하노니 나를 위하여 신접한 술
법으로 내가 네게 말하는 사람을 불러 올리라 하니 여인이 그에게 이르
되 네가 사울이 행한 일 곧 그가 신접한 자와 박수를 이 땅에서 멸절시
켰음을 아나니 네가 어찌하여 내 생명에 올무를 놓아 나를 죽게 하려느
냐 하는지라"(삼상 28:8~9)

사울의 형편과 행태가 참으로 안타깝고 민망하기 그지없습
니다.


● 세 번째 포인트
다윗은 블레셋 왕 앞에서 한 번은 '미친 척', 또 한 번은 '충성스러
운 척'해서 위기를 극복합니다.


다윗은 청소년 시절부터 이미 물매 솜씨의 정확도를 가지고
곰과 사자와 골리앗의 급소를 치며 위기를 넘겼습니다. 이제 다

........................................................

........................................................

........................................................

........................................................

윗은 거기에 더해서 '정치적 거래의 급소'를 정확하게 칠 수 있는 능력까지도 갖추게 됩니다.

시글락에서 1년 4개월을 지내던 다윗에게 또 한 번의 위기가 찾아옵니다. 블레셋이 이스라엘과 전쟁을 결정하고 다윗에게 참전 명령이 내려진 것입니다. 이는 다윗 정치 인생에 있어 외줄 타기 위기였습니다.

"그 때에 블레셋 사람들이 이스라엘과 싸우려고 군대를 모집한지라 아기스가 다윗에게 이르되 너는 밝히 알라 너와 네 사람들이 나와 함께 나가서 군대에 참가할 것이니라"(삼상 28:1)

아기스 왕의 명령에 블레셋 모든 군대는 아벡에서 진을 치고 다윗은 600명을 이끌고 이스르엘에 있는 샘 곁에 진을 치고 대기합니다. 다윗의 블레셋 망명이 결국 다윗에게 꼼짝 못할 올무가 된 것이었습니다.

"블레셋 사람들의 수령들은 수백 명씩 수천 명씩 인솔하여 나아가고 다윗과 그의 사람들은 아기스와 함께 그 뒤에서 나아가더니"(삼상 29:2)

그런데 이 위기 가운데 오히려 블레셋 방백들이 다윗의 참전을 반대하고 나옵니다.

"블레셋 사람들의 방백들이 이르되 이 히브리 사람들이 무엇을 하려느냐 하니 아기스가 블레셋 사람들의 방백들에게 이르되 이는 이스라엘 왕 사울의 신하 다윗이 아니냐 그가 나와 함께 있은 지 여러 날 여러 해로되 그가 망명하여 온 날부터 오늘까지 내가 그의 허물을 보지 못하였노라 블레셋 사람의 방백들이 그에게 노한지라 블레셋 방백들이 그에게 이르되 이 사람을 돌려보내어 왕이 그에게 정하신 그 처소로 가게 하소서 그는 우리와 함께 싸움에 내려가지 못하리니 그가 전장에서 우리의 대적이 될까 하나이다 그가 무엇으로 그 주와 다시 화합하리이까 이 사람들의 머리로 하지 아니하겠나이까 그들이 춤추며 노래하여 이르되 사울이 죽인 자는 천천이요 다윗은 만만이로다 하던 그 다윗이 아니니이까 하니"(삼상 29:3~5)

블레셋의 방백들이 아기스 왕에게 다윗과 그의 군사들을 다시 시글락으로 돌려보내서 이 전쟁에 참가하지 못하게 하자고 주장한 것입니다. 결국 전쟁을 앞두고 내분을 원치 않은 아기스 왕이 '다윗의 참전 불가'를 결정합니다.

"아기스가 다윗을 불러 그에게 이르되 여호와께서 살아 계심을 두고 맹세하노니 네가 정직하여 내게 온 날부터 오늘까지 네게 악이 있음을 보지 못하였으니 나와 함께 진중에 출입하는 것이 내 생각에는 좋으나 수령들이 너를 좋아하지 아니하니 그러므로 이제 너는 평안히 돌아가서 블레셋 사람들의 수령들에게 거슬러 보이게 하지 말라 하니라"(삼상 29:6~7)

.......................................................................................
.......................................................................................
.......................................................................................
.......................................................................................

다섯 개 도시국가의 연합체였던 블레셋에게 이번 전쟁은 다섯 개 도시국가가 합의하여 이스라엘을 총공격하기로 한 큰 전쟁이었기에 아기스라 할지라도 자신의 뜻대로 모든 것을 관철할 수는 없었던 것입니다. 바로 그 순간 다윗은 아기스 왕에게 겉으로는 무척 아쉬워하는 척합니다.

"다윗이 아기스에게 이르되 내가 무엇을 하였나이까 내가 당신 앞에 오늘까지 있는 동안에 당신이 종에게서 무엇을 보셨기에 내가 가서 내 주 왕의 원수와 싸우지 못하게 하시나이까"(삼상 29:8)

그러나 참 다행이었습니다. 아기스 왕의 이 결정으로 다윗은 위기를 벗어났고 결국 다윗이 블레셋에서 빠져나오는 계기가 됩니다.

"이에 다윗이 자기 사람들과 더불어 아침에 일찍이 일어나서 떠나 블레셋 사람들의 땅으로 돌아가고 블레셋 사람들은 이스르엘로 올라가니라"(삼상 29:11)

● 네 번째 포인트
이스라엘과의 싸움을 겨우 피한 다윗은 자기를 따르던 600명의 내부 붕괴라는 절체절명의 위기에 직면합니다.

...................................................................
...................................................................
...................................................................
...................................................................

다윗은 블레셋 편에 서서 이스라엘과 싸울 뻔한 위기에서 간신히 벗어나 다시 시글락으로 귀환합니다. 다윗은 지난 10여 년 동안 수많은 어려움을 겪었지만 이스르엘에 있는 샘 곁에서의 '전쟁 참여 여부 대기 3일간'은 그의 인생 가운데 가장 어려운 시간이었을 것입니다.

그런데 다윗과 다윗의 측근 600명이 그렇게 큰 위기를 모면하고 시글락으로 돌아왔는데 그 사이 시글락에서 벌어진 일로 말미암아 다윗이 더 큰 위기를 맞게 됩니다. 다윗이 아기스 왕을 만나러 아벡으로 가면서 시글락을 비운 3일을 틈타 아말렉 족속이 시글락을 약탈해간 것입니다. 다윗은 하늘이 노랬습니다. 그런데 불행 중 다행인 것은 시글락성 안에 들어서니 시신이 없습니다. 그것은 아무도 죽지 않고 모두 살아 있다는 것을 의미했습니다. 아말렉이 노예로 팔기 위해 백성들을 모두 포로로 끌어간 것입니다.

"다윗과 그의 사람들이 사흘 만에 시글락에 이른 때에 아말렉 사람들이 이미 네겝과 시글락을 침노하였는데 그들이 시글락을 쳐서 불사르고 거기에 있는 젊거나 늙은 여인들은 한 사람도 죽이지 아니하고 다 사로잡아 끌고 자기 길을 갔더라 다윗과 그의 사람들이 성읍에 이르러 본즉 성읍이 불탔고 자기들의 아내와 자녀들이 사로잡혔는지라"(삼상 30:1~3)

........................................................................

........................................................................

........................................................................

........................................................................

그러자 지난 10여 년 동안 다윗을 따랐던 600여 명의 동지들이 시글락이 약탈당하고 가족들이 끌려간 원인을 지도자 다윗에게 두며 다윗을 돌로 치려 합니다. 내분의 위기였습니다. 이 절체절명의 위기 가운데 다윗이 다시 하나님을 의지하고 용기를 냅니다.

"백성들이 자녀들 때문에 마음이 슬퍼서 다윗을 돌로 치자 하니 다윗이 크게 다급하였으나 그의 하나님 여호와를 힘입고 용기를 얻었더라" (삼상 30:6)

다윗은 늘 그랬듯이 '하나님이 주시는 용기'를 가지고 그 위기를 다시 기회로 살려냅니다. 다윗이 제사장 아비아달의 에봇을 가져와 우림과 둠밈을 통해 하나님의 뜻을 구합니다.

"다윗이 여호와께 묻자와 이르되 내가 이 군대를 추격하면 따라잡겠나이까 하니 여호와께서 그에게 대답하시되 그를 쫓아가라 네가 반드시 따라잡고 도로 찾으리라"(삼상 30:8)

하나님의 말씀에 힘입어 다윗이 600명과 함께 아말렉을 치러 나아갔습니다. 그런데 중간에 너무 지쳐 더 이상 갈 수 없는 200명은 브솔 시내에 남겨두어야만 했습니다. 그래서 다윗은 400명과 함께 아말렉을 뒤쫓아갑니다(삼상 30:9~10).

다행히 다윗이 길에서 만난 애굽 소년을 통해 아말렉을 쫓을 수 있는 결정적 단서를 얻게 됩니다.

"다윗이 그에게 이르되 너는 누구에게 속하였으며 어디에서 왔느냐 하
니 그가 이르되 나는 애굽 소년이요 아말렉 사람의 종이더니 사흘 전
에 병이 들매 주인이 나를 버렸나이다 … 그가 다윗을 인도하여 내려가
니"(삼상 30:13~16)

마침내 다윗과 400명은 아말렉이 있는 곳에 당도해 그들을
크게 무찌르고 아말렉에게 끌려갔던 가족들을 모두 구합니다.
그리고 어마어마한 전리품까지 얻습니다.

"다윗이 아말렉 사람들이 빼앗아 갔던 모든 것을 도로 찾고 그의 두 아
내를 구원하였고 그들이 약탈하였던 것 곧 무리의 자녀들이나 빼앗겼
던 것은 크고 작은 것을 막론하고 아무것도 잃은 것이 없이 모두 다윗
이 도로 찾아왔고 다윗이 또 양 떼와 소 떼를 다 되찾았더니 무리가 그
가축들을 앞에 몰고 가며 이르되 이는 다윗의 전리품이라 하였더라"(삼
상 30:18~20)

이렇게 하나님의 도우심으로 내부의 위기까지 극복한 다윗
에게 일부 사람들이 이 전쟁에 참여하지 않은 200명에게는 전리
품을 나누어주지 말자고 말합니다.

"다윗과 함께 갔던 자들 가운데 악한 자와 불량배들이 다 이르되 그들
이 우리와 함께 가지 아니하였은즉 우리가 도로 찾은 물건은 무엇이

든지 그들에게 주지 말고 각자의 처자만 데리고 떠나가게 하라 하는지

라"(삼상 30:22)

그러자 다윗은 이 일은 하나님께서 우리를 보호하셨고 하나

님께서 하신 일이라고 설득합니다(삼상 30:23). 결국 다윗은 600명

모두에게 전리품을 나누어주며 공동체를 더욱 튼튼하게 만들고

이를 이스라엘 군대의 전례로 만듭니다.

"이 일에 누가 너희에게 듣겠느냐 전장에 내려갔던 자의 분깃이나 소

유물 곁에 머물렀던 자의 분깃이 동일할지니 같이 분배할 것이라 하

고 그 날부터 다윗이 이것으로 이스라엘의 율례와 규례를 삼았더니 오

늘까지 이르니라"(삼상 30:24~25)

일찍이 전장에 나가 승리한 만나세대들이 행했던 전리품 분

배 방식입니다.

"여호와께서 모세에게 말씀하여 이르시되 너는 제사장 엘르아살과 회

중의 수령들과 더불어 이 사로잡은 사람들과 짐승들을 계수하고 그 얻

은 물건을 반분하여 그 절반은 전쟁에 나갔던 군인들에게 주고 절반은

회중에게 주고"(민 31:25~27)

다윗은 제사장 나라의 여러 법들을 잘 알고 있었습니다. 거기

에 더해 다윗은 전리품 일부를 유다 지파의 땅 여러 지역들에게

나누어줍니다. 이로써 다윗은 유다 지파와의 관계를 돈독하게

만듭니다.

다윗이 전리품을 유다 지파 사람들에게까지 나누어준 것은 지난 10여 년간 자신의 도피 생활 중에 자신과 일행에게 은혜를 베풀어준 이들에게 감사를 표하고 또한 자신의 존재와 이스라엘을 향한 마음을 보여준 것이었습니다.

"다윗이 시글락에 이르러 전리품을 그의 친구 유다 장로들에게 보내어 이르되 보라 여호와의 원수에게서 탈취한 것을 너희에게 선사하노라 하고 … 헤브론에 있는 자에게와 다윗과 그의 사람들이 왕래하던 모든 곳에 보내었더라"(삼상 30:26~31)

여기에서 '선사하노라'라는 말은 히브리어로 '베라카(בְּרָכָה)' 입니다. 이는 '축복하다', '선물하다'라는 뜻으로 이번 아말렉과의 전쟁에서 얻은 전리품이 하나님의 복임을 밝히며 유다 지파 사람들에게 그 복을 선물한 것이었습니다.


● 다섯 번째 포인트
사무엘과 다윗까지 죽이려 했던 사울은 80세 나이에 자결로 생을 마감합니다.


이스라엘의 초대 왕으로 40년 동안 국가 공권력을 자신의 권

.................................................

.................................................

.................................................

.................................................

력 사유화를 위해 사용하여 하나님을 슬프게 했고, 스승 사무엘 그리고 사위 다윗을 죽이기 위해 그렇게 애를 쓰던 사울이 스스로 자결하여 슬픈 인생을 마감합니다.

사울의 죽음은 블레셋과의 전쟁이었던 길보아 전투에서의 큰 패배 때문이었습니다.

"블레셋 사람들이 이스라엘을 치매 이스라엘 사람들이 블레셋 사람들 앞에서 도망하여 길보아 산에서 엎드러져 죽으니라"(삼상 31:1)

사울은 길보아 전투에서 그의 세 아들 요나단, 아비나답, 말기수아의 죽음을 먼저 보게 됩니다.

"블레셋 사람들이 사울과 그의 아들들을 추격하여 사울의 아들 요나단과 아비나답과 말기수아를 죽이니라"(삼상 31:2)

사울 또한 전쟁 중 몸에 치명상을 입으면서 결국 80세의 나이에 자살로 그의 생을 마감합니다.

"사울이 패전하매 활 쏘는 자가 따라잡으니 사울이 그 활 쏘는 자에게 중상을 입은지라 그가 무기를 든 자에게 이르되 네 칼을 빼어 그것으로 나를 찌르라 할례 받지 않은 자들이 와서 나를 찌르고 모욕할까 두려워하노라 하나 무기를 든 자가 심히 두려워하여 감히 행하지 아니하는지라 이에 사울이 자기의 칼을 뽑아서 그 위에 엎드러지매"(삼상 31:3~4)

전장에서 죽은 사울의 모습을 보면 사울이 처음 왕위에 오를 때 그가 보여줬던 겸손하고 신중한 모습이 떠올라 아쉬움을 갖게 합니다. 이 아쉬움은 사울이 세상 모든 것이 하나님께로부터 왔고 하나님께 속해 있으며 끝내는 하나님께로 돌아갈 것이라는 사실을 잊었기 때문에 생긴 결과였습니다.

디저트 DESSERT

〈사무엘상〉의 마지막 슬픈 이야기가 그럼에도 따뜻한 이야기로 마무리됩니다. 은혜를 갚으러 떠난 길르앗 야베스 사람들 때문입니다.

"길르앗 야베스 주민들이 블레셋 사람들이 사울에게 행한 일을 듣고 모든 장사들이 일어나 밤새도록 달려가서 사울의 시체와 그의 아들들의 시체를 벧산 성벽에서 내려 가지고 야베스에 돌아가서 거기서 불사르고 그의 뼈를 가져다가 야베스 에셀 나무 아래에 장사하고 칠 일 동안 금식하였더라"(삼상 31:11~13)

길르앗 야베스 사람들, 그들은 40년 전에 사울로부터 은혜를 입었던 사람들입니다. 그들은 사울이 왕으로 세움을 받던 그해에 사울이 주도한 구원군의 도움으로 암몬으로부터의 위기를 모면할 수 있었던 사실을 그들의 후손들에게 교육시켰던 것입니다.

지난 40년 동안 사울이 옳지 않은 정치를 했다는 사실을 그들도 압니다. 하지만 그들은 오래전에 입었던 은혜를 마음속 깊은 곳에 기억하고 있었습니다.

길르앗 야베스 사람들은 은혜를 갚고자 목이 잘려나간 사울과 그의 아들들을 장사지내기 위해서 산을 넘고 물을 건너 밤새워 길보아산 근처 벧산 성벽으로 찾아간 것입니다. 은혜를 깊은 심비에 새겼던 아름다운 사람들입니다. 그들의 이야기는 슬픈 장면을 덮어주는 따뜻한 이야기로 남습니다.

# *101*일

## 유다 지파의 왕으로 추대된 다윗 (삼하 1~2장)

**애피타이저 APPETIZER**

이스라엘의 초대 왕 사울이 죽은 후 이스라엘은 두 세력 중심으로 나라가 둘로 나뉘게 됩니다. 하나는 베냐민 지파를 중심으로 열한 지파를 이끄는 아브넬의 '마하나임 정권'이었고, 다른 하나는 유다 지파만 함께하는 다윗의 '헤브론 정권'이었습니다.

이스라엘의 11 대 1의 분열 상태는 7년 6개월 동안이나 지속되면서 그 사이 이스라엘은 크고 작은 내부 전쟁으로 아픔을 겪게 됩니다. 한편 다윗은 길르앗 야베스 주민들이 사울 왕의 장례를 치러준 것에 대해 고마움을 표시하며 민심을 얻었고, 그 사이

마하나임 정권은 지루한 권력 다툼에 빠집니다. 그렇게 시간이 지남에 따라 차츰 힘의 균형이 깨지면서 온 이스라엘의 민심은 다윗의 헤브론 정권으로 기울어져 갑니다.

## 성경통독 BIBLETONGDOK

《일년일독 통독성경》 사무엘하 1~2장

## 통通으로 숲이야기 ; 통숲 TONG OBSERVATION

● 첫 번째 포인트
이스라엘은 사울의 죽음 후 '한 민족 두 국가'로 1차 분단됩니다.

이스라엘의 초대 왕 사울은 다윗의 칼도, 블레셋의 칼도 아닌 자신의 칼로 생을 마감했습니다(삼상 31:4~5).

블레셋과의 길보아 전투에서 일어난 사울의 자결과 그의 세 아들의 죽음은 국가적인 위기를 초래합니다. 사울의 군대 장관 아브넬은 그 국가적 위기를 자신의 '권력 사유화 기회'로 이용합니다.

사울의 살아남은 유일한 아들 이스보셋을 허수아비 왕으로 내세우고 자신이 권력의 몸통이 되려고 한 것입니다. 결국 이스라엘이 남북으로 분단되는 상황을 만듭니다.

"사울의 군사령관 넬의 아들 아브넬이 이미 사울의 아들 이스보셋을 데리고 마하나임으로 건너가 길르앗과 아술과 이스르엘과 에브라임과 베냐민과 온 이스라엘의 왕으로 삼았더라"(삼하 2:8~9)

이는 엄밀하게 말해 사울의 군대 장관이었던 아브넬이 이스보셋을 왕으로 내세우고 열한 지파를 이끌고 북쪽 마하나임으로 올라가 자기의 정권을 세운 것이었습니다. 그러자 다윗은 헤브론에서 유다 한 지파의 왕이 됩니다.

"사울의 아들 이스보셋이 이스라엘 왕이 될 때에 나이가 사십 세이며 두 해 동안 왕위에 있으니라 유다 족속은 다윗을 따르니 다윗이 헤브론에서 유다 족속의 왕이 된 날 수는 칠 년 육 개월이더라"(삼하 2:10~11)

사울이 죽은 후 이스라엘은 이렇게 열한 지파와 한 지파로 나뉘어 7년 6개월의 시간을 보내게 됩니다. 이때가 이스라엘 역사에서 '1차 한 민족 두 국가 체제' 기간입니다. 그리고 솔로몬 사후 이스라엘은 또다시 남북으로 분단되어 다시금 한 민족 두 국가 상태가 됩니다.

"내가 그의 아들의 손에서 나라를 빼앗아 그 열 지파를 네게 줄 것이요 그의 아들에게는 내가 한 지파를 주어서 내가 거기에 내 이름을 두고자

하여 택한 성읍 예루살렘에서 내 종 다윗이 항상 내 앞에 등불을 가지고 있게 하리라"(왕상 11:35~36)

● **두 번째 포인트**
**사울의 '도망 나간 종 다윗' 모함 대신 다윗은 '용사 사울의 죽음'을 유다 지파와 함께 애도합니다.**

다윗은 시글락을 약탈해간 아말렉과의 전쟁에서 승리하고 다시 시글락으로 귀환한 지 3일째 되는 날 사울의 죽음 소식을 들었습니다.

"사울이 죽은 후에 다윗이 아말렉 사람을 쳐죽이고 돌아와 다윗이 시글락에서 이틀을 머물더니 사흘째 되는 날에 한 사람이 사울의 진영에서 나왔는데 그의 옷은 찢어졌고 머리에는 흙이 있더라 그가 다윗에게 나아와 땅에 엎드려 절하매"(삼하 1:1~2)

길보아 전투 상황을 알게 된 한 아말렉 청년이 한걸음에 달려와 다윗에게 희소식이라고 전한 것입니다. 어찌 보면 지난 10여 년 동안 자신에게 '도망 나간 종' 프레임(frame, 틀)의 마타도어를 퍼뜨리고 밀고자들을 만들고 3천 명을 데리고 뒤쫓던 사울의 칼 끝에서 숨죽이고 살아온 다윗에게는 희소식일 수도 있겠습니다.

그런데 사울이 죽었다는 소식을 들은 다윗은 그토록 자신을 괴롭힌 정적의 죽음에도 불구하고 극도로 슬퍼하며 옷을 찢고 금식하며 애도합니다. 그리고 오히려 '용사 사울의 죽음'을 유다 지파와 함께 애도합니다.

"다윗이 이 슬픈 노래로 사울과 그의 아들 요나단을 조상하고 명령하여 그것을 유다 족속에게 가르치라 하였으니 곧 활 노래라 야살의 책에 기록되었으되 이스라엘아 네 영광이 산 위에서 죽임을 당하였도다 오호라 두 용사가 엎드러졌도다 이 일을 가드에도 알리지 말며 아스글론 거리에도 전파하지 말지어다 블레셋 사람들의 딸들이 즐거워할까, 할례 받지 못한 자의 딸들이 개가를 부를까 염려로다 길보아 산들아 너희 위에 이슬과 비가 내리지 아니하며 제물 낼 밭도 없을지어다 거기서 두 용사의 방패가 버린 바 됨이니라 곧 사울의 방패가 기름 부음을 받지 아니함 같이 됨이로다 죽은 자의 피에서, 용사의 기름에서 요나단의 활이 뒤로 물러가지 아니하였으며 사울의 칼이 헛되이 돌아오지 아니하였도다 사울과 요나단이 생전에 사랑스럽고 아름다운 자이러니 죽을 때에도 서로 떠나지 아니하였도다 그들은 독수리보다 빠르고 사자보다 강하였도다 이스라엘 딸들아 사울을 슬퍼하여 울지어다 그가 붉은 옷으로 너희에게 화려하게 입혔고 금 노리개를 너희 옷에 채웠도다 오호라 두 용사가 전쟁 중에 엎드러졌도다 요나단이 네 산 위에서 죽임을 당하였도다 내 형 요나단이여 내가 그대를 애통함은 그대는 내게 심히 아름다움이라 그대가 나를 사랑함이 기이하여 여인의 사랑보다 더하였도다 오호라 두 용사가 엎드러졌으며 싸우는 무기가 망하였도다 하였더라"(삼하 1:17~27)

더 나아가 다윗은 자신의 측근들에게까지 사울의 죽음을 함께 애도하게 합니다.

"이에 다윗이 자기 옷을 잡아 찢으매 함께 있는 모든 사람도 그리하고 사울과 그의 아들 요나단과 여호와의 백성과 이스라엘 족속이 칼에 죽음으로 말미암아 저녁 때까지 슬퍼하여 울며 금식하니라"(삼하 1:11~12)

다윗은 사울과 요나단의 죽음을 애도하며 노래를 지어 유다 지파 사람들에게 따라 부르게까지 합니다.

다윗이 지은 '활 노래'는 먼저 요나단과 사울 왕의 죽음에 대해서 매우 애도하며 지은 진심 어린 노래였습니다. 그리고 다윗은 자신이 지은 이 노래를 유다 지파 전체에 알려 다 같이 부르며 사울과 요나단을 애도하게 했습니다. 이 애가는 다윗의 어떠한 정치적 명령보다도 더 강경한 국민 통합의 명령이 되었습니다.

유다 지파 사람들에게 사울의 죽음과 요나단의 죽음을 진심으로 애도하게 하여 유다 지파의 정치적 그릇을 키우는 결정적

계기로 삼았던 것입니다. '포용'은 하루아침에 할 수 있는 것이 아닙니다. 한 지파가 열한 지파를 담을 수 있을 정도의 큰 그릇이 되도록 다윗이 직접 자기 지파를 훈련시켰던 것입니다. 결국 다윗은 유다 지파를 기반으로 북쪽 열한 지파를 끌어안을 수 있는 대국민적 통합의 기반을 다지게 됩니다.

한편 다윗은 사울의 죽음에 대해 허위 보고를 한 아말렉 청년을 죽입니다. 그는 자신이 사울을 죽이지 않았음에도 자신이 사울을 죽였다고 거짓말을 했던 것입니다. 아말렉 청년이 말한 보고입니다.

"그가 대답하되 군사가 전쟁 중에 도망하기도 하였고 무리 가운데에 엎드러져 죽은 자도 많았고 사울과 그의 아들 요나단도 죽었나이다"(삼하 1:4)

그러자 다윗이 사울과 요나단의 죽음에 대해 그가 어떻게 알게 되었는지를 묻습니다.

"사울과 그의 아들 요나단이 죽은 줄을 네가 어떻게 아느냐"(삼하 1:5)

다윗의 질문에 아말렉 청년은 허위로 보고를 합니다.

"내게 이르시되 내 목숨이 아직 내게 완전히 있으므로 내가 고통 중에 있나니 청하건대 너는 내 곁에 서서 나를 죽이라 하시기로 그가 엎드러진 후에는 살 수 없는 줄을 내가 알고 그의 곁에 서서 죽이고 그의 머리

에 있는 왕관과 팔에 있는 고리를 벗겨서 내 주께로 가져왔나이다 하니
라"(삼하 1:9~10)

사울은 자신이 블레셋 사람들에게 죽임을 당하는 것이 수치
스러워 자살했던 것입니다. 그런데 아말렉 청년은 자신이 사울
을 죽였다고 거짓 보고를 했습니다. 다윗에게 큰 상금을 받을 것
이라고 생각했던 것입니다. 그런데 오히려 다윗은 아말렉 청년
에게 죄를 물어 그를 죽입니다.

"다윗이 그에게 이르되 네가 어찌하여 손을 들어 여호와의 기름 부음
받은 자 죽이기를 두려워하지 아니하였느냐 하고 다윗이 청년 중 한 사
람을 불러 이르되 가까이 가서 그를 죽이라 하매 그가 치매 곧 죽으니
라"(삼하 1:14~15)

아말렉 청년의 허위 보고는 당시 10여 년 동안의 국제 정치적
상황의 한 단면이라 할 수 있습니다. 즉, 당시 사울과 다윗의 정
적 관계를 이용하려는 기회주의자들이 많이 있었고 아말렉 청년
도 그 같은 사실을 알고 사울과 다윗 사이에서 '왕관과 팔에 있던
고리' 이상의 이익을 챙기려 했었던 것입니다. 사실 아말렉 청년
뿐 아니라 블레셋의 왕 아기스와 사울의 신하 도엑 등 당시 수많
은 사람이 사울과 다윗 사이에서 각자 자신들의 이익을 챙기고
살았다고 볼 수 있습니다.

● 세 번째 포인트

다윗은 사무엘에게 기름 부음을 받은 후 15년여 만에 유다 지파에게 두 번째 기름 부음을 받고 왕이 됩니다.

우리가 이미 알고 있듯이 다윗은 블레셋의 골리앗을 만나기도 전인 베들레헴 목동 시절, 하나님께서 사무엘을 보내 베들레헴에서 다윗의 머리에 기름을 부으신 적이 있습니다(삼상 16:1). 다윗은 그때로부터 대략 15년이 지나 마침내 유다 지파 사람들에 의해 유다 지파의 왕으로 두 번째 기름 부음을 받게 됩니다.

"그 후에 다윗이 여호와께 여쭈어 아뢰되 내가 유다 한 성읍으로 올라가리이까 여호와께서 이르시되 올라가라 다윗이 아뢰되 어디로 가리이까 이르시되 헤브론으로 갈지니라 … 유다 사람들이 와서 거기서 다윗에게 기름을 부어 유다 족속의 왕으로 삼았더라"(삼하 2:1~4)

다윗이 유다 지파만의 왕이 된 이유는 크게 세 가지로 볼 수 있습니다.

첫째, 사울의 죽음 후 아브넬의 선택 때문입니다. 즉 아브넬의 '권력 사유화' 때문입니다.

"사울의 집과 다윗의 집 사이에 전쟁이 있는 동안에 아브넬이 사울의 집에서 점점 권세를 잡으니라"(삼하 3:6)

둘째, 아브넬이 수도를 기브아에서 북쪽 마하나임으로 옮겨 유다 지파를 블레셋으로부터 더 위험하게 만들었기 때문입니다.

"사울의 군사령관 넬의 아들 아브넬이 이미 사울의 아들 이스보셋을 데리고 마하나임으로 건너가 길르앗과 아술과 이스르엘과 에브라임과 베냐민과 온 이스라엘의 왕으로 삼았더라"(삼하 2:8~9)

셋째, 다윗이 아말렉과의 전쟁에서 얻은 전리품을 유다 지파 사람들에게 보냈기 때문입니다.

지난 10여 년 동안 사울은 유다 지파와 다윗 사이를 끊임없이 이간질해왔습니다. 사울은 유다 지파 사람들을 핍박하고 감시하고 그 와중에 다윗 밀고자에게는 상을 주는 등 여러 방법을 사용해 다윗과 유다 지파 사이를 벌어지게 했습니다. 그런데 다윗은 유다 지파 사람들에게 전리품을 나누어주었던 것입니다(삼상 30:26~30). 그로 인해 유다 지파 사람들이 다윗을 믿고 좀 더 의지하게 되었습니다.

● 네 번째 포인트
유다 지파의 왕이 된 다윗의 첫 업무는 길르앗 야베스 사람들을 축복한 일입니다.

사울은 40년 전 길르앗 야베스 사람들을 위기에서 구해준 적이 있었습니다. 그런데 그동안 사울의 정치는 누가 보아도 선하지 않았습니다. 그럼에도 불구하고 길르앗 야베스 사람들은 사울이 죽자 사울에게 받은 은혜를 잊지 않고 밤새 달려와 사울의 시신을 수습하고 장사지냈습니다(삼상 31:11~13).

사실 이 일은 사울의 군대 장관 아브넬이 앞장서서 해야 할 일이었습니다. 그런데 블레셋과의 전쟁에서 패한 후 아브넬조차 사울의 시신을 수습할 정신이 없었던 것입니다. 그 일을 길르앗 야베스 사람들이 감당해주었습니다. 그런데 또 한편으로 생각해보면 길르앗 야베스 사람들은 이제 막 떠오르는 다윗 권력의 눈치를 보아야 하는 상황입니다. 그럼에도 그 위험을 무릅쓰고 사울을 장사지냈던 것입니다.

이런 상황 가운데 다윗이 유다 지파의 왕이 되어 가장 처음 한 일이 사울을 장사지낸 길르앗 야베스 사람들을 축복한 것입니다. 다윗은 어려운 상황 중에도 신의를 지킨 길르앗 야베스 사람들을 높이 평가했습니다.

"다윗이 길르앗 야베스 사람들에게 전령들을 보내 그들에게 이르되 너희가 너희 주 사울에게 이처럼 은혜를 베풀어 그를 장사하였으니 여호와께 복을 받을지어다"(삼하 2:5)

그리고 다윗은 길르앗 야베스 사람들의 선한 일에 보답하고 자신이 사울의 뒤를 이어 왕으로서 보호할 것을 약속합니다.

"너희가 이 일을 하였으니 이제 여호와께서 은혜와 진리로 너희에게 베푸시기를 원하고 나도 이 선한 일을 너희에게 갚으리니 이제 너희는 손을 강하게 하고 담대히 할지어다 너희 주 사울이 죽었고 또 유다 족속이 내게 기름을 부어 그들의 왕으로 삼았음이니라 하니라"(삼하 2:6~7)

불과 30세인 다윗의 그릇이 이렇게 컸습니다. 사울과는 차이가 나도 정말 큰 차이가 나는 것을 볼 수 있습니다.

● 다섯 번째 포인트
북쪽 열한 지파와 남쪽 한 지파의 남북 갈등은 7년 반 동안 지속됩니다.

사울의 40년 권력 사유화는 사울이 죽었다 해서 하루아침에 해체되지 않습니다. 사울과 함께 베냐민 지파를 중심으로 권력을 사유화한 주체 세력들이 이제는 아브넬을 중심으로 다윗을 적대하며 그들의 권력을 유지해갑니다. 그러는 동안 한 민족 두 국가의 불필요하고 무모한 싸움이 계속됩니다. 그 한 예가 360명과 20명이 모두 죽은 사건입니다. 그 사건의 개요는 다음과 같습니다.

먼저, 아브넬이 이스보셋을 허수아비 왕으로 내세워 열한 지파 이스라엘을 북쪽 마하나임에 존속시킵니다.

"사울의 군사령관 넬의 아들 아브넬이 이미 사울의 아들 이스보셋을 데리고 마하나임으로 건너가 … 이스라엘의 왕으로 삼았더라"(삼하 2:8~9)

그런데 북쪽 열한 지파 이스라엘의 아브넬과 남쪽 유다 지파 요압이 서로 싸우기 시작합니다. 그 시작은 기브온 못을 서로 차지하기 위한 힘겨루기였습니다.

"넬의 아들 아브넬과 사울의 아들 이스보셋의 신복들은 마하나임에서 나와 기브온에 이르고 스루야의 아들 요압과 다윗의 신복들도 나와 기브온 못 가에서 그들을 만나 함께 앉으니 이는 못 이쪽이요 그는 못 저쪽이라 아브넬이 요압에게 이르되 원하건대 청년들에게 일어나서 우리 앞에서 겨루게 하자 요압이 이르되 일어나게 하자 하매"(삼하 2:12~14)

이때 기브온 못을 차지하기 위해 겨루기에 나섰던 청년들 24명이 모두 죽습니다. 이는 아브넬의 무모한 제의와 요압의 무모한 응답으로 인한 비극이었습니다.

"그들이 일어나 그 수대로 나아가니 베냐민과 사울의 아들 이스보셋의 편에 열두 명이요 다윗의 신복 중에 열두 명이라 각기 상대방의 머리를 잡고 칼로 상대방의 옆구리를 찌르매 일제히 쓰러진지라 그러므로 그 곳을 헬갓 핫수림이라 일컬었으며 기브온에 있더라"(삼하 2:15~16)

이로 인해 시작된 싸움이 전면전으로 커지고 결국 유다가 승리를 합니다.

"그 날에 싸움이 심히 맹렬하더니 아브넬과 이스라엘 사람들이 다윗의 신복들 앞에서 패하니라"(삼하 2:17)

그런데 이때 요압의 동생이자 유다의 장군 아사헬이 죽습니다. 전쟁이 끝날 무렵 아브넬이 북쪽으로 돌아가는데 아사헬이 끝까지 아브넬을 죽이겠다고 추격했습니다. 아브넬이 이 전쟁의 원인을 제공했다는 것입니다.

아브넬은 아사헬의 형인 유다의 군대 장관 요압의 원한을 살 것을 두려워하여 아사헬을 죽이지 않으려 했으나 끝내 아사헬이 자신을 쫓아오자 아사헬을 죽이고 맙니다. 이 일은 아사헬의 형인 요압의 마음에 원한으로 남게 되고 이후에 아브넬이 요압의 손에 죽는 계기가 됩니다.

"아브넬이 다시 아사헬에게 이르되 너는 나 쫓기를 그치라 내가 너를 쳐서 땅에 엎드러지게 할 까닭이 무엇이냐 그렇게 하면 내가 어떻게 네 형 요압을 대면하겠느냐 하되 그가 물러가기를 거절하매 아브넬이 창 뒤 끝으로 그의 배를 찌르니 창이 그의 등을 꿰뚫고 나간지라"(삼하 2:22~23)

아브넬의 휴전 제의와 요압의 응답으로 일단 이 싸움은 끝이 납니다. 그러나 양쪽 진영 모두 상처를 입고 슬픔에 빠진 사건이 되었습니다.

"요압이 이르되 하나님이 살아 계심을 두고 맹세하노니 네가 말하지 아니하였더면 무리가 아침에 각각 다 돌아갔을 것이요 그의 형제를 쫓지 아니하였으리라 하고 요압이 나팔을 불매 온 무리가 머물러 서고 다시는 이스라엘을 쫓아가지 아니하고 다시는 싸우지도 아니하니라 아브넬과 그의 부하들이 밤새도록 걸어서 아라바를 지나 요단을 건너 비드론 온 땅을 지나 마하나임에 이르니라"(삼하 2:27~29)

이 전쟁으로 인해 북쪽 이스라엘 열한 지파에서는 360명이 전사하고 남쪽 유다 지파에서는 20명이 전사했습니다. 이때 아브넬이 아사헬을 죽인 사건은 몇 년 후 요압의 아브넬 암살로 이어집니다. 참으로 당황스러운 역사의 한 페이지입니다.

유다 지파의 왕이 된 다윗은 평화통일이 이루어질 날을 기대하며 국가의 기틀을 놓는 데에 주력합니다. 일례로 다윗은 사울과 요나단의 장례를 치러주었던 길르앗 야베스 사람들에게 상을 베풉니다.

다윗의 입장에서 좁게만 본다면 길르앗 야베스 사람들은 자신의 정적인 사울을 도와준 사람들인데도 말입니다. 그러나 다윗은 넓은 마음으로 국민 통합을 이루기 위해 최선을 다합니다.

남북으로 나뉜 이스라엘이 7년 반 동안 이렇게 서로 대치하지만 대세는 점점 다윗에게로 향합니다. 통일의 날이 점점 다가오고 있는 것입니다.

# $102$일
## 다윗의 세 번째 기름 부음과
## 통일 왕조 수립 (삼하 3장~5:5)

**애피타이저** APPETIZER

　이스라엘은 한 민족 두 국가로 7년 6개월의 시간을 보낸 후 북쪽의 실권자인 아브넬이 열한 지파의 뜻을 모아 다윗에게 실권을 넘겨주고자 남쪽 헤브론으로 내려옵니다. 드디어 평화롭게 민족 통일을 이룰 수 있게 된 것입니다. 그런데 다윗의 군대 장관인 요압이 다윗과 협상을 마치고 돌아가던 아브넬을 암살합니다. 이 사건으로 북쪽 열한 지파와 남쪽 유다 지파가 전쟁으로 나아갈 수 있는 위기의 형국이 되었습니다.

　그러자 이 상황에서 다윗이 크게 소리를 내어 웁니다. 애가도 지어 부르고 음식도 먹지 않습니다. 그리고 온 백성과 함께 슬퍼합니다. 이에 온 백성들은 다윗이 아브넬을 죽이라고 시킨 것이 아니고 요압이 단독으로 저지른 범행임을 알게 됩니다.

다윗은 사울 왕의 죽음에 대해서는 활 노래를 통해, 아브넬의 죽음에 대해서는 애가를 통해, 그리고 이스보셋의 죽음에 대해서는 살해자의 처벌을 통해 온 국민의 마음을 얻으며 진정한 통일국가 이스라엘을 준비합니다.

드디어 이스라엘의 모든 지파가 헤브론에서 다윗을 왕으로 추대합니다. 하나님께서 23년 전 어린 다윗을 왕의 재목으로 인정하셨다면 이제 온 이스라엘 백성들이 다윗을 왕으로 인정하게 된 것입니다.

## 성경통독 BIBLETONGDOK

《일년일독 통독성경》 사무엘하 3장~5:5

## 통通으로 숲이야기 ; 통숲 TONG OBSERVATION

● 첫 번째 포인트
민족 분단 7년 6개월 만에 다윗과 아브넬이 '통일 담판'을 합니다.

사울이 죽은 후 사울의 군대 장관이었던 아브넬이 사울의 남은 아들 이스보셋을 내세워 열한 지파를 이끌고 북쪽 마하나임으로 가서 아브넬 정권을 유지한 7년 6개월 동안, 남쪽에서는 다윗이 유다 지파를 이끌고 통일의 날을 기다리고 있었습니다. 그동안 다윗 가문은 점점 더 번성하고 사울 가문은 몰락해갔습니다.

"사울의 집과 다윗의 집 사이에 전쟁이 오래매 다윗은 점점 강하여 가고 사울의 집은 점점 약하여 가니라"(삼하 3:1)

사울의 가문이 몰락해간 이유는 아브넬과 이스보셋의 내분 때문이었습니다. 그 과정은 다음과 같습니다. 처음에는 아브넬이 북쪽 이스라엘의 실권을 장악했습니다.

"사울의 집과 다윗의 집 사이에 전쟁이 있는 동안에 아브넬이 사울의 집에서 점점 권세를 잡으니라"(삼하 3:6)

그런데 아브넬이 사울의 첩과 통간한 것을 이스보셋이 문제 삼습니다. 당시는 왕의 첩과 통간한 것을 왕권을 넘보는 반역 행위로 여기는 시대였습니다.

"사울에게 첩이 있었으니 이름은 리스바요 아야의 딸이더라 이스보셋이 아브넬에게 이르되 네가 어찌하여 내 아버지의 첩과 통간하였느냐 하니"(삼하 3:7)

그러자 아브넬이 이스보셋의 그 지적을 분히 여깁니다. 결국

이 문제가 아브넬로 하여금 사울 가문을 무너뜨리고 다윗에게로 나라를 돌리려는 계기가 됩니다.

> "아브넬이 이스보셋의 말을 매우 분하게 여겨 이르되 내가 유다의 개 머리냐 내가 오늘 당신의 아버지 사울의 집과 그의 형제와 그의 친구에게 은혜를 베풀어 당신을 다윗의 손에 내주지 아니하였거늘 당신이 오늘 이 여인에게 관한 허물을 내게 돌리는도다 여호와께서 다윗에게 맹세하신 대로 내가 이루게 하지 아니하면 하나님이 아브넬에게 벌 위에 벌을 내리심이 마땅하니라 그 맹세는 곧 이 나라를 사울의 집에서 다윗에게 옮겨서 그의 왕위를 단에서 브엘세바까지 이스라엘과 유다에 세우리라 하신 것이니라"(삼하 3:8~10)

북쪽 열한 지파의 실권자 아브넬의 위치가 이 정도였습니다.

> "이스보셋이 아브넬을 두려워하여 감히 한 마디도 대답하지 못하니라"(삼하 3:11)

북쪽 열한 지파 사이에서 이러한 갈등이 있은 후 아브넬이 남쪽으로 내려와 다윗과 통일을 위한 비밀 회동을 합니다. 비밀 회동이 있기 전까지의 과정을 살펴보면 다음과 같습니다.

첫째, 아브넬이 먼저 다윗에게 협상을 위한 비밀 회동을 제안합니다. 아브넬의 정치적 제안의 핵심은 다윗이 이스라엘 열두 지파 전체의 왕이 되고 자신은 2인자가 됨으로 남북의 분열을 딛고 새로운 나라를 시작하자는 것입니다.

"아브넬이 자기를 대신하여 전령들을 다윗에게 보내어 이르되 이 땅이 누구의 것이니이까 또 이르되 당신은 나와 더불어 언약을 맺사이다 내 손이 당신을 도와 온 이스라엘이 당신에게 돌아가게 하리이다"(삼하 3:12)

둘째, 그러자 다윗이 아브넬의 제안을 조건부로 수락합니다. 다윗의 조건은 다윗의 아내였던 사울의 딸 미갈을 데려오라는 것입니다.

"다윗이 이르되 좋다 내가 너와 언약을 맺거니와 내가 네게 한 가지 일을 요구하노니 나를 보러올 때에 우선 사울의 딸 미갈을 데리고 오라 그리하지 아니하면 내 얼굴을 보지 못하리라"(삼하 3:13)

셋째, 다윗은 이 조건을 북쪽 이스라엘의 왕 이스보셋에게 직접 요청함으로 공식적 통일을 이루고자 합니다.

"다윗이 사울의 아들 이스보셋에게 전령들을 보내 이르되 내 처 미갈을 내게로 돌리라 그는 내가 전에 블레셋 사람의 포피 백 개로 나와 정혼한 자니라"(삼하 3:14)

넷째, 이스보셋과 아브넬이 이에 동의하고 다윗의 요구 조건을 해결합니다.

"이스보셋이 사람을 보내 그의 남편 라이스의 아들 발디엘에게서 그를 빼앗아 오매 그의 남편이 그와 함께 오되 울며 바후림까지 따라왔더니 아브넬이 그에게 돌아가라 하매 돌아가니라"(삼하 3:15~16)

**다섯째,** 아브넬이 북쪽 이스라엘 장로들에게도 통일 의사를 확인합니다.

"아브넬이 이스라엘 장로에게 말하여 이르되 너희가 여러 번 다윗을 너희의 임금으로 세우기를 구하였으니 이제 그대로 하라 여호와께서 이미 다윗에 대하여 말씀하시기를 내가 내 종 다윗의 손으로 내 백성 이스라엘을 구원하여 블레셋 사람의 손과 모든 대적의 손에서 벗어나게 하리라 하셨음이니라"(삼하 3:17~18)

과거 기브온에서의 남북 전쟁 실패와 이스보셋 정권의 실망 그리고 다윗에 대한 동경 등으로 열한 지파의 장로들은 이미 여러 차례 통일 의견을 제시해왔었습니다.

**여섯째,** 마지막으로 아브넬이 사울 가문을 지키고자 했을 베냐민 지파에게 통일을 호소합니다.

**일곱째,** 이렇게 북쪽에서 통일을 위한 모든 절차를 마치고 아브넬이 직접 협상을 마무리하기 위해 다윗과 회동합니다.

"아브넬이 이스라엘과 베냐민의 온 집이 선하게 여기는 모든 것을 다윗의 귀에 말하려고 헤브론으로 가니라"(삼하 3:19)

**여덟째,** 다윗과 아브넬 두 사람은 비밀 회동을 통해 깊은 정치적 의제들의 결말을 도출시키며 드디어 합의를 이끌어냅니다.

"아브넬이 부하 이십 명과 더불어 헤브론에 이르러 다윗에게 나아가니 다윗이 아브넬과 그와 함께 한 사람을 위하여 잔치를 배설하였더라 아브넬이 다윗에게 말하되 내가 일어나 가서 온 이스라엘 무리를 내 주 왕의 앞에 모아 더불어 언약을 맺게 하고 마음에 원하시는 대로 모든 것을 다스리시게 하리이다 하니 이에 다윗이 아브넬을 보내매 그가 평안히 가니라"(삼하 3:20~21)

여기에서 아브넬이 다윗에게 "내 주 왕 앞에"라고 말한 표현은 아브넬이 이제부터 다윗을 주인으로 섬기겠다는 정치적 선언이었습니다.

● 두 번째 포인트
요압의 아브넬 살해로 남북 갈등이 최고조에 달합니다.

아브넬과 다윗의 비밀 회동 때에 다윗 왕가의 2인자였던 군대 장관 요압은 그 자리에 배석하지 않았습니다. 그런데 요압이 이 사실을 알고 다윗에게 분개합니다.

"요압이 왕에게 나아가 이르되 어찌 하심이니이까 아브넬이 왕에게 나아왔거늘 어찌하여 그를 보내 잘 가게 하셨나이까 왕도 아시려니와 넬

................................................................

................................................................

................................................................

................................................................

의 아들 아브넬이 온 것은 왕을 속임이라 그가 왕이 출입하는 것을 알고 왕이 하시는 모든 것을 알려 함이니이다"(삼하 3:24~25)

다윗에게 분개한 요압은 다윗 몰래 아브넬을 암살하고 맙니다.

"이에 요압이 다윗에게서 나와 전령들을 보내 아브넬을 쫓아가게 하였더니 시라 우물 가에서 그를 데리고 돌아왔으나 다윗은 알지 못하였더라 아브넬이 헤브론으로 돌아오매 요압이 더불어 조용히 말하려는 듯이 그를 데리고 성문 안으로 들어가 거기서 배를 찔러 죽이니 이는 자기의 동생 아사헬의 피로 말미암음이더라"(삼하 3:26~27)

요압이 아브넬을 암살한 것은 두 가지 이유 때문이었습니다.

첫째는, 국가 통합이 되면 자신이 현재 2인자에서 아브넬 다음가는 3인자로 밀리는 것이 싫었던 것입니다.

둘째는, 동생 아사헬이 과거 두 나라 간의 국지적 싸움에서 아브넬과 싸우다 죽은 것에 대한 개인적 원한 때문이었습니다. 뿐만 아니라 요압은 자신이 아브넬을 죽여도 다윗이 자신을 어찌할 수 없을 것이라는 생각을 한 것입니다.

● 세 번째 포인트

다윗은 3일 만에 '요압의 아브넬 단독 살해' 범행을 온 국민에게 밝혀냅니다.

아브넬의 죽음은 다윗의 정치 인생에 두 번의 큰 위기 가운데 하나였습니다. 다윗은 이후에 압살롬 쿠데타로 또 한 번의 위기를 맞이하게 되지만 이때에도 그에 버금가는 위기였습니다. 왜냐하면 이 일로 열한 지파의 북쪽 이스라엘이 다윗에 대한 근본적인 신뢰를 두지 않을 가능성이 높았기 때문입니다.

농부에게 가장 큰 자산이 씨앗이라면 정치인에게 가장 큰 자산은 신뢰입니다. 그런데 그 신뢰가 바닥나는 상황이었습니다. 아브넬이 다윗에게 협상하러 갔는데 다윗이 측근을 통해서 아브넬을 암살했다는 소문이 퍼질 위기였습니다. 만약 다윗이 이런 음험한 왕이라면 유다 지파 사람들까지도 한번에 등을 돌릴 수 있는 상황입니다. 이전 사울 왕과 전혀 다르지 않은, 권모술수의 대가로, 협상하자고 아브넬을 불러놓고 요압을 시켜 죽이다니 ….

그런데 이 위기를 다윗은 다음과 같은 절차를 통해 뛰어넘습니다. 남북의 온 이스라엘 백성들이 당연히 다윗이 요압을 시켜 아브넬을 죽였을 것이라는 짐작을 했을 텐데 다윗은 3일 만에 이를 뒤집어 진실을 드러냅니다.

첫째, 아브넬의 죽음 소식을 들은 다윗은 바로 요압을 저주합니다.

"그 후에 다윗이 듣고 이르되 넬의 아들 아브넬의 피에 대하여 나와 내 나라는 여호와 앞에 영원히 무죄하니 그 죄가 요압의 머리와 그의 아버지의 온 집으로 돌아갈지어다 또 요압의 집에서 백탁병자나 나병 환자나 지팡이를 의지하는 자나 칼에 죽는 자나 양식이 떨어진 자가 끊어지지 아니할지로다 하니라"(삼하 3:28~29)

둘째, 다윗은 온 백성들과 더불어 울고 애통하며 진심으로 애도하고, 자신이 직접 장례위원장이 되어 아브넬 장례를 남쪽 유다의 국장으로 치릅니다.

"다윗이 요압과 및 자기와 함께 있는 모든 백성에게 이르되 너희는 옷을 찢고 굵은 베를 띠고 아브넬 앞에서 애도하라 하니라 다윗 왕이 상여를 따라가 아브넬을 헤브론에 장사하고 아브넬의 무덤에서 왕이 소리를 높여 울고 백성도 다 우니라"(삼하 3:31~32)

셋째, 다윗은 다시 한번 애가를 지어 부르며 온 백성의 마음을 얻습니다.

"왕이 아브넬을 위하여 애가를 지어 이르되 아브넬의 죽음이 어찌하여 미련한 자의 죽음 같은고 네 손이 결박되지 아니하였고 네 발이 차꼬에 채이지 아니하였거늘 불의한 자식의 앞에 엎드러짐 같이 네가 엎드러졌도다 하매 온 백성이 다시 그를 슬퍼하여 우니라"(삼하 3:33~34)

넷째, 다윗은 아브넬의 장례 기간 동안 금식하며 슬퍼합니다.

"석양에 뭇 백성이 나아와 다윗에게 음식을 권하니 다윗이 맹세하여 이르되 만일 내가 해 지기 전에 떡이나 다른 모든 것을 맛보면 하나님 이 내게 벌 위에 벌을 내리심이 마땅하니라"(삼하 3:35)

다섯째, 결국 3일 만에 아브넬의 죽음이 다윗과 요압의 합작품이 아닌 요압의 단독 범행임을 온 이스라엘 백성들이 알게 됩니다. 그러자 마침내 북쪽 열한 지파가 다윗에 대해 안심하고 다가갑니다. 그리고 이를 계기로 이스라엘은 남북통일을 이루는 토대를 놓게 됩니다.

"온 백성이 보고 기뻐하며 왕이 무슨 일을 하든지 무리가 다 기뻐하므로 이 날에야 온 백성과 온 이스라엘이 넬의 아들 아브넬을 죽인 것이 왕이 한 것이 아닌 줄을 아니라"(삼하 3:36~37)

한편, 다윗은 이 일을 계기로 요압 가문에 대한 경계를 늦추지 않습니다.

"내가 기름 부음을 받은 왕이 되었으나 오늘 약하여서 스루야의 아들인 이 사람들을 제어하기가 너무 어려우니 여호와는 악행한 자에게 그 악한 대로 갚으실지로다 하니라"(삼하 3:39)

다윗은 이후에 아들 솔로몬에게 요압 가문을 경계하게 합니다.

"스루야의 아들 요압이 내게 행한 일 곧 이스라엘 군대의 두 사령관 넬의 아들 아브넬과 예델의 아들 아마사에게 행한 일을 네가 알거니와 그가 그들을 죽여 태평 시대에 전쟁의 피를 흘리고 전쟁의 피를 자기의 허리에 띤 띠와 발에 신은 신에 묻혔으니 네 지혜대로 행하여 그의 백발이 평안히 스올에 내려가지 못하게 하라"(왕상 2:5~6)

다윗은 이렇게 한 민족 두 국가가 된 이스라엘이 전쟁 없이 평화롭게 통일을 맞이하기 위해 최선을 다했습니다.


● 네 번째 포인트
림몬의 아들들의 이스보셋 살해로 베냐민 지파 내부 권력이 완전히 붕괴됩니다.


이스보셋과 북쪽 열한 지파는 실권자 아브넬의 죽음으로 너무나 큰 충격을 받습니다. 이 소식을 들은 이스보셋은 손의 맥이 다 풀릴 정도였습니다(삼하 4:1). 이렇게 아브넬이 갑자기 죽자 베냐민 지파 사람인 림몬의 아들들인 바아나와 레갑이 이스보셋을 살해합니다.

" 브에롯 사람 림몬의 아들 레갑과 바아나가 길을 떠나 볕이 쬘 때 즈음에 이스보셋의 집에 이르니 마침 그가 침상에서 낮잠을 자는지라 레갑과 그의 형제 바아나가 밀을 가지러 온 체하고 집 가운데로 들어가서 그의 배를 찌르고 도망하였더라"(삼하 4:5~6)

베냐민 지파 사람인 림몬의 아들들이 이스보셋을 살해한 이유는 급변하는 정세 가운데 재빨리 다윗 편에 서서 출세하려는 욕망 때문이었습니다. 그들은 전에 다윗에게 사울의 죽음을 알렸던 아말렉 청년이 사울의 왕관을 가지고 왔던 것처럼 이스보셋의 수급을 가지고 다윗에게로 달려갔습니다.

"헤브론에 이르러 다윗 왕에게 이스보셋의 머리를 드리며 아뢰되 왕의 생명을 해하려 하던 원수 사울의 아들 이스보셋의 머리가 여기 있나이다 여호와께서 오늘 우리 주 되신 왕의 원수를 사울과 그의 자손에게 갚으셨나이다"(삼하 4:8)

그러나 다윗은 살인자들을 처형함으로 이스보셋의 죽음에 자신이 결백하다는 것을 백성들에게 알리고 이스보셋의 장례를 치러 끝까지 사울 가문을 존중합니다.

"청년들에게 명령하매 곧 그들을 죽이고 수족을 베어 헤브론 못 가에 매달고 이스보셋의 머리를 가져다가 헤브론에서 아브넬의 무덤에 매장하였더라"(삼하 4:12)

오늘날뿐만 아니라 다윗 시대에도 정치인들의 기회주의적 성향은 말릴 길이 없습니다. 기회주의자들의 변심은 사울처럼 '권력의 사유화'를 꾀하는 사람들에게는 통했겠지만 다윗처럼 '권력의 공공성'을 꿈꾸는 사람에게는 어림도 없는 일이었다는

것이 다윗이 보여준 제사장 나라 거룩한 시민의 품위 있는 정치
였습니다.


● 다섯 번째 포인트
다윗이 37세에 열두 지파 모든 백성으로부터 왕으로서 기름 부음
을 받습니다.


다윗은 그의 평생에 세 번의 기름 부음을 받았습니다.

첫 번째 다윗의 기름 부음은 '청소년 때 사무엘을 통해서'였
습니다.

"사무엘이 기름 뿔병을 가져다가 그의 형제 중에서 그에게 부었더니
이 날 이후로 다윗이 여호와의 영에게 크게 감동되니라"(삼상 16:13)

두 번째 다윗의 기름 부음은 '30세에 유다 지파로부터'였습
니다.

"유다 사람들이 와서 거기서 다윗에게 기름을 부어 유다 족속의 왕으
로 삼았더라"(삼하 2:4)

이는 첫 번째 기름 부음 받은 후 15여 년 만에 이루어진 일이
었습니다.

세 번째 다윗의 기름 부음은 두 번째 기름 부음 받은 이후

7년 6개월 만에 '이스라엘 열두 지파로부터'였습니다. 사실 열한 지파 세력이 한 지파를 흡수 통합하기는 쉬워도 한 지파가 열한 지파 세력을 통합한다는 것은 불가능에 가까운 것입니다. 그런데 다윗은 물매로 골리앗을 이기듯이 제사장 나라 권력의 공공성으로 이 일을 해냈습니다.

"이에 이스라엘 모든 장로가 헤브론에 이르러 왕에게 나아오매 다윗 왕이 헤브론에서 여호와 앞에 그들과 언약을 맺으매 그들이 다윗에게 기름을 부어 이스라엘 왕으로 삼으니라"(삼하 5:3)

사실 다윗이 평화적인 통일을 염원하지 않았다면 7년 6개월 동안이나 기다리지 않아도 되었을 것입니다. 다윗은 군대를 일으켜 북쪽 지역을 점령할 수도 있었기 때문입니다. 그렇게 했다면 국가의 통합은 빨리 가능했겠지만 민족의 화합은 불가능했을 것입니다. 다윗이 한 지파 왕으로 7년 6개월을 참고 기다렸던 것은 열두 지파 모두의 민심을 얻어 민족 통일을 이룰 그때를 기다린 것입니다.

**디저트 DESSERT**

다윗이 마침내 열두 지파의 왕이 됩니다. 무력으로 절대 권력을 장악하고 강제적으로 백성들을 복종하게 만든 것이 아니라 백성들로 하여금 그를 왕으로 모시겠다는 고백을 들으며 왕위에 앉은 것입니다. 이스라엘 모든 지파는 다윗에게 나아가 "하나님께서 다윗을 이스라엘 목자가 되게 하시고 주권자가 되게 하셨다."라고 고백합니다.

이스라엘의 열두 지파 모두가 다윗을 인정하기까지 많은 시간이 필요했습니다. 그 시간 안에는 다윗의 순종, 인내, 고난 등 모든 것이 총체적으로 담겨 있습니다. 또한 그 시간은 온 백성들의 마음을 아우를 수 있는 폭넓은 정치인이자 흔들림 없는 신앙인으로 다윗을 훈련시키셨던 하나님의 기대의 시간이었습니다.

하나님께서 주리게 하시고 낮추시며 시험하시는 것은 언제나 우리를 복 주시기 위함입니다. 그러므로 하나님의 시험과 하나님의 훈련을 다윗처럼 지혜롭게 인내하며 기다리는 자세가 필요합니다.

# 103일
## 1,000년의 정치 의제(삼하 5:6~6장)

다윗이 마침내 통일된 이스라엘의 왕이 되어 강력한 나라를 이끌게 되자 이스라엘과 다윗 왕을 대하는 주변국들의 태도가 달라집니다. 특히 두로의 왕 히람은 다윗에게 사절단을 보내면서 다윗의 궁전을 지으라고 백향목과 목수 그리고 대리석과 석수들까지 보냅니다.

사울의 사례를 보았던 것처럼 사람들은 이러한 대접을 받기 시작하면 대체로 교만해지기 쉽습니다. 그러나 다윗은 결코 그렇지 않았습니다. 자신의 성공을 하나님의 도우심으로 온전히 돌려드릴 수 있는 겸손의 사람이 다윗이었기에 하나님께서는 다윗을 통해 제사장 나라 이스라엘에서 하나님의 뜻을 마음껏 펼치실 수 있었습니다. 오랜만에 하나님께서 크게 만족하십니다.

## 성경통독 BIBLETONGDOK

《일년일독 통독성경》 사무엘하 5:6~6장

## 통通으로 숲이야기 ; 통숲 TONG OBSERVATION

● 첫 번째 포인트

1,000년을 위한 다윗의 정치 의제는 제사장 나라입니다.

남북 분단을 극복하고 마침내 통일 왕국이 세워지자 다윗은 수도를 옮기려는 계획을 추진합니다. 새 정치를 새 장소에서 출발할 필요가 있었기 때문입니다.

다윗이 새 수도로 택한 곳은 '예루살렘'이었습니다. 예루살렘은 지리적으로 이스라엘 남북의 중간 지점에 위치하고 있어 국가를 경영하기에도 적합한 곳이었습니다. 이를 위해 다윗은 자신의 측근 수하들만을 데리고 가서 예루살렘으로 들어가는 수구를 이용하여 단숨에 예루살렘성을 점령합니다. 당시까지도 여부스 족속이 살고 있던 예루살렘을 정복한 것입니다. 통일 왕국 이스라엘의 수도를 삼는 과정은 다음과 같습니다.

먼저 다윗은 이스라엘의 수도를 헤브론에서 예루살렘으로 이전할 계획을 수립합니다. 그리고 다윗은 여부스 족속에게 이 소문을 냅니다. 이때 여부스 족속은 실제로는 예루살렘성의 경계를 강화했겠지만 겉으로는 다윗을 업신여기고 어깃장 내는 소문으로 응대했습니다.

"왕과 그의 부하들이 예루살렘으로 가서 그 땅 주민 여부스 사람을 치려 하매 그 사람들이 다윗에게 이르되 네가 결코 이리로 들어오지 못하리라 맹인과 다리 저는 자라도 너를 물리치리라 하니 그들 생각에는 다윗이 이리로 들어오지 못하리라"(삼하 5:6)

결국 다윗은 최측근 600여 명만 데리고 가서 '수구(물 긷는 곳)'를 공격해 예루살렘성을 순식간에 점령합니다.

다윗은 골리앗의 급소 이마를 물매로 치듯이 예루살렘의 급소 수구를 600명으로 친 것입니다. 만약 예루살렘 공성전으로 갔다가는 장기전은 불 보듯 뻔한 것이고 난공불락의 천연요새 예루살렘을 점령하기는 쉽지 않았을 것입니다. 그래서 다윗은 '다윗의 방식'으로 예루살렘성을 차지한 것입니다.

"그 날에 다윗이 이르기를 누구든지 여부스 사람을 치거든 물 긷는 데로 올라가서 다윗의 마음에 미워하는 다리 저는 사람과 맹인을 치라 하였으므로 속담이 되어 이르기를 맹인과 다리 저는 사람은 집에 들어오지 못하리라 하더라 다윗이 그 산성에 살면서 다윗 성이라 이름하고 다윗이 밀로에서부터 안으로 성을 둘러 쌓으니라"(삼하 5:8~9)

이때 요압이 앞장서서 나감으로 이스라엘의 우두머리가 됩니다.

"다윗이 이르되 먼저 여부스 사람을 치는 자는 우두머리와 지휘관으로 삼으리라 하였더니 스루야의 아들 요압이 먼저 올라갔으므로 우두머리가 되었고"(대상 11:6)

다윗이 유다 한 지파의 왕으로 백성들을 다스렸던 헤브론에서 예루살렘으로 수도를 이전한 것은 다음과 같은 의미가 있습니다.

첫째, 예루살렘은 이스라엘 전체 지역의 중심에 위치하고 있어서 행정의 효율만 보아도 북쪽과 남쪽의 백성들이 모두 모이기 용이한 행정 센터였습니다.

둘째, 헤브론은 다윗이 7년 6개월 동안 유다 지파를 다스린 곳이었기에 유다 지파 기득권이 자리 잡혀 있는 곳입니다. 그러므로 제사장 나라 권력의 공공성을 위해 헤브론을 벗어나는 것이 필요했습니다. 예루살렘은 유다 지파와 베냐민 지파 사이 경계에 위치하고 있는 땅으로 남북을 아우를 수 있는 요충지였습니다. 그리고 다윗은 예루살렘이 레위 지파를 중심으로 열두 지파가 함께하고 국민 화합을 이루기에 가장 적합한 곳이라 판단했습니다.

셋째, 예루살렘은 사실 유다 지파의 기업이었으나 그때까지도 여전히 여부스족이 살고 있었습니다.

"예루살렘 주민 여부스 족속을 유다 자손이 쫓아내지 못하였으므로 여부스 족속이 오늘까지 유다 자손과 함께 예루살렘에 거주하니라"(수 15:63)

예루살렘을 차지해 그곳을 수도로 삼는 것은 결국 하나님께서 말씀하신 '땅에 대한 약속의 성취'를 이루는 것이었습니다.

넷째, 예루살렘은 천혜의 요새이자 난공불락의 성(城)으로 기혼샘 등의 좋은 물줄기가 흐르고 삼면이 산으로 둘러싸여 있어 수도로 매우 적합했습니다.


● 두 번째 포인트
다윗의 예루살렘 점령으로 1,000년 만에 '땅에 대한 약속'이 완전하게 성취됩니다.

다윗이 예루살렘을 정복하기 1,000년 전 하나님께서는 아브라함에게 '보여줄 땅(지시할 땅)'을 말씀하시며 '땅에 대한 약속'을 주셨습니다(창 12:1~2).

하나님께서 아브라함에게 말씀하신 '보여줄 땅(지시할 땅)'은 500년 후 여호수아 때 '젖과 꿀이 흐르는 약속의 땅'이 되어 아브라함의 후손들에게 제비뽑기를 통해 분배됩니다.

"너는 이스라엘 자손에게 명령하여 그들에게 이르라 너희가 가나안 땅에 들어가는 때에 그 땅은 너희의 기업이 되리니 곧 가나안 사방 지경이라"(민 34:2)

그런데 엄밀하게 말하면 약속의 땅에 대한 1차 성취는 여호수아 때에 이루어지고, 약속의 땅에 대한 완전한 성취는 여호수아 이후 500년이 지나 다시 말해 아브라함 때부터 1,000년 만인 '다윗 때에 완전하게 성취'됩니다.

"다윗이 시온 산성을 빼앗았으니 이는 다윗 성이더라"(삼하 5:7)

그러므로 다윗 때에 여부스 족속으로부터 예루살렘성을 빼앗은 것은 하나님께서 아브라함에게 주신 '땅에 대한 약속의 성취'였습니다. 그런데 그 후 '젖과 꿀이 흐르는 약속의 땅' 가나안에서 이스라엘 백성들은 그들의 잘못으로 인해 북이스라엘이 먼저 앗수르 제국에게 멸망해 혼혈족 사마리아인이 되고, 남유다는 70년 동안 그 땅을 떠나 바벨론에 가서 포로 생활을 하고 돌아오게 됩니다. 그 70년 동안 예루살렘 땅은 안식하게 됩니다. 그리고 우리 예수님께서 이 땅에 오신 후 예수님의 지상명령에 따라 '약속의 땅'은 '예루살렘에서 땅끝까지'가 됩니다.

● 세 번째 포인트
**예루살렘에서 다윗의 제사장 나라 세계 정치가 시작됩니다.**

다윗이 7년 6개월 만에 통일 왕국 이스라엘의 왕이 되고 예루살렘으로 수도를 옮기며 이스라엘과 다윗 왕은 고대 근동에서 강력한 나라와 왕으로 알려지게 됩니다. 두로 왕 히람이 다윗에게 축하 사절단과 선물을 보내며 예루살렘에 다윗의 왕궁을 짓도록 도와줍니다.

> "두로 왕 히람이 다윗에게 사절들과 백향목과 목수와 석수를 보내매 그들이 다윗을 위하여 집을 지으니"(삼하 5:11)

그런데 다윗은 이런 일들을 보면서 교만하지도 않고 오히려 이스라엘을 높이신 하나님께 감사를 고백합니다.

> "다윗이 여호와께서 자기를 세우사 이스라엘 왕으로 삼으신 것과 그의 백성 이스라엘을 위하여 그 나라를 높이신 것을 알았더라"(삼하 5:12)

다윗에게 왕궁을 지을 수 있도록 모든 것을 선물한 두로(Tyrus)는 시돈과 함께 페니키아의 주요 도시국가 중 하나였습니다. 이들은 B.C.1,000년부터 이후 천 년 동안 당시 세상 끝이라 여겼던 헤라클레스의 기둥(오늘날 지브롤터 해협)을 넘어 항해를 감행하며 지중해를 호수 삼아 그 주변 지역의 무역을 주도했습니다. 이들은 야간 항해와 원양 항해를 처음 시도한 민족이었으며 오빌까지 가서 금을 가져와 무역을 벌인 민족이었습니다.

오늘날 아프리카의 튀니지 지역인 카르타고, 스페인 등 여러 식민지를 건설하기도 했습니다. 이들은 무역을 위해 이집트 문자를 변형시켜 문자를 만들어 사용했는데 이 문자가 이후 그리스를 거쳐 알파벳이 되었다는 설이 유력합니다.

가장 번성했던 B.C.1,000년 즈음의 두로의 왕이 바로 다윗과 솔로몬 때의 히람입니다. 이 두로 이야기는 다윗, 솔로몬에 이어 에스겔로 이어집니다.

> "여호와의 말씀이 내게 임하여 이르시되 인자야 너는 두로 왕에게 이르기를 주 여호와께서 이같이 말씀하시되 네 마음이 교만하여 말하기를 나는 신이라 내가 하나님의 자리 곧 바다 가운데에 앉아 있다 하도다 네 마음이 하나님의 마음 같은 체할지라도 너는 사람이요 신이 아니거늘"(겔 28:1~2)

두로는 다윗과 솔로몬 때 국제 무역과 해운업으로 엄청난 부를 축적하며 가장 번성했습니다. 두로의 도움으로 다윗의 왕궁까지 완공되자 다윗은 어느 한 정치 세력의 지역적 기반이 아닌 제사장 나라 정치를 현실적으로 꿈꿀 공공성이 있는 장소로 새롭게 예루살렘을 출발시킵니다. 그리고 다윗은 전국에 흩어져 있던 많은 유능한 새 인재들을 예루살렘으로 불러 모아 제사장 나라다운 정치를 이끌어가기 시작합니다. 그런 가운데 다윗은 이스라엘에서 블레셋을 완전히 쫓아냅니다. 그 과정을 보면, 이스라엘은 그동안 사울의 길보아 전투 패전 이후 블레셋에 막대한 조공을 바쳐왔을 것입니다.

그런데 다윗이 열두 지파의 왕이 되었다는 소식을 듣고 블레셋이 이스라엘과의 새로운 관계 정립을 위해 이스라엘을 침공해옵니다. 이때는 다윗이 아직 예루살렘으로 수도 이전을 하기 전이었기에 블레셋은 르바임 골짜기에 진을 쳤습니다.

"이스라엘이 다윗에게 기름을 부어 이스라엘 왕으로 삼았다 함을 블레셋 사람들이 듣고 블레셋 사람들이 다윗을 찾으러 다 올라오매 다윗이 듣고 요새로 나가니라 블레셋 사람들이 이미 이르러 르바임 골짜기에 가득한지라"(삼하 5:17~18)

그러자 다윗이 블레셋과의 전쟁을 앞두고 하나님께 전쟁 출전 여부를 여쭙니다. 그리고 하나님의 말씀을 듣고 다윗이 전쟁의 승리를 확신합니다.

> "다윗이 여호와께 여쭈어 이르되 내가 블레셋 사람에게로 올라가리이까 여호와께서 그들을 내 손에 넘기시겠나이까 하니 여호와께서 다윗에게 말씀하시되 올라가라 내가 반드시 블레셋 사람을 네 손에 넘기리라 하신지라"(삼하 5:19)

이 전쟁에서 다윗이 이끄는 이스라엘군이 블레셋을 완전하게 이깁니다. 그리고 통일 왕국 이스라엘의 왕이 된 후 다윗은 블레셋의 두 번의 공격을 다 물리치고 이스라엘 땅에서 블레셋을 완전히 쫓아냈습니다. 사울 왕을 평생 괴롭혔던 블레셋은 다윗에게 더 이상 문제가 되지 않았습니다.

● 네 번째 포인트
다윗은 웃사 한 사람의 죽음으로 3만 명의 군사를 동원한 '법궤 옮기기 행사를 중단'시킵니다.

이제 예루살렘을 차지하게 된 다윗은 법궤(언약궤)를 예루살렘으로 모셔오는 일을 국가 프로젝트 차원으로 추진합니다. 하나님께서 주신 법은 제국의 법이 아닌 제사장 나라 법입니다. 그러므로 법궤를 옮겨오는 프로젝트는 다윗이 제사장 나라 법치를 국가의 정치 의제로 삼겠다는 것이었습니다. 다윗은 예루살렘으로 법궤를 모셔옴으로 예루살렘이 온 세상을 향한 하나님의 율법이 세워지는 곳으로 확립되었으면 하는 소망을 품은 것입니다. 이로써 다윗은 국가 권력의 목적성을 명료하게 했습니다.

다윗의 '법궤, 예루살렘으로 옮기기 프로젝트'는 다음과 같습니다.

첫째, 다윗은 빼어난 군사 3만 명을 동원해서 바알레유다(기럇여아림)로 갔습니다.

"다윗이 이스라엘에서 뽑은 무리 삼만 명을 다시 모으고 다윗이 일어나 자기와 함께 있는 모든 사람과 더불어 바알레유다로 가서 거기서 하나님의 궤를 메어 오려 하니 그 궤는 그룹들 사이에 좌정하신 만군의 여호와의 이름으로 불리는 것이라"(삼하 6:1~2)

둘째, 웃사와 아효가 모는 새 수레에 법궤를 실었습니다.

"그들이 하나님의 궤를 새 수레에 싣고 산에 있는 아비나답의 집에서 나오는데 아비나답의 아들 웃사와 아효가 그 새 수레를 모니라"(삼하 6:3)

셋째, 그런데 나곤의 타작마당에서 법궤를 실은 소가 뜀으로 흔들리는 법궤를 붙잡은 웃사가 죽고 맙니다.

"그들이 나곤의 타작 마당에 이르러서는 소들이 뛰므로 웃사가 손을 들어 하나님의 궤를 붙들었더니 여호와 하나님이 웃사가 잘못함으로 말미암아 진노하사 그를 그 곳에서 치시니 그가 거기 하나님의 궤 곁에서 죽으니라"(삼하 6:6~7)

넷째, 그러자 다윗은 거대한 행렬을 중지시키고 3만 군사들도 해산시키며 법궤를 오벧에돔의 집에 안치합니다.

"다윗이 그 날에 여호와를 두려워하여 이르되 여호와의 궤가 어찌 내게로 오리요 하고 다윗이 여호와의 궤를 옮겨 다윗 성 자기에게로 메어 가기를 즐겨하지 아니하고 가드 사람 오벧에돔의 집으로 메어 간지라"(삼하 6:9~10)

사실 국가 행사를 하면서 사고로 인한 한 사람의 희생 정도는 얼마든지 발생할 수 있다고 여길 수도 있을 것입니다. 그런데 다윗은 이 사건을 매우 예민하게 받아들이고 하나님의 뜻을 다시 살피려 행사를 일단 중단시킵니다.

다윗은 자신의 체면보다 하나님의 일에 대해 훨씬 더 민감하게 대처했던 것입니다. 이것은 사울과는 너무나도 다른 정치였습니다. 국민들의 여론보다 하나님의 뜻에 더 민감하겠다는 자세였기 때문입니다.

● 다섯 번째 포인트

시내산에서 만들어진 법궤가 500년 만에 마침내 예루살렘에 자리
잡습니다.

다윗은 예루살렘을 '여호와의 이름을 두려고 택하신 곳'으로
만들고 싶은 소망을 가졌습니다. 그래서 법궤를 예루살렘으로
옮겨오려 했던 것입니다. 그 과정에 웃사가 죽자 다윗은 모든 일
을 전면 중단했습니다.

그런데 얼마 후 법궤가 안치되어 있는 오벧에돔의 집에 좋은
일이 일어났다는 소식을 듣고 다윗이 다시 법궤를 예루살렘으로
옮기는 일을 시도합니다.

> "어떤 사람이 다윗 왕에게 아뢰어 이르되 여호와께서 하나님의 궤로
> 말미암아 오벧에돔의 집과 그의 모든 소유에 복을 주셨다 한지라 다윗
> 이 가서 하나님의 궤를 기쁨으로 메고 오벧에돔의 집에서 다윗 성으로
> 올라갈새"(삼하 6:12)

이때 다윗은 법궤 옮기는 방법을 지난번과 다르게 사용합니
다. 아주 오래전 블레셋이 7개월 만에 법궤를 이스라엘로 돌려보
낸 적이 있었습니다.

> "여호와의 궤가 블레셋 사람들의 지방에 있은 지 일곱 달이라 블레셋

사람들이 제사장들과 복술자들을 불러서 이르되 우리가 여호와의 궤를 어떻게 할까 그것을 어떻게 그 있던 곳으로 보낼 것인지 우리에게 가르치라"(삼상 6:1~2)

"그러므로 새 수레를 하나 만들고 멍에를 메어 보지 아니한 젖 나는 소 두 마리를 끌어다가 소에 수레를 메우고 그 송아지들은 떼어 집으로 돌려보내고"(삼상 6:7)

제사장 나라 법을 모르는 이들이 이같이 한 것은 그들의 궁여지책(窮餘之策)이었습니다. 그러나 제사장 나라 법에는 법궤 옮기는 엄격한 법이 있습니다.

"진영을 떠날 때에 아론과 그의 아들들이 성소와 성소의 모든 기구 덮는 일을 마치거든 고핫 자손들이 와서 멜 것이니라 그러나 성물은 만지지 말라 그들이 죽으리라 회막 물건 중에서 이것들은 고핫 자손이 멜 것이며"(민 4:15)

이번에는 다윗이 '모세오경'에 기록된 '제사장 나라 법대로' 법궤를 레위 지파 고핫 자손의 어깨에 메어 옮깁니다. 그리고 고핫 자손이 여섯 걸음을 걸을 때마다 하나님께 제사를 드리며 정성을 다해 사모하는 마음으로 법궤를 예루살렘으로 옮깁니다.

"하나님이 여호와의 언약궤를 멘 레위 사람을 도우셨으므로 무리가 수송아지 일곱 마리와 숫양 일곱 마리로 제사를 드렸더라"(대상 15:26)

이렇게 온갖 정성을 다해 마침내 법궤가 예루살렘에 도착하자 다윗은 너무 기뻐 춤을 추기까지 합니다. 그런데 다윗이 춤을 추는 모습을 본 미갈이 다윗을 업신여겼다가 혹독한 대가를 치르게 됩니다.

"다윗이 미갈에게 이르되 이는 여호와 앞에서 한 것이니라 그가 네 아버지와 그의 온 집을 버리고 나를 택하사 나를 여호와의 백성 이스라엘의 주권자로 삼으셨으니 내가 여호와 앞에서 뛰놀리라 내가 이보다 더 낮아져서 스스로 천하게 보일지라도 네가 말한 바 계집종에게는 내가 높임을 받으리라 한지라 그러므로 사울의 딸 미갈이 죽는 날까지 그에게 자식이 없으니라"(삼하 6:21~23)

이렇게 우여곡절 끝에 법궤가 예루살렘에 도착하자 다윗은 하나님께 번제와 화목제를 드리고 이스라엘 백성들과 화목제를 나누며 축복합니다.

"다윗이 번제와 화목제 드리기를 마치고 만군의 여호와의 이름으로 백성에게 축복하고 모든 백성 곧 온 이스라엘 무리에게 남녀를 막론하고 떡 한 개와 고기 한 조각과 건포도 떡 한 덩이씩 나누어 주매 모든 백성이 각기 집으로 돌아가니라"(삼하 6:18~19)

다윗은 어떤 자리에 있든지 늘 '하나님 앞에 선 사람'이었습니다. 그가 목동의 자리에 있든지, 도망자의 자리에 있든지 그리고 왕의 자리에 있든지 언제나 다윗은 '하나님 앞에 선 사람'이었습니다.

디저트 DESSERT

다윗이 하나님의 궤를 예루살렘성으로 옮겨오는 이 장면은 우리의 가슴을 뛰게 합니다. 다윗은 여섯 걸음을 옮길 때마다 소와 살진 송아지로 제사를 올렸습니다.

그리고 다윗은 하나님 앞에서 힘을 다해 춤을 추었습니다. 온이스라엘 백성들도 이에 뒤질세라 환호성을 높이 올렸습니다. 이때 울린 나팔 소리는 하늘에서 울리는 우레와 같았습니다.

오랜 고통 끝에 얻은 하나님과의 관계 회복은 이렇게 기쁨을 줍니다. 이처럼 하나님과의 관계가 회복되는 것이 무엇보다 가장 기쁘고 행복한 일입니다.

..........................................................................................

..........................................................................................

..........................................................................................

..........................................................................................

# $104$일
## 성전 건축과 다윗 (삼하 7~10장)

법궤(언약궤)를 예루살렘으로 옮긴 후 다윗이 평안히 왕궁에
거하게 될 때에 다윗의 마음 깊은 곳에 성전을 짓고 싶다는 소망
이 생깁니다. 다윗이 나단 선지자에게 자신의 소망을 말합니다.
그러자 하나님께서 다윗의 그 마음을 보시고 기뻐하십니다. 그
리고 하나님께서 나단 선지자를 통해 다윗에게 중요한 말씀을
전하십니다.

첫째, 성전은 하나님께서 주신 설계도대로 지을 것

둘째, 다윗은 성전 건축 준비만 할 것

셋째, 성전은 다윗의 아들 대에 건축하라는 것입니다.

그리고 다윗의 후손들이 영원히 왕위를 이을 것을 약속해주십니다. 하나님께서 다윗에게 주신 이 약속의 말씀을 듣고 다윗은 감사함으로 하나님께 기도하는 가운데 자기 자신을 열한 번이나 '종'이라고 고백합니다.

다윗은 당시 이스라엘 열두 지파를 다스리는 '왕'이었음에도 불구하고 스스로를 하나님의 '종'이라 고백하며 이스라엘 백성들을 자기 백성이 아닌 '주의 백성'이라고 칭합니다. 이는 모세, 여호수아, 기드온, 사무엘 이후 하나님을 다시금 기쁘시게 하는 이스라엘의 참 지도자가 출현한 것이었습니다.

**성경통독 BIBLETONGDOK**

《일년일독 통독성경》 사무엘하 7~10장

**통通으로 숲이야기 ; 통숲 TONG OBSERVATION**

● 첫 번째 포인트

왕이 된 다윗이 예루살렘 성전 1,000년 시대를 엽니다.

.................................................................................

.................................................................................

.................................................................................

.................................................................................

10여 년 동안의 도망자의 삶과 7년 6개월 동안의 기다림 끝에 마침내 이스라엘 열두 지파의 왕이 된 다윗이 법궤를 예루살렘으로 옮긴 후 정말 오랜만에 자신의 왕궁에서 평안을 누립니다.

그런데 그때 다윗의 마음에 자신은 대리석과 백향목으로 만든 화려하고 아름다운 궁에 살고 있는데 하나님의 궤는 해달의 가죽으로 덮여 있는 것이 걸렸습니다.

"여호와께서 주위의 모든 원수를 무찌르사 왕으로 궁에 평안히 살게 하신 때에 왕이 선지자 나단에게 이르되 볼지어다 나는 백향목 궁에 살거늘 하나님의 궤는 휘장 가운데에 있도다"(삼하 7:1~2)

다윗을 비롯해 모든 이스라엘 백성이 누구나 다 알고 있듯이 법궤는 원래 설계 단계부터 어깨에 메어 옮기도록 되어 있으며 옮겨진 곳에서는 해달의 가죽으로 된 휘장으로 덮어야 하는 것이 법입니다.

"붉은 물 들인 숫양의 가죽으로 막의 덮개를 만들고 해달의 가죽으로 그 윗덮개를 만들었더라"(출 36:19)

"내가 이스라엘 자손을 애굽에서 인도하여 내던 날부터 오늘까지 집에 살지 아니하고 장막과 성막 안에서 다녔나니 이스라엘 자손과 더불어 다니는 모든 곳에서 내가 내 백성 이스라엘을 먹이라고 명령한 이스라

..................................................................................

..................................................................................

..................................................................................

..................................................................................

엘 어느 지파들 가운데 하나에게 내가 말하기를 너희가 어찌하여 나를 위하여 백향목 집을 건축하지 아니하였느냐고 말하였느냐"(삼하 7:6~7)

그런데 법궤가 만들어진 지 500여 년 만에 다윗이 어느 누구도 상상해본 적이 없는 '도발적 상상'을 합니다. 다윗은 해달의 가죽으로 만든 덮개 대신 성전을 지어 그곳에 법궤를 모셔놓으면 좋겠다는 획기적인 생각을 했습니다. 결국 다윗의 이 생각이 '1,000년 예루살렘 성전'의 시작이 됩니다.

다윗은 자신의 생각을 먼저 선지자 나단에게 말합니다. 다윗의 생각을 들은 선지자 나단도 기뻐하며 하나님께 다윗의 생각을 아룁니다. 그러자 하나님께서는 나단 선지자를 통해 다윗에게 세 가지 조건을 제시하며 성전 건축을 허락해주십니다.

첫째, 성전 건축은 하나님께서 주신 '설계도대로' 지어야 한다는 것입니다. 500년 전 모세에게 법궤의 설계도를 주셨던 하나님께서는 500년 만에 다윗에게도 성전의 설계도를 주십니다.

"다윗이 이르되 여호와의 손이 내게 임하여 이 모든 일의 설계를 그려 나에게 알려 주셨느니라"(대상 28:19)

둘째, 다윗은 성전 건축 '준비만' 해야 한다는 것입니다. 성전 건축을 다윗 당대에 시행해서는 안 되는 이유는 다윗이 수많은 전쟁을 통해 손에 피를 너무 많이 묻혔기 때문입니다. 그리고 다윗이 성전을 지으면 그 건물은 제국주의 건물이 될 위험이 있었습니다. 왜냐하면 그 당시 이스라엘의 주변 국가들이 앞다투어 다윗에게 조공을 바치고 있었기 때문입니다.

"하나님이 내게 이르시되 너는 전쟁을 많이 한 사람이라 피를 많이 흘렸으니 내 이름을 위하여 성전을 건축하지 못하리라 하셨느니라"(대상 28:3)

" 다윗이 또 모압을 쳐서 그들로 땅에 엎드리게 하고 줄로 재어 그 두 줄 길이의 사람은 죽이고 한 줄 길이의 사람은 살리니 모압 사람들이 다윗의 종들이 되어 조공을 드리니라"(삼하 8:2)

"다윗이 다메섹 아람에 수비대를 두매 아람 사람이 다윗의 종이 되어 조공을 바치니라 다윗이 어디로 가든지 여호와께서 이기게 하시니라"(삼하 8:6)

셋째, 성전 건축은 다윗의 아들 대에 해야 한다는 것입니다. 하나님께서는 이렇게 다윗에게 성전 건축을 허락해주시며 다윗의 후손들로 이스라엘의 왕위가 이어질 것이라는 놀라운 선물을 주십니다.

"네 집과 네 나라가 내 앞에서 영원히 보전되고 네 왕위가 영원히 견고하리라 하셨다 하라"(삼하 7:16)

사울이 그의 아들 요나단에게 왕위를 세습하기 위해 얼마나 집요하고 지독하게 애를 썼는지 잘 알고 있는 다윗에게 하나님의 그 약속은 감동 그 자체였을 것입니다. 하나님의 약속의 말씀을 듣고 다윗이 감사함으로 하나님께 기도를 드립니다. 이때 다윗의 기도에 '종'이라는 단어가 열한 번이나 등장합니다.

다윗은 그의 기도 가운데 자신은 '하나님의 종'이며, 이스라엘 백성들은 '주의 백성'이라고 부릅니다.

" 주 여호와는 주의 종을 아시오니 다윗이 다시 주께 무슨 말씀을 하오리이까"(삼하 7:20)

"주께서 주의 백성 이스라엘을 세우사 영원히 주의 백성으로 삼으셨사오니 여호와여 주께서 그들의 하나님이 되셨나이다"(삼하 7:24)

이처럼 천신만고 끝에 통일 왕국 이스라엘의 왕이 된 다윗은 그의 도발적 상상을 시작으로 드디어 '예루살렘 성전 1,000년' 시대를 열게 됩니다.


● 두 번째 포인트
전쟁의 달인 다윗은 '제국'을 만들지 않습니다.


다윗은 이미 청소년 시절부터 언제나 이기는 싸움만 했던 자타가 공인하는 전쟁의 달인이었습니다.

"다윗이 어디로 가든지 여호와께서 이기게 하시니라"(삼하 8:6)

인류 역사를 살펴보면 대체로 전쟁의 달인들은 남의 민족들이 가진 나라를 무너뜨리고 땅을 차지하고 사람들을 노예로 삼아 결국 제국을 세웠습니다.

예를 들면, 인류 역사상 가장 넓은 땅을 차지했던 칭기즈칸이나 20대부터 전쟁의 달인이었던 알렉산더 등이 있습니다. 그런데 다윗은 칭기즈칸이나 알렉산더 등을 뛰어넘는, 이미 청소년 때 블레셋의 장수 골리앗을 이기는 전쟁의 달인이었습니다. 그런데 놀랍게도 다윗은 이후 130만 명의 군대를 가졌음에도 제국으로 나아가지 않았습니다.

"요압이 백성의 수를 왕께 보고하니 곧 이스라엘에서 칼을 빼는 담대한 자가 팔십만 명이요 유다 사람이 오십만 명이었더라"(삼하 24:9)

다윗이 결코 제국 건설로 나가지 않은 이유는 다윗에게 가장 중요한 것이 바로 하나님께서 주신 '제사장 나라 법'이기 때문입니다. 제국은 '땅과 노예 그리고 물질'이 그 전부입니다.

그러나 제사장 나라는 '공과 의'로 다스려지는 나라여야 합니다. 때문에 다윗이 왕으로서 가장 중요하게 해야 할 일은 땅을 넓히고 노예들을 많이 두는 제국이 아니라, 공과 의를 행하는 정치를 하는 것이었습니다.

................................................................

................................................................

................................................................

................................................................

"다윗이 온 이스라엘을 다스려 다윗이 모든 백성에게 정의와 공의를 행할새"(삼하 8:15)

그리고 다윗에게 또 중요한 것은 하나님께서 제사장 나라에 주신 '토지 경계법'입니다. 하나님께서는 만나세대들이 약속의 땅 가나안에 들어가기도 전에 이미 이스라엘의 사방 경계를 다음과 같이 정해주셨습니다.

"여호와께서 모세에게 말씀하여 이르시되 너는 이스라엘 자손에게 명령하여 그들에게 이르라 너희가 가나안 땅에 들어가는 때에 그 땅은 너희의 기업이 되리니 곧 가나안 사방 지경이라 … 너희의 남쪽 경계는 동쪽으로 염해 끝에서 시작하여 … 서쪽 경계는 대해가 경계가 되나니 이는 너희의 서쪽 경계니라 북쪽 경계는 이러하니 대해에서부터 호르산까지 그어라 … 너희의 동쪽 경계는 하살에난에서 그어 스밤에 이르고 … 너희 땅의 사방 경계가 이러하니라"(민 34:1~12)

때문에 다윗은 전쟁의 달인이었고 상비 군인을 130만 명이나 둔 군사 강대국의 왕이었음에도 불구하고 끝까지 '제국'으로 나아가지 않고, 하나님께서 주신 제사장 나라 이스라엘의 토지 경계법에 따라 더 이상 영토를 넓히지 않았던 것입니다.

● 세 번째 포인트
'공과 의'를 행할 다윗 정부 내각의 명단입니다.

이스라엘의 초대 왕 사울은 자신이 속한 베냐민 지파를 중심으로 권력을 사유화함으로 제사장 나라 권력의 공공성을 심하게 훼손했습니다(삼상 22:7).

하나님께서 사무엘을 통해 경고하신 대로 사울은 왕의 제도가 만드는 병폐를 그대로 보여주었습니다.

> "너희를 다스릴 왕의 제도는 이러하니라 그가 너희 아들들을 데려다가 그의 병거와 말을 어거하게 하리니 그들이 그 병거 앞에서 달릴 것이며 … 너희의 양 떼의 십분의 일을 거두어 가리니 너희가 그의 종이 될 것이라"(삼상 8:11~17)

그러나 다윗은 사울을 반면교사로 삼아 끝까지 권력을 사유화하지 않고 제사장 나라 '권력의 공공성' 그 모범을 보여주었습니다(삼하 8:15). 이를 위해 다윗은 '공과 의를 행할 내각'을 다음과 같이 수립했습니다.

다윗 왕정 '중앙 내각'의 군대 지휘관은 요압, 사관은 여호사밧, 제사장은 사독과 아비아달의 아들 아히멜렉, 서기관은 스라야(사워사)였습니다. 그리고 다윗 왕정의 '지방 내각'의 지방 지휘

.........................................................

.........................................................

.........................................................

.........................................................

관은 브나야, 대신은 다윗의 아들들이 책임 맡았습니다. 다윗 때에 실행된 '공과 의를 행하는 나라'는 천 년 전, 이미 하나님께서 아브라함 때부터 꿈꾸신 나라였습니다.

> "아브라함은 강대한 나라가 되고 천하 만민은 그로 말미암아 복을 받게 될 것이 아니냐 내가 그로 그 자식과 권속에게 명하여 여호와의 도를 지켜 의와 공도를 행하게 하려고 그를 택하였나니 이는 나 여호와가 아브라함에게 대하여 말한 일을 이루려 함이니라"(창 18:18~19)

제사장 나라의 공과 의는 하나님께서 일찍이 아브라함을 택하시며 그를 통해 이루기 원하셨던 일, 바로 "의와 공도를 행하게 하려고"가 다윗에 의해 실현된 것입니다.

다윗이 이렇게 공과 의를 행할 수 있었던 것은 다윗 마음의 중심에 항상 하나님이 계셨기 때문입니다. 그리고 요압, 여호사밧, 사독, 아히멜렉, 스라야, 브나야와 같은 사람들이 다윗을 도와 각자의 자리에서 맡은 역할을 성실히 수행했기 때문에 가능한 일이었습니다.

● 네 번째 포인트
왕이 된 다윗은 40년 동안 베냐민 지파를 '끌어안는 정치'를 합니다.

사울의 직계 자손은 요나단의 아들 므비보셋을 제외하고 거의 대부분 칼에 죽었습니다.

"사울과 그의 세 아들과 무기를 든 자와 그의 모든 사람이 다 그 날에 함께 죽었더라"(삼상 31:6)

"브에롯 사람 림몬의 아들 레갑과 바아나가 길을 떠나 볕이 쬘 때 즈음에 이스보셋의 집에 이르니 마침 그가 침상에서 낮잠을 자는지라 레갑과 그의 형제 바아나가 밀을 가지러 온 체하고 집 가운데로 들어가서 그의 배를 찌르고 도망하였더라"(삼하 4:5~6)

다윗은 사울 가문에서 유일하게 살아남은 요나단의 아들 므비보셋을 거둡니다. 이는 오래전 다윗이 요나단과 맺은 언약을 지킨 것이었습니다(삼상 20:42).

또한 다윗이 사울과 맺은 언약을 지킨 것이었습니다.

"보라 나는 네가 반드시 왕이 될 것을 알고 이스라엘 나라가 네 손에 견고히 설 것을 아노니 그런즉 너는 내 후손을 끊지 아니하며 내 아버지의 집에서 내 이름을 멸하지 아니할 것을 이제 여호와의 이름으로 내게 맹세하라 하니라 다윗이 사울에게 맹세하매"(삼상 24:20~22)

다윗은 요나단의 아들 므비보셋을 거두고 왕의 식탁에서 늘 왕과 함께 식사할 수 있게 해주었습니다.

"다윗이 이르되 사울의 집에 아직도 남은 사람이 있느냐 내가 요나단

으로 말미암아 그 사람에게 은총을 베풀리라 하니라"(삼하 9:1)

"다윗이 그에게 이르되 무서워하지 말라 내가 반드시 네 아버지 요나단으로 말미암아 네게 은총을 베풀리라 내가 네 할아버지 사울의 모든 밭을 다 네게 도로 주겠고 또 너는 항상 내 상에서 떡을 먹을지니라 하니"(삼하 9:7)

이후에도 다윗은 자신을 적대했던 베냐민 지파 게라의 아들 시므이까지도 끌어안습니다. 이때 아비새가 시므이를 죽이겠다고 말하자 다윗이 서둘러 이를 말리며 말합니다.

"다윗이 이르되 스루야의 아들들아 내가 너희와 무슨 상관이 있기에 너희가 오늘 나의 원수가 되느냐 오늘 어찌하여 이스라엘 가운데에서 사람을 죽이겠느냐 내가 오늘 이스라엘의 왕이 된 것을 내가 알지 못하리요 하고 왕이 시므이에게 이르되 네가 죽지 아니하리라 하고 그에게 맹세하니라"(삼하 19:22~23)

이처럼 다윗은 사울과 달리 '권력의 공공성'을 지키며 과거 정적이었던 사울의 베냐민 지파 사람들을 40년 동안 거두고, 열두 지파에서 골고루 인재를 등용하며 '공과 의를 행하는 정치'를 펼칩니다.

● 다섯 번째 포인트

암몬은 역사도 모르고 다윗도 알지 못함으로 큰 패배를 당합니다.

암몬은 번번이 패배하면서 아주 열심히(?) 이스라엘을 침략하는 습관이 있었습니다. 처음 암몬이 이스라엘을 침략한 것은 입다가 사사로 있을 때였습니다.

"이에 입다가 암몬 자손에게 이르러 그들과 싸우더니 여호와께서 그들을 그의 손에 넘겨 주시매 아로엘에서부터 민닛에 이르기까지 이십 성읍을 치고 또 아벨 그라밈까지 매우 크게 무찌르니 이에 암몬 자손이 이스라엘 자손 앞에 항복하였더라"(삿 11:32~33)

두 번째로 암몬의 이스라엘 침략은 사울이 이스라엘의 초대 왕이 된 직후였습니다.

"사울이 이스라엘 왕위에 오른 후에 사방에 있는 모든 대적 곧 모압과 암몬 자손과 에돔과 소바의 왕들과 블레셋 사람들을 쳤는데 향하는 곳마다 이겼고"(삼상 14:47)

그 후 다윗이 이스라엘의 왕이 된 후 암몬 왕 나하스가 죽었다는 소식을 듣고 조문 사절단을 보냈는데(삼하 10:2), 여기서 싸움의 발단이 시작됩니다. 암몬의 관리들이 다윗의 조문을 오해하고 조문 사절단을 모욕한 것입니다. 당시 다윗이 이스라엘 주변국들을 정복하고 있던 터라 암몬이 조문 사절단을 정탐으로 오해했던 것입니다.

"암몬 자손의 관리들이 그들의 주 하눈에게 말하되 왕은 다윗이 조객을 당신에게 보낸 것이 왕의 아버지를 공경함인 줄로 여기시나이까 다윗이 그의 신하들을 당신에게 보내 이 성을 엿보고 탐지하여 함락시키고자 함이 아니니이까 하니 이에 하눈이 다윗의 신하들을 잡아 그들의 수염 절반을 깎고 그들의 의복의 중동볼기까지 자르고 돌려보내매"(삼하 10:3~4)

고대 근동에서는 수염을 민다거나 하체가 드러나도록 의복을 자르는 것은 굉장한 모욕적 행동으로 개인이 당해도 지울 수 없는 수치스러운 모욕일진대 국가 조문 사절단에게 행한 것은 그야말로 국가를 모독한 행위나 다름없었습니다.

"사람들이 이 일을 다윗에게 알리니라 그 사람들이 크게 부끄러워하므로 왕이 그들을 맞으러 보내 이르기를 너희는 수염이 자라기까지 여리고에서 머물다가 돌아오라 하니라"(삼하 10:5)

이 일로 다윗의 분노를 알게 된 암몬은 아람 족속의 용병들을 모집해서 다윗과의 전쟁을 준비했습니다.

"암몬 자손들이 자기들이 다윗에게 미움이 된 줄 알고 암몬 자손들이 사람을 보내 벧르홉 아람 사람과 소바 아람 사람의 보병 이만 명과 마

아가 왕과 그의 사람 천 명과 돕 사람 만 이천 명을 고용한지라"(삼하 10:6)

그러자 다윗도 요압과 용사들을 이 전쟁에 투입합니다.

"다윗이 듣고 요압과 용사의 온 무리를 보내매"(삼하 10:7)

여기에서 '용사'는 히브리어로 '깁보르(גִּבּוֹר)'입니다. 이는 강력한 힘을 가진 **빼어난** 군사들로 선발한 정예부대를 가리킵니다.

"요압과 그와 함께 한 백성이 아람 사람을 대항하여 싸우려고 나아가니 그들이 그 앞에서 도망하고 암몬 자손은 아람 사람이 도망함을 보고 그들도 아비새 앞에서 도망하여 성읍으로 들어간지라 요압이 암몬 자손을 떠나 예루살렘으로 돌아가니라"(삼하 10:13~14)

그 이후 아람 군대가 더 많은 수로 다시 재집결하여 대항하지만 이스라엘의 군대는 그들에게도 대승을 거둡니다. 이 전쟁 후 아람 사람들은 이스라엘과 화친을 맺고 섬기며 다시는 암몬을 돕지 않습니다.

"하닷에셀에게 속한 왕들이 자기가 이스라엘 앞에서 패함을 보고 이스라엘과 화친하고 섬기니 그러므로 아람 사람들이 두려워하여 다시는 암몬 자손을 돕지 아니하니라"(삼하 10:19)

이처럼 암몬은 이스라엘을 공격했다가 매번 패했습니다.

 **디저트** DESSERT

　사무엘하 10장은 다윗 시대의 이스라엘이 국제 외교 관계에서 얼마나 높은 위상을 얻게 되었는지를 보여줍니다. 다윗이 어디로 가든지 하나님께서 함께하셔서 이스라엘은 주변의 여러 나라들을 모두 평정할 수 있었습니다. 이는 하나님께서 나단 선지자를 통해 다윗에게 주셨던 "네 이름을 위대하게 만들어 주리라"(삼하 7:9)라는 약속이 국제 정세 속에서 이루어져가고 있음을 보여준 것입니다.

　하나님께서는 모든 시험을 이긴 다윗에게 이렇게 놀라운 복을 주셨습니다. 다윗은 청소년 시절부터 이미 전쟁에서 이기고 지는 것이 하나님 손에 달렸다고 고백했었고 다윗의 그 고백에 하나님께서 기름 부어 주심으로 다윗은 모든 싸움에서 승리하며 살아갑니다.

# 105일

## 우슬초 정결 (삼하 11~12장, 시 51편)

  사무엘하 11장과 12장에서는 이스라엘이 계속해서 암몬과 전쟁 중임을 기억하고 있어야 합니다. 이스라엘이 암몬과 꽤 오랜 기간 전쟁하고 있을 때 다윗이 밧세바에게 반하고(?) 죄 없는 우리아를 죽이는 그 사건이 발생했던 것입니다.

  대체적으로 '우리아 사건' 전까지 다윗은 늘 다른 사람의 죄 때문에 괴로워하고 하나님께 기도하며 살았습니다. 그런데 우리아 사건을 계기로 그때부터 다윗은 자신의 죄 때문에 괴로워하고 자신의 죄 문제로 하나님께 기도하며 살게 됩니다.

다윗에게 '우리아 사건'은 그만큼 큰 사건이었습니다. 때문에 시편 51편은 다윗이 자신의 죄로 인해 하나님께 처절하게 용서를 구하는 내용입니다. 그리고 이어지는 하나님의 긍휼과 자비와 용서, 사랑이 그려지고 있습니다.

## 성경통독 BIBLETONGDOK

《일년일독 통독성경》 사무엘하 11~12장, 시편 51편

## 통通으로 숲이야기 ; 통숲 TONG OBSERVATION

● 첫 번째 포인트
다윗은 편지 한 장으로 우리아에 대한 차도살인(借刀殺人)을 시행합니다.

이스라엘이 암몬과 전쟁을 계속하던 중 잠시 전쟁이 중단되었다가 해가 바뀌면서 다시 전쟁이 재개된 상황에서 일어난 일입니다. 당시 다윗은 그의 군대 장관 요압과 이스라엘 군대를 암몬의 수도 랍바로 보내고 자신은 궁에 있었습니다.

"그 해가 돌아와 왕들이 출전할 때가 되매 다윗이 요압과 그에게 있는

그의 부하들과 온 이스라엘 군대를 보내니 그들이 암몬 자손을 멸하고 랍바를 에워쌌고 다윗은 예루살렘에 그대로 있더라"(삼하 11:1)

어느 날 밧세바가 다윗의 눈에 들어왔습니다. 다윗은 밧세바가 자신의 충성스런 부하 우리아의 아내임을 알면서도 그녀를 궁으로 데려와 동침합니다(삼하 11:3~4).

그런데 얼마 후 다윗이 밧세바의 임신 사실을 알게 되고 이 일을 어떻게 하든 은폐해보고자 암몬과의 전쟁 중에 있는 우리아를 예루살렘으로 불러들입니다(삼하 11:5~6). 그러나 다윗의 악한 계획은 충성된 신하 우리아의 행동으로 뜻을 이루지 못합니다.

"다윗이 그를 불러서 그로 그 앞에서 먹고 마시고 취하게 하니 저녁 때에 그가 나가서 그의 주의 부하들과 더불어 침상에 눕고 그의 집으로 내려가지 아니하니라"(삼하 11:13)

우리아가 자기 집에 가지 않은 이유는 암몬과의 전쟁에 언약궤가 함께 출전했고 아직 전쟁터에 있는 전우들을 생각했기 때문입니다.

"우리아가 다윗에게 아뢰되 언약궤와 이스라엘과 유다가 야영 중에 있고 내 주 요압과 내 왕의 부하들이 바깥 들에 진 치고 있거늘 내가 어찌 내 집으로 가서 먹고 마시고 내 처와 같이 자리이까 내가 이 일을 행하지 아니하기로 왕의 살아 계심과 왕의 혼의 살아 계심을 두고 맹세하나

이다 하니라"(삼하 11:11)

그러자 다윗이 급기야 자신의 잘못을 덮기 위해 암몬과의 전쟁 상황을 이용해 우리아에 대한 차도살인 계획을 세웁니다.

차도살인(借刀殺人)이란, 우리가 [94일]에 이미 공부한 대로 단순하게 문자대로 말하면 '남의 칼을 빌려 사람을 죽이는 것'을 말합니다. 그런데 남의 칼은 아무나 빌릴 수 없습니다. 더구나 남의 칼로 죽이고 싶은 사람을 죽이는 일은 더욱 쉽지 않습니다.

그러므로 차도살인은 '국가 간의 전쟁'을 도구로 쓸 수 있는 국가 최고 통치권자 정도 되어야 가능한 일입니다. 더욱이 국가 최고 통치권자의 차도살인이 너무나도 악하고 음험한 이유는 몇 푼의 돈으로 실행하는 청부살인과는 달리, 나라와 나라 사이에 일어난 전쟁 중에 적군의 칼을 이용해 죽임으로 어떤 살인의 흔적도 발각되지 않을뿐더러 권력자의 죄 또한 감쪽같이 덮일 수 있기 때문입니다. 따라서 국가 최고 통치권자들의 차도살인은 오래된, 그리고 앞으로도 계속될 힘 가진 최고 권력자들의 권력 남용 중 가장 큰 죄악입니다.

다윗이 우리아에 대한 차도살인 계획을 세우는데 이는 과거 그가 사울에게서 배운 매우 '나쁜 짓'이었습니다. 과거 사울은 다윗을 차도살인하기 위해 자신의 두 딸 메랍과 미갈을 이용했고 적군 블레셋의 칼을 이용했으며 다윗의 충성심까지 자신의 목적을 위해 사용했었습니다.

"내가 딸을 그에게 주어서 그에게 올무가 되게 하고 블레셋 사람들의 손으로 그를 치게 하리라"(삼상 18:21)

다윗 또한 사울이 자신을 죽이려 했던 것처럼 우리아를 차도 살인하기 위해 자신의 군대 장관 요압과 적군 암몬의 칼을 이용하며 우리아의 충성심을 자신의 목적을 위해 사용했던 것입니다. 다윗은 우리아를 전쟁 중 전시 명령권으로 최전방으로 보내 적의 손에 죽임을 당하도록 했습니다.

"아침이 되매 다윗이 편지를 써서 우리아의 손에 들려 요압에게 보내니 그 편지에 써서 이르기를 너희가 우리아를 맹렬한 싸움에 앞세워 두고 너희는 뒤로 물러가서 그로 맞아 죽게 하라 하였더라"(삼하 11:14~15)

다윗이 우리아의 손에 직접 들려 요압에게 보낸 이 편지는 과연 이 사람이 그동안 우리가 알고 있던 다윗이 맞나 싶을 정도로 무섭고 섬뜩하기 그지없습니다.

전쟁의 달인인 다윗의 이 작전이 감쪽같이 대성공(?)하여 우리아뿐만 아니라 죄 없는 군사들까지도 그 치열한 전투에서 죽게 됩니다.

전시 작전 명령권을 가진 최고 통치자인 왕은 자신의 군인 한 사람의 목숨을 위해 왕 자신의 목숨과 맞바꾸겠다는 심정으로 작전 명령을 내려야 합니다. 그런데 다윗은 자신의 목숨과 맞바꾸어 지켜야 할 장수와 몇몇 군사들을 자신의 허물을 덮기 위해 그렇게 희생시킨 것입니다.

"그 성 사람들이 나와서 요압과 더불어 싸울 때에 다윗의 부하 중 몇 사람이 엎드러지고 헷 사람 우리아도 죽으니라"(삼하 11:17)

또한 다윗은 군대 장관 요압까지도 다윗의 최고 권력 앞에 꿇게 하며 자연스럽게 공범이 되게 했습니다.

"요압이 사람을 보내 그 전쟁의 모든 일을 다윗에게 보고할새"(삼하 11:18)

"활 쏘는 자들이 성 위에서 왕의 부하들을 향하여 쏘매 왕의 부하 중 몇 사람이 죽고 왕의 종 헷 사람 우리아도 죽었나이다 하니"(삼하 11:24)

이 상황은 어느 누구도 알아차릴 수 없는, 말 그대로 '완전범죄'였습니다. 다윗은 그렇게 전쟁 상황을 이용해 그의 골칫거리(?)를 자연스럽게 해결하고 우리아의 아내 밧세바를 자신의 아내로 맞이합니다. 그리고 밧세바는 아들을 낳습니다(삼하 11:27).

그런데 다윗의 이 완전한 범죄(?)에 대해 하나님께서는 천 년 후, 마태복음 1장의 족보를 통해 '우리야'(우리아)의 이름을 성경에 등장시키며 다윗의 죄를 드러내십니다.

"이새는 다윗 왕을 낳으니라 다윗은 우리야의 아내에게서 솔로몬을 낳고"(마 1:6)

다윗은 성경 66권 전체에서 이 구절만 나오면 언제나 하나님과 인류 역사의 오고 오는 모든 사람 앞에서 늘 작아지고 부끄러울 것입니다. 그리고 다윗은 지금도 천국에서 '우~' 자만 나와도 자다가도 화들짝 놀랄 것입니다. 아마 다윗은 우리아 때문에 '우~동'도 먹지 못할 것입니다.


● **두 번째 포인트**
**선지자 나단은 왕 다윗과 대립을 선언합니다.**


선지자는 '하나님의 대변인'으로 제사장 나라 법을 어긴 사람에게 하나님의 뜻과 경고를 전해야 하는 사람입니다. 이것이 선지자의 존재 이유입니다.

다윗 시대의 선지자 나단은 다윗이 성전 건축에 대해 하나님의 허락을 구할 때에는 다윗 왕과 협력했습니다.

"나단이 왕께 아뢰되 여호와께서 왕과 함께 계시니 마음에 있는 모든 것을 행하소서 하니라"(삼하 7:3)

.................................................................................

.................................................................................

.................................................................................

.................................................................................

그러나 다윗 왕이 죄 없는 우리아를 '차도살인'하자 그 사실을 밝히기 위해 왕과의 대립을 선언합니다. 다윗 왕의 잘못에 대해 하나님께서 나단을 직접 보내셔서 사건의 전모를 밝히셨습니다(삼하 12:1).

나단 선지자는 비유를 통해 다윗 왕의 잘못을 지적합니다.

"한 성읍에 두 사람이 있는데 한 사람은 부하고 한 사람은 가난하니 그 부한 사람은 양과 소가 심히 많으나 가난한 사람은 아무것도 없고 자기가 사서 기르는 작은 암양 새끼 한 마리뿐이라 그 암양 새끼는 그와 그의 자식과 함께 자라며 그가 먹는 것을 먹으며 그의 잔으로 마시며 그의 품에 누우므로 그에게는 딸처럼 되었거늘 어떤 행인이 그 부자에게 오매 부자가 자기에게 온 행인을 위하여 자기의 양과 소를 아껴 잡지 아니하고 가난한 사람의 양 새끼를 빼앗아다가 자기에게 온 사람을 위하여 잡았나이다 하니"(삼하 12:1~4)

다윗이 나단 선지자의 비유를 듣고 크게 분노하며 암양 새끼를 빼앗은 자는 죽이고 제사장 나라 법대로 네 배를 보상해야 한다고 말합니다.

"이 일을 행한 그 사람은 마땅히 죽을 자라 그가 불쌍히 여기지 아니하고 이런 일을 행하였으니 그 양 새끼를 네 배나 갚아 주어야 하리라 "
(삼하 12:5~6)

그러자 나단 선지자가 '직설법'으로 말합니다.

"당신이 그 사람이라!"

"나단이 다윗에게 이르되 당신이 그 사람이라 이스라엘의 하나님 여호
와께서 이와 같이 이르시기를 내가 너를 이스라엘 왕으로 기름 붓기 위
하여 너를 사울의 손에서 구원하고 네 주인의 집을 네게 주고 네 주인
의 아내들을 네 품에 두고 이스라엘과 유다 족속을 네게 맡겼느니라 만
일 그것이 부족하였을 것 같으면 내가 네게 이것 저것을 더 주었으리라
그러한데 어찌하여 네가 여호와의 말씀을 업신여기고 나 보기에 악을
행하였느냐"(삼하 12:7~9)

이처럼 '왕정 500년' 동안 선지자들은 제사장 나라 법을 기
준으로 왕과 협력도 하고 대립도 하며 하나님의 말씀을 가감 없
이 전했습니다. 사실 왕과의 대립은 목숨을 건 일이었습니다. 하
지만 제사장 나라에서 선지자들은 그 일이 그들의 사명이었습니
다. '왕정 500년'의 역사에서 특히 왕들과 '대립'했던 선지자들의
예들을 살펴보면 다음과 같습니다.

첫째, 선지자 사무엘은 블레셋과의 전쟁을 앞두고 직접 제사
를 집례한 사울 왕과 대립했습니다.

"사무엘이 사울에게 이르되 왕이 망령되이 행하였도다 왕이 왕의 하나
님 여호와께서 왕에게 내리신 명령을 지키지 아니하였도다 그리하였

더라면 여호와께서 이스라엘 위에 왕의 나라를 영원히 세우셨을 것이거늘 지금은 왕의 나라가 길지 못할 것이라"(삼상 13:13~14)

선지자 사무엘은 사울 왕이 아말렉을 진멸하지 않고 아각 왕을 살려두고 좋은 것들을 남겼을 때에도 사울 왕과 대립했습니다.

"사무엘이 이르되 왕이 스스로 작게 여길 그 때에 이스라엘 지파의 머리가 되지 아니하셨나이까 여호와께서 왕에게 기름을 부어 이스라엘 왕을 삼으시고 또 여호와께서 왕을 길로 보내시며 이르시기를 가서 죄인 아말렉 사람을 진멸하되 다 없어지기까지 치라 하셨거늘 어찌하여 왕이 여호와의 목소리를 청종하지 아니하고 탈취하기에만 급하여 여호와께서 악하게 여기시는 일을 행하였나이까"(삼상 15:17~19)

둘째, 선지자 엘리야는 바알과 아세라 우상을 섬긴 아합 왕과 대립했습니다.

" 엘리야를 볼 때에 아합이 그에게 이르되 이스라엘을 괴롭게 하는 자여 너냐 그가 대답하되 내가 이스라엘을 괴롭게 한 것이 아니라 당신과 당신의 아버지의 집이 괴롭게 하였으니 이는 여호와의 명령을 버렸고 당신이 바알들을 따랐음이라"(왕상 18:17~18)

셋째, 선지자 이사야는 히스기야 왕과 대립했습니다.

선지자 이사야는 히스기야 왕이 그의 아버지 아하스처럼 제사장 나라의 사명을 망각하고 애굽과 동맹하여 외교적으로 나라를 구하려고 생각한 것은 옳지 않다고 지적하며 대립했습니다.

"여호와께서 이르시되 나의 종 이사야가 삼 년 동안 벗은 몸과 벗은 발로 다니며 애굽과 구스에 대하여 징조와 예표가 되었느니라"(사 20:3)

넷째, 선지자 예레미야는 시드기야 왕과 대립했습니다.

선지자 예레미야는 남유다 왕 시드기야가 바벨론과 대립하자 바벨론에게 항복하라고 설득에 설득을 더하며 왕과 대립했습니다.

"예레미야가 이르되 그 무리가 왕을 그들에게 넘기지 아니하리이다 원하옵나니 내가 왕에게 아뢴 바 여호와의 목소리에 순종하소서 그리하면 왕이 복을 받아 생명을 보전하시리이다 그러나 만일 항복하기를 거절하시면 여호와께서 내게 보이신 말씀대로 되리이다"(렘 38:20~21)

이처럼 '왕정 500년' 동안 하나님의 대변자들인 선지자들은 최고 권력자인 왕들과도 거침없이 대립하며 하나님의 경고의 메시지를 전했습니다.


● 세 번째 포인트
**왕 다윗이 제사장 나라 법 앞에 무릎을 꿇습니다.**


일반적으로 보통 나라의 왕들에 견주어보면 다윗의 잘못은

........................................................................................

........................................................................................

........................................................................................

........................................................................................

죄의 카테고리(category, 범주)에 끼지도 못할 것입니다. 예를 들어 로마 제국의 초대 황제 옥타비아누스는 황제가 되자 당시 남의 아내이자 세 살배기 아들을 두고 둘째를 임신하고 있던 리비아를 찾아가 그녀의 남편에게서 리비아를 빼앗고 자기 아내를 삼았지만 아무런 문제가 되지 않았습니다.

네로 황제 또한 자기의 친구 오토를 로마에서 가장 먼 로마 제국의 변방인 전쟁터로 보내고 오토의 아내 포파이아를 자기의 아내로 삼았습니다. 그것도 아무 문제가 되지 않았습니다. 하지만 제사장 나라 법은 제국과 달리 제사장 나라의 측량대를 가져다놓고 그 위에서 다윗의 잘못을 계측합니다. 때문에 다윗의 죄는 용서받을 수 없는 죄였습니다. 제국의 법과는 하늘과 땅만큼이나 차이가 나는 제사장 나라 법입니다.

하나님께서 나단 선지자를 통해 무고한 우리아를 죽인 다윗의 죄에 대한 판결을 다음과 같이 말씀하십니다.

첫째, 칼이 다윗의 집에서 떠나지 않는다.

둘째, 다윗도 아내를 빼앗긴다.

셋째, 밧세바가 낳은 아이가 죽는다.

"칼이 네 집에서 영원토록 떠나지 아니하리라 하셨고 여호와께서 또 이와 같이 이르시기를 보라 내가 너와 네 집에 재앙을 일으키고 내가

........................................................................................
........................................................................................
........................................................................................
........................................................................................

네 눈앞에서 네 아내를 빼앗아 네 이웃들에게 주리니 그 사람들이 네 아내들과 더불어 백주에 동침하리라 너는 은밀히 행하였으나 나는 온 이스라엘 앞에서 백주에 이 일을 행하리라 하셨나이다 하니 다윗이 나단에게 이르되 내가 여호와께 죄를 범하였노라 하매 나단이 다윗에게 말하되 여호와께서도 당신의 죄를 사하셨나니 당신이 죽지 아니하려니와 이 일로 말미암아 여호와의 원수가 크게 비방할 거리를 얻게 하였으니 당신이 낳은 아이가 반드시 죽으리이다"(삼하 12:10~14)

여기에서 정말 놀라운 일은 다윗이 말한 "내가 범죄하였나이다"입니다. 다윗의 신분은 어쨌든 최고 권력자인 '왕'입니다. 만약 다윗이 나단 선지자에게 '오리발'을 내민다면 어느 누구도 다윗의 차도살인 죄를 밝힐 방도가 없었습니다. 그런데 다윗은 어떤 변명도 없이 즉시 자신의 죄를 인정하고 회개했습니다. 그래서 다윗은 죄인이었지만 회개하고 구원받은 '하나님의 사람'이었던 것입니다.


● 네 번째 포인트
다윗이 우슬초 정결 시로 '하나님의 용서의 기적'을 노래합니다.


우슬초(Hyssop)는 벽이나 담 위에서 자라는, 향기가 짙은 박하과의 식물입니다. 우슬초는 애굽에서의 첫 번째 유월절 때 어린 양의 피를 바를 때 사용되었던 도구였습니다.

"우슬초 묶음을 가져다가 그릇에 담은 피에 적셔서 그 피를 문 인방과 좌우 설주에 뿌리고 아침까지 한 사람도 자기 집 문 밖에 나가지 말라"(출 12:22)

우슬초는 나병 환자의 정결 예식 때에도 사용되었습니다.

"다른 새는 산 채로 가져다가 백향목과 홍색 실과 우슬초와 함께 가져다가 흐르는 물 위에서 잡은 새의 피를 찍어 나병에서 정결함을 받을 자에게 일곱 번 뿌려 정하다 하고 그 살아 있는 새는 들에 놓을지며"(레 14:6~7)

또한 우슬초는 부정한 물건이나 시체를 접촉한 사람을 깨끗이 할 때에도 사용되었습니다.

"정결한 자가 우슬초를 가져다가 그 물을 찍어 장막과 그 모든 기구와 거기 있는 사람들에게 뿌리고 또 뼈나 죽임을 당한 자나 시체나 무덤을 만진 자에게 뿌리되"(민 19:18)

우슬초는 이후에 예수님께서 십자가에 달리셨을 때 사람들이 신 포도주를 머금은 해면을 우슬초에 매어 드리기도 했습니다.

"거기 신 포도주가 가득히 담긴 그릇이 있는지라 사람들이 신 포도주를 적신 해면을 우슬초에 매어 예수의 입에 대니"(요 19:29)

다윗이 바로 이 우슬초로 자신의 죄를 씻어달라고 하나님께 기도한 것입니다. 우슬초는 언급했듯이 애굽에서 첫 번째 유월절 때에 어린양의 피를 인방과 문설주에 바르는 도구였습니다. 그때 애굽의 장자들은 다 죽었는데 히브리 장자들은 모두 살았습니다. 즉 어린양의 피를 우슬초로 바르게 함으로 이스라엘 장자들은 죄를 사함 받아 생명을 건졌고 애굽의 장자들은 죄를 용서받지 못함으로 모두 죽었던 것입니다. 이때 우슬초는 이스라엘 장자들의 죄를 사함 받게 하는 '길'이었습니다. 한마디로 첫 번째 유월절에 애굽에서 이스라엘 장자들이 살아남은 것은 죄가 없어서가 아니라 하나님의 용서 때문이었습니다.

다윗은 우슬초 정결을 통해 하나님의 긍휼을 힘입어야 자신의 죄를 용서받는다는 사실을 알았습니다. 그래서 다윗은 죄 사함을 받고 다시 하나님께 찬양하며 제사장 나라의 거룩한 제사자의 자리에 서기를 기도했습니다.

"하나님이여 나의 구원의 하나님이여 피 흘린 죄에서 나를 건지소서 내 혀가 주의 의를 높이 노래하리이다 주여 내 입술을 열어 주소서 내 입이 주를 찬송하여 전파하리이다"(시 51:14~15)

"하나님께서 구하시는 제사는 상한 심령이라 하나님이여 상하고 통회하는 마음을 주께서 멸시하지 아니하시리이다 … 그 때에 주께서 의로운 제사와 번제와 온전한 번제를 기뻐하시리니 그 때에 그들이 수소를 주의 제단에 드리리이다"(시 51:17~19)

다윗은 이렇게 나단을 통해 하나님의 책망을 들은 후 곧바로 자신의 죄악을 인정하고 회개의 무릎을 꿇었습니다.

시편 51편에서 다윗은 '나(내)'라는 1인칭 주어를 무려 32회나 사용하며 하나님께 자신의 죄를 우슬초로 정결하게 씻어달라고 기도했습니다. 다윗의 이런 진실하고도 깊은 회개는 하나님과의 관계가 회복되는 계기가 됩니다.

● 다섯 번째 포인트
하나님께서는 회개한 다윗에게 선지자 나단을 다시 보내주십니다.

다윗이 밧세바를 범한 것과 죄 없는 우리아를 죽인 것은 제사장 나라 법에 의하면 사형에 해당하는 범죄였지만 하나님께서 긍휼을 베푸심으로 다윗의 목숨을 보존시켜주십니다.

"나단이 다윗에게 말하되 여호와께서도 당신의 죄를 사하셨나니 당신이 죽지 아니하려니와"(삼하 12:13)

그리고 밧세바와의 사이에서의 첫 아이는 죽지만 하나님께서 다시 다윗에게 아들 솔로몬을 주십니다.

"아이가 살았을 때에 내가 금식하고 운 것은 혹시 여호와께서 나를 불쌍히 여기사 아이를 살려 주실는지 누가 알까 생각함이거니와 지금은 죽었으니 내가 어찌 금식하랴 내가 다시 돌아오게 할 수 있느냐 나는 그에게로 가려니와 그는 내게로 돌아오지 아니하리라 하니라"(삼하 12:22~23)

이후 하나님의 긍휼로 솔로몬이 태어나고 하나님께서는 다윗에게 다시 선지자 나단을 보내시며 하나님의 사랑을 드러내십니다.

"그가 아들을 낳으매 그의 이름을 솔로몬이라 하니라 여호와께서 그를 사랑하사 선지자 나단을 보내 그의 이름을 여디디야라 하시니 이는 여호와께서 사랑하셨기 때문이더라"(삼하 12:24~25)

다윗이 이렇게 엄청난 큰 죄를 지었음에도 끝까지 하나님으로부터 '내 종 다윗'으로 불린 이유는 다윗은 죄인이었지만 자신의 죄를 인정하고 하나님 앞에 나아가 끝까지 최선을 다해 회개했기 때문입니다. 하나님께서는 하나님 앞에 죄를 회개하는 자에게 다윗에게 베푸셨던 것처럼 놀라운 '용서의 은혜'를 베풀어 주십니다. 하나님께서는 긍휼의 하나님이시기 때문입니다.

**디저트 DESSERT**

병든 자에게 의사가 필요하듯 죄인에게 예수님이 필요합니다. 마태복음 1장의 족보에는 당시 유대인들이 가장 존경하는 두 사람 아브라함과 다윗의 이름이 등장합니다. 이 두 사람의 이름은 이스라엘의 '민족'과 '나라'를 상징합니다. 그리고 아브라함과 다윗이 바로 예수님의 조상이라는 것입니다.

그런데 그렇게 자랑스러운 '나라를 상징'하는 다윗에 대한 서술을 하면서 "다윗은 우리야(우리아)의 아내에게서 솔로몬을 낳고"(마 1:6)라고 기록하고 있습니다. 이는 다윗도 '죄인'이라는 것입니다. 그러므로 다윗에게도 반드시 예수님이 필요하다는 이야기입니다. 그리고 더 나아가 세상 모든 사람은 누구나 다 죄인이기에 예수님이 다 필요하다는 것입니다.

죄의 값은 사망입니다. 그러나 죄에 대해 하나님께 용서받으면 다시 깨끗해집니다. 예수님의 보혈의 공로로 말입니다. 이것이 오직 굿 뉴스입니다.

.......................................................................................................................

.......................................................................................................................

.......................................................................................................................

.......................................................................................................................

# 106일
## 험악한 형제 갈등 (삼하 13~14장)

다윗은 죄 없는 우리아를 죽인 죄로 인해 밧세바로부터 얻은 아이를 잃는 슬픔을 겪었고, 아들 압살롬이 이복형제 암논을 죽이는, 말로 다 형용할 수 없는 아픔을 또 겪게 됩니다. 다윗이 이스라엘 열두 지파의 왕이 되고 명실상부한 이스라엘의 최고 권력자가 되었지만 사울의 칼끝을 피해 도망 다녔던 지난 10여 년의 세월보다 더한 고통을 맞게 된 것입니다.

그럼에도 불구하고 하나님과는 끝내 멀어지지 않으려 최선을 다했던 다윗의 모습을 보게 됩니다.

《일년일독 통독성경》 사무엘하 13~14장

통通으로 숲이야기 ; 통숲 TONG OBSERVATION

● 첫 번째 포인트
야곱 아들들의 형제 갈등보다 다윗 아들들의 형제 갈등이 더 험악합니다.

우리는 〈창세기〉에서 야곱의 열두 아들들의 형제 갈등을 보고 참으로 안타까워한 적이 있습니다.

"그의 형들이 그에게 이르되 네가 참으로 우리의 왕이 되겠느냐 참으로 우리를 다스리게 되겠느냐 하고 그의 꿈과 그의 말로 말미암아 그를 더욱 미워하더니"(창 37:8)

"그 때에 미디안 사람 상인들이 지나가고 있는지라 형들이 요셉을 구덩이에서 끌어올리고 은 이십에 그를 이스마엘 사람들에게 팔매 그 상인들이 요셉을 데리고 애굽으로 갔더라"(창 37:28)

"요셉의 형제들이 그들의 아버지가 죽었음을 보고 말하되 요셉이 혹시 우리를 미워하여 우리가 그에게 행한 모든 악을 다 갚지나 아니할까 하

고"(창 50:15)

그런데 다윗의 아들들의 형제 갈등은 야곱 아들들의 형제 갈등보다 훨씬 더 험악합니다. 다윗의 아들 압살롬은 이복형제 암논을 살해하기까지 했습니다.

"압살롬이 이미 그의 종들에게 명령하여 이르기를 너희는 이제 암논의 마음이 술로 즐거워할 때를 자세히 보다가 내가 너희에게 암논을 치라 하거든 그를 죽이라 두려워하지 말라 내가 너희에게 명령한 것이 아니냐 너희는 담대히 용기를 내라 한지라"(삼하 13:28)

이 끔찍한 사건이 발생하게 된 이유는 이 사건이 발생한 지 2년 전으로 거슬러 올라가야 합니다.

● 두 번째 포인트
간교한 친구를 둔 암논의 결말은 죽음입니다.

다윗이 죄 없는 우리아를 죽인 이후부터 다윗 집안에 재난이 이어집니다.

"그 후에 이 일이 있으니라"(삼하 13:1)

다윗의 아들 암논이 이복누이 다말을 사랑하게 되었는데 근친상간을 금하는 제사장 나라 법에 따라 다말과의 관계를 어떻게 해볼 도리가 없자 이로 인해 병까지 나게 됩니다.

"그는 처녀이므로 어찌할 수 없는 줄을 알고 암논이 그의 누이 다말 때문에 울화로 말미암아 병이 되니라"(삼하 13:2)

일찍이 주셨던 제사장 나라 법입니다.

"너는 네 자매 곧 네 아버지의 딸이나 네 어머니의 딸이나 집에서나 다른 곳에서 출생하였음을 막론하고 그들의 하체를 범하지 말지니라"(레 18:9)

그러다가 암논은 자신의 친구이자 사촌인 간교한 요나답의 꾐에 넘어가 다말을 범합니다.

"암논에게 요나답이라 하는 친구가 있으니 그는 다윗의 형 시므아의 아들이요 심히 간교한 자라"(삼하 13:3)

요나답의 간교한 꾀는 바로 아버지 다윗을 이용하는 것이었습니다.

"요나답이 그에게 이르되 침상에 누워 병든 체하다가 네 아버지가 너를 보러 오거든 너는 그에게 말하기를 원하건대 내 누이 다말이 와서 내게 떡을 먹이되 내가 보는 데에서 떡을 차려 그의 손으로 먹여 주게 하옵소서 하라 하니 암논이 곧 누워 병든 체하다가 왕이 와서 그를 볼 때에 암논이 왕께 아뢰되 원하건대 내 누이 다말이 와서 내가 보는 데에서 과자 두어 개를 만들어 그의 손으로 내게 먹여 주게 하옵소서 하

니"(삼하 13:5~6)

그러자 요나답의 간교한 꾀였는지 모르는 다윗이 암논의 말대로 해줍니다.

"다윗이 사람을 그의 집으로 보내 다말에게 이르되 이제 네 오라버니 암논의 집으로 가서 그를 위하여 음식을 차리라 한지라"(삼하 13:7)

음식을 들고 병문안을 온 다말에게 암논이 자신과 동침하자고 붙들자 다말이 거부합니다.

"그가 그에게 대답하되 아니라 내 오라버니여 나를 욕되게 하지 말라 이런 일은 이스라엘에서 마땅히 행하지 못할 것이니 이 어리석은 일을 행하지 말라 내가 이 수치를 지니고 어디로 가겠느냐 너도 이스라엘에서 어리석은 자 중의 하나가 되리라 이제 청하건대 왕께 말하라 그가 나를 네게 주기를 거절하지 아니하시리라 하되 암논이 그 말을 듣지 아니하고 다말보다 힘이 세므로 억지로 그와 동침하니라"(삼하 13:12~14)

결국 암논은 다말과 동침하나 이에 대한 책임을 지기는커녕 다말을 도리어 미워하며 내치고 맙니다.

"암논이 그를 심히 미워하니 이제 미워하는 미움이 전에 사랑하던 사랑보다 더한지라 암논이 그에게 이르되 일어나 가라 하니"(삼하 13:15)

다윗 가문은 우리아 사건 이후 이렇게 말도 안 되는 일들로 인해 형편없이 무너지고 있었습니다.

........................................................................

........................................................................

........................................................................

........................................................................

● 세 번째 포인트

계략으로 우리아를 속인 다윗은 두 아들, 암논과 압살롬의 계략에 속습니다.

아버지 이삭을 옷으로 속인 야곱이 열 명의 아들들에게 옷으로 속은 적이 있습니다.

"그들이 요셉의 옷을 가져다가 숫염소를 죽여 그 옷을 피에 적시고 그의 채색옷을 보내어 그의 아버지에게로 가지고 가서 이르기를 우리가 이것을 발견하였으니 아버지 아들의 옷인가 보소서 하매 아버지가 그것을 알아보고 이르되 내 아들의 옷이라 악한 짐승이 그를 잡아 먹었도다 요셉이 분명히 찢겼도다 하고 자기 옷을 찢고 굵은 베로 허리를 묶고 오래도록 그의 아들을 위하여 애통하니"(창 37:31~34)

다윗 또한 자신의 계략으로 우리아를 속여 죽인 적이 있습니다.

"아침이 되매 다윗이 편지를 써서 우리아의 손에 들려 요압에게 보내니 그 편지에 써서 이르기를 너희가 우리아를 맹렬한 싸움에 앞세워 두고 너희는 뒤로 물러가서 그로 맞아 죽게 하라 하였더라"(삼하 11:14~15)

그런데 다윗의 아들들이 계략으로 아버지를 속입니다.

"암논이 곧 누워 병든 체하다가 왕이 와서 그를 볼 때에 암논이 왕께 아뢰되 원하건대 내 누이 다말이 와서 내가 보는 데에서 과자 두어 개를 만들어 그의 손으로 내게 먹여 주게 하옵소서"(삼하 13:6)

"압살롬이 간청하매 왕이 암논과 왕의 모든 아들을 그와 함께 그에게 보내니라 압살롬이 이미 그의 종들에게 명령하여 이르기를 너희는 이제 암논의 마음이 술로 즐거워할 때를 자세히 보다가 내가 너희에게 암논을 치라 하거든 그를 죽이라"(삼하 13:27~28)

다윗의 죄로 인한 하나님의 징계가 마침내 다윗 가정에서 이렇게 진행됩니다. 암논에게 당한 다윗의 딸 다말이 재를 머리에 쓰고 자기의 채색옷을 찢고 울부짖으며 그녀의 오빠 압살롬에게 갔습니다.

"다말이 재를 자기의 머리에 덮어쓰고 그의 채색옷을 찢고 손을 머리 위에 얹고 가서 크게 울부짖으니라"(삼하 13:19)

다말의 이 행동은 자신의 분노와 슬픔을 나타낸 것이기도 하지만 자신의 결백도 드러내는 것입니다. 그러자 다말의 친오빠 압살롬이 이복형제 암논의 범죄를 확인하고 일단 다말에게는 근심하지 말라고 말합니다(삼하 13:20). 그러나 속으로는 복수를 다짐합니다.

이후 암논의 범죄를 알게 된 다윗이 심히 노합니다(삼하 13:21).

그러나 다윗은 암논의 죄에 대해서 징계하지 않았습니다. 그렇게 2년이 흐릅니다. 그 2년 동안 압살롬은 암논의 잘못을 잊지 않았을 뿐 아니라 기회를 보아서 암논에게 보복할 계획을 세우고 있었습니다.

마침내 압살롬이 양털을 깎는 축제일에 국정으로 바쁜 다윗 왕이 참석하지 못할 것을 미리 예상하고 계획적으로 다윗 왕과 모든 왕자를 초대합니다. 당연히 다윗 왕이 불참을 알리자 압살롬은 그렇다면 왕 대신 왕의 맏아들 암논과 나머지 모든 왕자는 그 축제에 와달라고 요청합니다. 이는 압살롬이 양털을 깎는 축제일을 빌미로 암논을 죽일 계획이었던 것입니다.

"만 이 년 후에 에브라임 곁 바알하솔에서 압살롬이 양 털을 깎는 일이 있으매 압살롬이 왕의 모든 아들을 청하고"(삼하 13:23)

결국 다윗의 아들들이 다 모인 자리에서 압살롬의 종들이 압살롬의 명령에 따라 암논을 살해합니다. 그러자 다윗의 남은 아들들이 그 황망한 것을 보고 다들 놀라 황급히 그 자리를 떠나 도망했습니다.

"압살롬의 종들이 압살롬의 명령대로 암논에게 행하매 왕의 모든 아들들이 일어나 각기 노새를 타고 도망하니라"(삼하 13:29)

다윗의 모든 아들이 죽었다는 소문이 돕니다. 이 소문을 들은 다윗이 옷을 찢고 땅에 드러누워 상심합니다. 이때 간교한 요나답이 다윗에게 다가가 암논만 죽었을 것이라고 말합니다. 요나답은 자신이 다말을 추행하도록 암논을 부추겼기에 이 사건의 정황을 모두 파악할 수 있었던 것입니다.

"다윗의 형 시므아의 아들 요나답이 아뢰어 이르되 내 주여 젊은 왕자들이 다 죽임을 당한 줄로 생각하지 마옵소서 오직 암논만 죽었으리이다 그가 압살롬의 누이 다말을 욕되게 한 날부터 압살롬이 결심한 것이니이다"(삼하 13:32)

암논을 죽인 압살롬은 그술로 망명하여 3년을 보냅니다. 다윗은 자기 자식들의 이 끔찍한 일로 말미암아, 특히 압살롬으로 인하여 매일 슬퍼합니다(삼하 13:37). 사실 이 끔찍한 사건이 일어나기 전까지 압살롬은 발바닥부터 정수리까지 흠이 없고 이스라엘 전체에서 가장 아름다운 자로 널리 알려진 왕자였습니다.

"온 이스라엘 가운데에서 압살롬 같이 아름다움으로 크게 칭찬 받는 자가 없었으니 그는 발바닥부터 정수리까지 흠이 없음이라"(삼하 14:25)

안타깝게도 암논이 이복 여동생 다말에게 수치를 준 일이나 다말의 오빠 압살롬이 암논을 죽인 일은 다윗이 뿌린 죄의 씨앗이 가져온 결과였습니다. 그런데 다윗 가문의 불행은 여기에서 끝이 아니었습니다.

"칼이 네 집에서 영원토록 떠나지 아니하리라"(삼하 12:10)

● 네 번째 포인트
요압은 압살롬을 도와주기도 하고 죽이기도 합니다.

다윗의 군대 장관 요압이 아들 압살롬을 향한 다윗의 마음을 읽습니다.

"스루야의 아들 요압이 왕의 마음이 압살롬에게로 향하는 줄 알고"(삼하 14:1)

그러자 요압이 압살롬의 귀환을 계획합니다. 요압은 드고아의 여인을 통해 다윗을 설득하기 시작합니다.

"드고아에 사람을 보내 거기서 지혜로운 여인 하나를 데려다가 그에게 이르되 청하건대 너는 상주가 된 것처럼 상복을 입고 기름을 바르지 말고 죽은 사람을 위하여 오래 슬퍼하는 여인 같이 하고 왕께 들어가서 그에게 이러이러하게 말하라고 요압이 그의 입에 할 말을 넣어 주니라"(삼하 14:2~3)

요압이 다윗과 압살롬의 어그러진 관계를 회복시키는 중재자 역할을 했던 것입니다. 결국 다윗은 요압이 이 일을 꾸민 줄

다 알면서도 압살롬의 귀환을 허락합니다.

"왕이 요압에게 이르되 내가 이 일을 허락하였으니 가서 청년 압살롬
을 데려오라 하니라"(삼하 14:21)

그래서 3년 만에 압살롬이 망명지 그술에서 예루살렘으로 돌
아오게 됩니다. 하지만 다윗은 압살롬의 귀국까지는 허락하지만
압살롬을 만나지는 않습니다.

"요압이 일어나 그술로 가서 압살롬을 데리고 예루살렘으로 오니 왕
이 이르되 그를 그의 집으로 물러가게 하여 내 얼굴을 볼 수 없게 하라
하매 압살롬이 자기 집으로 돌아가고 왕의 얼굴을 보지 못하니라"(삼하
14:23~24)

그런데 이렇게 압살롬을 예루살렘으로 돌아오게 해주었던
요압은 이후 자신의 정치적 계산에 따라 압살롬의 쿠데타 과정
에서 압살롬을 죽이는 일에도 앞장섭니다.

"요압이 이르되 나는 너와 같이 지체할 수 없다 하고 손에 작은 창 셋을
가지고 가서 상수리나무 가운데서 아직 살아 있는 압살롬의 심장을 찌
르니 요압의 무기를 든 청년 열 명이 압살롬을 에워싸고 쳐죽이니라"
(삼하 18:14~15)

.......................................................................................................

.......................................................................................................

.......................................................................................................

.......................................................................................................

● 다섯 번째 포인트

자신의 죄악을 인정하지 않는 압살롬이 쿠데타를 치밀하게 계획합니다.

압살롬이 요압의 도움으로 3년 만에 예루살렘으로 돌아왔지만 돌아온 지 2년이 지나도록 다윗은 압살롬을 부르지 않습니다. 그렇게 5년이나 아버지 다윗을 만나지 못하자 참다못한 압살롬이 요압의 밭에 불을 놓으며 아버지 다윗과 만날 기회를 만듭니다.

"압살롬이 자기의 종들에게 이르되 보라 요압의 밭이 내 밭 근처에 있고 거기 보리가 있으니 가서 불을 지르라 하니라 압살롬의 종들이 그 밭에 불을 질렀더니"(삼하 14:30)

결국 이 일로 인해 압살롬이 5년 만에 아버지 다윗 왕과 드디어 만나게 됩니다.

"요압이 왕께 나아가서 그에게 아뢰매 왕이 압살롬을 부르니 그가 왕께 나아가 그 앞에서 얼굴을 땅에 대어 그에게 절하매 왕이 압살롬과 입을 맞추니라"(삼하 14:33)

아버지와 아들이 5년 만에 만나지만 서로의 상처를 회복하는 데에는 도움이 되지 못합니다. 특히 압살롬은 자신이 암논을 죽인 것은 아버지 다윗이 암논을 처벌하지 않았기 때문에 자신이 대신 처벌한 것이므로 죄가 없다고 생각하고 있었을 것입니다.

입을 맞추고 있는 아들의 마음은 아버지 다윗의 마음과 서로 달랐습니다. 압살롬의 마음에는 이미 아버지 다윗을 향한 쿠데타의 계획이 영글고 있었던 것입니다. 결국 자신의 죄악을 인정하지 않는 압살롬이 다윗에 대한 쿠데타를 본격적으로 실행합니다.

## 디저트 DESSERT

다윗과 요나단의 아름다운 우정은 3,000년이 지났음에도 아직도 유명합니다(삼상 18:1). 그런데 다윗의 맏아들 암논은 자기의 목적을 위해 친구 요나답의 간교한 꾀에 동의하고 악한 생각을 실행에 옮김으로 결국 자기의 이복형제에게 살해당하게 됩니다.

〈잠언〉의 말씀입니다.

"철이 철을 날카롭게 하는 것 같이 사람이 그의 친구의 얼굴을 빛나게 하느니라"(잠 27:17)

삶의 여정 가운데 수많은 친구가 있지만 가장 소중한 친구는 우리 구주 예수님입니다. 악인들의 꾀를 따르지 아니하며 죄인들의 길에 서지 아니하며 오만한 자들의 자리에 앉지 아니한 복 있는 삶의 자리에 항상 서기를 소망합니다.

# *107*일

## 쿠데타 이야기 1_압살롬의 반역 (삼하 15장, 시 3편)

다윗의 셋째 아들 압살롬이 아버지 다윗에 맞서 쿠데타를 일으킵니다. 압살롬은 계획적으로 예루살렘과 헤브론을 오가며 치밀하게 이스라엘 백성들의 민심을 자신의 것으로 만들고 있었습니다. 그러면서 아버지 다윗에 대한 반역을 4년에 걸쳐 준비하고 있었던 것입니다. 그는 아버지 다윗의 오랜 동지이자 전략가였던 아히도벨까지 포섭하여 만만치 않은 세력을 이룹니다.

마침내 압살롬이 헤브론에서 일으킨 쿠데타가 성공하자 예루살렘에서 그 소식을 들은 다윗은 목숨을 건지고자 황급히 예루살렘성을 빠져나갑니다. 압살롬은 예루살렘성을 장악하고 이스라엘의 왕으로 등극합니다.

그러나 압살롬의 쿠데타가 아직 완전히 성공한 것은 아니었습니다. 다윗이 압살롬을 피해 예루살렘성을 떠났으나 아직 살아 있고 다윗은 자타가 인정하는 전쟁의 달인이자 백전노장(百戰老將)이며 무엇보다 다윗은 도망의 달인이었기 때문입니다.

## 성경통독 BIBLETONGDOK

《일년일독 통독성경》 사무엘하 15장, 시편 3편

## 통通으로 숲이야기 ; 통숲 TONG OBSERVATION

● 첫 번째 포인트
다윗 인생의 가장 큰 두 번의 내부 위기는 시글락 600명의 '돌' 사건과 아들 압살롬의 '쿠데타' 사건입니다.

다윗은 청소년 시절부터 자기에게 닥쳤던 외부의 모든 위기를 다 돌파하고 이겨내며 살아왔습니다. 다윗은 곰도, 사자도, 골리앗도 그리고 사울과 수많은 적군까지도 다 이겼습니다. 그런 다윗에게 결코 쉽지 않았던 두 번의 내부 위기가 있었습니다.

첫 번째는 다윗이 유다 지파의 왕이 되기 전, 블레셋의 시글락성에서 다윗과 함께해온 측근들 600명이 다윗을 돌로 치려고 했을 때입니다.

"다윗과 그와 함께 한 백성이 울 기력이 없도록 소리를 높여 울었더라 (다윗의 두 아내 이스르엘 여인 아히노암과 갈멜 사람 나발의 아내였던 아비가일도 사로잡혔더라) 백성들이 자녀들 때문에 마음이 슬퍼서 다윗을 돌로 치자 하니 다윗이 크게 다급하였으나 그의 하나님 여호와를 힘입고 용기를 얻었더라"(삼상 30:4~6)

두 번째 내부 위기는 다윗이 열두 지파의 왕이 된 이후 셋째 아들 압살롬이 아버지 다윗을 대항해 일으킨 쿠데타였습니다.

"전령이 다윗에게 와서 말하되 이스라엘의 인심이 다 압살롬에게로 돌아갔나이다 한지라 다윗이 예루살렘에 함께 있는 그의 모든 신하들에게 이르되 일어나 도망하자 그렇지 아니하면 우리 중 한 사람도 압살롬에게서 피하지 못하리라 빨리 가자 두렵건대 그가 우리를 급히 따라와 우리를 해하고 칼날로 성읍을 칠까 하노라"(삼하 15:13~14)

외부의 적은 죽기를 각오하고 용감하게 싸워 이기면 되지만 내부의 반란은 정말 감당하기가 쉽지 않습니다. 어쨌든 다윗이 끝까지 '하나님의 사람 다윗'이었던 이유는 어떤 어려움이 닥쳐도 끝내 하나님을 믿는 신앙인의 자세를 지켰기 때문입니다.

● 두 번째 포인트
**압살롬은 성문 재판과 헤브론에서의 서원 제사를 쿠데타의 기반으로 이용합니다.**

'쿠데타(coup d'État)'는 프랑스어로 '국가에 일격을 가한다'라는 뜻으로 개인 또는 집단이 보통 제한된 무력 등의 비합법적인 수단으로 정권을 탈취하는 기습적인 정치 활동을 말합니다. 쿠데타는 크게 두 가지 형태가 있는데 첫째는, 실제로 정권을 교체하기 위한 반란의 쿠데타가 있고 둘째는, 기존 권력자가 자신의 조직을 강화시키고 반대 세력을 색출하기 위해 일으키는 '친위 쿠데타'가 있습니다.

쿠데타의 두 가지 형태 가운데 압살롬이 일으킨 쿠데타는 자기 아버지 다윗의 권력을 찬탈하기 위해 일으킨 진짜 쿠데타였습니다. 그러나 압살롬은 다윗의 아들이었기 때문에 일반 국민들이나 다윗의 정적들이 보기에는 압살롬의 쿠데타가 다윗이 뒤에서 조정하는 '친위쿠데타'로 의심될 여지가 있었습니다. 이 문제는 이후에 아히도벨이 잘 지도(?)해주어서 '친위쿠데타'가 아니라는 것이 드러납니다.

어쨌든 압살롬이 쿠데타를 일으킨 것은 '팩트(fact, 실제)'였고 압살롬이 쿠데타를 어떻게 준비하고 실행에 옮겼는지 그 과정들을 살펴보면 다음과 같습니다.

첫째, 압살롬은 쿠데타를 위한 행동 대원들을 확보합니다.

"그 후에 압살롬이 자기를 위하여 병거와 말들을 준비하고 호위병 오십 명을 그 앞에 세우니라"(삼하 15:1)

둘째, 압살롬은 성문 법정에 나가서 직접 재판관이 되어 아버지 다윗의 무능을 비판하고 자기가 백성들의 문제를 해결해주겠다며 백성들의 마음을 흔들어 민심을 훔칩니다.

"압살롬이 일찍이 일어나 성문 길 곁에 서서 어떤 사람이든지 송사가 있어 왕에게 재판을 청하러 올 때에 그 사람을 불러 이르되 너는 어느 성읍 사람이냐 하니 그 사람의 대답이 종은 이스라엘 아무 지파에 속하였나이다 하면 압살롬이 그에게 이르기를 보라 네 일이 옳고 바르다마는 네 송사를 들을 사람을 왕께서 세우지 아니하셨다 하고 또 압살롬이 이르기를 내가 이 땅에서 재판관이 되고 누구든지 송사나 재판할 일이 있어 내게로 오는 자에게 내가 정의 베풀기를 원하노라 하고"(삼하 15:2~4)

'성문 법정'의 자세한 과정은 [87일] 〈룻기〉를 참고하면 좋습니다. 이렇게 압살롬은 그의 뛰어난(?) 위선의 정치력으로 이스라엘 백성들의 마음을 훔쳐 자기편으로 확보했습니다.

> "사람이 가까이 와서 그에게 절하려 하면 압살롬이 손을 펴서 그 사람을 붙들고 그에게 입을 맞추니 이스라엘 무리 중에 왕께 재판을 청하러 오는 자들마다 압살롬의 행함이 이와 같아서 이스라엘 사람의 마음을 압살롬이 훔치니라"(삼하 15:5~6)

셋째, 압살롬은 쿠데타 성공에 있어 가장 중요한, 뛰어난 '책사'를 확보했습니다.

> "제사 드릴 때에 압살롬이 사람을 보내 다윗의 모사 길로 사람 아히도벨을 그의 성읍 길로에서 청하여 온지라"(삼하 15:12)

아히도벨은 정치 9단으로 다윗 왕가에서 당대 최고의 책략가요 전략가로 인정받는 사람이었습니다. 그러한 아히도벨을 압살롬이 자기편으로 삼았습니다. 그러므로 압살롬의 쿠데타는 성공 확률이 매우 높았습니다.

고대로부터 오늘날까지도 권력의 변동은 쿠데타와 암살이 일반적입니다. 이렇게 치밀한 준비 끝에 압살롬이 헤브론에서 서원 제사를 명분으로 그날을 디데이(D-Day)로 삼아 아버지 다윗 정권에 맞서 쿠데타를 일으킵니다. 안타깝게도 압살롬은 헤브론에서 하나님께 드리는 서원 제사를 자기의 쿠데타에 이용했습니다. 압살롬은 이스라엘 모든 지파 사람들 가운데 200명을 그 제사에 불러 모은 후 그들을 자신의 지지 세력으로 만들어 쿠데타를 일으켰습니다.

그런데 사실 그들 200명 중 대다수가 압살롬의 계획을 알지도 못한 채 제사에 참석했습니다. 설령 압살롬의 계획을 알았다 해도 그 장소에서 감히 압살롬에게 반대할 수는 없었습니다. 만약 압살롬에게 반대했다면 그 사람은 그 자리에서 죽었을 것이기 때문입니다.

"이에 압살롬이 정탐을 이스라엘 모든 지파 가운데에 두루 보내 이르기를 너희는 나팔 소리를 듣거든 곧 말하기를 압살롬이 헤브론에서 왕이 되었다 하라 하니라 그 때 청함을 받은 이백 명이 압살롬과 함께 예루살렘에서부터 헤브론으로 내려갔으니 그들은 압살롬이 꾸민 그 모든 일을 알지 못하고 그저 따라가기만 한 사람들이라"(삼하 15:10~11)

이렇게 헤브론에서 압살롬은 아버지 다윗에게 반역의 깃발을 올렸고 이 소식은 급보를 타고 예루살렘에 있는 다윗에게 전해졌습니다. 압살롬의 쿠데타는 다윗 인생에 있어 최대의 내부 위기였습니다.

● 세 번째 포인트

사울에게 쫓길 때에는 줄이라도 타고 도망 나왔던 다윗이 아들 압살롬에게 쫓길 때에는 맨발로 도망 나옵니다.

헤브론에서 일으킨 압살롬 쿠데타 후 이스라엘 백성들의 민심이 압살롬에게로 갔다는 소식이 예루살렘에 있는 다윗에게 전해졌습니다. 그동안 다윗의 인생에 수많은 위험과 어려움들이 있었지만 아들의 반란만은 정말 감당하기 어려운 일이었을 것입니다. 그러나 다윗의 이 위기는 다윗 자신이 자초한 것이었습니다.

첫째, 이는 밧세바와 우리아 사건에 대한 징계였습니다.

둘째, 이는 암논의 다말 사건과 압살롬의 암논 살해 사건에 대해 다윗이 제대로 해결하지 않았기 때문입니다.

셋째, 이는 압살롬이 4년 동안 준비를 통해 이스라엘 백성들의 마음을 빼앗아가는 것을 다윗이 인지하지 못했기 때문입니다.

넷째, 이는 다윗이 많은 전쟁으로 국내 정치를 소홀히 한 까닭이기도 했습니다.

이렇게 헤브론에서 일으킨 압살롬의 쿠데타가 성공했다는 소식을 전해 들은 다윗은 일단 재빨리 예루살렘성에서 빠져나와 도망 길에 오릅니다.

다윗은 과거 사울에게 쫓길 때에는 줄이라도 타고 도망했지만 아들 압살롬에게 쫓기자 이제 맨발로 도망 나갑니다. 그러면서 다윗은 이 일이 나단 선지자가 말한 징계임을 알게 됩니다. 한편 다윗이 그렇게까지 급하게 예루살렘에서 도망한 이유는 하나님의 이름을 두려고 택하신 곳인 예루살렘에서 부자(父子) 사이에, 나아가 같은 아군 사이에 내전을 하지 않기 위함이었습니다. 만약 예루살렘성을 두고 대치하면 서로 걷잡을 수 없는 사상자가 발생할 것입니다. 적은 아무리 많은 사람을 죽여도 문제가 없고 오히려 큰 성과이지만 같은 아군의 총질은 내부에서 한 사람만 죽어도 감당할 수 없는 큰 손실이기 때문입니다. 또한 다윗이 예루살렘에서 급히 떠난 이유는 이 쿠데타를 진압할 반격의 시간을 확보하기 위함이었습니다.

다윗의 도망 길에는 다윗의 왕궁 호위대인 그렛 사람과 블렛 사람 그리고 과거 다윗이 사울을 피해 도망할 때부터 자신을 따르던 최측근 600명이 함께했습니다.

> "그의 모든 신하들이 그의 곁으로 지나가고 모든 그렛 사람과 모든 블렛 사람과 및 왕을 따라 가드에서 온 모든 가드 사람 육백 명이 왕 앞으로 행진하니라"(삼하 15:18)

일단 다윗은 도망에 있어서는 일가견(?)이 있었고 다윗의 최측근 600명은 실로 오랜만에 잊었던 옛날의 기억(?)이 생각나는 도망 길이었습니다.

● 네 번째 포인트
다윗은 도망 길에서도 권력의 변동성을 열어놓습니다.

다윗과 다윗 일행은 예루살렘에서 빠져나와 울며 광야로 도망해 들어갑니다.

"온 땅 사람이 큰 소리로 울며 모든 백성이 앞서 건너가매 왕도 기드론 시내를 건너가니 건너간 모든 백성이 광야 길로 향하니라"(삼하 15:23)

그런데 제사장 사독과 아비아달이 언약궤를 메고 다윗 대열에 합류하려 뛰어나옵니다. 정말 굉장한 사람들(?)입니다. 당시 언약궤는 동양에서 '왕의 옥새'와 같은, 또는 그 이상의 국가 상징의 파워(power)를 갖습니다. 이 같은 사실을 잘 알고 있는 사독과 아비아달이 그래서 언약궤를 메고 나온 것입니다.

예루살렘에서 다윗이 도망 나가는 곳으로 언약궤를 옮겨간다는 것은 그곳이 여호와의 이름을 두려고 택하신 곳이 되는 것이며 그렇게 되면 예루살렘은 중요한 상징을 잃게 됩니다. 그러나 다윗은 언약궤를 예루살렘으로 돌려보냅니다. 다윗이 이 위기 가운데에도 언약궤를 예루살렘으로 돌려보내는 것은 두 가지 이유 때문입니다.

첫째, 다윗이 하나님의 징계를 받아들이겠다는 것입니다.

둘째, 다윗이 하나님의 긍휼을 기대했기 때문입니다.

"보라 사독과 그와 함께 한 모든 레위 사람도 하나님의 언약궤를 메어다가 하나님의 궤를 내려놓고 아비아달도 올라와서 모든 백성이 성에서 나오기를 기다리도다 왕이 사독에게 이르되 보라 하나님의 궤를 성읍으로 도로 메어 가라 만일 내가 여호와 앞에서 은혜를 입으면 도로 나를 인도하사 내게 그 궤와 그 계신 데를 보이시리라 그러나 그가 이와 같이 말씀하시기를 내가 너를 기뻐하지 아니한다 하시면 종이 여기 있사오니 선히 여기시는 대로 내게 행하시옵소서 하리라"(삼하 15:24~26)

역사에 만약은 존재하지 않지만 그럼에도 불구하고 만약 언약궤가 다윗과 동행했다면 다윗이 가는 곳마다 그곳이 '여호와의 이름을 두려고 택하신 곳'이 되어 다윗 왕권의 정당성을 확보할 수 있으므로 쿠데타 세력들에게 명분에서 이기고 들어가는 것입니다. 그러나 다윗은 언약궤를 정치적 도구로 사용하지 않았습니다. 그러므로 다윗은 자신의 뒤를 따라 하나님의 언약궤를 메고 나온 그들을 돌려보냅니다.

다윗은 언제 어디서나 제사장 나라 이스라엘의 주인이신 하나님을 바라봅니다. 주권자이시며 임명권자이신 하나님께서 이번 기회에 자신을 버릴 수도 있다는 '권력 변동의 가능성'을 인정하며 이를 당연히 하나님께 맡긴 것입니다.

다윗의 힘이 여기에 있습니다. 권력의 변동성을 수용하는 다윗은 사울처럼 권력 독점에 빠지지 않고 전능자이신 하나님의 통치를 기대했던 것입니다.

● 다섯 번째 포인트

다윗은 정치 9단 아히도벨과 상대하도록 동급의 정치 9단 후새를 압살롬 곁으로 거짓 투항시킵니다.

맨발로 울며 도망하며 광야 나루터에 이른 다윗이 화들짝 놀라 주저앉습니다. 다윗이 압살롬 진영에 아히도벨이 합류했다는 소식을 들었기 때문입니다. 다윗은 즉시 그 자리에 주저앉아 엎드려 하나님께 기도합니다.

"다윗이 이르되 여호와여 원하옵건대 아히도벨의 모략을 어리석게 하옵소서"(삼하 15:31)

아히도벨이 압살롬 진영에 합류했다는 소식은 다윗에게 거의 절망이었습니다. 사실 다윗이 가장 우려했던 일이었습니다. 압살롬 정도는 다윗의 손바닥 위에 있지만 아히도벨은 이야기가 달랐기 때문입니다. 아히도벨은 당대 최고의 전략가이자 책사로 다윗의 수까지도 훤히 읽는, 말 그대로 정치 9단이라 할 수 있습니다. 아히도벨은 다윗이 지금 어디쯤 도망갔으며 누구와 함께 있으며 다음 수순을 어떻게 밟을지 다윗의 수를 손금 보듯이 들여다보고 있는 것입니다.

다윗은 아히도벨이 압살롬 편에 있는 한 이 쿠데타 상황에서 '전략 수 싸움'에서는 결코 이길 수 없다는 것을 너무도 잘 알고 있습니다. 이제 오직 한 가지 길이 있다면 하나님께서 상황을 바꾸어주시는 길밖에 없습니다. 그래서 다윗은 하나님께 "아히도벨의 모략을 어리석게 하옵소서."라는 참으로 간절한 그 기도를 도망 길에 엎드려 했던 것입니다.

그런데 이 절체절명의 위기 가운데 다윗에게 기회가 주어집니다. 기도의 즉시 응답으로 '아히도벨급의 정치 9단 후새'가 다윗 진영으로 합류한 것입니다. 그러자 전쟁의 달인이자 백전노장 다윗이 그 절체절명의 위기를 놀라운 기회로 바꿉니다.

다윗은 후새를 설득해 압살롬 진영으로 거짓 투항시킵니다.

이는 아히도벨과 맞설 책략가로서 후새를 거짓 투항하도록 해 압살롬 진영을 내부에서 흔들어 결국 쿠데타를 종결시키겠다는 다윗의 생각이었습니다.

> "다윗이 하나님을 경배하는 마루턱에 이를 때에 아렉 사람 후새가 옷을 찢고 흙을 머리에 덮어쓰고 다윗을 맞으러 온지라 다윗이 그에게 이르되 네가 만일 나와 함께 나아가면 내게 누를 끼치리라 그러나 네가 만일 성읍으로 돌아가서 압살롬에게 말하기를 왕이여 내가 왕의 종이니이다 전에는 내가 왕의 아버지의 종이었더니 이제는 내가 왕의 종이니이다 하면 네가 나를 위하여 아히도벨의 모략을 패하게 하리라"(삼하 15:31~34)

일반 전쟁은 군사의 수와 무기의 질이 전쟁의 승패를 가름하지만 쿠데타는 책사들의 전쟁입니다. 이제 압살롬의 쿠데타는 아히도벨과 후새의 전략으로 승패를 가늠하게 될 것입니다. 다윗은 후새를 거짓 투항시켜 압살롬 진영으로 들여보내면서 제사장 사독과 아비아달이 후새와 몰래 협력할 수 있도록 조치를 취합니다. 그리고 사독의 아들 아히마아스와 아비아달의 아들 요나단을 통해 연락망을 구축합니다.

> "사독과 아비아달 두 제사장이 너와 함께 거기 있지 아니하냐 네가 왕의 궁중에서 무엇을 듣든지 사독과 아비아달 두 제사장에게 알리라 그

들의 두 아들 곧 사독의 아히마아스와 아비아달의 요나단이 그들과 함께 거기 있나니 너희가 듣는 모든 것을 그들 편에 내게 소식을 알릴지니라 하는지라 다윗의 친구 후새가 곧 성읍으로 들어가고 압살롬도 예루살렘으로 들어갔더라"(삼하 15:35~37)

이렇게 압살롬 쿠데타는 제2 라운드로 들어갑니다.

**디저트** DESSERT

다윗이 아들 압살롬을 피할 때에 지은 시가 바로 시편 3편입니다.

"여호와여 나의 대적이 어찌 그리 많은지요 일어나 나를 치는 자가 많으니이다 많은 사람이 나를 대적하여 말하기를 그는 하나님께 구원을 받지 못한다 하나이다 (셀라) 여호와여 주는 나의 방패시요 나의 영광이시요 나의 머리를 드시는 자이시니이다 내가 나의 목소리로 여호와께 부르짖으니 그의 성산에서 응답하시는도다 (셀라) 내가 누워 자고 깨었으니 여호와께서 나를 붙드심이로다 천만인이 나를 에워싸 진 친다 하여도 나는 두려워하지 아니하리이다 여호와여 일어나소서 나의 하나님이여 나를 구원하소서 주께서 나의 모든 원수의 뺨을 치시며 악인의 이를 꺾으셨나이다 구원은 여호와께 있사오니 주의 복을 주의 백성에게 내리소서 (셀라)"

다윗의 고백처럼 하나님만이 우리의 방패이시요, 하나님만이 우리의 영광이십니다.

.....................................................................................................

.....................................................................................................

.....................................................................................................

.....................................................................................................

# $108$일
## 쿠데타 이야기 2_쿠데타 일반 심리 (삼하 16~17장)

다윗의 인생에서 법궤를 예루살렘으로 옮겨 놓은 일만큼 거룩한 일은 없었습니다. 그리고 다윗의 인생에서 권력 그 자체를 놓고 부자지간(父子之間)에 칼을 맞대고 싸우는 일만큼 비참한 일은 또 없을 것입니다. 그런데 이 두 사건이 성경에 모두 기록된 이유는 치열한 인간들 사이에서 벌어질 수 있는 정치 현실과 하나님의 정치 현실이 서로 극대화되고 있다는 점을 보여주기 위함입니다.

성경은 세상과 담쌓고 사는 상상의 이야기가 아닙니다. 성경은 현실에서 치열하게 선한 싸움을 싸우고 이겨 결국 하나님께서 주시는 면류관을 기대하며 사는 하나님의 사람들의 이야기가 기록된 책입니다.

## 성경통독 BIBLETONGDOK

《일년일독 통독성경》 사무엘하 16~17장

## 통通으로 숲이야기 ; 통숲 TONG OBSERVATION

● 첫 번째 포인트
다윗은 도피 길에서 여러 부류의 사람들을 만납니다.

다윗은 사울을 피해 10여 년 동안 도망할 때에 많은 부류의 사람들을 만났습니다. 이제 다윗이 아들 압살롬의 쿠데타를 피해 도망할 때에도 많은 부류의 사람들을 또 만납니다.

다윗이 압살롬의 쿠데타를 피해 도망하는 중에 가장 먼저 만난 사람은 므비보셋의 종 시바입니다. 그는 음식을 싣고 다윗을 찾아옵니다.

"다윗이 마루턱을 조금 지나니 므비보셋의 종 시바가 안장 지운 두 나귀에 떡 이백 개와 건포도 백 송이와 여름 과일 백 개와 포도주 한 가죽 부대를 싣고 다윗을 맞는지라"(삼하 16:1)

그런데 이때 시바가 므비보셋을 모함합니다. 사실, 장애를 가지고 있는 므비보셋은 반란을 꾀할 처지도 아니었습니다.

"왕이 이르되 네 주인의 아들이 어디 있느냐 하니 시바가 왕께 아뢰되 예루살렘에 있는데 그가 말하기를 이스라엘 족속이 오늘 내 아버지의 나라를 내게 돌리리라 하나이다 하는지라"(삼하 16:3)

다윗이 시바의 말을 듣고 우선 시바에게 므비보셋의 재산을 넘겨줍니다. 이는 도피 길에 지쳐 있는 다윗이 때마침 필요한 음식을 제공한 시바에게 깊은 판단 없이 부족한 결정을 한 것이었습니다.

"왕이 시바에게 이르되 므비보셋에게 있는 것이 다 네 것이니라 하니라"(삼하 16:4)

그 후 다윗은 지난 오랜 세월 동안 겉으로 드러나지는 않았지만 베냐민 왕가의 복원을 실제 꿈꾸며 아직도 다윗의 정통성을 인정하지 않고 숨어 있던 반체제 세력의 우두머리 시므이를 만나기도 합니다. 그리고 또 촌로인 바르실래를 만나게 됩니다. 바르실래는 어려움에 처한 다윗에게 필요한 것들을 가져다주며 다윗을 위로합니다. 다윗은 이때의 도피 길에서도 여러 부류의 사람들을 통해 결국 하나님의 은혜를 입게 됩니다.

● 두 번째 포인트
다윗은 베냐민 지파 시므이의 저주를 통해 친위쿠데타의 효과를
생각해둡니다.

정적의 쿠데타도 아니고 아들의 쿠데타를 피해 도망하는 다
윗에게 가는 길을 막고 저주를 퍼붓는 사람이 등장합니다. 그는
다름 아닌 지난 30여 년간 숨어서 다윗 왕가에 반대하는 반체제
인사들의 중심에 있었던 베냐민 지파 시므이였습니다.

시므이를 비롯한 베냐민 지파 사람들은 다윗이 왕의 자리에
있는 내내 다윗을 못마땅해 했던 사람들입니다. 그들은 결코 겉
으로 드러나지 않는, 그래서 더 무서운 숨어 있는 반체제 세력이
었습니다. 그들은 지난 수십 년 동안 다윗이 사울 정권을 탈취해
가져갔다고 생각하고 있었습니다. 그런데 다윗이 아들의 쿠데타
를 피해 도망한다고 하니 그동안 뒤에 숨어서 하던 욕을 용기(?)
있게 다윗의 면전에서 대놓고 신나게(?) 하게 된 것입니다.

"다윗 왕이 바후림에 이르매 거기서 사울의 친족 한 사람이 나오니 게
라의 아들이요 이름은 시므이라 그가 나오면서 계속하여 저주하고 또

다윗과 다윗 왕의 모든 신하들을 향하여 돌을 던지니 그 때에 모든 백성과 용사들은 다 왕의 좌우에 있었더라 시므이가 저주하는 가운데 이와 같이 말하니라 피를 흘린 자여 사악한 자여 가거라 가거라 사울의 족속의 모든 피를 여호와께서 네게로 돌리셨도다 그를 이어서 네가 왕이 되었으나 여호와께서 나라를 네 아들 압살롬의 손에 넘기셨도다 보라 너는 피를 흘린 자이므로 화를 자초하였느니라 하는지라"(삼하 16:5~8)

이에 격분한 아비새가 시므이를 처단하려고 칼을 잡습니다.

"스루야의 아들 아비새가 왕께 여짜오되 이 죽은 개가 어찌 내 주 왕을 저주하리이까 청하건대 내가 건너가서 그의 머리를 베게 하소서"(삼하 16:9)

그러나 다윗은 그를 만류합니다.

"또 다윗이 아비새와 모든 신하들에게 이르되 내 몸에서 난 아들도 내 생명을 해하려 하거든 하물며 이 베냐민 사람이랴 여호와께서 그에게 명령하신 것이니 그가 저주하게 버려두라"(삼하 16:11)

다윗은 비판을 넘어 시므이의 저주까지도 고스란히 받아들입니다. 다윗은 자기가 시므이의 그 저주를 받을 만하다고 생각했습니다. 이는 다윗이 죄 없는 우리아를 죽인 죄에 대한 처벌이었기 때문에 겸허히 시므이의 저주를 받은 것입니다.

다윗은 권력의 속성을 이해하고 하나님의 처벌에 대해 인정하며 자신을 저주하는 시므이를 살려둡니다. 그러면서 다윗은 속으로 읊조리듯 이해 안 가는 말을 한마디 툭 던지고 그 자리를 피합니다. 다윗은 이때 시므이가 분명 혼자 행동하는 자가 아니고 뜻을 같이하는 조직적 반체제 세력이 있음을 직감하며 그 이후를 도모한 것이었습니다.

다윗이 그동안 얼굴 없이 뒤에서 악성 댓글(?)로만 다윗을 괴롭히다가 마침내 얼굴을 드러낸 시므이를 통해 베냐민 지파의 숨은 실체를 파악한 것입니다. 그리고 결국 시므이 반체제 세력 양성화를 통해 '권력 복원 조직화'를 기대했던 것입니다.

"혹시 여호와께서 나의 원통함을 감찰하시리니 오늘 그 저주 때문에 여호와께서 선으로 내게 갚아 주시리라 하고"(삼하 16:12)

● 세 번째 포인트
책사 아히도벨은 압살롬의 친위쿠데타 소문을 실제 쿠데타로 바꿔놓습니다.

다윗이 예루살렘에서 도망 나가자 손쉽게 쿠데타에 성공했다고 생각한 압살롬은 헤브론에서 예루살렘으로 무혈입성(無血

入城)합니다.

> "압살롬과 모든 이스라엘 백성들이 예루살렘에 이르고 아히도벨도 그
> 와 함께 이른지라"(삼하 16:15)

그러자 압살롬이 왕권을 완전히 장악했음을 온 이스라엘에
알리기 위해 책사 아히도벨이 전면에 나섭니다. 앞서 설명했듯
이 압살롬의 쿠데타는 다윗의 친아들이 일으킨 쿠데타이기 때
문에 진짜 정권을 교체하기 위한 쿠데타이기보다는 감춰져 있는
적들을 드러내기 위한 '친위쿠데타'라고 의심받을 수가 있었습
니다.

친위쿠데타는 공직자들의 복지부동(伏地不動)으로 국가 기강
이 해이해져 있고 한 걸음 더 들어가 그 사회와 공직에 깊이 숨
어 내재해 있는 일정 세력이 그들을 조정하고 있을 때 실제 최고
권력자가 자신의 믿을 만한 한 측근을 쿠데타로 내세워 숨은 세
력들이 고개를 들고 실체를 드러낼 때 그들을 쳐내고 국가 기강
을 잡는 고도의 정치적 극약 처방입니다. 따라서 당시 예루살렘
고위 공직자들과 실력자들은 이번 다윗의 아들 압살롬 쿠데타를
일종의 친위쿠데타라고 의심의 눈초리를 갖고 오히려 압살롬 편
에 서는 것을 주춤대고 있었습니다.

바로 그때 아히도벨은 이를 염두에 두고 압살롬에게 왕궁 옥

상에 장막을 치고 아버지 다윗의 후궁들을 범하라는 책략을 냅니다. 이는 압살롬과 아버지 다윗의 천륜을 끊고 압살롬의 쿠데타를 다윗의 친위쿠데타로 의심하는 사람들에게 이는 진짜 쿠데타이며 다윗의 권력이 압살롬에게로 확실하게 변동했음을 보여주는 책사 아히도벨의 뛰어난(?) 계략이었습니다.

"압살롬이 아히도벨에게 이르되 너는 어떻게 행할 계략을 우리에게 가르치라 하니 아히도벨이 압살롬에게 이르되 왕의 아버지가 남겨 두어 왕궁을 지키게 한 후궁들과 더불어 동침하소서 그리하면 왕께서 왕의 아버지가 미워하는 바 됨을 온 이스라엘이 들으리니 왕과 함께 있는 모든 사람의 힘이 더욱 강하여지리이다 하니라"(삼하 16:20~21)

"그 때에 아히도벨이 베푸는 계략은 사람이 하나님께 물어서 받은 말씀과 같은 것이라 아히도벨의 모든 계략은 다윗에게나 압살롬에게나 그와 같이 여겨졌더라"(삼하 16:23)

아히도벨의 계략이 얼마나 무서웠는지 마치 하나님께 물어서 받은 말씀과 같았다고 기록하고 있습니다. 이것이 바로 정치 9단 아히도벨의 모략 실력입니다. 다윗이 도망 중에 아히도벨이 압살롬 진영에 있다는 소식에 왜 그렇게까지 놀라 주저앉을 뻔했던 것인지 알 수 있습니다. 이처럼 다윗은 죄 없는 우리아를 죽인 죄에 대한 처벌로 두 번의 징계를 받았습니다.

첫 번째 징계는 '칼이 다윗 가문에서 떠나지 않는다'는 것이었습니다. 두 번째 징계는 아히도벨의 계략으로 다윗 왕궁의 옥상에서 일어난 민망하기 그지없는 일이었습니다.

"여호와께서 또 이와 같이 이르시기를 보라 내가 너와 네 집에 재앙을 일으키고 내가 네 눈앞에서 네 아내를 빼앗아 네 이웃들에게 주리니 그 사람들이 네 아내들과 더불어 백주에 동침하리라 너는 은밀히 행하였으나 나는 온 이스라엘 앞에서 백주에 이 일을 행하리라 하셨나이다" (삼하 12:11~12)

● 네 번째 포인트
다윗의 긴 손 후새는 '쿠데타의 일반 심리'로 아히도벨의 계략을 무력화시킵니다.

도망 길에 후새를 거짓 투항시킨 후 약간의 숨 쉴 틈이 주어지자 백전노장 다윗이 반란의 위기를 반전시키기 시작합니다. 다윗이 거짓 투항시킨 후새가 압살롬 진영에 합류하면서 압살롬 진영이 흔들리기 시작한 것입니다.

후새는 아히도벨과 견주어도 될 정도로 뛰어난 정치 9단의 감각을 지닌 인물이었습니다. 그래서 다윗이 그를 설득해 압살롬 진영에 넣은 것입니다. 압살롬 진영으로 후새가 도착하자, 압살롬의 쿠데타 핵심 기획자 아히도벨은 이미 다윗의 긴 손(?)이 뻗혔다는 것을 즉시 감지합니다.

"다윗의 친구 아렉 사람 후새가 압살롬에게 나갈 때에 그에게 말하기를 왕이여 만세, 왕이여 만세 하니 … 내가 전에 왕의 아버지를 섬긴 것 같이 왕을 섬기리이다 하니라"(삼하 16:16~19)

후새가 압살롬 진영에 합류하자 흥분하며 기세가 오른 정치 초단(?) 압살롬이 이제 쿠데타 종료를 위한 최후 문제를 위해 아히도벨과 후새를 각각 부릅니다. 핵심 안건은 도망간 다윗을 '어떻게 잡느냐'였습니다. 이제 아히도벨의 책략과 후새의 책략 중 누구의 책략이 성공하느냐에 따라 다윗과 압살롬의 운명은 달라질 것입니다.

먼저 아히도벨은 압살롬의 시청 광장 '압살롬 천막 퍼포먼스'로 간단하게 예루살렘의 실제 모든 세력을 끌어모은 후 이제 '오늘 밤 안으로' 도망 나간 다윗을 해치울, 치밀하게 준비한 책략을 서둘러 내놓습니다. 즉 아히도벨 자신이 직접 12,000명의 군사를 이끌고 출전하여 속전속결로 다윗을 치겠다는 것입니다.

"아히도벨이 또 압살롬에게 이르되 이제 내가 사람 만 이천 명을 택하게 하소서 오늘 밤에 내가 일어나서 다윗의 뒤를 추적하여 그가 곤하고

........................................................................................

........................................................................................

........................................................................................

........................................................................................

힘이 빠졌을 때에 기습하여 그를 무섭게 하면 그와 함께 있는 모든 백성이 도망하리니 내가 다윗 왕만 쳐죽이고 모든 백성이 당신께 돌아오게 하리니 모든 사람이 돌아오기는 왕이 찾는 이 사람에게 달렸음이라 그리하면 모든 백성이 평안하리이다 하니"(삼하 17:1~3)

이때 모든 쿠데타 세력이 아히도벨의 이 책략을 다 좋아합니다. 그런데 아히도벨의 말을 들으며 고개를 끄덕이던 압살롬이 이번에는 후새의 의견을 듣겠다며 후새를 부르라고 명령합니다.

"압살롬이 이르되 아렉 사람 후새도 부르라 우리가 이제 그의 말도 듣자 하니라 후새가 압살롬에게 이르매 압살롬이 그에게 말하여 이르되 아히도벨이 이러이러하게 말하니 우리가 그 말대로 행하랴 그렇지 아니하거든 너는 말하라 하니"(삼하 17:5~6)

다윗이 친구 후새의 목숨을 걱정하면서도 예루살렘으로 들여보내 노렸던 것은 바로 이 순간 때문입니다. 다윗은 '쿠데타의 일반 심리' 때문에 결국 압살롬이 가장 결정적 순간에 후새의 책략을 선택할 것이라고 판단했던 것입니다.

정치 고수들인 다윗, 후새, 아히도벨은 '쿠데타의 일반 심리'를 다 아는데 압살롬만은 모르기 때문입니다. 일반적으로 비밀리에 소수가 준비하여 성공한 쿠데타는 그 성공 이후에 후발로 합류한 사람들에 대해 필요 이상으로 과한 대접을 하게 되어 있습니다.

왜냐하면 소수가 전체를 장악한 쿠데타의 속성상, 쿠데타 성공 이후 대중적 지지를 확보하는 데 도움이 되는 인물을 더 선호하는 것이 쿠데타의 일반 심리이기 때문입니다. 그렇기 때문에 이제 성공의 길에 들어선 쿠데타를 위해 압살롬은 이왕이면 대중적 지지를 더 많이 가져올 아히도벨급의 책사 후새의 의견을 반드시 듣게 되어 있는 것입니다. 그래서 후새가 '다윗의 긴 손'인 것입니다.

압살롬의 마음을 흔든 후새의 책략은 다음과 같습니다. 다윗은 과거 사울의 3,000명의 토벌대에도 10년을 도망 다니며 붙잡히지 않았던 최고의 도망자이기 때문에 지금 어정쩡하게 달려들었다가는 이미 성공한 쿠데타마저도 무위로 돌릴 위험이 있다고 말합니다.

"후새가 압살롬에게 이르되 이번에는 아히도벨이 베푼 계략이 좋지 아니하니이다 하고 또 후새가 말하되 왕도 아시거니와 왕의 아버지와 그의 추종자들은 용사라 그들은 들에 있는 곰이 새끼를 빼앗긴 것 같이 격분하였고 왕의 부친은 전쟁에 익숙한 사람인즉 백성과 함께 자지 아니하고 지금 그가 어느 굴에나 어느 곳에 숨어 있으리니 혹 무리 중에 몇이 먼저 엎드러지면 그 소문을 듣는 자가 말하기를 압살롬을 따르는 자 가운데에서 패함을 당하였다 할지라 비록 그가 사자 같은 마음을 가진 용사의 아들일지라도 낙심하리니 이는 이스라엘 무리가 왕의 아버지는 영웅이요 그의 추종자들도 용사인 줄 앎이니이다 나는 이렇게 계략을 세웠나이다 온 이스라엘을 단부터 브엘세바까지 바닷가의 많은 모래 같이 당신께로 모으고 친히 전장에 나가시고 우리가 그 만날 만한 곳에서 그를 기습하기를 이슬이 땅에 내림 같이 우리가 그의 위에 덮여 그와 그 함께 있는 모든 사람을 하나도 남겨 두지 아니할 것이요 또 만일 그가 어느 성에 들었으면 온 이스라엘이 밧줄을 가져다가 그 성을 강으로 끌어들여서 그 곳에 작은 돌 하나도 보이지 아니하게 할 것이니이다"(삼하 17:7~13)

그래서 후새는 '단부터 브엘세바까지' 곧 온 이스라엘을 압살롬 편에 모으고 완벽히 전쟁 준비를 하고 압살롬이 친히 전장에 나갈 수 있도록 충분히 시간을 가질 것을 주장합니다. 그러자 아히도벨의 책략에 동의했던 자들이 갑자기 후새 책략에 감탄을 보내기 시작합니다. 다윗의 예측대로 압살롬과 그의 진영의 사람들은 쿠데타를 처음부터 계획하고 추진해온 아히도벨의 안을 거절하고 후새의 책략을 선택합니다.

"압살롬과 온 이스라엘 사람들이 이르되 아렉 사람 후새의 계략은 아히도벨의 계략보다 낫다 하니 이는 여호와께서 압살롬에게 화를 내리

려 하사 아히도벨의 좋은 계략을 물리치라고 명령하셨음이더라"(삼하 17:14)

후새는 이때, 만에 하나라도 아히도벨의 책략이 선택될 위험에 대비해 다윗을 미리 도피시킵니다.

"이에 후새가 사독과 아비아달 두 제사장에게 이르되 아히도벨이 압살롬과 이스라엘 장로들에게 이러이러하게 계략을 세웠고 나도 이러이러하게 계략을 세웠으니 이제 너희는 빨리 사람을 보내 다윗에게 전하기를 오늘밤에 광야 나루터에서 자지 말고 아무쪼록 건너가소서 하라 혹시 왕과 그를 따르는 모든 백성이 몰사할까 하노라 하니라 그 때에 요나단과 아히마아스가 사람이 볼까 두려워하여 감히 성에 들어가지 못하고 에느로겔 가에 머물고 어떤 여종은 그들에게 나와서 말하고 그들은 가서 다윗 왕에게 알리더니"(삼하 17:15~17)

우리는 이미 다 알고 있는 이야기이기 때문에 별 긴장 없이 이 이야기를 듣고 있지만 아히도벨과 후새 그리고 다윗과 그의 일행들은 죽음이 눈앞에 있다고 생각하며 이날 밤, 뜬눈으로 밤을 지새우며 얼마나 손에 땀을 쥐었을지 상상도 할 수 없을 정도입니다.

## ● 다섯 번째 포인트

'1만 2천 명 속전속결' 안이 거절되자 아히도벨은 오피스텔을 정리하고 고향으로 돌아가 <u>스스로 목매달아 죽습니다.</u>


압살롬이 쿠데타 종결을 위한 최종 결정으로 후새의 의견을 채택하자 아히도벨은 퇴근하여 집에 돌아가 오피스텔을 정리하고 고향으로 나귀 타고 돌아가서 자살합니다. 아히도벨은 퇴근하면서 곧이어 압살롬도 죽게 될 것을 알고 미리 굿바이(goodbye) 인사를 하는 것도 잊지 않았습니다. 아히도벨은 눈으로 압살롬에게 간단하게 인사합니다. "먼저 갑니다!" 아히도벨은 압살롬의 후새 의견 결정만으로도 이미 판이 다 끝났다는 것을 알았던 것입니다. 아니, 사실 후새가 압살롬 앞에 만세를 부르며 나타났을 때부터 충분히 예상했던 결과였습니다.

그런데 우리는 여기에서 이미 쿠데타는 대성공을 했고 단지 다윗을 죽이는 방안을 의논할 때 자신의 책략이 반영되지 않았을 뿐인데 왜 아히도벨은 스스로 죽는 길을 선택했던 것일까? 질문하게 됩니다.

아히도벨은 자기 책략이 채택되지 않으면 죽는 습관(?)이 있는 사람입니까? 그럴 리가요. 아히도벨은 압살롬이 후새의 책략을 선택하는 바로 그 순간, 쿠데타가 뒤집혀 실패했다는 것을 미리 다 알았던 것입니다. 아히도벨은 결국 압살롬의 권력이 다시 다윗에게 돌아가고 다윗이 복귀할 것이라고 예측했던 것입니다.

그렇다면 여기서 또 한 가지 가벼운 질문! 왜 아히도벨은 후새가 다윗의 긴 손이라고 압살롬에게 간절하게 설득하지 않았을까요? 사실 후새와 압살롬의 사이보다 아히도벨과 압살롬의 사이가 훨씬 더 가깝습니다. 그 두 사람은 쿠데타 모의부터 진행까지 함께한 생명을 건 동지 관계입니다. 그러니 혈서라도 써서, 아니 그보다 자기 팔을 하나 내놓고서라도 후새의 정체를 밝히며 자신을 믿어달라고 하면 될 것 아니겠습니까?

그러나 아무리 아히도벨이 압살롬을 설득해도 압살롬은 아히도벨을 믿어주지 않을 것입니다. 쿠데타의 일반 심리를 아직 모르는 정치 초급 압살롬은 오히려 아히도벨이 후새를 시기하는 것으로밖에 생각하지 못할 것이기 때문입니다. 더하기 빼기 실력부터 정치 실력까지 실력은 하루아침에 늘지 않습니다.

다윗은 아들 압살롬의 실력을 알고 후새를 들여보냈지만 아들은 아버지를 모르고 아히도벨의 의견을 채택하지 않았던 것입니다. 압살롬은 백성의 마음을 훔치는 것도, 친위쿠데타도 알았지만 쿠데타의 일반 심리 과목은 제대로 이수하지 못한 정치 초급자였습니다. 그렇기에 압살롬은 후새의 책략을 선택할 수밖에 없었던 것입니다. 아히도벨이 퇴근할 때에 후새와 가볍게 눈으로 작별 인사를 했을 것입니다.

> "아히도벨이 자기 계략이 시행되지 못함을 보고 나귀에 안장을 지우고 일어나 고향으로 돌아가 자기 집에 이르러 집을 정리하고 스스로 목매어 죽으매 그의 조상의 묘에 장사되니라"(삼하 17:23)

한편 다윗은 후새의 도움으로 위기를 넘기고 후새가 벌어준 시간으로 안전하게 도피하고 전쟁 준비를 끝냅니다.

> "다윗이 일어나 모든 백성과 함께 요단을 건널새 새벽까지 한 사람도 요단을 건너지 못한 자가 없었더라"(삼하 17:22)

이제 다윗과 압살롬 사이에 전쟁이 일어나기 직전입니다. 압살롬은 후새의 계략대로 모든 이스라엘 지파에서 군사를 모집하고 자신도 직접 참전하여 다윗과 전면전을 준비합니다. 다윗은 평생 동안 전쟁을 치르며 살아온 군인이었습니다. 하지만 아들과 치르는 이 전쟁은 그의 '전쟁사'에서 가장 고통스러운 전쟁이었을 것입니다.

다윗은 청소년 시절부터 용기와 믿음으로 어떤 어려움도 이겨낸 하나님의 사람이었습니다. 그런데 다윗이 지금은 권력을 위해 자기 아들과 칼을 맞대고 전쟁을 치러야 할 시점입니다.

아들과의 전쟁을 앞두고 다윗은 자기 부하들에게 한 가지 부탁을 합니다. 아무리 미운 아들이지만 아들 압살롬을 절대 죽이지 말라는 부탁입니다.

그러나 다윗의 그 부탁은 결국 거절당합니다. 그래서 다윗은 밧세바가 낳은 첫아들에 이어 암논 그리고 압살롬까지 자기 가슴에 묻게 됩니다.

다윗의 삶은 이렇게 많은 어려움과 고난이 있었습니다. 그러나 다윗의 삶은 그 어려움 가운데 또한 하나님의 은혜를 누리며 사는 삶이었습니다. 어려움과 고난 가운데에도 하나님만이 세상이 줄 수 없는 위로와 평안을 주시기 때문입니다. 참 평안과 위로 그리고 구원은 오직 하나님께서 우리에게 주시는 은혜입니다.

# *109*일

## 쿠데타 이야기 3_친위쿠데타 (삼하 18~20장)

**애피타이저 APPETIZER**

압살롬이 아히도벨 대신 후새의 모략을 선택함으로 다윗은
시간적 여유를 얻게 되고 후새의 의도와 아히도벨의 예견대로
압살롬의 반역은 실패로 돌아갑니다. 그런데 압살롬을 발견해도
죽이지 말고 너그럽게 대하라고 한 다윗의 명령에도 불구하고
다윗의 군대 장관 요압이 압살롬을 죽입니다.

이는 다윗의 의중과는 상관없이 요압이 독단적으로 행동한
것입니다. 요압은 아브넬도 자기 마음대로 독단적으로 죽이더니
압살롬까지 자기 생각대로 죽입니다.

..............................................................................................

..............................................................................................

..............................................................................................

..............................................................................................

다윗에게 있어 요압은 없어서는 안 될 중요한 사람이기도 했지만 다른 한편으로는 다윗을 괴롭게 하는 자이기도 했습니다.

한편 압살롬의 쿠데타를 진압하는 과정에서 다윗 진영과 압살롬 진영에서 약 2만 명이 넘는 이스라엘 백성들이 죽게 됩니다. 압살롬의 쿠데타는 결국 세바의 반역 사건을 끝으로 완전히 진압되고 다윗은 다시 예루살렘으로 복귀하게 됩니다.

《일년일독 통독성경》 사무엘하 18~20장

● 첫 번째 포인트
아히도벨은 스스로 죽고 압살롬은 요압에게 죽습니다.

압살롬이 아히도벨 대신 후새의 책략을 선택한 덕분에 다윗이 다시 전열을 가다듬고 쿠데타 진압을 위한 조치를 가동합니다.

"이에 다윗이 그와 함께 한 백성을 찾아가서 천부장과 백부장을 그들 위에 세우고 다윗이 그의 백성을 내보낼새 삼분의 일은 요압의 휘하에,

..................................................................................

..................................................................................

..................................................................................

..................................................................................

삼분의 일은 스루야의 아들 요압의 동생 아비새의 휘하에 넘기고 삼분의 일은 가드 사람 잇대의 휘하에 넘기고 왕이 백성에게 이르되 나도 반드시 너희와 함께 나가리라 하니"(삼하 18:1~2)

압살롬의 쿠데타 진압을 위해 다윗까지 직접 출전하겠다고 나서자 이스라엘 백성들은 다윗을 보호하고자 다윗의 출전을 막고 자신들이 앞장서서 출전하겠다고 말합니다.

"백성들이 이르되 왕은 나가지 마소서 우리가 도망할지라도 그들은 우리에게 마음을 쓰지 아니할 터이요 우리가 절반이나 죽을지라도 우리에게 마음을 쓰지 아니할 터이라 왕은 우리 만 명보다 중하시오니 왕은 성읍에 계시다가 우리를 도우심이 좋으니이다 하니라"(삼하 18:3)

그러자 다윗이 백성들의 의견을 수렴하면서 한 가지, 비록 압살롬이 적이기는 하지만 그럼에도 자신의 아들이니 보호해주기를 당부합니다.

"왕이 요압과 아비새와 잇대에게 명령하여 이르되 나를 위하여 젊은 압살롬을 너그러이 대우하라 하니 왕이 압살롬을 위하여 모든 군지휘관에게 명령할 때에 백성들이 다 들으니라"(삼하 18:5)

마침내 압살롬 쿠데타 진압을 위한 전쟁이 벌어지게 됩니다. 이 내전은 에브라임 수풀 전투에서 다윗 진영이 승리하면서 압살롬의 쿠데타는 완전히 진압되고 끝이 납니다.

그러나 안타깝게도 이 동족상잔의 내전으로 이스라엘 백성 2만 명 이상이 죽게 됩니다.

"거기서 이스라엘 백성이 다윗의 부하들에게 패하매 그 날 그 곳에 서 전사자가 많아 이만 명에 이르렀고 그 땅에서 사면으로 퍼져 싸웠 으므로 그 날에 수풀에서 죽은 자가 칼에 죽은 자보다 많았더라"(삼하 18:7~8)

또한 쿠데타 진압 과정에서 결국 압살롬이 요압의 칼에 죽게 됩니다. 그 과정을 좀 더 살펴보면 다음과 같습니다.

압살롬은 다윗 진영과의 전쟁에서 승기를 놓치자 도망하다 가 자신의 긴 머리카락이 상수리나무에 걸리면서 위험에 처하게 됩니다.

"압살롬이 다윗의 부하들과 마주치니라 압살롬이 노새를 탔는데 그 노 새가 큰 상수리나무 번성한 가지 아래로 지날 때에 압살롬의 머리가 그 상수리나무에 걸리매 그가 공중과 그 땅 사이에 달리고 그가 탔던 노새 는 그 아래로 빠져나간지라"(삼하 18:9)

그러다가 다윗 진영에서 한 군사가 상수리나무에 걸려 있는 압살롬을 발견합니다. 이 전쟁에 출전하기 전, 다윗 왕이 압살롬 을 부탁한 그 마음을 알고 있기에 압살롬을 발견한 그 군사는 압 살롬을 죽이지 않고 그 상황을 요압에게 보고합니다(삼하 18:10).

요압에게 압살롬에 대해 보고한 그 군사는 다윗의 명령을 되새기며 압살롬을 죽여서는 안 된다고 말합니다. 그러나 요압은 과거에 독단적으로 아브넬을 암살했던 것처럼 이번에도 다윗의 의중과 상관없이 압살롬을 죽입니다.

"그 사람이 요압에게 대답하되 내가 내 손에 은 천 개를 받는다 할지라도 나는 왕의 아들에게 손을 대지 아니하겠나이다 우리가 들었거니와 왕이 당신과 아비새와 잇대에게 명령하여 이르시기를 삼가 누구든지 젊은 압살롬을 해하지 말라 하셨나이다 아무 일도 왕 앞에는 숨길 수 없나니 내가 만일 거역하여 그의 생명을 해하였더라면 당신도 나를 대적하였으리이다 하니 요압이 이르되 나는 너와 같이 지체할 수 없다 하고 손에 작은 창 셋을 가지고 가서 상수리나무 가운데서 아직 살아 있는 압살롬의 심장을 찌르니 요압의 무기를 든 청년 열 명이 압살롬을 에워싸고 쳐죽이니라"(삼하 18:12~15)

결국 쿠데타의 핵심 두 사람, 아히도벨은 스스로 죽고 압살롬은 요압의 손에 죽습니다.


● 두 번째 포인트
다윗에게 요압은 참으로 쉽지 않은 측근입니다.

수적인 열세에도 불구하고 요압이 이끄는 군대는 압살롬의 군대를 격파하고 결국 압살롬까지 죽이고 승전해 돌아옵니다. 결과적으로 요압이 다윗에게 승전보를 안겨준 것이기는 했지만 요압은 다윗의 명령에 불복하고 압살롬을 죽인 것입니다.

다윗의 입장에서 볼 때 요압은 없어서는 안 될 중요한 사람이었지만 다른 한편으로는 자신을 괴롭게 하는 자이기도 했습니다. 어쨌든 다윗 군대의 승리로 압살롬의 쿠데타는 완전히 진압됩니다(삼하 18:16).

다윗은 아히마아스가 전달한 승전보에 대해서는 기뻐하지만 구스 사람이 전해준 압살롬의 죽음에 대해서는 매우 슬퍼합니다. 다윗이 압살롬의 죽음에 대해 슬퍼한 이유는 압살롬이 비록 왕위를 노리고 자신을 죽이려 달려들었지만 다윗에게는 사랑하는 아들이기 때문입니다.

그리고 다윗은 압살롬의 그 죽음이 자신의 죄 때문임을 알고 있었습니다. 그래서 다윗은 죽어야 할 사람이 자신이라고 슬퍼했던 것입니다.

"차라리 내가 너를 대신하여 죽었더면, 압살롬 내 아들아 내 아들아 하였더라"(삼하 18:33)

다윗이 이렇게 압살롬의 쿠데타를 모두 진압했음에도 압살롬의 죽음으로 인해 계속 슬퍼하자 이스라엘 백성들까지도 승전의 기쁨 대신 다윗과 함께 슬픔을 선택합니다.

"왕이 그 아들을 위하여 슬퍼한다 함이 그 날에 백성들에게 들리매 그 날의 승리가 모든 백성에게 슬픔이 된지라"(삼하 19:2)

그러자 요압이 나서서 슬퍼하는 다윗을 설득합니다.

"이제 곧 일어나 나가 왕의 부하들의 마음을 위로하여 말씀하옵소서 내가 여호와를 두고 맹세하옵나니 왕이 만일 나가지 아니하시면 오늘 밤에 한 사람도 왕과 함께 머물지 아니할지라 그리하면 그 화가 왕이 젊었을 때부터 지금까지 당하신 모든 화보다 더욱 심하리이다"(삼하 19:7)

다윗이 요압의 충고를 듣고 다시 왕의 자리로 돌아옵니다. 요압은 이렇게 다윗에게 항명을 하기도 하고 충성스럽게 나가 싸우기도 합니다. 요압은 다윗의 마음을 미리 헤아리기도 하고 때로는 다윗에게 직언을 할 수 있는, 신하이자 측근이자 친척이기도 한 계륵(鷄肋)과도 같은 다윗의 오랜 친구였습니다.

● 세 번째 포인트
다윗은 제사장들과 유다 지파를 내세워 예루살렘으로 다시 복귀합니다.

압살롬의 쿠데타가 진압되자 이스라엘 열두 지파가 모여 다윗 왕의 복귀를 논의합니다.

"이스라엘 모든 지파 백성들이 변론하여 이르되 왕이 우리를 원수의 손에서 구원하여 내셨고 또 우리를 블레셋 사람들의 손에서 구원하셨으나 이제 압살롬을 피하여 그 땅에서 나가셨고 우리가 기름을 부어 우리를 다스리게 한 압살롬은 싸움에서 죽었거늘 이제 너희가 어찌하여 왕을 도로 모셔 올 일에 잠잠하고 있느냐 하니라"(삼하 19:9~10)

그들은 앞서 압살롬의 쿠데타를 지지하며 압살롬에게 기름을 부어 이스라엘의 왕으로 선포했었습니다. 때문에 다윗을 왕으로 재추대하는 일에 대해 서로 책임을 전가하는 미묘한 상황이 펼쳐졌습니다.

그러자 이때 다윗이 제사장들의 협력을 얻고 유다 지파의 지지를 꾀함으로 다시 자신을 추대하게 합니다. 다윗은 압살롬 반역과 관련해 유다 지파와의 관계도 다시 회복해야 했습니다.

"다윗 왕이 사독과 아비아달 두 제사장에게 소식을 전하여 이르되 너희는 유다 장로들에게 말하여 이르기를 왕의 말씀이 온 이스라엘이 왕을 왕궁으로 도로 모셔오자 하는 말이 왕께 들렸거늘 너희는 어찌하여 왕을 궁으로 모시는 일에 나중이 되느냐 너희는 내 형제요 내 골육이거늘 너희는 어찌하여 왕을 도로 모셔오는 일에 나중이 되리요 하셨다 하

고"(삼하 19:11~12)

그리고 다윗은 예루살렘으로의 복귀를 위해 압살롬 진영에 있었던 유다 지파의 아마사를 군대 장관으로 세웁니다. 이는 갈라진 민심을 바로 세우기 위한 것이자 동시에 요압을 견제하기 위함이었습니다(삼하 19:13).

그러나 이후 이 사건은 유다 지파와 다른 지파 간의 분열의 원인이 되며(삼하 19:40~43), 세바 반란의 계기도 됩니다. 이렇게 다윗은 유다 지파의 추대를 받으며 다시 이스라엘 왕으로의 복귀를 준비했습니다(삼하 19:14~15).

압살롬의 쿠데타를 진압한 것은 다윗에게 또 한 번의 승리였지만 동시에 참으로 면을 구기게 하는 일이기도 했습니다.


● 네 번째 포인트
다윗은 압살롬 쿠데타로 친위쿠데타 효과를 얻습니다.


다윗이 압살롬의 쿠데타를 성공리에 진압하고 예루살렘으로 돌아가게 되자 가장 먼저 기회주의자 시므이가 1,000명의 베냐민 지파 사람들과 함께 다윗에게 무릎을 꿇기 위해 기다리고 있었습니다.

이때 다윗은 시므이에게 오히려 관용을 베풉니다. 이렇게 해서 베냐민 지파의 반체제 세력들을 자신의 체제 안으로 끌어들이는 기회로 삼습니다.

일찍이 사울 정권하에서 짭짤한(?) 재미를 보았던 베냐민 지파의 시므이와 1,000명의 다윗 정권 반체제 인사들은 그동안 물밑에서 다윗을 흔들고 괴롭혔던 사람들입니다. 그런데 압살롬 쿠데타를 기회로 그들의 숨은 정체가 모두 탄로 나게 된 것입니다. 그러므로 그들은 최대한 빨리, 그들의 세력을 다 이끌고 다윗에게 꿇어야 그나마 살길이 열리는 것입니다. 한마디로 자수하여 광명을 찾는 길 외에는 없습니다.

왜냐하면 시므이는 다윗이 자신의 저주를 듣고도 살려둔 이유를 알고 있기 때문입니다. 혹 자신이 숨더라도 이제 다윗은 모든 관계 기관을 다 동원해 자신과 함께한 숨은 일당들을 색출해 낼 것입니다.

"바후림에 있는 베냐민 사람 게라의 아들 시므이가 급히 유다 사람과 함께 다윗 왕을 맞으러 내려올 때에 베냐민 사람 천 명이 그와 함께 하고 … 왕이 요단을 건너가게 할 때에 게라의 아들 시므이가 왕 앞에 엎드려 왕께 아뢰되 내 주여 원하건대 내게 죄를 돌리지 마옵소서 내 주왕께서 예루살렘에서 나오시던 날에 종의 패역한 일을 기억하지 마시오며 왕의 마음에 두지 마옵소서 왕의 종 내가 범죄한 줄 아옵기에 오늘 요셉의 온 족속 중 내가 먼저 내려와서 내 주 왕을 영접하나이다"(삼하 19:16~20)

시므이는 그때 다윗이 자신을 살려둔 이유가 지금 숨은 세력 천 명을 데리고 나오라는 사인(sign)이었음을 아는 자입니다. 그는 이 정도는 파악할 줄 아는 사람으로 정치 2단 정도 되었습니다. 결국 압살롬의 쿠데타를 통해 베냐민 지파의 숨은 세력, 즉 음지의 적이 양지로 나왔으니 다윗에게는 이것이 시므이의 저주를 넘어서 하나님이 주신 복이 되었던 것입니다. 만약 이때 시므이와 반체제 세력들이 드러나지 않았다면 이후 솔로몬 정권 초반은 결코 쉽지 않았을 것입니다.

또한 므비보셋과 바르실래도 다윗의 귀환 길에 나아와 다윗을 영접합니다. 사울의 손자이자 요나단의 아들 므비보셋은 자신을 거두어주었던 다윗에게 늘 감사한 마음을 가지고 있었기에 다윗이 압살롬을 피해 도망하던 내내 함께 고통을 나누었고, 다윗의 복귀를 진심으로 기뻐했습니다. 다윗은 도망갈 때에 므비보셋의 종으로 인해 잠시 므비보셋을 오해하기는 했으나 역시 므비보셋은 신실한 요나단의 아들이었습니다.

"사울의 손자 므비보셋이 내려와 왕을 맞으니 그는 왕이 떠난 날부터 평안히 돌아오는 날까지 그의 발을 맵시 내지 아니하며 그의 수염을 깎지 아니하며 옷을 빨지 아니하였더라"(삼하 19:24)

또한 다윗의 도망 길에 대가를 바라지 않고 다윗을 도왔던 바르실래도 나와 다윗을 영접했습니다. 그러자 다윗이 바르실래에게 예루살렘으로 함께 가기를 청했지만 거절합니다. 다만 다윗에게 자신의 아들을 부탁합니다.

"왕이 바르실래에게 이르되 너는 나와 함께 건너가자 예루살렘에서 내가 너를 공궤하리라 바르실래가 왕께 아뢰되 내 생명의 날이 얼마나 있사옵겠기에 어찌 왕과 함께 예루살렘으로 올라가리이까 내 나이가 이제 팔십 세라 … 왕의 종 김함이 여기 있사오니 청하건대 그가 내 주 왕과 함께 건너가게 하시옵고 왕의 처분대로 그에게 베푸소서 하니라 왕이 대답하되 김함이 나와 함께 건너가리니 나는 네가 좋아하는 대로 그에게 베풀겠고 또 네가 내게 구하는 것은 다 너를 위하여 시행하리라 하니라"(삼하 19:33~38)

다윗은 이후에 솔로몬에게 바르실래의 아들 김함에 대해 유언으로까지 그 내용을 남기며 바르실래의 고마움을 끝까지 잊지 않았습니다.

"마땅히 길르앗 바르실래의 아들들에게 은총을 베풀어 그들이 네 상에서 먹는 자 중에 참여하게 하라 내가 네 형 압살롬의 낯을 피하여 도망

할 때에 그들이 내게 나왔느니라"(왕상 2:7)

다윗이 아들 압살롬의 쿠데타를 피해 도망갔던 길은 쉽지 않았지만 이렇게 다시 예루살렘으로 복귀하는 길에는 시므이의 반체제 세력 1,000명을 체제 안으로 거두게 되어 친위쿠데타 이상의 효과를 거두게 됩니다.

● 다섯 번째 포인트
베냐민 지파 세바 사건을 끝으로 압살롬 쿠데타는 최종 종결됩니다.

다윗이 다시 예루살렘으로 복귀하는 과정에 베냐민 지파 세바를 중심으로 열 지파의 반역 사건이 일어납니다. 이 일의 자초지종은 다음과 같습니다.

일전에 다윗 왕의 예루살렘으로의 복귀를 추진하는 과정에서 유다 지파가 독자적으로 행동한 것에 대해 다른 지파들이 불만을 가졌습니다. 이에 대해 유다 지파는 자신들이 왕을 배출한 지파로서 앞장서서 복귀 추진을 진행한 것뿐이라고 해명했습니다. 그러면서 그들은 사울 정권 때와는 달리 정작 다윗 왕으로부터 특혜를 받은 사실이 없음을 강경하게 이야기했습니다.

"모든 유다 사람이 이스라엘 사람에게 대답하되 왕은 우리의 종친인 까닭이라 너희가 어찌 이 일에 대하여 분 내느냐 우리가 왕의 것을 조금이라도 얻어 먹었느냐 왕께서 우리에게 선물로 주신 것이 있느냐 이스라엘 사람이 유다 사람에게 대답하여 이르되 우리는 왕에 대하여 열 몫을 가졌으니 다윗에게 대하여 너희보다 더욱 관계가 있거늘 너희가 어찌 우리를 멸시하여 우리 왕을 모셔 오는 일에 먼저 우리와 의논하지 아니하였느냐 하나 유다 사람의 말이 이스라엘 사람의 말보다 더 강경하였더라"(삼하 19:42~43)

여기에 베냐민 지파의 불량배 세바가 지파 갈등에 불을 지폈습니다.

"마침 거기에 불량배 하나가 있으니 그의 이름은 세바인데 베냐민 사람 비그리의 아들이었더라 그가 나팔을 불며 이르되 우리는 다윗과 나눌 분깃이 없으며 이새의 아들에게서 받을 유산이 우리에게 없도다 이스라엘아 각각 장막으로 돌아가라 하매 이에 온 이스라엘 사람들이 다윗 따르기를 그치고 올라가 비그리의 아들 세바를 따르나 유다 사람들은 그들의 왕과 합하여 요단에서 예루살렘까지 따르니라"(삼하 20:1~2)

세바를 중심으로 열 지파들이 반란을 일으켰습니다. 이런 와중에 일단 다윗은 예루살렘으로 복귀한 후 예루살렘에서 세바 반역 사건의 진압을 명령합니다. 이 일은 요압 대신 이스라엘의 군대 장관으로 임명된 아마사가 책임을 맡게 됩니다(삼하 20:4). 그런데 아마사가 그의 첫 임무를 실패합니다. 군사 모집에 실패했던 것입니다.

"아마사가 유다 사람을 모으러 가더니 왕이 정한 기일에 지체된지라"(삼하 20:5)

그러자 다윗은 아비새에게 세바의 반란을 진압하도록 임무를 부여합니다.

"다윗이 이에 아비새에게 이르되 이제 비그리의 아들 세바가 압살롬보다 우리를 더 해하리니 너는 네 주의 부하들을 데리고 그의 뒤를 쫓아가라 그가 견고한 성읍에 들어가 우리들을 피할까 염려하노라"(삼하 20:6)

세바의 반란을 진압하기 위해서 요압의 정예부대와 다윗의 호위대 그리고 다윗의 측근 600명 용사들까지 합류해 총력전을 펼칩니다(삼하 20:7).

한편 요압은 이 혼란스러운 틈을 이용해 자기 대신 군대 장관이 된 아마사를 살해합니다. 아브넬과 압살롬을 자기 마음대로 죽였던 것처럼 말입니다.

"요압이 아마사에게 이르되 내 형은 평안하냐 하며 오른손으로 아마사의 수염을 잡고 그와 입을 맞추려는 체하매 아마사가 요압의 손에 있는 칼은 주의하지 아니한지라 요압이 칼로 그의 배를 찌르매 그의 창자가 땅에 쏟아지니 그를 다시 치지 아니하여도 죽으니라"(삼하 20:9~10)

어쨌든 다윗 군대가 세바 군을 진압하고자 총력전을 펼치자 세바는 아벨성으로 도망해 들어갑니다. 그러자 요압은 아벨성을 초토화할 계획을 세웁니다(삼하 20:15). 그런데 이때 세바를 잡기 위해 아벨성을 치려는 요압에게 한 지혜로운 여인이 나타나 요압과 아벨성 사람들 사이를 중재합니다.

"나는 이스라엘의 화평하고 충성된 자 중 하나이거늘 당신이 이스라엘 가운데 어머니 같은 성을 멸하고자 하시는도다 어찌하여 당신이 여호와의 기업을 삼키고자 하시나이까 하니"(삼하 20:19)

이 지혜로운 여인으로 말미암아 아벨성 사람들은 세바를 내어주고 요압은 아벨성을 공격하지 않습니다. 비로소 세바 반역 사건이 종결됩니다(삼하 20:22). 다윗은 요압을 다시 이스라엘의 군대 장관으로 임명하고 다윗 왕가의 행정조직을 재정비합니다.

"요압은 이스라엘 온 군대의 지휘관이 되고 여호야다의 아들 브나야는 그렛 사람과 블렛 사람의 지휘관이 되고 아도람은 감역관이 되고 아힐룻의 아들 여호사밧은 사관이 되고 스와는 서기관이 되고 사독과 아비아달은 제사장이 되고 야일 사람 이라는 다윗의 대신이 되니라"(삼하 20:23~26)

다윗은 드디어 압살롬의 쿠데타로부터 시작된 이스라엘의 내전을 모두 정리하고 행정조직까지 재편하며 다시 안정된 제사장 나라 시스템을 가동하게 됩니다.

디저트 DESSERT

다윗은 압살롬의 쿠데타를 경험하면서 권력의 변동성을 다시 생각했습니다. 그래서 쿠데타 당시 다윗의 측근이 언약궤를 메고 다윗의 뒤를 따르려 했을 때에 언약궤를 도로 제자리에 가져다 놓으라고 했습니다. 다윗의 생각에 권력은 하나님께서 주시지 않으면 얼마든지 다른 사람에게로 변동될 수 있는 것입니다.

또한 다윗은 도망 길에 시므이가 자신을 저주할 때에도 그를 내버려두었습니다. 사울은 베냐민 지파 중심으로 권력을 사유화했으나 다윗은 유다 지파 중심으로 권력을 사유화하지 않고 제사장 나라의 권력의 공공성을 지키기 위해 노력했습니다. 그럼에도 여전히 다윗에 대한 반감을 가진 시므이와 같은 사람들이 있었던 것입니다. 그런데 압살롬의 쿠데타를 통해 오히려 그런 반체제 인사들이 음지에서 양지로 드러나는 효과를 가져오게 되었습니다.

이렇게 권력의 변동성에 대해 열린 생각을 가지고 있던 다윗에게 하나님께서는 '다윗 가문에게 권력의 계승성'을 주신 것입니다. 사울의 '권력의 사유화'와 다윗의 '권력의 공공성'은 이처럼 다른 차원의 정치를 보여줍니다. 이것이 하나님의 사람 다윗이 보여준 제사장 나라 거룩한 시민의 품위 있는 정치입니다.

# *110*일

## 3년 기근 사건 (삼하 21~22장)

　다윗은 이스라엘 역사에서 가장 위대한 왕이었지만 그의 삶은 많은 고통과 아픔 그리고 위기의 연속이었습니다. 그러나 매 순간 하나님께서 다윗을 인도해주셨고 이스라엘의 왕으로서 사명을 감당할 수 있도록 늘 새 힘을 주셨습니다. 다윗은 목동에서 전쟁 영웅이 되는 과정, 사울에게 쫓겨 다녔던 도피 생활, 환난 당한 자들과 함께하면서 백성들의 고통, 그리고 전쟁과 반역 등 수많은 일을 경험했습니다. 이를 통해 다윗은 자신의 삶의 모든 과정에 언제나 하나님의 전적인 도우심이 있었음을 고백합니다.

성경통독 BIBLETONGDOK

《일년일독 통독성경》 사무엘하 21~22장

통通으로 숲이야기 ; 통숲 TONG OBSERVATION

● 첫 번째 포인트

다윗 시대의 '3년 기근 사건'은 여호수아 때에 기브온과 맺은 언약을 사울이 지키지 않았기 때문입니다.

"다윗의 시대에 해를 거듭하여 삼 년 기근이 있으므로 다윗이 여호와 앞에 간구하매"(삼하 21:1)

이 이야기는 오래전 여호수아 때까지 올라가야 합니다. 여호수아 때 가나안을 점령하는 도중 기브온 거민들이 여호수아를 속이고 이스라엘 진영으로 찾아와서 화친을 맺은 적이 있습니다.

"기브온 주민들이 여호수아가 여리고와 아이에 행한 일을 듣고 꾀를 내어 사신의 모양을 꾸미되 해어진 전대와 해어지고 찢어져서 기운 가죽 포도주 부대를 나귀에 싣고 그 발에는 낡아서 기운 신을 신고 낡은 옷을 입고 다 마르고 곰팡이가 난 떡을 준비하고 그들이 길갈 진영으로 가서 여호수아에게 이르러 그와 이스라엘 사람들에게 이르되 우리는

..................................................................................................................

..................................................................................................................

..................................................................................................................

..................................................................................................................

먼 나라에서 왔나이다 이제 우리와 조약을 맺읍시다 하니"(수 9:3~6)

"여호수아가 곧 그들과 화친하여 그들을 살리리라는 조약을 맺고 회중 족장들이 그들에게 맹세하였더라"(수 9:15)

"여호수아가 곧 그대로 그들에게 행하여 그들을 이스라엘 자손의 손에서 건져서 죽이지 못하게 하니라 그 날에 여호수아가 그들을 여호와께서 택하신 곳에서 회중을 위하며 여호와의 제단을 위하여 나무를 패며 물을 긷는 자들로 삼았더니 오늘까지 이르니라"(수 9:26~27)

그런데 그 이후 사울 왕이 여호수아 때 기브온 주민들과 맺은 언약을 지키지 않고 그들을 죽였던 것입니다.

"여호와께서 이르시되 이는 사울과 피를 흘린 그의 집으로 말미암음이니 그가 기브온 사람을 죽였음이니라 하시니라"(삼하 21:1)

하나님께서는 이 일에 대해 다윗 시대 때에 하나님의 징계의 채찍을 들어 이스라엘을 깨우치십니다. 그 징계가 바로 3년 동안의 기근이었습니다.

● 두 번째 포인트
다윗이 사울 가문 전체의 장례를 치러줍니다.

다윗 왕정 시기에 일어난 3년 기근이 사울의 죄와 관련된 것

..................................................................................................

..................................................................................................

..................................................................................................

..................................................................................................

임을 알게 된 다윗이 이 문제를 해결하기 위해 기브온 사람들에게 묻습니다.

> "다윗이 그들에게 묻되 내가 너희를 위하여 어떻게 하랴 내가 어떻게 속죄하여야 너희가 여호와의 기업을 위하여 복을 빌겠느냐 하니 기브온 사람이 그에게 대답하되 사울과 그의 집과 우리 사이의 문제는 은금에 있지 아니하오며 이스라엘 가운데에서 사람을 죽이는 문제도 우리에게 있지 아니하니이다 하니라 왕이 이르되 너희가 말하는 대로 시행하리라 그들이 왕께 아뢰되 우리를 학살하였고 또 우리를 멸하여 이스라엘 영토 내에 머물지 못하게 하려고 모해한 사람의 자손 일곱 사람을 우리에게 내주소서 여호와께서 택하신 사울의 고을 기브아에서 우리가 그들을 여호와 앞에서 목 매어 달겠나이다 하니 왕이 이르되 내가 내주리라 하니라"(삼하 21:3~6)

기브온 주민들의 요구는 그들을 학살한 사울의 죄를 물어 사울의 자손 일곱 명을 내어주어 처벌하게 해달라는 것이었습니다. 그러자 다윗이 그들의 요구를 받아들여 사울의 아들 두 명과 외손자 다섯 명을 기브온 주민들에게 넘겨주어 죽게 합니다. 그러나 이때 다윗은 요나단과 맺은 언약을 지키기 위해 사울의 손자이자 요나단의 아들 므비보셋만은 확실히 지켜주고 보호해줍니다.

그렇게 기브온 주민들의 요구대로 사울의 후손들을 넘겨주어 그들은 죽임을 당했습니다. 이때 죽은 사울의 아들 두 명은 과거 사울의 첩이었던 리스바의 아들들이었습니다. 이 사실이 드러나게 된 것은 기브온 주민들에 의해 죽임을 당한 사울의 후손 일곱 명의 시신을 짐승들로부터 보호하고자 사울의 첩이었던 리스바가 밤낮으로 그 시신 곁에 머물고 있다는 이야기를 다윗이 듣게 되면서였습니다.

"아야의 딸 리스바가 굵은 베를 가져다가 자기를 위하여 바위 위에 펴고 곡식 베기 시작할 때부터 하늘에서 비가 시체에 쏟아지기까지 그 시체에 낮에는 공중의 새가 앉지 못하게 하고 밤에는 들짐승이 범하지 못하게 한지라"(삼하 21:10)

이 이야기를 전해 들은 다윗이 이번 기회에 사울 가문 전체의 장례를 치러줍니다.

"다윗이 가서 사울의 뼈와 그의 아들 요나단의 뼈를 길르앗 야베스 사람에게서 가져가니 이는 전에 블레셋 사람들이 사울을 길보아에서 죽여 블레셋 사람들이 벧산 거리에 매단 것을 그들이 가만히 가져온 것이라 다윗이 그 곳에서 사울의 뼈와 그의 아들 요나단의 뼈를 가지고 올라오매 사람들이 그 달려 죽은 자들의 뼈를 거두어다가 사울과 그의 아들 요나단의 뼈와 함께 베냐민 땅 셀라에서 그의 아버지 기스의 묘에 장사하되 모두 왕의 명령을 따라 행하니라 그 후에야 하나님이 그 땅을

위한 기도를 들으시니라"(삼하 21:12~14)

이렇게 다윗이 사울 가문 전체의 장례를 치러주자 마침내 3년 기근이 끝이 납니다. 과거에 모세도 장례를 참 많이 치렀습니다. 모세가 광야 40년 동안 출애굽세대 60만 명의 장례를 치렀다면 다윗은 사울, 요나단, 암논, 아브넬, 압살롬 등 참으로 많은 장례를 치르며 살았습니다.

● 세 번째 포인트
전쟁에 누가 참여하느냐는 2차적인 문제입니다.

다윗은 청소년 때부터 이미 곰과 사자, 그리고 골리앗과도 맞서 싸워 승리를 거둔 용사였습니다. 그리고 그 이후에도 평생 수많은 전쟁터에서 언제나 물러섬 없이 용기 있게 나가 싸워 이기는 장군이었습니다.

그런데 이제 어느덧 세월이 흘러 다윗 대신 다윗의 부하 용사들이 골리앗의 아우 라흐미를 비롯해 블레셋의 거인들을 죽입니다. 전에는 하나님께서 다윗과 함께하셔서 골리앗과의 싸움에서 승리하게 하셨는데 이제는 하나님께서 이스라엘과 함께하셔서 다윗의 용사들을 통해 승리하게 하십니다.

..................................................................................................
..................................................................................................
..................................................................................................
..................................................................................................

이처럼 전쟁에 누가 참여하느냐는 2차적인 문제입니다. 전쟁의 승패는 하나님께 달려 있기 때문입니다.

"블레셋 사람이 다시 이스라엘을 치거늘 다윗이 그의 부하들과 함께 내려가서 블레셋 사람과 싸우더니 다윗이 피곤하매"(삼하 21:15)

다음은 다윗을 대신해 싸움에 나간 다윗의 용사들입니다.

첫째는 아비새입니다. 아비새는 위기에 처한 다윗을 도와 거인 이스비브놉을 죽입니다.

"거인족의 아들 중에 무게가 삼백 세겔 되는 놋 창을 들고 새 칼을 찬 이스비브놉이 다윗을 죽이려 하므로 스루야의 아들 아비새가 다윗을 도와 그 블레셋 사람을 쳐죽이니"(삼하 21:16~17)

둘째는 십브개입니다. 십브개는 거인 삽을 죽입니다.

"그 후에 다시 블레셋 사람과 곱에서 전쟁할 때에 후사 사람 십브개는 거인족의 아들 중의 삽을 쳐죽였고"(삼하 21:18)

셋째는 엘하난입니다. 엘하난은 골리앗의 아우 라흐미를 죽입니다.

"또 다시 블레셋 사람과 곱에서 전쟁할 때에 베들레헴 사람 야레오르김의 아들 엘하난은 가드 골리앗의 아우 라흐미를 죽였는데 그 자의 창 자루는 베틀 채 같았더라"(삼하 21:19)

넷째는 요나단입니다. 요나단은 이스라엘 사람을 능욕한 자를 죽입니다.

"또 가드에서 전쟁할 때에 그 곳에 키가 큰 자 하나는 손가락과 발가락
이 각기 여섯 개씩 모두 스물 네 개가 있는데 그도 거인족의 소생이라
그가 이스라엘 사람을 능욕하므로 다윗의 형 삼마의 아들 요나단이 그
를 죽이니라"(삼하 21:20~21)

다윗이 시작한 거인 골리앗과의 용감한 싸움은 이렇게 다윗
의 용사들에게 이어졌습니다. 그들도 두려움 없이 거인들과 맞
서 용감하게 싸워 이스라엘을 지켜내며 다윗과 함께 거룩한 제
사장 나라를 세워갔습니다.


● 네 번째 포인트
모세가 자신의 삶을 되돌아보며 하나님을 찬양했듯이, 다윗도 자
신의 삶을 되돌아보며 하나님을 찬양합니다.

출애굽의 지도자 모세의 찬양입니다.

"모세가 이스라엘 총회에 이 노래의 말씀을 끝까지 읽어 들리니라 하
늘이여 귀를 기울이라 내가 말하리라 땅은 내 입의 말을 들을지어다 내
교훈은 비처럼 내리고 내 말은 이슬처럼 맺히나니 연한 풀 위의 가는
비 같고 채소 위의 단비 같도다 내가 여호와의 이름을 전파하리니 너희

는 우리 하나님께 위엄을 돌릴지어다 그는 반석이시니 그가 하신 일이 완전하고 그의 모든 길이 정의롭고 진실하고 거짓이 없으신 하나님이시니 공의로우시고 바르시도다"(신 31:30~32:4)

하나님께서 친히 말씀하신 '내 종 모세' 못지않게 '내 종 다윗'도 하나님을 찬양합니다. 사무엘하 22장의 다윗의 찬양은 시편 18편과 같습니다.

"여호와께서 다윗을 모든 원수의 손과 사울의 손에서 구원하신 그 날에 다윗이 이 노래의 말씀으로 여호와께 아뢰어"(삼하 22:1)

다윗의 찬양은 첫째, 하나님의 구원을 여러 가지 비유를 들어 노래합니다. 반석, 요새, 건지시는 자, 방패, 구원의 뿔, 높은 망대, 피난처, 구원자로 하나님을 찬양하며 하나님께서 '나의 하나님' 되심을 강조합니다.

"이르되 여호와는 나의 반석이시요 나의 요새시요 나를 위하여 나를 건지시는 자시요 내가 피할 나의 반석의 하나님이시요 나의 방패시요 나의 구원의 뿔이시요 나의 높은 망대시요 그에게 피할 나의 피난처시요 나의 구원자시라 나를 폭력에서 구원하셨도다"(삼하 22:2~3)

둘째, 다윗은 환난 속에서 구원하시고 기도에 응답하시는 창조주 하나님 그리고 온 세상을 주관하시는 하나님께 감사합니다.

"내가 환난 중에서 여호와께 아뢰며 나의 하나님께 아뢰었더니 그가

그의 성전에서 내 소리를 들으심이여 나의 부르짖음이 그의 귀에 들렸도다"(삼하 22:7)

"이럴 때에 여호와의 꾸지람과 콧김으로 말미암아 물 밑이 드러나고 세상의 기초가 나타났도다 그가 위에서 손을 내미사 나를 붙드심이여 많은 물에서 나를 건져내셨도다"(삼하 22:16~17)

**셋째, 다윗은 하나님의 법에 순종하는 것이 자신의 의가 되었고 이로써 하나님의 상을 받았음을 고백합니다.**

"여호와께서 내 공의를 따라 상 주시며 내 손의 깨끗함을 따라 갚으셨으니 이는 내가 여호와의 도를 지키고 악을 행함으로 내 하나님을 떠나지 아니하였으며 그의 모든 법도를 내 앞에 두고 그의 규례를 버리지 아니하였음이로다"(삼하 22:21~23)

"주께서 또 나를 내 백성의 다툼에서 건지시고 나를 보전하사 모든 민족의 으뜸으로 삼으셨으니 내가 알지 못하는 백성이 나를 섬기리이다"
(삼하 22:44)


● **다섯 번째 포인트**
**다윗은 영원히 하나님을 찬양하며 살 것을 다짐합니다.**


"이러므로 여호와여 내가 모든 민족 중에서 주께 감사하며 주의 이름

................................................................................
................................................................................
................................................................................
................................................................................

을 찬양하리이다 여호와께서 그의 왕에게 큰 구원을 주시며 기름 부음 받은 자에게 인자를 베푸심이여 영원하도록 다윗과 그 후손에게로다 하였더라"(삼하 22:50~51)

다윗의 찬양은 이제 모든 민족과 모든 나라로 그 시야가 넓어집니다. 사실 다윗은 그동안 자신의 생명을 부지하기도 힘들었습니다. 사울의 칼날에서, 그리고 많은 대적의 위협으로부터 다윗은 오랫동안 자유롭지 못했습니다. 그러나 다윗에게는 꿈이 있었습니다. 바로 하나님의 이름을 온 나라 가운데 선포하는 것이었습니다.

**디저트 DESSERT**

다윗만큼 환난을 많이 당했던 사람도 드물 것입니다. 그러나 다윗만큼 하나님을 찬양하는 일에 열심이었던 사람도 없습니다. 환난이 많았던 다윗에게는 찬양도 넘쳤습니다. 환난을 겪으며 하나님께서 주신 구원을 경험했기 때문입니다. 다윗에게 있어서 환난과 고난은 자신을 넘어뜨리는 장애물이 아닌 오히려 그를 더 굳세게 세우는 디딤돌이 되었습니다. 그러므로 다윗에게 환난은 오히려 더욱 하나님을 의지하는 기회가 되었습니다.

# *111*일
## 민수기 인구조사 vs. 다윗의 인구조사 (삼하 23~24장)

**애피타이저** APPETIZER

　다윗이 인생 말년에 자신이 이룬 업적을 과시해보고 싶어 했습니다. 그래서 인구조사를 강행했습니다. 그러나 다윗은 인구조사에 대한 보고를 받고 나서야 잘못을 깨닫고 후회합니다. 결국 죄를 뉘우친 다윗이 갓 선지자의 말에 따라 아라우나의 타작마당에 단을 쌓습니다.

　아라우나의 타작마당은 오래전 아브라함이 하나님께 그의 독자 이삭을 드리려 했던 바로 그 '모리아산'이었습니다. 이후에 아라우나 타작마당에 다윗의 아들 솔로몬이 성전을 건축하게 됩니다.

《일년일독 통독성경》 사무엘하 23~24장

통通으로 숲이야기 ; 통숲 TONG OBSERVATION

● 첫 번째 포인트
다윗은 선지자 모세, 사무엘, 나단, 갓을 통해 하나님의 언약을 받습니다.

다윗은 평생 하나님께로 마음을 향하며 '하늘 문'을 열고 살았습니다. 다윗은 하나님께서 주신 율법을 소중히 지켰으며 선지자들을 통해 전해주시는 하나님의 언약을 받으며 살았습니다. 먼저 다윗의 입에는 항상 선지자 모세를 통한 '제사장 나라 율법'이 있었습니다.

"여호와의 율법은 완전하여 영혼을 소성시키며 여호와의 증거는 확실하여 우둔한 자를 지혜롭게 하며 여호와의 교훈은 정직하여 마음을 기쁘게 하고 여호와의 계명은 순결하여 눈을 밝게 하시도다 여호와를 경외하는 도는 정결하여 영원까지 이르고 여호와의 법도 진실하여 다 의로우니 금 곧 많은 순금보다 더 사모할 것이며 꿀과 송이꿀보다 더 달도다"(시 19:7~10)

다윗은 이렇게 '여호와의 율법', '여호와의 증거', '여호와의 교훈', '여호와의 계명', '여호와의 법'을 입술의 노래로 달고 살았습니다. 이 노래는 당연히 '모세오경'입니다.

"이스라엘아 네 하나님 여호와께서 네게 요구하시는 것이 무엇이냐 곧 네 하나님 여호와를 경외하여 그의 모든 도를 행하고 그를 사랑하며 마음을 다하고 뜻을 다하여 네 하나님 여호와를 섬기고 내가 오늘 네 행복을 위하여 네게 명하는 여호와의 명령과 규례를 지킬 것이 아니냐"
(신 10:12~13)

다윗은 모세 율법으로 하나님을 경외하며 하나님을 사랑하는 행복한 인생을 살았습니다. 다윗은 선지자 사무엘을 통해 하나님의 언약을 받았습니다.

"사무엘이 기름 뿔병을 가져다가 그의 형제 중에서 그에게 부었더니 이 날 이후로 다윗이 여호와의 영에게 크게 감동되니라"(삼상 16:13)

또한 다윗은 선지자 나단을 통해 하나님의 언약을 받았습니다.

"내가 네 앞에서 물러나게 한 사울에게서 내 은총을 빼앗은 것처럼 그에게서 빼앗지는 아니하리라 네 집과 네 나라가 내 앞에서 영원히 보전

되고 네 왕위가 영원히 견고하리라 하셨다 하라 나단이 이 모든 말씀들과 이 모든 계시대로 다윗에게 말하니라"(삼하 7:15~17)

그리고 다윗은 인구조사 후 선지자 갓을 통해 세 가지 처벌 중 하나를 선택하라는 하나님의 말씀을 들었습니다.

"다윗이 아침에 일어날 때에 여호와의 말씀이 다윗의 선견자 된 선지자 갓에게 임하여 이르시되 가서 다윗에게 말하기를 여호와께서 이와 같이 말씀하시기를 내가 네게 세 가지를 보이노니 너를 위하여 너는 그중에서 하나를 택하라 내가 그것을 네게 행하리라 하셨다 하라"(삼하 24:11~12)

이렇게 선지자들을 통해 늘 하나님의 언약과 하나님의 말씀을 들은 다윗은 그 언약들에 기초하여 소망 넘치는 메시아 시대를 갈망했습니다.

"여호와의 영이 나를 통하여 말씀하심이여 그의 말씀이 내 혀에 있도다"(삼하 23:2)

참으로 놀랍습니다.

"이스라엘의 하나님이 말씀하시며 이스라엘의 반석이 내게 이르시기를 사람을 공의로 다스리는 자, 하나님을 경외함으로 다스리는 자여 그는 돋는 해의 아침 빛 같고 구름 없는 아침 같고 비 내린 후의 광선으로 땅에서 움이 돋는 새 풀 같으니라 하시도다 내 집이 하나님 앞에 이같지 아니하냐 하나님이 나와 더불어 영원한 언약을 세우사 만사에 구비하고 견고하게 하셨으니 나의 모든 구원과 나의 모든 소원을 어찌 이루지 아니하시랴"(삼하 23:3~5)

〈시편〉의 말씀입니다.

"여호와께서 내 주에게 말씀하시기를 내가 네 원수들로 네 발판이 되게 하기까지 너는 내 오른쪽에 앉아 있으라 하셨도다 여호와께서 시온에서부터 주의 권능의 규를 내보내시리니 주는 원수들 중에서 다스리소서 주의 권능의 날에 주의 백성이 거룩한 옷을 입고 즐거이 헌신하니 새벽 이슬 같은 주의 청년들이 주께 나오는도다 여호와는 맹세하고 변하지 아니하시리라 이르시기를 너는 멜기세덱의 서열을 따라 영원한 제사장이라 하셨도다 주의 오른쪽에 계신 주께서 그의 노하시는 날에 왕들을 쳐서 깨뜨리실 것이라"(시 110:1~5)

"예수께서 그들에게 이르시되 사람들이 어찌하여 그리스도를 다윗의 자손이라 하느냐 시편에 다윗이 친히 말하였으되 주께서 내 주께 이르시되 내가 네 원수를 네 발등상으로 삼을 때까지 내 우편에 앉았으라 하셨도다 하였느니라 그런즉 다윗이 그리스도를 주라 칭하였으니 어찌 그의 자손이 되겠느냐 하시니라"(눅 20:41~44)

이처럼 다윗의 인생은 율법을 소중히 지키는 것과 선지자들의 언약들에 기초하여 소망 넘치는 메시아 시대를 갈망하는 삶

....................................................................................

....................................................................................

....................................................................................

....................................................................................

이었습니다.

● 두 번째 포인트
용사가 용사를 만듭니다.

우리는 두려움 없이 살기를 바라지만 사실 두려움을 알지 못하면 '용기'는 끝내 알 수 없습니다. 결국 두려움을 용기로 이겨내야만 승리하는 삶을 살게 되기 때문입니다.

성경 속 하나님의 사람들은 하나같이 모두 '두려움'을 겪었지만 그들은 또한 하나같이 그 두려움을 하나님께서 주시는 '용기'로 바꾸어 승리했습니다.

우리가 잘 아는 믿음의 조상 아브라함도 두려워했습니다.

"이 후에 여호와의 말씀이 환상 중에 아브람에게 임하여 이르시되 아브람아 두려워하지 말라 나는 네 방패요 너의 지극히 큰 상급이니라" (창 15:1)

그리고 불세출의 지도자 모세도 두려워했습니다.

"여호와께서 모세에게 이르시되 그를 두려워하지 말라 내가 그와 그의 백성과 그의 땅을 네 손에 넘겼나니 너는 헤스본에 거주하던 아모리인의 왕 시혼에게 행한 것 같이 그에게도 행할지니라"(민 21:34)

........................................................................................

........................................................................................

........................................................................................

........................................................................................

이후 상승장군 여호수아도 두려워했습니다.

"내가 네게 명령한 것이 아니냐 강하고 담대하라 두려워하지 말며 놀라지 말라 네가 어디로 가든지 네 하나님 여호와가 너와 함께 하느니라 하시니라"(수 1:9)

그리고 다윗도 두려워했습니다.

"사울이 산 이쪽으로 가매 다윗과 그의 사람들은 산 저쪽으로 가며 다윗이 사울을 두려워하여 급히 피하려 하였으니 이는 사울과 그의 사람들이 다윗과 그의 사람들을 에워싸고 잡으려 함이었더라"(삼상 23:26)

하나님의 사람들이 모두 그러했듯이 다윗도 그 두려움 가운데 늘 구원의 하나님으로 용기를 냈습니다.

"여호와는 나의 빛이요 나의 구원이시니 내가 누구를 두려워하리요 여호와는 내 생명의 능력이시니 내가 누구를 무서워하리요 악인들이 내 살을 먹으려고 내게로 왔으나 나의 대적들, 나의 원수들인 그들은 실족하여 넘어졌도다 군대가 나를 대적하여 진 칠지라도 내 마음이 두렵지 아니하며 전쟁이 일어나 나를 치려 할지라도 나는 여전히 태연하리로다"(시 27:1~3)

"백성들이 자녀들 때문에 마음이 슬퍼서 다윗을 돌로 치자 하니 다윗이 크게 다급하였으나 그의 하나님 여호와를 힘입고 용기를 얻었더라"(삼상 30:6)

......................................................................

......................................................................

......................................................................

......................................................................

또한 다윗은 동시대 사람들에게도 믿음으로 용사가 되게 했습니다. 다윗과 함께 용기를 내었던 다윗의 용사들, 즉 다윗의 군대 조직입니다.

먼저 다윗의 군대 중앙 조직에는 군대 장관 요압과 30인의 용사들이 있었습니다. 그들은 정예 용사로 구성된 상비군으로 그들 휘하에는 열두 개 반이 있었고, 그들은 매월 한 개 반이 돌아가며 근무하는 정규군으로 한 개 반의 반열은 24,000명이었습니다. 그리고 다윗의 군대 별도 조직에는 시위대 대장 브나야와 그렛 사람과 블렛 사람과 책사들이 있었습니다. 다윗은 자신과 늘 함께했던 37명의 용사들에 대해 상세하게 증언합니다. 이 37명에 대해 역대상 11장에서는 53명이라고 소개되어 있습니다. 다윗은 6명의 용사를 특별히 소개합니다.

먼저, 첫째 3인입니다. 그들은 가장 충성스럽고 능력 또한 최고였던 대표 3인입니다. 군지휘관의 두목이며 첫째 달 반 24,000명의 반장이자 단번에 800명을 쳐 죽인 요셉밧세벳(야소브암)입니다. 그리고 둘째 달 반 24,000명의 반장이자 블레셋과 싸워 이긴 엘르아살입니다. 또한 블레셋과 싸워 이긴 삼마, 이들이 다윗의 대표 용사 3인이었습니다.

그리고 둘째 3인에 대한 소개를 보면 그들은 첫째 3인처럼 충성스러웠으나 능력은 그들에 조금 못 미쳤습니다. 요압의 아우인 아비새, 시위대 대장이자 셋째 달 반 24,000명의 반장인 브나야, 그리고 무명의 1인, 이 세 사람이 다윗의 둘째 대표 용사 3인이었습니다.

이들 세 명은 블레셋 진영을 넘어 들어가 베들레헴 성문 곁 우물물을 길러온 일화로 소개됩니다. 이들은 다윗의 말 한마디에 적진에 뛰어들어가 명령을 수행하는, 어떤 위험도 감수하는 사람들이었습니다. 물론 다윗은 그 일에 대해 자신이 반성했다고 고백합니다.

> "세 용사가 블레셋 사람의 진영을 돌파하고 지나가서 베들레헴 성문 곁 우물 물을 길어 가지고 다윗에게로 왔으나 다윗이 마시기를 기뻐하지 아니하고 그 물을 여호와께 부어 드리며 이르되 여호와여 내가 나를 위하여 결단코 이런 일을 하지 아니하리이다 이는 목숨을 걸고 갔던 사람들의 피가 아니니이까 하고 마시기를 즐겨하지 아니하니라 세 용사가 이런 일을 행하였더라"(삼하 23:16~17)

그리고 다윗의 핵심 용사 30명에 대한 소개를 보면 그들은 보충 인원까지 해서 31명으로 기록되고 있으며 〈역대상〉에서는 더 많은 숫자로 기록되어 있습니다. 그래서 앞에 언급한 6명과 함께 총 인원을 37명이라고 말한 것입니다(삼하 23:39). 이렇게 다윗 같은 용사가 또 다른 용사를 만듭니다.


● 세 번째 포인트
〈민수기〉 인구조사와 다윗의 인구조사는 다릅니다.


출애굽 후 광야에서 있었던 〈민수기〉의 두 번의 인구조사는 제사장 나라를 위한 세 가지 목적으로 시행되었습니다.

첫째, '싸움에 나갈 만한 자'의 계수였습니다.

"너희는 이스라엘 자손의 모든 회중 각 남자의 수를 그들의 종족과 조상의 가문에 따라 그 명수대로 계수할지니 이스라엘 중 이십 세 이상으로 싸움에 나갈 만한 모든 자를 너와 아론은 그 진영별로 계수하되"(민 1:2~3)

둘째, '제사 제도를 위한 자'의 계수였습니다.

"여호와께서 또 모세에게 이르시되 이스라엘 자손의 처음 태어난 남자를 일 개월 이상으로 다 계수하여 그 명수를 기록하라 나는 여호와라 이스라엘 자손 중 모든 처음 태어난 자 대신에 레위인을 내게 돌리고 또 이스라엘 자손의 가축 중 모든 처음 태어난 것 대신에 레위인의 가축을 내게 돌리라"(민 3:40~41)

셋째, '가나안 땅 분배를 위한 자'의 계수였습니다.

"너희의 종족을 따라 그 땅을 제비 뽑아 나눌 것이니 수가 많으면 많은 기업을 주고 적으면 적은 기업을 주되 각기 제비 뽑은 대로 그 소유가 될 것인즉 너희 조상의 지파를 따라 기업을 받을 것이니라"(민 33:54)

그런데 다윗의 인구조사 목적은 〈민수기〉의 인구조사 목적과 달리 다윗 자신의 업적을 과시하기 위함이었습니다. 다윗의 인구조사는 먼저 요압을 통해 실행되었습니다.

"여호와께서 다시 이스라엘을 향하여 진노하사 그들을 치시려고 다윗을 격동시키사 가서 이스라엘과 유다의 인구를 조사하라 하신지라 이에 왕이 그 곁에 있는 군사령관 요압에게 이르되 너는 이스라엘 모든 지파 가운데로 다니며 이제 단에서부터 브엘세바까지 인구를 조사하여 백성의 수를 내게 보고하라 하니"(삼하 24:1~2)

이는 과거 적은 수로도 거대한 적들을 향해 용감하게 하나님을 의지하며 나아갔던 초기의 다윗과 비교되는 행동이었습니다.

"블레셋 사람들이 이미 이르러 르바임 골짜기에 가득한지라 다윗이 여호와께 여쭈어 이르되 내가 블레셋 사람에게로 올라가리이까 여호와께서 그들을 내 손에 넘기시겠나이까 하니 여호와께서 다윗에게 말씀하시되 올라가라 내가 반드시 블레셋 사람을 네 손에 넘기리라 하신지라 다윗이 바알브라심에 이르러 거기서 그들을 치고 다윗이 말하되 여호와께서 물을 흩음 같이 내 앞에서 내 대적을 흩으셨다 하므로 그 곳

이름을 바알브라심이라 부르니라"(삼하 5:18~20)

이러한 다윗의 명령에 대해서 사실 요압조차 의심스럽다는 눈초리를 보냈습니다. 요압이 보기에도 다윗이 국가 경영에 대한 과한 자부심을 보이고 있었고 때문에 요압이 인구조사에 대해 이의를 제기했을 정도였습니다.

다윗은 국민적 이익이나 하나님의 영광을 꿈꾸는 공공성을 위해서 인구조사를 하려 한 것이 아니고 자신의 통치 업적에 대한 일종의 과시로 인구를 조사했습니다. 이것이 문제였습니다.

"요압이 왕께 아뢰되 이 백성이 얼마든지 왕의 하나님 여호와께서 백 배나 더하게 하사 내 주 왕의 눈으로 보게 하시기를 원하나이다 그런데 내 주 왕은 어찌하여 이런 일을 기뻐하시나이까 하되"(삼하 24:3)

그럼에도 다윗이 밀어붙여 아홉 달 20일 동안 인구조사를 실시하여 130만 명을 확인합니다.

"그들 무리가 국내를 두루 돌아 아홉 달 스무 날 만에 예루살렘에 이르러 요압이 백성의 수를 왕께 보고하니 곧 이스라엘에서 칼을 빼는 담대한 자가 팔십만 명이요 유다 사람이 오십만 명이었더라"(삼하 24:8~9)

이때가 얼마나 평화로운 시대였는지, 군대 장관 요압이 대략 10개월을 궁에서 떠나 인구조사를 실행할 정도였습니다.

그러나 이 평화는 다윗이 만든 것이 아니라 하나님이 주신 것이었습니다. 하나님의 전쟁은 숫자에 있지 않다는 것을 다윗은 이미 알고 있었습니다. 그가 골리앗을 상대할 때도 그랬고 그 전에 요나단도 분명히 보여주었으며 더 올라가면 기드온의 전쟁에서도 배울 수 있는 사실이었습니다. 그런데 다윗이 말년에 마음이 교만해져 이스라엘 백성들을 계수하고자 하는 유혹에 빠졌던 것입니다.

다윗의 인구조사를 통해 이스라엘 전체는 큰 재앙을 받게 되고, 이 사건은 우리아 사건 이후 다윗에게 가장 큰 오점으로 남게 됩니다.


● 네 번째 포인트
다윗은 '숫자 과시'가 죄라는 사실을 깨닫게 됩니다.

세상에서는 '숫자'가 곧 성공이요 자기 업적입니다. 그러나 하나님 앞에서는 한 영혼이 천하보다 소중합니다.

"공중의 새를 보라 심지도 않고 거두지도 않고 창고에 모아들이지도 아니하되 너희 하늘 아버지께서 기르시나니 너희는 이것들보다 귀하지 아니하냐"(마 6:26)

그런데 다윗이 그 사실을 알고 있었음에도 불구하고 자기 과시를 위해 인구를 조사했고 이 사실이 마음에 걸려 하나님께 회개합니다.

> "다윗이 백성을 조사한 후에 그의 마음에 자책하고 다윗이 여호와께 아뢰되 내가 이 일을 행함으로 큰 죄를 범하였나이다 여호와여 이제 간구하옵나니 종의 죄를 사하여 주옵소서 내가 심히 미련하게 행하였나이다 하니라"(삼하 24:10)

다윗이 인구조사에 대해 하나님께 회개하자 하나님께서 갓 선지자를 통해 이를 날카롭게 처벌하시며 다윗에게 다음 세 가지 중 처벌 방법을 선택하라고 말씀하십니다(삼하 24:11~13).

첫째, 7년 기근입니다.

〈역대상〉에서는 3년이라고 기록되어 있습니다.

둘째, 3달간 쫓기는 일입니다.

셋째, 3일의 전염병입니다.

이에 다윗이 3일 전염병을 선택합니다. 이로 인해 이스라엘 백성 7만 명이 죽습니다. 이는 다윗 왕의 인구조사가 가져온 무서운 결과였습니다.

> "다윗이 갓에게 이르되 내가 고통 중에 있도다 청하건대 여호와께서는 긍휼이 크시니 우리가 여호와의 손에 빠지고 내가 사람의 손에 빠지지 아니하기를 원하노라 하는지라 이에 여호와께서 그 아침부터 정하신

때까지 전염병을 이스라엘에게 내리시니 단에서부터 브엘세바까지 백성의 죽은 자가 칠만 명이라"(삼하 24:14~15)

자신의 잘못으로 인해 이스라엘 백성 7만 명이 죽자 다윗이 다시 한번 하나님께 회개하며 백성들이 아니라 자신과 자신의 집안을 치실 것을 간구합니다.

"하나님께 아뢰되 명령하여 백성을 계수하게 한 자가 내가 아니니이까 범죄하고 악을 행한 자는 곧 나이니이다 이 양 떼는 무엇을 행하였나이까 청하건대 나의 하나님 여호와여 주의 손으로 나와 내 아버지의 집을 치시고 주의 백성에게 재앙을 내리지 마옵소서 하니라"(대상 21:17)

● 다섯 번째 포인트
아브라함과 이삭의 모리아산이 1,000년 후 다윗과 솔로몬의 성전 터가 됩니다.

다윗의 회개를 들으시고 하나님께서 갓 선지자를 통해 다윗에게 용서를 위한 제사를 명하십니다.

"이 날에 갓이 다윗에게 이르러 그에게 아뢰되 올라가서 여부스 사람 아라우나의 타작 마당에서 여호와를 위하여 제단을 쌓으소서 하매"(삼하 24:18)

........................................................................................
........................................................................................
........................................................................................
........................................................................................

다윗은 아라우나 타작마당에서 하나님께 번제와 화목제를 드림으로 용서를 받습니다.

"왕이 아라우나에게 이르되 그렇지 아니하다 내가 값을 주고 네게서 사리라 값 없이는 내 하나님 여호와께 번제를 드리지 아니하리라 하고 다윗이 은 오십 세겔로 타작 마당과 소를 사고 그 곳에서 여호와를 위하여 제단을 쌓고 번제와 화목제를 드렸더니 이에 여호와께서 그 땅을 위한 기도를 들으시매 이스라엘에게 내리는 재앙이 그쳤더라"(삼하 24:24~25)

다윗이 하나님께 번제와 화목제를 드린 아라우나(오르난)의 타작마당은 다윗 시대 1,000년 전, 아브라함이 그의 아들 이삭을 제물로 드리려 했던 '모리아산'이었습니다. 그리고 이후 이곳에 솔로몬 성전이 건축됩니다.

"솔로몬이 예루살렘 모리아 산에 여호와의 전 건축하기를 시작하니 그 곳은 전에 여호와께서 그의 아버지 다윗에게 나타나신 곳이요 여부스 사람 오르난의 타작 마당에 다윗이 정한 곳이라"(대하 3:1)

**디저트** DESSERT

다윗의 고백입니다.

........................................................................................

........................................................................................

........................................................................................

........................................................................................

"하나님이 나와 더불어 영원한 언약을 세우사 만사에 구비하고 견고하게 하셨으니"(삼하 23:5)

다윗은 자신이 누린 모든 것이 하나님께서 자신에게 구비하여 주신 것이라고 고백합니다. 이것이 다윗의 심정 깊은 곳에서 솟아오른 마지막 고백이었습니다.

모든 사람이 부러워하는 다윗의 삶은 결국 하나님의 전적인 은혜였습니다. 우리도 다윗처럼 우리의 마지막 순간에 이런 멋진 고백을 할 수 있기를 소망합니다.

# *112*일
## 신앙적 유언, 정치적 유언(왕상 1~2장)

다윗은 그의 인생 70년을 마감하며 자신의 뒤를 이어 이스라엘의 왕이 되는 솔로몬에게 유언을 남깁니다.

먼저 다윗은 솔로몬에게 '신앙적 유언'을 합니다. 그리고 뒤이어 '정치적 유언'을 합니다. 다윗의 정치적 유언은 첫째, 요압과 시므이를 견제하고 결국은 죽이라는 것이고 둘째, 인재를 널리 등용하며 피난길에 자신을 도왔던 바르실래의 아들들에게 은혜를 갚으라는 것입니다.

《일년일독 통독성경》 열왕기상 1~2장

**통通으로 숲이야기 ; 통숲 TONG OBSERVATION**

● 첫 번째 포인트
제사장 나라와 하나님 나라는 유언과 비전으로 이어집니다.

나무줄기처럼, 빛줄기처럼, 물줄기처럼, 이야기 줄기처럼 성경 이야기 줄기도 이어지고 또 이어집니다. 성경 이야기 줄기는 구약의 제사장 나라 줄기가 신약의 하나님 나라의 줄기, 즉 유언과 비전 줄기로 이어집니다.

첫째, 야곱의 유언은 약속의 땅 가나안을 향한 비전과 열두 아들들이 이스라엘의 열두 지파가 되는 복으로 이어집니다.

"이스라엘이 죽을 날이 가까우매 그의 아들 요셉을 불러 그에게 이르되 이제 내가 네게 은혜를 입었거든 청하노니 네 손을 내 허벅지 아래에 넣고 인애와 성실함으로 내게 행하여 애굽에 나를 장사하지 아니하도록 하라 내가 조상들과 함께 눕거든 너는 나를 애굽에서 메어다가 조상의 묘지에 장사하라 요셉이 이르되 내가 아버지의 말씀대로 행하리

이다"(창 47:29~30)

둘째, 요셉의 유언은 약속의 땅 가나안을 향한 출애굽의 비전이 됩니다.

"요셉이 또 이스라엘 자손에게 맹세시켜 이르기를 하나님이 반드시 당신들을 돌보시리니 당신들은 여기서 내 해골을 메고 올라가겠다 하라 하였더라"(창 50:25)

셋째, 모세의 유언은 여호수아와 만나세대들에게 제사장 나라 거룩한 시민을 위한 비전이 됩니다.

"모세가 여호수아를 불러 온 이스라엘의 목전에서 그에게 이르되 너는 강하고 담대하라 너는 이 백성을 거느리고 여호와께서 그들의 조상에게 주리라고 맹세하신 땅에 들어가서 그들에게 그 땅을 차지하게 하라"(신 31:7)

넷째, 다윗의 유언은 솔로몬에게 '하나님의 법률과 계명과 율례와 증거'를 지킬 비전이 됩니다.

"내가 이제 세상 모든 사람이 가는 길로 가게 되었노니 너는 힘써 대장부가 되고 네 하나님 여호와의 명령을 지켜 그 길로 행하여 그 법률과 계명과 율례와 증거를 모세의 율법에 기록된 대로 지키라 그리하면 네가 무엇을 하든지 어디로 가든지 형통할지라"(왕상 2:2~3)

다섯째, 예수님의 유언은 세계 선교의 비전이 됩니다.

"오직 성령이 너희에게 임하시면 너희가 권능을 받고 예루살렘과 온 유대와 사마리아와 땅 끝까지 이르러 내 증인이 되리라 하시니라"(행 1:8)

여섯째, 사도 바울의 유언은 복음 2세대들에게 면류관을 소망하게 하는 비전이 됩니다.

"전제와 같이 내가 벌써 부어지고 나의 떠날 시각이 가까웠도다 나는 선한 싸움을 싸우고 나의 달려갈 길을 마치고 믿음을 지켰으니 이제 후로는 나를 위하여 의의 면류관이 예비되었으므로 주 곧 의로우신 재판장이 그 날에 내게 주실 것이며 내게만 아니라 주의 나타나심을 사모하는 모든 자에게도니라"(딤후 4:6~8)

이처럼 하나님의 사람들의 유언은 그들의 후손들에게 비전이 되어 신앙이 계속해서 계승되게 했습니다.

● 두 번째 포인트
다윗은 제사장 사독을 통해 솔로몬의 머리에 기름 부어 이스라엘의 왕이 되게 합니다.

다윗의 셋째 아들 압살롬이 쿠데타를 일으켰던 것처럼 다윗의 넷째 아들 아도니야도 쿠데타를 일으킵니다. 압살롬이 쿠데타를 일으켰다가 결국 실패하고 죽음을 당한 것을 이미 다 아는 아도니야가 그럼에도 불구하고 아버지 다윗에게 쿠데타를 일으킨 이유는 다음과 같습니다.

첫째, 아버지 다윗의 뒤를 이을 이스라엘의 왕은 솔로몬이 아닌 자신이라는 사실을 드러내기 위함이었습니다.

아도니야는 다윗의 넷째 아들이지만 왕위 계승 서열로는 1위라는 것입니다.

"다윗이 헤브론에서 아들들을 낳았으되 맏아들은 암논이라 이스르엘 여인 아히노암의 소생이요 둘째는 길르압이라 갈멜 사람 나발의 아내였던 아비가일의 소생이요 셋째는 압살롬이라 그술 왕 달매의 딸 마아가의 아들이요 넷째는 아도니야라 학깃의 아들이요"(삼하 3:2~4)

둘째, 자신이 왕의 재목으로 타당한 조건, 즉 다윗 왕의 총애를 받고 있고 준수한 외모를 가졌으며 자신감을 가지고 있다는 사실을 드러내기 위함이었습니다.

"그는 압살롬 다음에 태어난 자요 용모가 심히 준수한 자라 그의 아버지가 네가 어찌하여 그리 하였느냐고 하는 말로 한 번도 그를 섭섭하게 한 일이 없었더라"(왕상 1:6)

"그 때에 학깃의 아들 아도니야가 스스로 높여서 이르기를 내가 왕이 되리라 하고"(왕상 1:5)

셋째, 쿠데타 기반 세력이 있었기 때문입니다. 압살롬의 쿠데타에 아히도벨이 있었다면 아도니야의 쿠데타에는 요압, 아비아달 등이 있었습니다.

"아도니야가 스루야의 아들 요압과 제사장 아비아달과 모의하니 그들이 따르고 도우나"(왕상 1:7)

아도니야는 압살롬의 쿠데타 때와 같은 형태로 요압과 아비아달의 도움을 받으며 병거와 기병과 호위병 50명과 함께 쿠데타를 일으킵니다.

"그 후에 압살롬이 자기를 위하여 병거와 말들을 준비하고 호위병 오십 명을 그 앞에 세우니라"(삼하 15:1)

"그 때에 학깃의 아들 아도니야가 스스로 높여서 이르기를 내가 왕이 되리라 하고 자기를 위하여 병거와 기병과 호위병 오십 명을 준비하니"(왕상 1:5)

아도니야는 에느로겔 근방 소헬렛 바위 곁에서 양과 소와 살찐 송아지를 잡고 다윗의 열 번째 아들인 솔로몬을 제외한 자신의 모든 동생과 왕의 신하 된 유다 모든 사람을 다 청하여 스스로 왕위에 오릅니다(왕상 1:9).

"선지자 나단과 브나야와 용사들과 자기 동생 솔로몬은 청하지 아니하였더라"(왕상 1:10)

이렇게 아도니야가 쿠데타를 통해 스스로 왕으로 즉위하자 나단 선지자가 밧세바와 이 문제를 가지고 상의합니다. 그리고 밧세바가 나단의 조언에 따라 다윗을 찾아가 솔로몬을 이스라엘의 왕으로 정하셨던 것을 다윗에게 상기시킵니다.

> "그가 왕께 대답하되 내 주여 왕이 전에 왕의 하나님 여호와를 가리켜 여종에게 맹세하시기를 네 아들 솔로몬이 반드시 나를 이어 왕이 되어 내 왕위에 앉으리라 하셨거늘 이제 아도니야가 왕이 되었어도 내 주 왕은 알지 못하시나이다"(왕상 1:17~18)

밧세바가 다윗을 만났을 때 나단 선지자가 들어와 아도니야의 쿠데타를 알리고 솔로몬의 왕위 계승을 확정할 수 있게 합니다(왕상 1:22~27). 밧세바와 나단 선지자의 말을 다 들은 다윗이 다음과 같이 답합니다.

> "왕이 이르되 내 생명을 모든 환난에서 구하신 여호와께서 살아 계심을 두고 맹세하노라 내가 이전에 이스라엘의 하나님 여호와를 가리켜 네게 맹세하여 이르기를 네 아들 솔로몬이 반드시 나를 이어 왕이 되고 나를 대신하여 내 왕위에 앉으리라 하였으니 내가 오늘 그대로 행하리라"(왕상 1:29~30)

다윗의 명령에 따라 아도니야의 쿠데타에 동참하지 않은 세력들과 다윗의 측근들을 동원해 솔로몬의 왕위 즉위식을 명령합니다(왕상 1:32~35).

그러자 다윗 왕의 시위 대장인 그렛 사람과 블렛 사람의 지휘
관인 브나야가 다윗 왕에 이어 솔로몬에게 충성할 것을 맹세합
니다.

"여호야다의 아들 브나야가 왕께 대답하여 이르되 아멘 내 주 왕의 하
나님 여호와께서도 이렇게 말씀하시기를 원하오며 또 여호와께서 내
주 왕과 함께 계심 같이 솔로몬과 함께 계셔서 그의 왕위를 내 주 다윗
왕의 왕위보다 더 크게 하시기를 원하나이다 하니라"(왕상 1:36~37)

마침내 솔로몬이 다윗의 뒤를 이어 이스라엘의 왕이 됩니다.

"제사장 사독과 선지자 나단과 여호야다의 아들 브나야와 그렛 사람과
블렛 사람이 내려가서 솔로몬을 다윗 왕의 노새에 태우고 인도하여 기
혼으로 가서 제사장 사독이 성막 가운데에서 기름 담은 뿔을 가져다가
솔로몬에게 기름을 부으니 이에 뿔나팔을 불고 모든 백성이 솔로몬 왕
은 만세수를 하옵소서 하니라"(왕상 1:38~39)

이렇게 솔로몬이 다윗을 이어 공식적으로 이스라엘의 왕으
로 취임하자 아도니야와 함께한 아도니야 왕 추대 세력들이 다
놀라 모두 자기 집으로 돌아갔습니다(왕상 1:49). 그제야 현실을
파악한 아도니야는 살기 위해 제단의 뿔을 잡고 솔로몬에게 용
서를 구합니다(왕상 1:50). 그러자 솔로몬이 조건부로 아도니야를

..............................................................................................

..............................................................................................

..............................................................................................

..............................................................................................

살려줍니다.

"솔로몬이 이르되 그가 만일 선한 사람일진대 그의 머리털 하나도 땅에 떨어지지 아니하려니와 그에게 악한 것이 보이면 죽으리라 하고"(왕상 1:52)

아도니야의 쿠데타가 실패한 이유는 하나님께서 솔로몬을 차기 왕으로 정하셨기 때문입니다. 이에 따라 다윗의 허락도 솔로몬이었고, 다윗의 많은 충신도 솔로몬 편에 서게 되었습니다.

● 세 번째 포인트
다윗은 솔로몬에게 '신앙적인 유언'을 먼저 합니다.

솔로몬에게 왕위를 물려준 다윗이 자신의 죽음이 임박했음을 알고 솔로몬에게 유언을 합니다. 앞서 언급한 대로 다윗의 유언은 크게 두 가지인데 하나는 신앙적 유언이고 다른 하나는 정치적 유언입니다.

먼저 다윗의 '신앙적 유언'은 다음과 같습니다.

"다윗이 죽을 날이 임박하매 그의 아들 솔로몬에게 명령하여 이르되 내가 이제 세상 모든 사람이 가는 길로 가게 되었노니 너는 힘써 대장부가 되고 네 하나님 여호와의 명령을 지켜 그 길로 행하여 그 법률과 계명과 율례와 증거를 모세의 율법에 기록된 대로 지키라 그리하면 네가 무엇을 하든지 어디로 가든지 형통할지라 여호와께서 내 일에 대하여 말씀하시기를 만일 네 자손들이 그들의 길을 삼가 마음을 다하고 성품을 다하여 진실히 내 앞에서 행하면 이스라엘 왕위에 오를 사람이 네게서 끊어지지 아니하리라 하신 말씀을 확실히 이루게 하시리라"(왕상 2:1~4)

다윗의 이 유언은 솔로몬에게 제사장 나라의 충성도를 높이라는 말입니다. 이스라엘의 '왕정 500년' 가운데 다윗의 통치 40년을 '다윗의 길'로 높이 평가하는 이유는 다윗이 제사장 나라의 밀도 높은 헌신을 이끌어냈기 때문입니다.

사울 등 많은 왕이 보여준 대로 왕정 제도는 치명적 결함을 가졌지만 다윗은 오히려 그 왕정을 도구로 삼아 '제사장 나라 충성도'를 높였습니다. 이후의 '여로보암의 길'과 대비되는 '다윗의 길'은 한마디로 '제사장 나라 길'입니다. 제사장 나라의 길은 크게 세 가지로 말할 수 있습니다.

첫째, '하나님의 용서'가 있는 길입니다.

"제사장은 여호와 앞에서 그를 위하여 속죄한즉 그는 무슨 허물이든지 사함을 받으리라"(레 6:7)

둘째, '이웃 사이에 나눔'이 있는 길입니다.

"너희가 너희의 땅에서 곡식을 거둘 때에 너는 밭 모퉁이까지 다 거두지 말고 네 떨어진 이삭도 줍지 말며 네 포도원의 열매를 다 따지 말며 네 포도원에 떨어진 열매도 줍지 말고 가난한 사람과 거류민을 위하여 버려두라 나는 너희의 하나님 여호와이니라"(레 19:9~10)

셋째, '민족 사이에 평화'가 있는 길입니다.

"내가 그 땅에 평화를 줄 것인즉 너희가 누울 때 너희를 두렵게 할 자가 없을 것이며 내가 사나운 짐승을 그 땅에서 제할 것이요 칼이 너희의 땅에 두루 행하지 아니할 것이며"(레 26:6)

다윗은 자신이 제사장 나라의 충성도를 높여 하나님께 큰 복을 받았다는 사실을 아들 솔로몬에게 유언으로 남기며 그 유언이 솔로몬의 비전이 되게 합니다.


● 네 번째 포인트
다윗은 솔로몬에게 '신앙적 유언'에 이어 '정치적 유언'을 합니다.


다윗의 신앙적 유언에 이은 정치적 유언은 솔로몬 집권 초기 현실 정치 극복을 위한 노하우였습니다.

다윗이 솔로몬에게 준 '정치적 유언'은 크게 두 가지였습니다.

첫째는 요압과 시므이를 징계하라는 것입니다. 먼저 요압에 관한 내용입니다.

"스루야의 아들 요압이 내게 행한 일 곧 이스라엘 군대의 두 사령관 넬의 아들 아브넬과 예델의 아들 아마사에게 행한 일을 네가 알거니와 그가 그들을 죽여 태평 시대에 전쟁의 피를 흘리고 전쟁의 피를 자기의 허리에 띤 띠와 발에 신은 신에 묻혔으니 네 지혜대로 행하여 그의 백발이 평안히 스올에 내려가지 못하게 하라"(왕상 2:5~6)

**쉽게 말해 기회를 봐서 요압을 죽이라는 말입니다.**

**다음은 시므이에 관한 내용입니다.**

"바후림 베냐민 사람 게라의 아들 시므이가 너와 함께 있나니 그는 내가 마하나임으로 갈 때에 악독한 말로 나를 저주하였느니라 그러나 그가 요단에 내려와서 나를 영접하므로 내가 여호와를 두고 맹세하여 이르기를 내가 칼로 너를 죽이지 아니하리라 하였노라 그러나 그를 무죄한 자로 여기지 말지어다 너는 지혜 있는 사람이므로 그에게 행할 일을 알지니 그의 백발이 피 가운데 스올에 내려가게 하라"(왕상 2:8~9)

**마찬가지로 시므이도 살려두지 말라는 것입니다.**

**둘째는 폭넓게 인재를 등용하라는 것입니다.**

"마땅히 길르앗 바르실래의 아들들에게 은총을 베풀어 그들이 네 상에서 먹는 자 중에 참여하게 하라 내가 네 형 압살롬의 낯을 피하여 도망할 때에 그들이 내게 나왔느니라"(왕상 2:7)

다윗의 정치적 유언은 다윗이 얼마나 월등한 정치인인지 드러내줍니다. 다윗 정도의 '시니어(senior) 정치인'은 요압과 시므이를 충분히 다룰 수 있지만 20세의 '주니어(junior) 정치인' 솔로몬에게 그들은 너무나 벅찬 상대입니다. 때문에 다윗이 솔로몬에게 그들을 손볼 수 있는 고도의 정치 기술을 알려준 것입니다. 이 정도 되었기에 다윗이 '성경과 고대 정치'의 주인공이 된 것입니다.

● 다섯 번째 포인트
솔로몬은 그의 정치 초반 3년 동안 다윗의 정치적 유언을 모두 실행합니다.

약 20세의 어린 왕 솔로몬이 아버지 다윗에게 배운 대로 정치 초반 3년 동안 월등한 정치를 펼칩니다. 그로 인해 이스라엘 모든 백성은 솔로몬의 연소함을 무시하지 않게 됩니다.

솔로몬이 초반 3년 동안 행한 정치입니다.

첫째, 솔로몬은 아도니야를 죽이며 왕정을 튼튼히 합니다. 아도니야의 죽음은 아도니야가 자초한 결과입니다. 아도니야가 밧세바에게 동정심을 얻어 수넴 여인 아비삭을 원했기 때문입니다.

"밧세바가 이르되 내가 한 가지 작은 일로 왕께 구하오니 내 청을 거절하지 마소서 왕이 대답하되 내 어머니여 구하소서 내가 어머니의 청을 거절하지 아니하리이다 이르되 청하건대 수넴 여자 아비삭을 왕의 형 아도니야에게 주어 아내로 삼게 하소서"(왕상 2:20~21)

그 일로 아도니야는 그날 죽임을 당합니다(왕상 2:24~25).

둘째, 솔로몬은 아도니야의 쿠데타를 함께 모의한 아비아달을 추방하며 왕정을 튼튼히 합니다. 솔로몬은 아비아달은 죽이지 않고 제사장직에서 파면하고 추방합니다.

"왕이 제사장 아비아달에게 이르되 네 고향 아나돗으로 가라 너는 마땅히 죽을 자이로되 네가 내 아버지 다윗 앞에서 주 여호와의 궤를 메었고 또 내 아버지가 모든 환난을 받을 때에 너도 환난을 받았은즉 내가 오늘 너를 죽이지 아니하노라 하고 아비아달을 쫓아내어 여호와의 제사장 직분을 파면하니 여호와께서 실로에서 엘리의 집에 대하여 하신 말씀을 응하게 함이더라"(왕상 2:26~27)

이로써 제사장 가문은 이다말로 이어진 엘리 가문이 몰락하고 엘르아살로 이어진 사독 가문으로 계승됩니다.

셋째, 솔로몬은 아도니야의 쿠데타를 함께 모의한 요압을 죽여 왕정을 튼튼히 합니다. 요압은 아도니야가 제단 뿔을 잡아 산 것처럼 자신도 그렇게 살기 위해 행동했으나 고의로 살인한 자에게는 도피성이나 제단 뿔을 잡는다 할지라도 피할 대상이 되지 않았습니다. 요압의 이 행동은 오히려 자신의 과거를 드러내는 행동이 되었고 솔로몬이 이를 계기로 요압을 죽입니다.

"그 소문이 요압에게 들리매 그가 여호와의 장막으로 도망하여 제단 뿔을 잡으니 이는 그가 다윗을 떠나 압살롬을 따르지 아니하였으나 아도니야를 따랐음이더라"(왕상 2:28)

넷째, 솔로몬은 개각을 통해 왕정을 튼튼히 합니다. 솔로몬은 브나야를 군사령관으로 임명합니다. 그리고 대제사장 이원 체제를 폐지하고 사독 제사장 일원 체제로 갑니다(왕상 2:35).

다섯째, 솔로몬은 시므이를 죽이고 왕정을 튼튼히 합니다. 솔로몬은 다윗의 유언을 받들어 처음에는 시므이에게 주거 제한을 조건으로 살려둡니다. 시므이는 베냐민 지파의 위험 인물로 언제든지 반체제 세력이 될 수 있었기 때문입니다. 그러다가 3년이 지난 시점에 시므이는 감시가 소홀한 것으로 착각하고 방심했다가 주거 제한 지역을 벗어남으로 솔로몬에게 죽게 됩니다.

"왕이 사람을 보내어 시므이를 불러서 이르되 내가 너에게 여호와를 두고 맹세하게 하고 경고하여 이르기를 너는 분명히 알라 네가 밖으로 나가서 어디든지 가는 날에는 죽임을 당하리라 하지 아니하였느냐 너도 내게 말하기를 내가 들은 말씀이 좋으니이다 하였거늘 네가 어찌하여 여호와를 두고 한 맹세와 내가 네게 이른 명령을 지키지 아니하였느냐 왕이 또 시므이에게 이르되 네가 네 마음으로 아는 모든 악 곧 내 아버지에게 행한 바를 네가 스스로 아나니 여호와께서 네 악을 네 머리로 돌려보내시리라 그러나 솔로몬 왕은 복을 받고 다윗의 왕위는 영원히 여호와 앞에서 견고히 서리라 하고 여호야다의 아들 브나야에게 명령하매 그가 나가서 시므이를 치니 그가 죽은지라 이에 나라가 솔로몬의 손에 견고하여지니라"(왕상 2:42~46)

약 20세의 나이에 왕위에 오른 솔로몬이 아버지 다윗에게 배운 정치 노하우(knowhow)로 이렇게 놀라운 정치력을 펼치며 이스라엘 백성들과 당시 고대 근동 주변국들을 깜짝 놀라게 했습니다.

**디저트 DESSERT**

모세의 뒤를 이어 여호수아가 이스라엘의 지도자가 되었듯이 다윗의 뒤를 이어 솔로몬이 이스라엘의 왕이 됩니다. 그리고 모세의 유언이 여호수아의 비전이 되었듯이 다윗의 유언이 솔로몬의 비전이 됩니다.

　이렇게 성경은 유언이 비전이 되는 이야기들로 가득합니다. 우리의 비전은 살아 계신 하나님의 말씀인 성경 전체 이야기에 있습니다.

# 113일
## 솔로몬의 지혜 (왕상 3~4장)

다윗이 청소년 시절, 골리앗 덕분에 핫(hot)해졌다면 솔로몬은 20대 초반에 '재판'으로 핫(hot)해집니다. 당시 '솔로몬의 재판'이 얼마나 센세이션(sensation)했는지 3,000년이 지난 지금까지도 솔로몬의 재판은 인류 역사상 최고의 판결로 여전히 유명세를 타고 있습니다.

......................................................................

......................................................................

......................................................................

......................................................................

 성경통독 BIBLETONGDOK

《일년일독 통독성경》 열왕기상 3~4장

 통通으로 숲이야기 ; 통숲 TONG OBSERVATION

● 첫 번째 포인트
솔로몬은 다윗의 정치적 유언에 이어 신앙적 유언을 실행합니다.

약 20세의 나이에 다윗으로부터 왕위를 물려받은 솔로몬은 집권 초기 3년 동안 아버지 다윗의 유언에 따라 어려운 국정 과제들을 모두 잘 해결해 나갔습니다. 솔로몬이 나이도 어리고 경험도 부족했음에도 이렇게 잘 헤쳐 나간 것은 다윗의 정치적 유언이 그만큼 탁월했기 때문입니다. 그런 면에서 솔로몬은 매우 러키(lucky)한 왕이었습니다. 또한 다윗 덕분에 당시 이스라엘의 국제적 위상이 실로 대단했기 때문입니다.

그 한 예가 바로 당시 고대 근동의 최강국 중 하나였던 애굽의 공주와 솔로몬이 혼인을 한 것입니다.

"솔로몬이 애굽의 왕 바로와 더불어 혼인 관계를 맺어 그의 딸을 맞이하고 다윗 성에 데려다가 두고 자기의 왕궁과 여호와의 성전과 예루살

렘 주위의 성의 공사가 끝나기를 기다리니라"(왕상 3:1)

이제 솔로몬은 아버지 다윗의 신앙적 유언을 실행하는 데 자신의 역량을 총집중합니다.

"내가 이제 세상 모든 사람이 가는 길로 가게 되었노니 너는 힘써 대장부가 되고 네 하나님 여호와의 명령을 지켜 그 길로 행하여 그 법률과 계명과 율례와 증거를 모세의 율법에 기록된 대로 지키라 그리하면 네가 무엇을 하든지 어디로 가든지 형통할지라 여호와께서 내 일에 대하여 말씀하시기를 만일 네 자손들이 그들의 길을 삼가 마음을 다하고 성품을 다하여 진실히 내 앞에서 행하면 이스라엘 왕위에 오를 사람이 네게서 끊어지지 아니하리라 하신 말씀을 확실히 이루게 하시리라"(왕상 2:2~4)

솔로몬 집권 초기까지는 아직 성전 건축 이전이었으므로 이스라엘 사람들은 산당에서 제사를 지내고 있었습니다.

"그 때까지 여호와의 이름을 위하여 성전을 아직 건축하지 아니하였으므로 백성들이 산당에서 제사하며 솔로몬이 여호와를 사랑하고 그의 아버지 다윗의 법도를 행하였으나 산당에서 제사하며 분향하더라"(왕상 3:2~3)

"제사장 사독과 그의 형제 제사장들에게 기브온 산당에서 여호와의 성막 앞에 모시게 하여 항상 아침 저녁으로 번제단 위에 여호와께 번제를

드리되 여호와의 율법에 기록하여 이스라엘에게 명령하신 대로 다 준행하게 하였고"(대상 16:39~40)

이렇게 예루살렘 성전 건축 이전에 백성들이 산당에서 하나님께 제사를 드리던 때에 솔로몬도 기브온 산당에서 하나님께 일천 번제를 드립니다.

"이에 왕이 제사하러 기브온으로 가니 거기는 산당이 큼이라 솔로몬이 그 제단에 일천 번제를 드렸더니"(왕상 3:4)

그러자 솔로몬의 꿈에 하나님께서 나타나십니다.

"기브온에서 밤에 여호와께서 솔로몬의 꿈에 나타나시니라 하나님이 이르시되 내가 네게 무엇을 줄꼬 너는 구하라"(왕상 3:5)

솔로몬이 다음과 같이 하나님께 기도합니다.

첫째, 솔로몬은 먼저 다윗 가문에 베푸신 하나님의 은혜에 감사합니다.

"솔로몬이 이르되 주의 종 내 아버지 다윗이 성실과 공의와 정직한 마음으로 주와 함께 주 앞에서 행하므로 주께서 그에게 큰 은혜를 베푸셨고 주께서 또 그를 위하여 이 큰 은혜를 항상 주사 오늘과 같이 그의 자리에 앉을 아들을 그에게 주셨나이다"(왕상 3:6)

둘째, 솔로몬은 자신의 연소함을 고백합니다.

"나의 하나님 여호와여 주께서 종으로 종의 아버지 다윗을 대신하여

왕이 되게 하셨사오나 종은 작은 아이라 출입할 줄을 알지 못하고"(왕상 3:7)

셋째, 솔로몬은 많은 주의 백성들을 재판할 수 있는 지혜를 구합니다. 재판은 왕의 역할 가운데 하나이면서 백성들에게는 직접적으로 와닿는 중요한 일이었습니다.

실제로 압살롬이 재판을 이용해 백성의 마음을 빼앗은 적도 있습니다(삼하 15:2~6).

"주께서 택하신 백성 가운데 있나이다 그들은 큰 백성이라 수효가 많아서 셀 수도 없고 기록할 수도 없사오니 누가 주의 이 많은 백성을 재판할 수 있사오리이까 듣는 마음을 종에게 주사 주의 백성을 재판하여 선악을 분별하게 하옵소서"(왕상 3:8~9)

이렇게 솔로몬은 자기의 뜻보다 하나님의 뜻을 더 소중히 여기는 기도를 드립니다.

"솔로몬이 이것을 구하매 그 말씀이 주의 마음에 든지라"(왕상 3:10)

그러자 솔로몬의 이 기도를 들으신 하나님께서는 기도의 응답으로 지혜뿐 아니라 부귀와 영광까지도 더해주십니다.

"내가 네 말대로 하여 네게 지혜롭고 총명한 마음을 주노니 네 앞에도 너와 같은 자가 없었거니와 네 뒤에도 너와 같은 자가 일어남이 없으리라 내가 또 네가 구하지 아니한 부귀와 영광도 네게 주노니 네 평생에

왕들 중에 너와 같은 자가 없을 것이라"(왕상 3:12~13)

"하나님이 솔로몬에게 지혜와 총명을 심히 많이 주시고 또 넓은 마음
을 주시되 바닷가의 모래 같이 하시니 솔로몬의 지혜가 동쪽 모든 사람
의 지혜와 애굽의 모든 지혜보다 뛰어난지라"(왕상 4:29~30)

여기에서 '지혜'는 히브리어로 '호크마(חָכְמָה)'입니다. 이는 지
식 그 자체를 의미한다기보다는 사물의 본질을 파악할 수 있는
능력이나 사리를 밝게 분별하는 능력을 의미합니다.

그리고 하나님께서는 솔로몬에게 '다윗의 길'로 나아갈 것을
요구하십니다.

"네가 만일 네 아버지 다윗이 행함 같이 내 길로 행하며 내 법도와 명령
을 지키면 내가 또 네 날을 길게 하리라"(왕상 3:14)

솔로몬이 기브온 산당에서 이렇게 하나님께 일천 번제를 드
리고 꿈에 하나님께 기도 응답을 받은 후 예루살렘의 언약궤 앞
에서 제사하고 감사의 잔치를 엽니다.

"솔로몬이 깨어 보니 꿈이더라 이에 예루살렘에 이르러 여호와의 언약
궤 앞에 서서 번제와 감사의 제물을 드리고 모든 신하들을 위하여 잔치
하였더라"(왕상 3:15)

● 두 번째 포인트

DNA 검사 확인보다 빠른 것이 '마음 확인'입니다.


솔로몬 정권 초기는 내부 권력 다툼으로 꽤 어수선했고 그 과정에서 많은 처형이 있었기에 사실 국민들 사이에서 솔로몬에게 그다지 우호적이지 않은 이들이 있었을 것입니다. 이때 솔로몬을 위한 반전 카드가 나오게 되는데 그것이 바로 역사적인(?) '솔로몬 재판'입니다. 이는 사울이 왕이 된 후 암몬의 길르앗 야베스 침략 사건(삼상 11:5~6)이 사울에게 상급이 된 것과, 다윗이 골리앗을 잡기 전 40일간 온 이스라엘이 두려워한 것(삼상 17:10~11)이 오히려 다윗에게 상급이 되었던 것과 마찬가지였습니다.

솔로몬 정권 초기 한 작은 동네에서 일어난 사건이 해결되지 못해 시간을 끌며 전국 사건으로 커지고 커져서 온 나라에 퍼졌습니다. 급기야 최대의 관심을 끄는 소문이 되었고 뒤숭숭한 상태에서 솔로몬 왕에게까지 넘어온 것입니다. 그런데 이 재판이 솔로몬에게 상급이 됩니다.

사건의 개요는 다음과 같습니다.

한 집에 살던 두 여인(창기)이 3일 간격으로 해산을 하고 한 여인이 자기 아이가 죽자, 다른 여인의 아이를 밤에 몰래 데려와 자기 아들인 체합니다. 그러자 서로 그 아이가 자기의 아이라고 주장하게 된 것입니다. 이 일이 커져 결국 온 나라의 초미의 관심이 되었고 솔로몬 왕이 직접 나서서 판결해야 되는 상황이 되었습니다.

이 사건이 만약 요즘 일어났다면 디엔에이(DNA) 검사를 통해 즉각 판결이 날 일입니다. 혹 다윗 때에 일어났더라도 다윗은 안정적인 나라를 이끌고 있었기 때문에 시간을 한 5년 정도 두고 그 아이가 자라면서 누구를 닮는지 지켜보면 되는 사건이었습니다.

그러나 이 사건이 발생한 시기는 20대 초반의 솔로몬이 과연 이 큰 나라를 잘 이끌 수 있을지 의구심을 가지고 백성들이 지켜보고 있는 어려운 상황이었기에 문제가 되었던 것입니다. 이때 솔로몬의 판결은 "산 아이를 둘로 나누어 반은 이 여자에게 주고 반은 저 여자에게 주라"는 것이었습니다(왕상 3:25). 솔로몬의 명령을 들은 호위병이 실제 손에 든 칼집에서 쓱~소리와 함께 칼을 뽑자 그 순간 한 여인이 놀라 소리 지르며 말합니다.

"그 산 아들의 어머니 되는 여자가 그 아들을 위하여 마음이 불붙는 것 같아서 왕께 아뢰어 청하건대 내 주여 산 아이를 그에게 주시고 아무쪼록 죽이지 마옵소서 하되 다른 여자는 말하기를 내 것도 되게 말고 네

것도 되게 말고 나누게 하라 하는지라 왕이 대답하여 이르되 산 아이를 저 여자에게 주고 결코 죽이지 말라 저가 그의 어머니이니라 하매"(왕상 3:26~27)

그 순간 모든 사람이 "와~!"하고 놀랍니다. 솔로몬의 "산 아이를 둘로 나누라."라는 이 말은 사실 자신의 호위병이 아닌 아이의 생모에게 한 말이었습니다.

분명 아이의 생모는 그 순간 '소유를 포기'해서 '생명을 살릴 것'이라는 사실을 솔로몬은 이미 파악한 것입니다. 지난 3년 동안 솔로몬은 칼로 죽이라는 말 한마디로 그 대단했던 아도니야도, 요압도, 시므이도 죽였습니다.

"여호야다의 아들 브니야에게 명령하매 그가 나가서 시므이를 치니 그가 죽은지라"(왕상 2:46)

이렇게 솔로몬의 말 한마디면 이스라엘 군대 130만 명이 언제든 칼을 뽑을 준비가 되어 있었습니다. 그러니 그 어머니가 얼마나 놀랐겠습니까? 과거 솔로몬의 아버지 다윗이 곰과 사자와 골리앗의 급소를 쳤듯이 다윗의 아들 솔로몬은 아이 생모의 '마음의 급소'를 친 것입니다. 이 솔로몬 재판으로 말미암아 솔로몬은 역시 다윗 아들이라는 '엄지 척'을 받게 됩니다.

"온 이스라엘이 왕이 심리하여 판결함을 듣고 왕을 두려워하였으니 이

는 하나님의 지혜가 그의 속에 있어 판결함을 봄이더라"(왕상 3:28)

역시 3,000년 동안 유명할 만한 '솔로몬의 재판'입니다.

● 세 번째 포인트
**솔로몬의 지혜로운 정무적 판단은 내각 운영을 통해 드러납니다.**

솔로몬은 재판 솜씨만큼이나 지혜로운 정무적 판단으로 내각을 운영합니다. 다윗의 뒤를 이은 솔로몬의 내각은 다음과 같습니다(왕상 4:1~8).

제사장은 아사리아, 사독, 아비아달 그리고 왕의 벗인 사붓입니다. 서기관은 엘리호렙, 아히야, 사관은 여호사밧, 군사령관은 브나야, 지방 관장 두령은 아사리아, 솔로몬 때 생긴 직책으로 궁내 대신은 아히살이었으며 노동 감독은 아도니람이었습니다. 그리고 솔로몬은 전국을 열두 개의 행정 구역으로 나누고 각 지방마다 관장을 두어 다스리게 했는데 이들은 지방 관장 두령인 아사리아의 지휘를 받았습니다.

솔로몬이 열두 지방 관장을 신설한 이유는 다음과 같습니다.

첫째, 세금 징수를 원활하게 하기 위함이었습니다.

솔로몬 때에는 매달 한 지방씩 왕실 재정을 부담했습니다. 백성들의 입장에서는 1년에 한 달만 왕실을 돌보고 나머지 열한 달은 마음껏 생업에 종사하면 되었기에 풍요로운 삶을 누릴 수 있었습니다.

"솔로몬의 하루의 음식물은 가는 밀가루가 삼십 고르요 굵은 밀가루가 육십 고르요 살진 소가 열 마리요 초장의 소가 스무 마리요 양이 백 마리이며 그 외에 수사슴과 노루와 암사슴과 살진 새들이었더라"(왕상 4:22~23)

"그 지방 관장들은 각각 자기가 맡은 달에 솔로몬 왕과 왕의 상에 참여하는 모든 자를 위하여 먹을 것을 공급하여 부족함이 없게 하였으며" (왕상 4:27)

둘째, 과거 지나친 지파별 구심점을 약화시키기 위함이었습니다.

셋째, 왕권 확립을 튼튼히 하고 중앙 정부의 통제를 효과적으로 하기 위함이었습니다. 그런데 여기에서 특이한 점은 열두 지방 가운데 유다 지파는 빠져 있다는 것입니다. 유다 지파는 아마도 왕실 직속 관리하에 두었겠지만 이는 이후에 남북 분열의 원인이 되었을 것입니다. 그리고 또 하나 특이한 점은 먼 지방에 솔로몬의 사위 2명을 관장으로 배치한 것입니다(왕상 4:11,15).

마지막으로 솔로몬 내각 명단에는 제사장이 가장 먼저 등장합니다. 이는 이스라엘이 제사장 나라임을 강조한 것입니다.

"그의 신하들은 이러하니라 사독의 아들 아사리아는 제사장이요"(왕상 4:2)

이처럼 솔로몬 내각의 면면을 보면 솔로몬이 얼마나 지혜로운 정무적 판단으로 내각을 운영했는지 알 수 있습니다.

● 네 번째 포인트
솔로몬의 초반 정치적 업적은 '개인 편차', '지역 편차', '민족 갈등'이 없다는 것입니다.

솔로몬 초기 시대를 표현한 역사적인 평가는 다음과 같습니다.

"솔로몬이 그 강 건너편을 딥사에서부터 가사까지 모두, 그 강 건너편의 왕을 모두 다스리므로 그가 사방에 둘린 민족과 평화를 누렸으니 솔로몬이 사는 동안에 유다와 이스라엘이 단에서부터 브엘세바에 이르기까지 각기 포도나무 아래와 무화과나무 아래에서 평안히 살았더라"(왕상 4:24~25)

이는 솔로몬 시대가 이스라엘 역사에서 가장 번영했던 시기였음을 보여줍니다. 솔로몬 시대는 한마디로 개인 편차 없이 '각기', 지역 편차 없이 '단에서 브엘세바에 이르기까지', 그리고 민족 간에 전쟁 없이 '사방에 둘린 민족과 평화'를 누린 시기였습니다. 솔로몬 시대의 풍요와 번영의 핵심은 다윗이 행했던 하나님의 공의와 정의, 그리고 솔로몬의 옳고 그른 것을 구별하는 지혜에 있었습니다.

솔로몬 시대를 좀 더 자세히 살펴보면 다음과 같습니다.

첫째, 솔로몬 시대에는 이스라엘의 번영이 있었습니다.

"유다와 이스라엘의 인구가 바닷가의 모래 같이 많게 되매 먹고 마시며 즐거워하였으며"(왕상 4:20)

둘째, 솔로몬 시대 때의 이스라엘은 튼튼한 나라, 조공을 받는 나라, 그리고 주변 민족 간에 평화를 이룬 나라였습니다.

"솔로몬이 그 강에서부터 블레셋 사람의 땅에 이르기까지와 애굽 지경에 미치기까지의 모든 나라를 다스리므로 솔로몬이 사는 동안에 그 나라들이 조공을 바쳐 섬겼더라"(왕상 4:21)

물론 솔로몬의 국제 관계는 국제 협력이었습니다.

"솔로몬의 모든 원대로 백향목 재목과 잣나무 재목을 주매 솔로몬이 히람에게 그의 궁정의 음식물로 밀 이만 고르와 맑은 기름 이십 고르를 주고 해마다 그와 같이 주었더라 여호와께서 그의 말씀대로 솔로몬에게 지혜를 주신 고로 히람과 솔로몬이 친목하여 두 사람이 함께 약조를 맺었더라"(왕상 5:10~12)

................................................................

................................................................

................................................................

................................................................

셋째, 솔로몬 시대에는 왕실과 이스라엘 백성들의 풍요가 있었습니다.

"솔로몬이 사는 동안에 유다와 이스라엘이 단에서부터 브엘세바에 이르기까지 각기 포도나무 아래와 무화과나무 아래에서 평안히 살았더라"(왕상 4:25)

넷째, 솔로몬 시대에는 막강한 군사력이 있었습니다.

"솔로몬의 병거의 말 외양간이 사만이요 마병이 만 이천 명이며"(왕상 4:26)

이 모든 일이 가능했던 것은 솔로몬의 초기 내각이 제사장 나라 행정의 공공성으로 성과를 내었기 때문입니다.


● 다섯 번째 포인트

솔로몬의 지혜는 인문, 사회, 자연과학 그 이상입니다.


"소문난 잔치에 먹을 것이 없다."라고들 말합니다. 대체로 소문이란 그만큼 과장이 들어갔다는 뜻입니다. 그런데 솔로몬의 소문을 듣고 이스라엘을 방문한 스바 여왕은 "솔로몬의 소문은 절반에도 못 미친다."라는 말을 남깁니다. 솔로몬의 실제가 소문보다 더하다는 것입니다.

왕께 말하되 내가 내 나라에서 당신의 행위와 당신의 지혜에 대하여 들은 소문이 사실이로다 내가 그 말들을 믿지 아니하였더니 이제 와서 친히 본즉 내게 말한 것은 절반도 못되니 당신의 지혜와 복이 내가 들은 소문보다 더하도다"(왕상 10:6~7)

소문보다 더한 솔로몬의 실제는 다음과 같습니다.

첫째, 솔로몬은 '가장 지혜로운 자'였습니다.

"솔로몬의 지혜가 동쪽 모든 사람의 지혜와 애굽의 모든 지혜보다 뛰어난지라 그는 모든 사람보다 지혜로워서 예스라 사람 에단과 마홀의 아들 헤만과 갈골과 다르다보다 나으므로 그의 이름이 사방 모든 나라에 들렸더라"(왕상 4:30~31)

둘째, 솔로몬의 저작은 잠언 3,000가지와 노래 1,005편에 이르렀습니다.

"그가 잠언 삼천 가지를 말하였고 그의 노래는 천다섯 편이며"(왕상 4:32)

셋째, 솔로몬은 인문, 사회과학은 물론 자연과학까지 섭렵한 지혜자였습니다.

"그가 또 초목에 대하여 말하되 레바논의 백향목으로부터 담에 나는 우슬초까지 하고 그가 또 짐승과 새와 기어다니는 것과 물고기에 대하여 말한지라"(왕상 4:33)

넷째, 솔로몬의 지혜를 배우기 위해 많은 사람이 방문할 정도였습니다.

"사람들이 솔로몬의 지혜를 들으러 왔으니 이는 그의 지혜의 소문을 들은 천하 모든 왕들이 보낸 자들이더라"(왕상 4:34)

어느 지혜로운 자라 할지라도 인간이 인문, 사회, 자연과학적 인과관계를 두루 다 섭렵하기는 쉽지가 않습니다. 그러므로 그 한계 때문에 '전문 분야'라는 것이 있습니다. 그런데 솔로몬은 하나님께서 창조 때 존재하게 하신 인과율의 관계를 깨우칠 수 있도록 허락하셨기에 이 모든 것이 가능했습니다. 때문에 예수님께서는 솔로몬을 예로 들어 다음과 같이 말씀하셨습니다.

"솔로몬의 모든 영광으로도 입은 것이 이 꽃 하나만 같지 못하였느니라"(마 6:29)

"심판 때에 남방 여왕이 일어나 이 세대 사람을 정죄하리니 이는 그가 솔로몬의 지혜로운 말을 들으려고 땅 끝에서 왔음이거니와 솔로몬보다 더 큰 이가 여기 있느니라"(마 12:42)

이는 그만큼 솔로몬이 하나님께서 주신 풍요를 누리며 살았다는 것입니다.

다윗에게 여러 아들이 있었지만 다윗의 뒤를 이은 것은 약 20세의 어린 솔로몬이었습니다.

약관(弱冠)의 나이에 온 이스라엘의 왕이 된 솔로몬은 많은 사람의 우려를 말끔히 씻으며 집권 초반 3년 동안 아버지 다윗의 유언을 실행함으로 놀라운 성공을 거둡니다. 이는 솔로몬이 아버지 다윗의 유언을 그의 비전으로 삼았기 때문입니다.

우리의 비전은 하나님의 말씀인 성경입니다.

# *114*일

## 1,000년 성전 개막 (왕상 5~7장)

솔로몬이 건축한 예루살렘 성전 건축은 다윗의 꿈이기도 했습니다. 다윗이 그 꿈을 꾸었고 솔로몬이 그 뜻을 계승하여서 예루살렘 성전 시대를 꽃피우게 한 것입니다.

"하나님이여 주는 하늘 위에 높이 들리시며 주의 영광이 온 세계 위에 높아지기를 원하나이다"(시 57:11)

이제 다윗의 유언대로 솔로몬이 온 세계 열방을 향한 성전을 완성합니다.

《일년일독 통독성경》 열왕기상 5~7장

통通으로 숲이야기 ; 통숲 TONG OBSERVATION

● 첫 번째 포인트

500년 '움직이는 성막(회막) 시대'가 종결되고 1,000년 '예루살렘 성전 시대'가 열립니다.

일찍이 하나님께서는 출애굽한 이스라엘 백성들과 제사를 통해 '거기서' 만날 것을 정하셨습니다.

> "내가 거기서 이스라엘 자손을 만나리니 내 영광으로 말미암아 회막이 거룩하게 될지라"(출 29:43)

그 후 하나님과 이스라엘의 만남인 장소인 성막(회막)은 500년 만에 시내산에서 여리고성으로, 기럇여아림으로, 그리고 오벧에돔의 집을 지나 마침내 예루살렘에 도착했습니다. 다윗 시대의 준비를 통해 이제 솔로몬 시대에 성전 건축이 시작됩니다. 이는 500년 동안의 '움직이는 성막 시대'를 종결하고 1,000년 '예루살렘 성전 시대'를 여는 것으로 이스라엘의 역사에서 매우 중요한 사건이 됩니다.

솔로몬은 18만 3,300명의 인원을 동원하여 국제적인 규모의 성전 건축을 시작합니다. 솔로몬은 아버지 다윗 때부터 이어왔던 우호 관계를 기반으로 두로 왕 히람으로부터 막대한 물자도 제공받습니다.

드디어 7년의 긴 공사 끝에 하나님의 성전이 완성됩니다. 성전이 세워짐으로 말미암아 시온성, 곧 예루살렘은 이스라엘의 정치적 수도일 뿐 아니라 종교적인 성지로 온 이스라엘의 중심 도시가 됩니다. 예루살렘의 성전 중심 사상은 이후 바벨론 포로 시대에도 지속되어 이스라엘 민족의 고향으로 남게 됩니다.

● 두 번째 포인트
**이스라엘과 두로가 성전 건축과 관련해 국제 협약을 맺습니다.**

이미 언급했듯이 솔로몬은 아버지 다윗 때부터 우호적 관계를 가져오던 두로와 성전 건축과 관련하여 협약을 맺습니다.

두로에 대해서는 지난 [103일] '1,000년의 정치 의제' 편에서 자세히 설명한 바 있습니다. 페니키아의 한 도시국가인 두로와 이스라엘이 예루살렘 성전 건축을 위해 맺은 국제 협약의 체결

과정입니다.

첫째, 두로가 솔로몬 즉위 축하 사절단을 보내자 솔로몬이 그들에게 다윗의 오랜 꿈을 이야기하면서 또한 자신의 계획을 밝힙니다.

"솔로몬이 기름 부음을 받고 그의 아버지를 이어 왕이 되었다 함을 두로 왕 히람이 듣고 그의 신하들을 솔로몬에게 보냈으니 이는 히람이 평생에 다윗을 사랑하였음이라"(왕상 5:1)

"당신도 알거니와 내 아버지 다윗이 사방의 전쟁으로 말미암아 그의 하나님 여호와의 이름을 위하여 성전을 건축하지 못하고 여호와께서 그의 원수들을 그의 발바닥 밑에 두시기를 기다렸나이다 이제 내 하나님 여호와께서 내게 사방의 태평을 주시매 원수도 없고 재앙도 없도다 여호와께서 내 아버지 다윗에게 하신 말씀에 내가 너를 이어 네 자리에 오르게 할 네 아들 그가 내 이름을 위하여 성전을 건축하리라 하신 대로 내가 내 하나님 여호와의 이름을 위하여 성전을 건축하려 하오니"
(왕상 5:3~5)

둘째, 솔로몬이 두로 왕 히람에게 건축 자재와 기술자를 요청합니다.

"당신은 명령을 내려 나를 위하여 레바논에서 백향목을 베어내게 하소서 내 종과 당신의 종이 함께 할 것이요 또 내가 당신의 모든 말씀대로

..................................................................................
..................................................................................
..................................................................................
..................................................................................

당신의 종의 삯을 당신에게 드리리이다 당신도 알거니와 우리 중에는
시돈 사람처럼 벌목을 잘하는 자가 없나이다"(왕상 5:6)

솔로몬이 두로에 건축 자재와 기술자를 요청한 이유는 이스
라엘은 나무가 별로 없는 광야 지대가 많고 농경 및 축산 중심 산
업으로 건축 기술이 부족했기 때문입니다. 두로는 백향목, 잣나
무 등 좋은 나무들이 많아 건축하는 기술과 함께 국제 무역을 위
해 배를 짓는 기술 또한 탁월했습니다. 때문에 그들의 도움이 절
대적으로 필요했습니다. 그리고 건축 재료와 기술을 갖춘 두로
의 왕은 오래전부터 다윗 왕과 친분을 맺고 있었습니다.

"두로 왕 히람이 다윗에게 사절들과 백향목과 목수와 석수를 보내매
그들이 다윗을 위하여 집을 지으니"(삼하 5:11)

또한 두로는 농산물을 수확할 경작지가 부족해 식량 공급을
수입에 의존하고 있었기에 두로 쪽에서도 이스라엘의 도움이 필
요했습니다.

"내 종이 레바논에서 바다로 운반하겠고 내가 그것을 바다에서 뗏목으
로 엮어 당신이 지정하는 곳으로 보내고 거기서 그것을 풀리니 당신은
받으시고 내 원을 이루어 나의 궁정을 위하여 음식물을 주소서 하고 솔
로몬의 모든 원대로 백향목 재목과 잣나무 재목을 주매 솔로몬이 히람
에게 그의 궁정의 음식물로 밀 이만 고르와 맑은 기름 이십 고르를 주

고 해마다 그와 같이 주었더라 여호와께서 그의 말씀대로 솔로몬에게 지혜를 주신 고로 히람과 솔로몬이 친목하여 두 사람이 함께 약조를 맺었더라"(왕상 5:9~12)

셋째, 이스라엘이 두로와의 협력을 시작합니다. 이스라엘은 두로로부터 자재를 수급합니다. 백향목과 잣나무 등의 목재는 레바논에서 육로로 이동 후 뗏목으로 바닷길을 이용하여 욥바에 도착한 후 예루살렘으로 이동시켰습니다. 이 일을 위해 이스라엘 사람들이 두로까지 가서 두로 사람들의 도움을 받았습니다.

"우리가 레바논에서 당신이 쓰실 만큼 벌목하여 떼를 엮어 바다에 띄워 욥바로 보내리니 당신은 재목들을 예루살렘으로 올리소서 하였더라"(대하 2:16)

그리고 이스라엘은 두로에 식량을 공급해주었습니다.


● 세 번째 포인트
성막 제작의 헌신자는 브살렐과 오홀리압이었고, 예루살렘 성전 건축의 헌신자는 아도니람과 히람입니다.


500년 전 시내산에서 성막을 제작할 때에는 브살렐과 오홀리압이 성막 제작에 중요 책임자들이 되어 헌신했습니다.

"내가 유다 지파 훌의 손자요 우리의 아들인 브살렐을 지명하여 부르고 하나님의 영을 그에게 충만하게 하여 지혜와 총명과 지식과 여러 가지 재주로 정교한 일을 연구하여 금과 은과 놋으로 만들게 하며 보석을 깎아 물리며 여러 가지 기술로 나무를 새겨 만들게 하리라 내가 또 단 지파 아히사막의 아들 오홀리압을 세워 그와 함께 하게 하며 지혜로운 마음이 있는 모든 자에게 내가 지혜를 주어 그들이 내가 네게 명령한 것을 다 만들게 할지니"(출 31:2~6)

이제는 1,000년을 이어갈 예루살렘 성전 건축을 위하여 아도니람과 히람이 성전 건축에 중요 책임자들이 되어 헌신합니다. 특히 아도니람(하도람)은 성전 건축의 총책임 감독이 됩니다(왕상 4:6). 아도니람은 다윗, 솔로몬, 그리고 르호보암 때까지 3대에 걸쳐 등용되는 인재였습니다.

예루살렘 성전 건축에 동원된 인력은 총인원 18만 3,300명이었습니다. 두로의 레바논에서 일하는 사람은 3만 명으로 그들은 한 달은 레바논으로 파견되고 두 달은 휴식을 취했습니다. 그리고 짐꾼은 연인원 7만 명이었고 돌 뜨는 사람은 8만 명이었습니다. 그리고 중간 감독 관리는 3,300명이었습니다.

솔로몬은 예루살렘 성전 건축을 위한 목재는 두로 레바논의 것을 사용했지만 석재 자재는 이스라엘에서 조달했을 것입니다.

다행히 이스라엘은 석회암 지대가 있어 그곳에서 돌을 구할 수 있었습니다. 때문에 돌을 다루는 기술도 탁월했습니다. 또한 돌을 다듬는 데에는 이 방면의 월등한 기술자들인 두로의 기술자들과 그발 사람들이 힘을 더했습니다.

> "이에 왕이 명령을 내려 크고 귀한 돌을 떠다가 다듬어서 성전의 기초석으로 놓게 하매 솔로몬의 건축자와 히람의 건축자와 그발 사람이 그 돌을 다듬고 성전을 건축하기 위하여 재목과 돌들을 갖추니라"(왕상 5:17~18)

> "이 성전은 건축할 때에 돌을 그 뜨는 곳에서 다듬고 가져다가 건축하였으므로 건축하는 동안에 성전 속에서는 방망이나 도끼나 모든 철 연장 소리가 들리지 아니하였으며"(왕상 6:7)

예루살렘 성전 건축의 기초석이 놓인 곳은 아브라함과 이삭이 '모리아산 번제'를 드린 곳이었습니다. 그리고 그곳은 다윗이 제단을 쌓은 '아라우나의 타작마당'이기도 했습니다. 한편 성막 제작 때에 브살렐이 오홀리압과 협력했다면 예루살렘 성전 건축 때에는 아도니람이 히람과 협력했습니다.

두로 왕 히람과 동명이인(同名異人)인 놋쇠 대장장이 히람은 성전 기구들을 만들기 위해 두로 왕 히람에게 요청하여 데려온 놋쇠 기술자였습니다. 히람(후람)의 아버지는 두로 사람이었고 어머니는 납달리 지파의 과부였습니다.

> "솔로몬 왕이 사람을 보내어 히람을 두로에서 데려오니 그는 납달리 지파 과부의 아들이요 그의 아버지는 두로 사람이니 놋쇠 대장장이라 이 히람은 모든 놋 일에 지혜와 총명과 재능을 구비한 자이더니 솔로몬 왕에게 와서 그 모든 공사를 하니라"(왕상 7:13~14)

당시 놋은 이스라엘에서 구하기 힘든 값비싼 금속이었습니다. 다윗이 아람의 소바 왕 하닷에셀에게 승리하고 얻은 전리품이 이때 사용되었을 것입니다.

> "다윗이 하닷에셀의 신하들이 가진 금 방패를 빼앗아 예루살렘으로 가져오고 또 하닷에셀의 성읍 디브핫과 군에서 심히 많은 놋을 빼앗았더니 솔로몬이 그것으로 놋대야와 기둥과 놋그릇들을 만들었더라"(대상 18:7~8)

히람의 기술로 성전의 주랑 앞에 세운 두 개의 놋 기둥인 야긴과 보아스 그리고 바다, 놋 받침, 놋 물두멍과 기타 여러 성전 기구들이 제작되었습니다.

> "히람이 또 물두멍과 부삽과 대접들을 만들었더라 이와 같이 히람이 솔로몬 왕을 위하여 여호와의 전의 모든 일을 마쳤으니"(왕상 7:40)

> "기구가 심히 많으므로 솔로몬이 다 달아보지 아니하고 두었으니 그 놋 무게를 능히 측량할 수 없었더라"(왕상 7:47)

● 네 번째 포인트

하나님의 시선은 성전을 짓고 있는 솔로몬의 마음에 있습니다.

예루살렘 성전 건축 공사는 외부 공사에서 내부 공사 순서로 진행되었습니다. 먼저 자재 준비 기간을 끝내고 본격적인 성전 외부 공사에 들어갔습니다. 그리고 성전 건축의 시작은 출애굽부터 연수를 계산하여 밝힙니다. 이는 모세 때 만들어진 성막에서 성전으로 하나님의 임재가 이동되었음을 밝힌 것입니다.

"이스라엘 자손이 애굽 땅에서 나온 지 사백팔십 년이요 솔로몬이 이스라엘 왕이 된 지 사 년 시브월 곧 둘째 달에 솔로몬이 여호와를 위하여 성전 건축하기를 시작하였더라"(왕상 6:1)

성전 외부 공사는 모세의 율법을 기반으로 철 연장 소리도 나지 않게 채석장이나 벌목장에서 완벽하게 만들어 와서 끼우기만 했습니다.

"또 거기서 네 하나님 여호와를 위하여 제단 곧 돌단을 쌓되 그것에 쇠 연장을 대지 말지니라"(신 27:5)

"이 성전은 건축할 때에 돌을 그 뜨는 곳에서 다듬고 가져다가 건축하였으므로 건축하는 동안에 성전 속에서는 방망이나 도끼나 모든 철 연장 소리가 들리지 아니하였으며"(왕상 6:7)

성전 외부 공사에 이은 내부 공사는 성전의 안벽, 지성소, 성소, 그룹들, 바닥, 안뜰 등이었습니다.

"그 내소의 안은 길이가 이십 규빗이요 너비가 이십 규빗이요 높이가 이십 규빗이라 정금으로 입혔고 백향목 제단에도 입혔더라"(왕상 6:20)

솔로몬은 성전 안 제단까지도 정성껏 금으로 입혔습니다.

"온 성전을 금으로 입히기를 마치고 내소에 속한 제단의 전부를 금으로 입혔더라"(왕상 6:22)

성전 안뜰은 바깥뜰도 있음을 시사합니다. 성전 바깥뜰은 여인의 뜰, 이스라엘의 뜰, 이방인의 뜰 등으로 추측됩니다.

"또 주의 백성 이스라엘에 속하지 아니한 자 곧 주의 이름을 위하여 먼 지방에서 온 이방인이라도 그들이 주의 크신 이름과 주의 능한 손과 주의 펴신 팔의 소문을 듣고 와서 이 성전을 향하여 기도하거든"(왕상 8:41~42)

이렇게 성전의 외부와 내부 공사가 한창일 때 하나님께서 솔로몬에게 나타나 말씀하십니다. 성전 건축에 대한 칭찬과 함께 '다윗과 맺으신 언약'을 솔로몬에게 상기시키십니다(삼하 7:13~16, 왕상 6:12~13).

이는 하나님의 시선이 성전 건축을 넘어 그 이상 성전을 건축하는 솔로몬의 '마음'에 더 집중하고 계심을 보여주신 것입니다.

.......................................................

.......................................................

.......................................................

.......................................................

하나님께는 눈에 보이는 건물보다 그 마음에 따르는 행함이 더 중요하기 때문입니다.

● 다섯 번째 포인트
역사 속 성전 건축은 두 번은 설계도대로 그리고 한 번은 정치적으로 건축됩니다.

솔로몬의 예루살렘 성전 건축은 그의 아버지 다윗이 건네준 설계도대로 실행되었습니다.

" 다윗이 성전의 복도와 그 집들과 그 곳간과 다락과 골방과 속죄소의 설계도를 그의 아들 솔로몬에게 주고"(대상 28:11)

다윗이 준비하고 솔로몬이 건축한 예루살렘 성전은 7년여 만에 완공됩니다.

"넷째 해 시브월에 여호와의 성전 기초를 쌓았고 열한째 해 불월 곧 여덟째 달에 그 설계와 식양대로 성전 건축이 다 끝났으니 솔로몬이 칠년 동안 성전을 건축하였더라"(왕상 6:37~38)

예루살렘 성전 건축 기간이 생각보다 적게 걸린 이유는 다음과 같습니다.

첫째, 하나님께서 주신 설계도가 있었습니다.

"다윗이 이르되 여호와의 손이 내게 임하여 이 모든 일의 설계를 그려 나에게 알려 주셨느니라"(대상 28:19)

### 둘째, 다윗의 준비가 완벽했습니다.

"내가 이미 내 하나님의 성전을 위하여 힘을 다하여 준비하였나니"(대상 29:2)

### 셋째, 공사 기간 전 모든 자재 준비가 완료되었습니다.

"솔로몬의 건축자와 히람의 건축자와 그발 사람이 그 돌을 다듬고 성전을 건축하기 위하여 재목과 돌들을 갖추니라"(왕상 5:18)

### 넷째, 이스라엘 백성들의 전방위적 협력이 있었습니다.

"제사장과 레위 사람의 반이 있으니 하나님의 성전의 모든 공사를 도울 것이요 또 모든 공사에 유능한 기술자가 기쁜 마음으로 너와 함께 할 것이요 또 모든 지휘관과 백성이 온전히 네 명령 아래에 있으리라"(대상 28:21)

### 다섯째, 공사 인원이 일시에 함께 일했습니다.

"이 외에 그 사역을 감독하는 관리가 삼천삼백 명이라 그들이 일하는 백성을 거느렸더라"(왕상 5:16)

### 여섯째, 하나님께서 주신 설계도에 의하면 성전 규모가 크지 않았습니다.

"솔로몬 왕이 여호와를 위하여 건축한 성전은 길이가 육십 규빗이요

..................................................................................................

..................................................................................................

..................................................................................................

..................................................................................................

너비가 이십 규빗이요 높이가 삼십 규빗이며"(왕상 6:2)

그런데 이렇게 건축된 솔로몬 성전은 B.C.586년에 바벨론 제국의 군인들에 의해 파괴됩니다.

"바벨론 왕 느부갓네살의 열아홉째 해 오월 칠일에 바벨론 왕의 신복 시위대장 느부사라단이 예루살렘에 이르러 여호와의 성전과 왕궁을 불사르고 예루살렘의 모든 집을 귀인의 집까지 불살랐으며"(왕하 25:8~9)

그리고 바벨론 제국에 의해 불타버린 예루살렘 성전은 하나님께서 주신 설계도대로 70년 만에 포로에서 돌아온 백성들에 의해 또 한 번 '스룹바벨 성전'으로 재건됩니다.

"선지자들 곧 선지자 학개와 잇도의 손자 스가랴가 이스라엘의 하나님의 이름으로 유다와 예루살렘에 거주하는 유다 사람들에게 예언하였더니 이에 스알디엘의 아들 스룹바벨과 요사닥의 아들 예수아가 일어나 예루살렘에 있던 하나님의 성전을 다시 건축하기 시작하매 하나님의 선지자들이 함께 있어 그들을 돕더니"(스 5:1~2)

이후 스룹바벨 성전의 증축인 '헤롯 성전'은 헤롯이 자기의 정치적 목적을 위해 외부 공사를 거창하게, 그러나 내부 공사는 적당히 증축합니다.

"유대인들이 이르되 이 성전은 사십육 년 동안에 지었거늘 네가 삼 일

동안에 일으키겠느냐 하더라"(요 2:20)

이처럼 역사 속의 예루살렘 성전은 솔로몬 때 건축되고 B.C.586년에 바벨론 제국에 의해 파괴된 '솔로몬 성전', 웅장함과 우아함에 있어 솔로몬 성전을 능가하지 못했지만 바벨론 포로에서 돌아온 재건세대에 의해 지어진 '스룹바벨 성전', 헤롯이 증축하기 시작하여 A.D.64년에 완공한, 그러나 A.D.70년 로마의 티투스 장군에 의해 파괴된 '헤롯 성전'이 있었습니다.

**디저트** DESSERT

솔로몬은 성전 건축에 최선을 다하기 위해 두로의 최고의 놋쇠 기술자인 히람까지 초빙했습니다. 히람이 성전 구석구석, 작은 소품까지도 최고의 솜씨로 만들어내면서 성전 건축이 완전히 마무리 단계에 이릅니다.

성막을 만들 때는 오홀리압과 브살렐이 있었듯이 성전을 지을 때는 아도니람과 두로 사람 히람이 있었습니다. 그들의 지혜와 수고가 없었다면 성막이든 성전이든 완성되는 데 더 많은 시일이 걸리고 완성도도 떨어졌을 것입니다.

모든 사람은 각자 다 자신만의 소중한 달란트가 있습니다. 그 달란트를 어떻게 사용하느냐에 따라 결과가 하늘과 땅만큼이나 차이가 납니다.

하나님께서 나에게 주신 귀한 달란트를 주를 위하여 어떻게 사용하면 좋을지 깊이 생각하고 오홀리압과 브살렐처럼, 아도니람과 히람처럼 멋지게 사용하는 그리스도인이 되기를 꿉니다.

......................................................................................................................

......................................................................................................................

......................................................................................................................

......................................................................................................................

# 115일

세계 정치 선언 기도 : 성전 낙성식 (왕상 8장)

제사장들이 완공된 예루살렘 성전 안에 법궤(언약궤)를 안치하고 나올 때 구름이 예루살렘 성전에 가득했습니다. 하나님의 영광이 그곳에 가득했던 것입니다. 그러자 솔로몬이 이스라엘 백성들을 대표하여 하나님께 기도를 드립니다.

솔로몬 기도의 핵심은 성전을 통해 열방이 하나님께 돌아오기를 원한다는 것입니다. 솔로몬은 온 세계 열방이 하나님의 뜻을 알아가는 데에 예루살렘 성전이 쓰일 것이며 이스라엘 백성들은 그 일을 책임과 사명으로 인식하겠다고 선언합니다.

설계도에 따라 정성을 들여 준공한 성전이지만 눈에 보이는 형식과 건축물 그 자체보다도 그것을 통해 삶 가운데 채워질 내용이 더 중요하다는 사실을 고백한 것입니다.

## 성경통독 BIBLETONGDOK

《일년일독 통독성경》 열왕기상 8장

## 통通으로 숲이야기 ; 통숲 TONG OBSERVATION

● 첫 번째 포인트
움직이는 성막 500년 동안 법궤의 이동 경로에는 시내산에서부터 예루살렘까지 열 개의 이야기가 들어 있습니다.

하나님께서 지정하신 만남의 장소 '거기서'는 시내산에서 시작하여 500년 만에 예루살렘 성전으로 이어집니다.

'예루살렘 성전 1,000년' 이전에 '움직이는 성막 500년'을 정리하면 다음과 같습니다.

첫째, 모세 때 법궤가 제작됩니다.

"거기서 내가 너와 만나고 속죄소 위 곧 증거궤 위에 있는 두 그룹 사이

........................................................................................

........................................................................................

........................................................................................

........................................................................................

에서 내가 이스라엘 자손을 위하여 네게 명령할 모든 일을 네게 이르리라"(출 25:22)

둘째, 법궤는 광야 생활 40년 동안 이스라엘 백성들과 함께했습니다.

"구름이 성막에서 떠오르는 때에는 이스라엘 자손이 곧 행진하였고 구름이 머무는 곳에 이스라엘 자손이 진을 쳤으니"(민 9:17)

셋째, 이스라엘의 제사장들은 법궤를 메고 요단강을 건너 가나안으로 들어갔습니다.

"여호와의 언약궤를 멘 제사장들은 요단 가운데 마른 땅에 굳게 섰고 그 모든 백성이 요단을 건너기를 마칠 때까지 모든 이스라엘은 그 마른 땅으로 건너갔더라"(수 3:17)

넷째, 법궤는 가나안에 도착한 이후 맨 처음 '길갈'에 모셔집니다.

"여호수아가 요단에서 가져온 그 열두 돌을 길갈에 세우고 이스라엘 자손들에게 말하여 이르되 후일에 너희의 자손들이 그들의 아버지에게 묻기를 이 돌들은 무슨 뜻이니이까 하거든 너희는 너희의 자손들에게 알게 하여 이르기를 이스라엘이 마른 땅을 밟고 이 요단을 건넜음이라"(수 4:20~22)

다섯째, 이스라엘의 제사장들은 법궤를 메고 여리고성을 점령합니다.

"제사장 일곱은 양각 나팔 일곱을 잡고 여호와의 궤 앞에서 계속 행진
하며 나팔을 불고 무장한 자들은 그 앞에 행진하며 후군은 여호와의 궤
뒤를 따르고 제사장들은 나팔을 불며 행진하니라"(수 6:13)

**여섯째, 실로에 모셔져 있던 법궤를 홉니와 비느하스에 의해
블레셋에게 빼앗기게 됩니다.**

"여호와의 언약궤를 실로에서 우리에게로 가져다가 우리 중에 있게 하
여 그것으로 우리를 우리 원수들의 손에서 구원하게 하자 하니"(삼상
4:3)

**일곱째, 벧세메스의 소가 끄는 수레에 실려 법궤는 블레셋에
서 기럇여아림으로 돌아오게 됩니다.**

"궤가 기럇여아림에 들어간 날부터 이십 년 동안 오래 있은지라 이스
라엘 온 족속이 여호와를 사모하니라"(삼상 7:2)

**여덟째, 다윗은 법궤를 기럇여아림에서 예루살렘으로 옮겨
오려 했으나 웃사의 죽음으로 법궤가 오벧에돔의 집에 머물게
됩니다.**

"그 날에 다윗이 하나님을 두려워하여 이르되 내가 어떻게 하나님의
궤를 내 곳으로 오게 하리요 하고 다윗이 궤를 옮겨 자기가 있는 다윗
성으로 메어들이지 못하고 그 대신 가드 사람 오벧에돔의 집으로 메어

가니라 하나님의 궤가 오벧에돔의 집에서 그의 가족과 함께 석 달을 있으니라 여호와께서 오벧에돔의 집과 그의 모든 소유에 복을 내리셨더라"(대상 13:12~14)

**아홉째, 법궤가 오벧에돔의 집에서 다시 다윗의 노래와 함께 예루살렘으로 모셔집니다.**

"하나님의 궤를 메고 들어가서 다윗이 그것을 위하여 친 장막 가운데에 두고 번제와 화목제를 하나님께 드리니라"(대상 16:1)

**열 번째, 솔로몬의 성전 건축으로 법궤가 마침내 예루살렘 성전 안 지성소로 들어가게 됩니다.**

"여호와의 궤와 회막과 성막 안의 모든 거룩한 기구들을 메고 올라가되 제사장과 레위 사람이 그것들을 메고 올라가매 솔로몬 왕과 그 앞에 모인 이스라엘 회중이 그와 함께 그 궤 앞에 있어 양과 소로 제사를 지냈으니 그 수가 많아 기록할 수도 없고 셀 수도 없었더라"(왕상 8:4~5)

이 열 가지 이야기가 '움직이는 성막 500년'의 역사입니다.


● 두 번째 포인트

**성막 봉헌 때에도, 성전 봉헌 때에도 구름이 덮이고 하나님의 영광이 충만합니다.**

.............................................................................................

.............................................................................................

.............................................................................................

.............................................................................................

마침내 법궤가 예루살렘 성전 안 지성소에 안치되자 예루살렘 성전 건축의 완성이 선포되고 낙성식이 시작됩니다. 이는 '움직이는 성막 500년'의 종료이자 '예루살렘 성전 1,000년'의 시작입니다.

예루살렘 성전 건축 준비를 위해 다윗 왕은 이스라엘의 모든 대표를 예루살렘에 소집하고 뜻을 밝힌 적이 있습니다.

"다윗이 이스라엘 모든 고관들 곧 각 지파의 어른과 왕을 섬기는 반장들과 천부장들과 백부장들과 및 왕과 왕자의 모든 소유와 가축의 감독과 내시와 장사와 모든 용사를 예루살렘으로 소집하고 이에 다윗 왕이 일어서서 이르되 나의 형제들, 나의 백성들아 내 말을 들으라 나는 여호와의 언약궤 곧 우리 하나님의 발판을 봉안할 성전을 건축할 마음이 있어서 건축할 재료를 준비하였으나"(대상 28:1~2)

그런데 이제는 솔로몬이 법궤를 예루살렘 성전 안 지성소에 모시기 위해 다윗처럼 이스라엘의 모든 대표를 예루살렘에 소집합니다.

"이에 솔로몬이 여호와의 언약궤를 다윗 성 곧 시온에서 메어 올리고자 하여 이스라엘 장로와 모든 지파의 우두머리 곧 이스라엘 자손의 족장들을 예루살렘에 있는 자기에게로 소집하니"(왕상 8:1)

솔로몬은 이스라엘의 대표들과 함께 법궤 안치를 위한 시기를 7월로 결정했습니다(왕상 8:2). 이때는 1년 세 차례 여호와의 이름을 두려고 택하신 곳에 모여야 할 절기 중 하나인 초막절, 즉 수확의 절기였습니다.

드디어 모세의 율법대로 법궤를 성전 안으로 옮깁니다.

"여호와의 궤와 회막과 성막 안의 모든 거룩한 기구들을 메고 올라가되 제사장과 레위 사람이 그것들을 메고 올라가매"(왕상 8:4)

그러자 그곳에 하나님께서 임재하십니다.

"제사장이 성소에서 나올 때에 구름이 여호와의 성전에 가득하매 제사장이 그 구름으로 말미암아 능히 서서 섬기지 못하였으니 이는 여호와의 영광이 여호와의 성전에 가득함이었더라"(왕상 8:10~11)

이는 성막 봉헌 때에 임하셨던 하나님께서 법궤의 성전 안치를 허락하신 표징이었습니다.

"구름이 회막에 덮이고 여호와의 영광이 성막에 충만하매 모세가 회막에 들어갈 수 없었으니 이는 구름이 회막 위에 덮이고 여호와의 영광이 성막에 충만함이었으며"(출 40:34~35)

시내산에서의 성막 봉헌 때에도 구름이 덮이고 예루살렘 성전 봉헌 때에도 구름이 덮이며 두 번 다 하나님의 영광이 그곳에 충만했습니다.

솔로몬의 성전 낙성식 기도는 '열방을 향한 세계 정치 성명서'입니다.

역사적인 솔로몬의 예루살렘 성전 낙성식 예식입니다. 먼저 솔로몬이 그곳에 모인 모든 사람에게 인사말을 합니다.

"내 아버지 다윗이 이스라엘의 하나님 여호와의 이름을 위하여 성전을 건축할 마음이 있었더니 여호와께서 내 아버지 다윗에게 이르시되 네가 내 이름을 위하여 성전을 건축할 마음이 있으니 이 마음이 네게 있는 것이 좋도다 그러나 너는 그 성전을 건축하지 못할 것이요 네 몸에서 낳을 네 아들 그가 내 이름을 위하여 성전을 건축하리라 하시더니 이제 여호와께서 말씀하신 대로 이루시도다"(왕상 8:17~20)

그리고 솔로몬은 이스라엘의 시작은 출애굽이라고 선언합니다.

"내가 내 백성 이스라엘을 애굽에서 인도하여 낸 날부터 내 이름을 둘만한 집을 건축하기 위하여 이스라엘 모든 지파 가운데에서 아무 성읍도 택하지 아니하고 다만 다윗을 택하여 내 백성 이스라엘을 다스리게 하였노라"(왕상 8:16)

이제 예루살렘 성전 낙성식의 하이라이트(highlight)인 '솔로몬의 기도'가 이어집니다. 솔로몬의 이 기도는 솔로몬 지혜의 극치입니다. 그리고 이는 솔로몬의 세계 정치 성명서입니다.

첫째, 솔로몬은 '맹세의 기도'를 드립니다.

"만일 어떤 사람이 그 이웃에게 범죄함으로 맹세시킴을 받고 그가 와서 이 성전에 있는 주의 제단 앞에서 맹세하거든 주는 하늘에서 들으시고 행하시되 주의 종들을 심판하사 악한 자의 죄를 정하여 그 행위대로 그 머리에 돌리시고 의로운 자를 의롭다 하사 그의 의로운 바대로 갚으시옵소서"(왕상 8:31~32)

둘째, 솔로몬은 레위기 26장의 제사장 나라 경영 3단계의 징계인 '포로의 기도'를 드립니다.

"나도 그들에게 대항하여 내가 그들을 그들의 원수들의 땅으로 끌어갔음을 깨닫고 그 할례 받지 아니한 그들의 마음이 낮아져서 그들의 죄악의 형벌을 기쁘게 받으면 내가 야곱과 맺은 내 언약과 이삭과 맺은 내 언약을 기억하며 아브라함과 맺은 내 언약을 기억하고 그 땅을 기억하리라"(레 26:41~42)

"만일 주의 백성 이스라엘이 주께 범죄하여 적국 앞에 패하게 되므로 주께로 돌아와서 주의 이름을 인정하고 이 성전에서 주께 기도하며 간구하거든 주는 하늘에서 들으시고 주의 백성 이스라엘의 죄를 사하시고 그들의 조상들에게 주신 땅으로 돌아오게 하옵소서"(왕상 8:33~34)

셋째, 솔로몬은 레위기 26장의 제사장 나라 경영 1단계의 징계인 '가뭄 때의 기도'를 드립니다.

"만일 그들이 주께 범죄함으로 말미암아 하늘이 닫히고 비가 없어서 주께 벌을 받을 때에 이 곳을 향하여 기도하며 주의 이름을 찬양하고 그들의 죄에서 떠나거든 주는 하늘에서 들으사 주의 종들과 주의 백성 이스라엘의 죄를 사하시고 그들이 마땅히 행할 선한 길을 가르쳐 주시오며 주의 백성에게 기업으로 주신 주의 땅에 비를 내리시옵소서"(왕상 8:35~36)

넷째, 솔로몬은 레위기 26장의 제사장 나라 경영 1단계와 2단계 징계인 '여러 재앙 때의 기도'를 드립니다.

"내가 이같이 너희에게 행하리니 곧 내가 너희에게 놀라운 재앙을 내려 폐병과 열병으로 눈이 어둡고 생명이 쇠약하게 할 것이요 너희가 파종한 것은 헛되리니 너희의 대적이 그것을 먹을 것임이며"(레 26:16)

"만일 이 땅에 기근이나 전염병이 있거나 곡식이 시들거나 깜부기가 나거나 메뚜기나 황충이 나거나 적국이 와서 성읍을 에워싸거나 무슨 재앙이나 무슨 질병이 있든지 막론하고 한 사람이나 혹 주의 온 백성 이스라엘이 다 각각 자기의 마음에 재앙을 깨닫고 이 성전을 향하여 손을 펴고 무슨 기도나 무슨 간구를 하거든 주는 계신 곳 하늘에서 들으시고 사하시며 각 사람의 마음을 아시오니 그들의 모든 행위대로 행하사 갚으시옵소서 주만 홀로 사람의 마음을 다 아심이니이다 그리하시

면 그들이 주께서 우리 조상들에게 주신 땅에서 사는 동안에 항상 주를

경외하리이다"(왕상 8:37~40)

다섯째, 솔로몬은 '이방인들을 위한 기도'를 드립니다. 이 기도가 솔로몬의 성전 낙성식 기도의 하이라이트입니다.

"또 주의 백성 이스라엘에 속하지 아니한 자 곧 주의 이름을 위하여 먼

지방에서 온 이방인이라도 그들이 주의 크신 이름과 주의 능한 손과 주

의 펴신 팔의 소문을 듣고 와서 이 성전을 향하여 기도하거든 주는 계

신 곳 하늘에서 들으시고 이방인이 주께 부르짖는 대로 이루사 땅의 만

민이 주의 이름을 알고 주의 백성 이스라엘처럼 경외하게 하시오며 또

내가 건축한 이 성전을 주의 이름으로 일컫는 줄을 알게 하옵소서"(왕

상 8:41~43)

시내 광야에서 만들어진 성막, 곧 회막은 성소와 지성소만을 갖추고 있었습니다. 그런데 하나님께서 주신 설계도에 따라 지어진 성전에는 드디어 모든 민족을 위한 공식적인 공간이 마련되었습니다.

"너를 축복하는 자에게는 내가 복을 내리고 너를 저주하는 자에게는

내가 저주하리니 땅의 모든 족속이 너로 말미암아 복을 얻을 것이라 하

신지라"(창 12:3)

바로 그곳은 '이방인의 뜰'이라는 이름으로 조성된 성전 밖의

뜰로 땅의 모든 민족이 다 와서 하나님께 기도할 수 있는 곳이었습니다.

먼저 성전은 하나의 큰 건물로 되어 있고 그 건물은 휘장을 사이에 두고 지성소와 성소로 구분되어 있습니다. 다시 말해 하나님께서 다윗에게 주신 설계도대로 지어진 성전은 지성소와 성소, 그리고 이방인의 뜰 이렇게 크게 세 장소로 구분되어 그 사용이 각각 달랐습니다.

먼저 '지성소'는 대제사장이 1년에 한 번씩 매년 들어가 제사장 나라의 사명을 감당하는, 이스라엘 백성들의 죄를 용서받는 곳입니다. 이스라엘 백성들을 향한 하나님의 사면권이 주어지는 곳이 바로 지성소인 것입니다.

그리고 하나의 건물 안에서 휘장을 사이에 두고 지성소와 구분되어 있는 '성소와 그 뜰'에서는 이스라엘 백성들이 제사장의 도움을 받아 〈레위기〉에 기록된 대로 다섯 가지 제사를 드렸습니다.

또 건물 밖 '이방인의 뜰'은 위에서 설명한 대로 세상 모든 민족이 와서 하나님께 기도하고 하나님의 응답을 받을 수 있는 곳이었습니다.

그러므로 예루살렘 성전의 하이라이트는 놀랍게도 모든 민족을 위한 곳인 '이방인의 뜰'이었던 것입니다.

이 이방인의 뜰의 용도는 이후 예수님께서도 인용하십니다.

"이에 가르쳐 이르시되 기록된 바 내 집은 만민이 기도하는 집이라 칭
함을 받으리라고 하지 아니하였느냐 너희는 강도의 소굴을 만들었도
다 하시매"(막 11:17)

그리고 성전 낙성식의 마지막 순서로 솔로몬이 '전쟁 때의 기
도'를 드립니다.

"주의 백성이 그들의 적국과 더불어 싸우고자 하여 주께서 보내신 길
로 나갈 때에 그들이 주께서 택하신 성읍과 내가 주의 이름을 위하여
건축한 성전이 있는 쪽을 향하여 여호와께 기도하거든 주는 하늘에
서 그들의 기도와 간구를 들으시고 그들의 일을 돌아보옵소서"(왕상
8:44~45)

솔로몬의 성전 낙성식 기도는 성전의 존재 이유를 명료히 하
는 선언이었습니다. 성전은 국가 경영의 핵심인 동시에 세계 민
족을 향한 제사장 나라 정치의 근간이었던 것입니다.


● 네 번째 포인트

다니엘의 하루 세 번 예루살렘 성전을 향한 기도는 솔로몬의 성전
낙성식 기도에 그 근거를 두고 있습니다.

다니엘은 바벨론 포로 70년 동안 불타버리고 없는 예루살렘 성전 쪽을 향하여 하루에 세 번씩 기도했습니다.

"다니엘이 이 조서에 왕의 도장이 찍힌 것을 알고도 자기 집에 돌아가서는 윗방에 올라가 예루살렘으로 향한 창문을 열고 전에 하던 대로 하루 세 번씩 무릎을 꿇고 기도하며 그의 하나님께 감사하였더라"(단 6:10)

다니엘의 기도입니다.

"그러하온즉 우리 하나님이여 지금 주의 종의 기도와 간구를 들으시고 주를 위하여 주의 얼굴 빛을 주의 황폐한 성소에 비추시옵소서 나의 하나님이여 귀를 기울여 들으시며 눈을 떠서 우리의 황폐한 상황과 주의 이름으로 일컫는 성을 보옵소서 우리가 주 앞에 간구하옵는 것은 우리의 공의를 의지하여 하는 것이 아니요 주의 큰 긍휼을 의지하여 함이니이다"(단 9:17~18)

다니엘의 이 기도는 놀랍게도 솔로몬의 성전 낙성식 기도를 바탕에 두고 있습니다.

"범죄하지 아니하는 사람이 없사오니 그들이 주께 범죄함으로 주께서 그들에게 진노하사 그들을 적국에 넘기시매 적국이 그들을 사로잡아 원근을 막론하고 적국의 땅으로 끌어간 후에 그들이 사로잡혀 간 땅에서 스스로 깨닫고 그 사로잡은 자의 땅에서 돌이켜 주께 간구하기를 우리가 범죄하여 반역을 행하며 악을 지었나이다 하며 자기를 사로잡아 간 적국의 땅에서 온 마음과 온 뜻으로 주께 돌아와서 주께서 그들의 조상들에게 주신 땅 곧 주께서 택하신 성읍과 내가 주의 이름을 위하여 건축한 성전 있는 쪽을 향하여 주께 기도하거든 주는 계신 곳 하늘에서 그들의 기도와 간구를 들으시고 그들의 일을 돌아보시오며 주께 범죄한 백성을 용서하시며 주께 범한 그 모든 허물을 사하시고 그들을 사로잡아 간 자 앞에서 그들로 불쌍히 여김을 얻게 하사 그 사람들로 그들을 불쌍히 여기게 하옵소서 그들은 주께서 철 풀무 같은 애굽에서 인도하여 내신 주의 백성, 주의 소유가 됨이니이다"(왕상 8:46~51)

"그들이 사로잡혀 간 땅에서 스스로 깨닫고 성전 있는 쪽을 향하여 주께 기도하거든 주는 계신 곳 하늘에서 그들의 기도와 간구를 들으시고 그들의 일을 돌아보시오며 주께 범죄한 백성을 용서하시며…" 이렇게 솔로몬의 기도대로 다니엘은 사로잡혀 간 땅 바벨론에서 예루살렘으로 향한 창문을 열고 하늘에 계신 주께 기도했습니다.

● 다섯 번째 포인트
성막 봉헌 때에는 12일간, 성전 봉헌 때에는 14일간 예물을 드립니다.

과거 시내 광야에서의 성막(회막) 봉헌 때에는 열두 지파가 매일 하루에 한 지파씩 12일에 걸쳐 봉헌 예물을 드렸습니다.

"모세가 장막 세우기를 끝내고 그것에 기름을 발라 거룩히 구별하고 또 그 모든 기구와 제단과 그 모든 기물에 기름을 발라 거룩히 구별한 날에 이스라엘 지휘관들 곧 그들의 조상의 가문의 우두머리들이요 그 지파의 지휘관으로서 그 계수함을 받은 자의 감독된 자들이 헌물을 드렸으니 그들이 여호와께 드린 헌물은 덮개 있는 수레 여섯 대와 소 열두 마리이니 지휘관 두 사람에 수레가 하나씩이요 지휘관 한 사람에 소가 한 마리씩이라 그것들을 장막 앞에 드린지라 여호와께서 모세에게 말씀하여 이르시되 그것을 그들에게서 받아 레위인에게 주어 각기 직임대로 회막 봉사에 쓰게 할지니라"(민 7:1~5)

이제 예루살렘 성전 봉헌 때에는 하맛 어귀에서 애굽강까지 온 이스라엘 백성들이 14일간 예물을 드립니다. 그 순서를 보면 다음과 같습니다.

첫째, 솔로몬이 이스라엘 백성들을 향하여 축복합니다.

"여호와의 제단 앞에서 일어나 서서 큰 소리로 이스라엘의 온 회중을 위하여 축복하며 이르되"(왕상 8:54~55)

"우리 하나님 여호와께서 우리 조상들과 함께 계시던 것 같이 우리와 함께 계시옵고 우리를 떠나지 마시오며 버리지 마시옵고"(왕상 8:57)

둘째, 솔로몬이 이스라엘 백성들을 향해 권면합니다.

"그런즉 너희의 마음을 우리 하나님 여호와께 온전히 바쳐 완전하게 하여 오늘과 같이 그의 법도를 행하며 그의 계명을 지킬지어다"(왕상 8:61)

셋째, 솔로몬과 온 이스라엘 백성들이 예루살렘 성전 낙성식 제사를 드립니다. 이 낙성식은 초막절 절기 14일간에 걸쳐 거행되는데 소 2만 2천 마리와 양 12만 마리를 화목제물로 바칩니다(왕상 8:63).

"그 때에 솔로몬이 칠 일과 칠 일 도합 십사 일간을 우리 하나님 여호와 앞에서 절기로 지켰는데 하맛 어귀에서부터 애굽 강까지의 온 이스라엘의 큰 회중이 모여 그와 함께 하였더니"(왕상 8:65)

여기에서 하맛 어귀는 이스라엘의 북방 경계이고 애굽강은 이스라엘의 남방 경계입니다. 예루살렘 성전 낙성식 후 하나님께 드려진 화목제물은 하맛 어귀에서부터 애굽강까지의 온 이스라엘 백성들이 화목제 제사법에 따라 다 함께 나누어 먹습니다. 즉, 온 이스라엘 열두 지파 모두가 함께 성전을 봉헌하는 기쁨을 누린 것입니다.

이스라엘은 제사장 나라 거룩한 시민으로 사명과 특권을 함께 가지고 열방의 모범이 되어야 했습니다. 그들은 하나님을 잘 섬기는 자가 얼마나 영화롭게 복을 받는가를 열방에 보여주는 표본이자 복의 통로였습니다.

성전 낙성식을 통해 이 사명을 솔로몬과 이스라엘 백성들이 받아들이고 있습니다. 특권은 언제나 사명을 전제로 합니다. 우리에게 주어진 특권과 사명 또한 마찬가지일 것입니다.

# 116일
## 모든 민족을 위한 '이방인의 뜰' (왕상 9~10장)

솔로몬 시대의 이스라엘은 고대 근동의 모든 나라가 부러워할 만큼 놀라운 풍요를 누린 시대였습니다. 그 당시 이스라엘의 풍요는 재물의 풍족함만이 아니었습니다. 하나님께서 애굽에서 종노릇하던 아브라함의 후손들을 출애굽시키시고 약속의 땅 가나안으로 인도하시며 그들을 그곳에서 지켜주시고 인도해주신 복을 그들이 누린 것입니다. 그러므로 이스라엘이 받은 복은 하나님의 풍성한 은혜입니다.

또한 솔로몬 시대에 그렇게 큰 풍요를 이룰 수 있었던 것은 아버지 다윗이 하나님 앞에서 제사장 나라의 계명과 율례와 법도를 지켜 행했기 때문입니다.

그러므로 이제 제사장 나라의 율례와 계명과 법도를 열방에 전해야 할 책임이 솔로몬과 이스라엘에게 주어진 것입니다.

## 성경통독 BIBLETONGDOK

《일년일독 통독성경》 열왕기상 9～10장

## 통通으로 숲이야기 ; 통숲 TONG OBSERVATION

● 첫 번째 포인트
가나안 입성을 앞두었을 때처럼 성전 건축과 왕궁 건축을 마치자 다시 한번 '복과 저주의 길'이 제시됩니다.

일찍이 하나님께서는 모세를 통해 약속의 땅 가나안에 들어가는 만나세대들에게 '복과 저주의 길'을 말씀하셨습니다.

"내가 오늘 복과 저주를 너희 앞에 두나니 너희가 만일 내가 오늘 너희에게 명하는 너희의 하나님 여호와의 명령을 들으면 복이 될 것이요 너

.......................................................................................

.......................................................................................

.......................................................................................

.......................................................................................

희가 만일 내가 오늘 너희에게 명령하는 도에서 돌이켜 떠나 너희의 하
나님 여호와의 명령을 듣지 아니하고 본래 알지 못하던 다른 신들을 따
르면 저주를 받으리라 네 하나님 여호와께서 네가 가서 차지할 땅으로
너를 인도하여 들이실 때에 너는 그리심 산에서 축복을 선포하고 에발
산에서 저주를 선포하라"(신 11:26~29)

마찬가지로 솔로몬이 예루살렘 성전과 왕궁 건축을 마치자
과거 솔로몬이 기브온 산당에서 일천 번제를 드린 후 하나님께
서 솔로몬에게 나타나셨던 것처럼, 이번에는 하나님께서 예루살
렘 성전에 임하셔서 '복과 저주의 길'을 말씀하십니다.

"솔로몬이 여호와의 성전과 왕궁 건축하기를 마치며 자기가 이루기를
원하던 모든 것을 마친 때에 여호와께서 전에 기브온에서 나타나심 같
이 다시 솔로몬에게 나타나사"(왕상 9:1~2)

이때 하나님께서는 솔로몬이 무엇보다 '마음'을 온전히 지키
면 하나님께서 다윗과 맺은 언약을 반드시 지키실 것이라고 다
시 약속해주십니다.

"네가 만일 네 아버지 다윗이 행함 같이 마음을 온전히 하고 바르게 하
여 내 앞에서 행하며 내가 네게 명령한 대로 온갖 일에 순종하여 내 법
도와 율례를 지키면 내가 네 아버지 다윗에게 말하기를 이스라엘의 왕
위에 오를 사람이 네게서 끊어지지 아니하리라 한 대로 네 이스라엘의

왕위를 영원히 견고하게 하려니와"(왕상 9:4~5)

그러나 하나님께서는 만약 솔로몬이 하나님으로부터 돌아서면 '저주의 길'이 있을 것이라는 사실을 미리 경고해주십니다.

"만일 너희나 너희의 자손이 아주 돌아서서 나를 따르지 아니하며 내가 너희 앞에 둔 나의 계명과 법도를 지키지 아니하고 가서 다른 신을 섬겨 그것을 경배하면 내가 이스라엘을 내가 그들에게 준 땅에서 끊어버릴 것이요 내 이름을 위하여 내가 거룩하게 구별한 이 성전이라도 내 앞에서 던져버리리니 이스라엘은 모든 민족 가운데에서 속담거리와 이야기거리가 될 것이며 이 성전이 높을지라도 지나가는 자마다 놀라며 비웃어 이르되 여호와께서 무슨 까닭으로 이 땅과 이 성전에 이같이 행하셨는고 하면 대답하기를 그들이 그들의 조상들을 애굽 땅에서 인도하여 내신 그들의 하나님 여호와를 버리고 다른 신을 따라가서 그를 경배하여 섬기므로 여호와께서 이 모든 재앙을 그들에게 내리심이라 하리라 하셨더라"(왕상 9:6~9)

하나님의 말씀은 솔로몬이 성전을 중심으로 하나님 앞에서 의롭게 행한다면 그의 왕위를 영원히 견고히 해주시겠다는 약속입니다. 이는 제사장 나라 이스라엘과 좋은 관계를 이어가고 싶으신 하나님의 마음이 담긴 약속입니다. 그러나 하나님께서는 솔로몬과 이스라엘 백성들이 하나님을 경배하지 않는다면 그들이 비록 성전에 있을지라도 그들을 버리겠다고 경고하십니다. 건물보다 더 중요한 것이 하나님을 향한 마음이기 때문입니다.

● 두 번째 포인트
**다윗은 전쟁으로, 그리고 솔로몬은 건축으로 국가를 경영했습니다.**

다윗은 청소년 시절, 엘라 골짜기에서 블레셋 골리앗과의 전쟁을 시작으로 이후 수많은 '전쟁을 통해' 국가의 기반을 다졌습니다.

"다윗이 다메섹 아람에 수비대를 두매 아람 사람이 다윗의 종이 되어 조공을 바치니라 다윗이 어디로 가든지 여호와께서 이기게 하시니라"
(삼하 8:6)

"다윗이 모든 군사를 모아 랍바로 가서 그 곳을 쳐서 점령하고 그 왕의 머리에서 보석 박힌 왕관을 가져오니 그 중량이 금 한 달란트라 다윗이 자기의 머리에 쓰니라 다윗이 또 그 성읍에서 노략한 물건을 무수히 내오고"(삼하 12:29~30)

이후 솔로몬이 두로 왕 히람에게 한 말입니다.

"당신도 알거니와 내 아버지 다윗이 사방의 전쟁으로 말미암아 그의 하나님 여호와의 이름을 위하여 성전을 건축하지 못하고 여호와께서

그의 원수들을 그의 발바닥 밑에 두시기를 기다렸나이다"(왕상 5:3)

그렇게 다윗 시대의 수많은 전쟁을 통해 나라의 기반이 튼튼해지고 솔로몬 시대에 마침내 이스라엘에 평화가 도래하게 되었습니다.

"이제 내 하나님 여호와께서 내게 사방의 태평을 주시매 원수도 없고 재앙도 없도다"(왕상 5:4)

이 안정적인 나라의 기반 위에 솔로몬이 국책 사업으로 건축에 집중하게 됩니다. 솔로몬은 예루살렘 성전과 왕궁 건축을 포함해 전 국가를 '국가 건설화'했습니다.

"솔로몬 왕이 역군을 일으킨 까닭은 이러하니 여호와의 성전과 자기 왕궁과 밀로와 예루살렘 성과 하솔과 므깃도와 게셀을 건축하려 하였음이라"(왕상 9:15)

"자기에게 있는 모든 국고성과 병거성들과 마병의 성들을 건축하고 솔로몬이 또 예루살렘과 레바논과 그가 다스리는 온 땅에 건축하고자 하던 것을 다 건축하였는데"(왕상 9:19)

이런 일련의 '국가 건설화' 과정에서 솔로몬은 가나안 노예들을 역군으로 활용했습니다.

"이스라엘 자손이 아닌 아모리 사람과 헷 사람과 브리스 사람과 히위 사람과 여부스 사람 중 남아 있는 모든 사람 곧 이스라엘 자손이 다 멸

하지 못하므로 그 땅에 남아 있는 그들의 자손들을 솔로몬이 노예로 역

군을 삼아 오늘까지 이르렀으되"(왕상 9:20~21)

솔로몬은 이때 이스라엘 자손들은 노예로 삼지 않았습니다. 이는 율법을 지킨 것입니다.

"다만 이스라엘 자손은 솔로몬이 노예를 삼지 아니하였으니 그들은 군

사와 그 신하와 고관과 대장이며 병거와 마병의 지휘관이 됨이었더라"

(왕상 9:22)

"너와 함께 있는 네 형제가 가난하게 되어 네게 몸이 팔리거든 너는 그

를 종으로 부리지 말고 품꾼이나 동거인과 같이 함께 있게 하여 희년까

지 너를 섬기게 하라"(레 25:39~40)

● 세 번째 포인트

솔로몬은 국내적으로는 제사장 나라 3대 명절을 통해, 국제적으로는 국제 무역을 통해 국가의 풍요를 만듭니다.

솔로몬 시대에는 단에서 브엘세바에 이르기까지 온 이스라엘 백성들이 각기 개인 편차 없이, 그리고 지역 편차도 없이 모두 풍요를 누렸습니다. 이는 참으로 이상적인 국가의 모습이었습니다.

"솔로몬이 사는 동안에 유다와 이스라엘이 단에서부터 브엘세바에 이

르기까지 각기 포도나무 아래와 무화과나무 아래에서 평안히 살았더라"(왕상 4:25)

또한 솔로몬 시대에 전국적으로 '건축 사업'이 행해짐으로 이스라엘 전 지역의 백성들이 모두 풍요를 누릴 수 있게 되었습니다.

"자기에게 있는 모든 국고성과 병거성들과 마병의 성들을 건축하고 솔로몬이 또 예루살렘과 레바논과 그가 다스리는 온 땅에 건축하고자 하던 것을 다 건축하였는데"(왕상 9:19)

이러한 국가 번영과 풍요는 솔로몬의 두 가지 정책으로 가능했습니다.

첫째, 예루살렘 성전 완공 후 1년 세 차례 제사장 나라 3대 명절, 즉 유월절, 칠칠절, 초막절을 지킴으로 제사장 나라의 경영 효과를 높였습니다. 일찍이 모세를 통해 제사장 나라 명절 법을 지킬 때 주겠다고 약속하신 하나님의 복입니다.

"너희가 내 규례와 계명을 준행하면 내가 너희에게 철따라 비를 주리니 땅은 그 산물을 내고 밭의 나무는 열매를 맺으리라 너희의 타작은 포도 딸 때까지 미치며 너희의 포도 따는 것은 파종할 때까지 미치리니 너희가 음식을 배불리 먹고 너희의 땅에 안전하게 거주하리라 내가 그 땅에 평화를 줄 것인즉 너희가 누울 때 너희를 두렵게 할 자가 없을 것이며 내가 사나운 짐승을 그 땅에서 제할 것이요 칼이 너희의 땅에 두루 행하지 아니할 것이며"(레 26:3~6)

"솔로몬이 여호와를 위하여 쌓은 제단 위에 해마다 세 번씩 번제와 감사의 제물을 드리고 또 여호와 앞에 있는 제단에 분향하니라"(왕상 9:25)

둘째, 솔로몬의 국제 무역으로 이스라엘의 번영과 풍요가 더했습니다. 이때 두로 왕 히람과의 친분이 큰 도움이 되었습니다. 두로의 도움으로 배를 만들어 이스라엘이 해상을 통한 국제 무역을 할 수 있었던 것입니다.

"여호와께서 그의 말씀대로 솔로몬에게 지혜를 주신 고로 히람과 솔로몬이 친목하여 두 사람이 함께 약조를 맺었더라"(왕상 5:12)

"히람이 자기 종 곧 바다에 익숙한 사공들을 솔로몬의 종과 함께 그 배로 보내매 그들이 오빌에 이르러 거기서 금 사백이십 달란트를 얻고 솔로몬 왕에게로 가져왔더라"(왕상 9:27~28)

또한 솔로몬 시대에 해상을 통한 국제 무역이 가능했던 이유는 이스라엘이 전략적으로 국제 무역에 유리한 지역에 위치해 있었기 때문입니다. 솔로몬은 당시 세계 최대의 무역 강국이었던 두로의 히람 왕의 도움을 받아 배를 통해 아카바만 북동쪽 끝 에시온게벨과 아라비아 남서쪽 오빌 사이를 무역하여 부를 얻었습니다. 솔로몬의 국제 무역의 성공은 예루살렘에 큰 경제적 풍요를 가져다주었습니다.

● 네 번째 포인트
**스바의 여왕은 예루살렘 성전 '이방인의 뜰'에서 기도했습니다.**

솔로몬 시대에 고대 근동에서 이스라엘의 국제적 위상이 커지자 두로 왕 히람을 비롯한 국빈 방문이 예루살렘에 이어졌습니다. 그중 한 사람이 스바의 여왕입니다. 스바의 지정학적 위치는 아라비아 남서쪽, 현재의 예멘 지역입니다. 한편 에디오피아 지역이라는 주장 또한 있습니다. 스바는 향수와 향품 무역으로 유명했습니다.

"스바와 라아마의 상인들도 너의 상인들이 됨이여 각종 극상품 향 재료와 각종 보석과 황금으로 네 물품을 바꾸어 갔도다"(겔 27:22)

스바의 여왕은 솔로몬의 지혜를 시험하기 위해서, 또 스바와 이스라엘 간의 무역을 위해서 방문했다가 솔로몬의 지혜와 부가 하나님으로부터 온 것임을 깨닫고 하나님을 찬양했습니다.

스바의 여왕이 예루살렘을 국빈 방문하고 남긴 역사의 기록은 다음과 같습니다.

첫째, 스바의 여왕은 솔로몬의 지혜와 복이 들었던 소문보다 더하다고 평가했습니다.

"왕께 말하되 내가 내 나라에서 당신의 행위와 당신의 지혜에 대하여 들은 소문이 사실이로다 내가 그 말들을 믿지 아니하였더니 이제 와서 친히 본즉 내게 말한 것은 절반도 못되니 당신의 지혜와 복이 내가 들은 소문보다 더하도다"(왕상 10:6~7)

둘째, 스바의 여왕은 솔로몬의 지혜를 듣는 이스라엘 백성들과 신하들이 복이 있다고 평가했습니다.

"복되도다 당신의 사람들이여 복되도다 당신의 이 신하들이여 항상 당신 앞에 서서 당신의 지혜를 들음이로다"(왕상 10:8)

셋째, 스바의 여왕은 하나님을 찬양했습니다.

"당신의 하나님 여호와를 송축할지로다 여호와께서 당신을 기뻐하사 이스라엘 왕위에 올리셨고 여호와께서 영원히 이스라엘을 사랑하시므로 당신을 세워 왕으로 삼아 정의와 공의를 행하게 하셨도다 하고"(왕상 10:9)

넷째, 스바의 여왕은 솔로몬에게 선물을 했습니다.

"이에 그가 금 일백이십 달란트와 심히 많은 향품과 보석을 왕에게 드렸으니 스바의 여왕이 솔로몬 왕에게 드린 것처럼 많은 향품이 다시 오지 아니하였더라"(왕상 10:10)

........................................................................

........................................................................

........................................................................

........................................................................

물론 솔로몬도 풍성하게 답례했습니다.

"솔로몬 왕이 왕의 규례대로 스바의 여왕에게 물건을 준 것 외에 또 그의 소원대로 구하는 것을 주니"(왕상 10:13)

이때 스바의 여왕은 솔로몬의 왕궁은 물론 예루살렘 성전도 방문했습니다.

"스바의 여왕이 솔로몬의 모든 지혜와 그 건축한 왕궁과 그 상의 식물과 그의 신하들의 좌석과 그의 시종들이 시립한 것과 그들의 관복과 술 관원들과 여호와의 성전에 올라가는 층계를 보고 크게 감동되어"(왕상 10:4~5)

스바의 여왕은 '성전으로 올라가는 층계'를 보고 놀랐습니다. 그런데 스바의 여왕이 아무리 국빈이라 할지라도 성전 방문과 관련해서 '성소'와 '지성소'에는 들어갈 수 없었습니다. 이것이 제사장 나라 법이기 때문입니다.

그때 스바의 여왕이 예루살렘 성전에서 제사장 나라 법에 따라 들어갈 수 있는 곳은 바로 '이방인의 뜰'이었습니다.

"또 주의 백성 이스라엘에 속하지 아니한 자 곧 주의 이름을 위하여 먼 지방에서 온 이방인이라도 그들이 주의 크신 이름과 주의 능한 손과 주의 펴신 팔의 소문을 듣고 와서 이 성전을 향하여 기도하거든 주는 계신 곳 하늘에서 들으시고 이방인이 주께 부르짖는 대로 이루사 땅의 만민이 주의 이름을 알고 주의 백성 이스라엘처럼 경외하게 하시오며 또 내가 건축한 이 성전을 주의 이름으로 일컫는 줄을 알게 하옵소서"(왕상 8:41~43)

먼 지방에서 온 이방인 스바의 여왕은 이방인의 뜰에서 이렇게 솔로몬과 대화했을 것입니다. 이것이 하나님께서 다윗에게 '성전 건축 설계도'를 주신 중요한 이유였습니다. 땅의 모든 민족이 성전에 가까이 올 수 있도록 '이방인의 뜰'을 주신 것입니다.

"땅의 모든 족속이 너로 말미암아 복을 얻을 것이라 하신지라"(창 12:3)

일찍이 아브라함에게 이 약속을 주신 후 1,000년 만에 이렇게 스바의 여왕을 비롯해 '모든 민족'이 솔로몬의 성전 건축을 통해 복을 받은 것입니다. 예수님 당시에 이 '이방인의 뜰'을 대제사장 세력들이 부유한 디아스포라 유대인들의 편의를 위해 장사하는 곳과 환전하는 곳으로 용도를 변경했다가 예수님께 그렇게 큰 질책을 받았습니다.

● 다섯 번째 포인트
**솔로몬의 국제 관계는 세계 선교의 통로가 되어야 했습니다.**

솔로몬의 모든 영광은 하나님께서 주신 지혜롭고 총명한 마음에서 비롯된 것입니다.

"내가 네 말대로 하여 네게 지혜롭고 총명한 마음을 주노니 네 앞에도 너와 같은 자가 없었거니와 네 뒤에도 너와 같은 자가 일어남이 없으리라 내가 또 네가 구하지 아니한 부귀와 영광도 네게 주노니 네 평생에 왕들 중에 너와 같은 자가 없을 것이라"(왕상 3:12~13)

하나님께서 기브온에서 솔로몬에게 주셨던 약속이 성취되자 솔로몬 시대의 부귀와 영광은 다음과 같이 이루어졌습니다.

"솔로몬 왕이 마시는 그릇은 다 금이요 레바논 나무 궁의 그릇들도 다 정금이라 은 기물이 없으니 솔로몬의 시대에 은을 귀히 여기지 아니함은"(왕상 10:21)

"온 세상 사람들이 다 하나님께서 솔로몬의 마음에 주신 지혜를 들으며 그의 얼굴을 보기 원하여 그들이 각기 예물을 가지고 왔으니 곧 은 그릇과 금 그릇과 의복과 갑옷과 향품과 말과 노새라 해마다 그리하였더라"(왕상 10:24~25)

하나님께서 솔로몬에게 주신 지혜로 말미암아 솔로몬은 두로 왕 히람과 스바의 여왕에게 다음과 같은 찬사까지도 들었습니다.

먼저 두로 왕 히람의 찬사입니다.

"히람이 솔로몬의 말을 듣고 크게 기뻐하여 이르되 오늘 여호와를 찬

양할지로다 그가 다윗에게 지혜로운 아들을 주사 그 많은 백성을 다스리게 하셨도다 하고"(왕상 5:7)

다음은 스바 여왕의 찬사입니다.

"당신의 하나님 여호와를 송축할지로다 여호와께서 당신을 기뻐하사 이스라엘 왕위에 올리셨고 여호와께서 영원히 이스라엘을 사랑하시므로 당신을 세워 왕으로 삼아 정의와 공의를 행하게 하셨도다 하고"(왕상 10:9)

여기까지는 참 좋습니다. 그런데 이 시점에서 솔로몬이 다윗과 비교해 아쉬운 점은 솔로몬의 마음이 좀 더 제사장 나라 율법에 민감해야 했다는 것입니다. 하나님께서 제사장 나라 법으로 주신 규례를 보면 왕은 병마와 아내와 은금을 많이 모으지 말라고 되어 있습니다. 그런데 솔로몬이 이 규례를 어기기 시작했습니다.

〈신명기〉에 쓰인 왕에 관한 제사장 나라 법의 규례는 다음과 같습니다.

"그는 병마를 많이 두지 말 것이요 병마를 많이 얻으려고 그 백성을 애굽으로 돌아가게 하지 말 것이니 이는 여호와께서 너희에게 이르시기를 너희가 이 후에는 그 길로 다시 돌아가지 말 것이라 하셨음이며 그에게 아내를 많이 두어 그의 마음이 미혹되게 하지 말 것이며 자기를

위하여 은금을 많이 쌓지 말 것이니라"(신 17:16~17)

그런데 솔로몬은 〈신명기〉를 통한 하나님의 이 율법에 민감하지 않았습니다.

"솔로몬이 병거와 마병을 모으매 병거가 천사백 대요 마병이 만이천 명이라 병거성에도 주고 예루살렘 왕에게도 두었으며"(왕상 10:26)

"솔로몬의 말들은 애굽에서 들여왔으니 왕의 상인들이 값 주고 산 것이며"(왕상 10:28)

"솔로몬의 나이가 많을 때에 그의 여인들이 그의 마음을 돌려 다른 신들을 따르게 하였으므로 왕의 마음이 그의 아버지 다윗의 마음과 같지 아니하여 그의 하나님 여호와 앞에 온전하지 못하였으니"(왕상 11:4)

특권은 언제나 사명을 전제로 합니다. 하나님께서 솔로몬에게 놀라운 지혜와 함께 부귀와 영광까지 주신 것은 그의 아버지 다윗처럼 제사장 나라의 사명을 다하라는 뜻이었습니다.

그런데 솔로몬의 마음이 점차 처음과는 달리 하나님으로부터 멀어져가는 모습은 참으로 안타깝기 그지없습니다.

**디저트 DESSERT**

솔로몬은 자신이 누리고 있는 부귀와 영화에 다윗의 피와 땀

이 얼룩져 있음을 기억해야 했습니다. 그리고 그동안 이스라엘 백성들의 보이지 않는 수고와 노력도 있었습니다. 또한 그 무엇보다도 이스라엘을 거기까지 세우는 데 하나님께서 애쓰고 수고하셨습니다. 솔로몬과 솔로몬 시대의 이스라엘 백성들이 그것을 기억했다면 그들에게 주어진 특권을 그저 특권으로만 생각할 수 없었을 것입니다. 하나님께서는 스바의 여왕을 통해 다시금 정의와 공의를 행해야 하는 이스라엘의 사명, 제사장 나라의 사명을 확인시켜주셨습니다.

환난 날에도 하나님을 찾아야 하지만 평안할 때에도 하나님을 찾아야 함을 솔로몬을 통해 교훈받게 됩니다.

# 117일
## 세상 지혜에는 없는 것 (잠 1~5장)

지혜의 책 '솔로몬의 잠언'을 통독합니다. 잠언은 히브리어로 '마샬(מָשָׁל)'입니다. '마샬'은 지혜를 담은 짧은 문장을 지칭하는 말로 금언, 격언, 속담, 비유 등을 가리킵니다.

솔로몬은 〈잠언〉에서 하나님을 경외하는 의인과 죄악을 일삼는 악인을 비교하고 있으며 참된 지혜의 근원이 하나님이심을 밝힙니다. 솔로몬이 지혜의 책 〈잠언〉을 저술한 목적은 다음과 같습니다.

"이는 지혜와 훈계를 알게 하며 명철의 말씀을 깨닫게 하며 지혜롭게,

.............................................................................

.............................................................................

.............................................................................

.............................................................................

공의롭게, 정의롭게, 정직하게 행할 일에 대하여 훈계를 받게 하며 어리석은 자를 슬기롭게 하며 젊은 자에게 지식과 근신함을 주기 위한 것이니"(잠 1:2~4)

## 성경통독 BIBLETONGDOK

《일년일독 통독성경》 잠언 1~5장

## 통通으로 숲이야기 ; 통숲 TONG OBSERVATION

● 첫 번째 포인트
세상의 지혜와 성경의 지혜는 분명한 차이가 있습니다.

세상에서 말하는 '지혜'는 사물의 이치나 상황을 제대로 깨닫고 그것에 현명하게 대처할 방도를 생각해내는 정신의 능력을 의미합니다.

세상에서 때로는 더 많이 소유할 수 있는 방법, 다른 사람들 위에 군림하는 방법, 그래서 흔히 말하는 처세술을 갖고 있을 때 "지혜롭다."라고 말하기도 합니다. 그러나 그런 세상에서의 지혜에는 은혜와 용서, 사랑과 긍휼이 없습니다.

하지만 성경이 말하는 지혜는 하나님의 뜻을 행하는 것, 다시 말해 하나님을 경외하고 하나님의 은혜와 사랑과 용서를 받는 것이라고 가르쳐주고 있습니다.

솔로몬은 한마디로 "여호와를 경외하는 것이 지식의 근본"(잠 1:7)이라고 말합니다. 솔로몬이 이렇게 자신 있게 지혜를 정의한 이유는 바로 자신이 하나님께로부터 지혜를 얻은 사람이기 때문입니다. 그래서 솔로몬이 전하는 지혜의 핵심은 '하나님'입니다. 하나님께서 지혜의 근본이시라는 것입니다.

지혜는 하나님을 경외하는 마음으로부터 나옵니다. 솔로몬은 때로는 엄중하게, 때로는 풍자적으로 지혜를 설명합니다. 그 모든 이야기의 핵심은 바로 하나님을 경외하라는 것입니다. 하나님을 경외하는 것이 이스라엘을 제사장 나라로 부르신 하나님의 목적입니다. 이를 잘 알고 있는 솔로몬은 이스라엘 백성들에게 다음과 같이 말합니다.

"너는 범사에 그를 인정하라 그리하면 네 길을 지도하시리라"(잠 3:6)

● 두 번째 포인트
이삭, 솔로몬, 사무엘, 그리고 디모데가 들은 말은 모두 아버지의 사랑을 가득 담은 "내 아들아"입니다.

.....................................................................................

.....................................................................................

.....................................................................................

.....................................................................................

이삭이 아버지 아브라함에게 질문합니다.

"이삭이 그 아버지 아브라함에게 말하여 이르되 내 아버지여 하니 그가 이르되 내 아들아 내가 여기 있노라 이삭이 이르되 불과 나무는 있거니와 번제할 어린 양은 어디 있나이까"(창 22:7)

그러자 아버지 아브라함이 이삭에게 답합니다.

"아브라함이 이르되 내 아들아 번제할 어린 양은 하나님이 자기를 위하여 친히 준비하시리라 하고 두 사람이 함께 나아가서"(창 22:8)

이삭은 아버지 아브라함을 통해 하나님께 순종하는 법을 배웠습니다. 또한 아버지인 다윗이 아들 솔로몬에게 가르칩니다.

"다윗이 죽을 날이 임박하매 그의 아들 솔로몬에게 명령하여 이르되 내가 이제 세상 모든 사람이 가는 길로 가게 되었노니 너는 힘써 대장부가 되고 네 하나님 여호와의 명령을 지켜 그 길로 행하여 그 법률과 계명과 율례와 증거를 모세의 율법에 기록된 대로 지키라 그리하면 네가 무엇을 하든지 어디로 가든지 형통할지라"(왕상 2:1~3)

다윗의 아들 솔로몬은 아버지 다윗의 가르침대로 행할 소망으로 하늘의 하나님께 기도했습니다.

"솔로몬이 여호와를 사랑하고 … 솔로몬이 그 제단에 일천 번제를 드렸더니"(왕상 3:3~4)

솔로몬의 잠언에는 "내 아들아"라는 표현이 반복적으로 등장합니다. 이 말은 아버지가 아들에게 사용할 뿐만 아니라 지도자가 젊은이들에게, 그리고 스승이 제자에게 사용하는 관용구입니다. 성경에는 엘리 제사장이 어린 사무엘을 부를 때 "내 아들아"(삼상 3:6)라고 불렀으며, 바울이 그의 영적 아들인 디모데를 부를 때에도 그렇게 불렀습니다.

이렇게 솔로몬은 "내 아들아"라는 표현을 자주 사용하면서 인생 경험이 많은 아버지가 앞으로 살아야 할 날이 많이 남은 아들에게 삶의 지혜를 알려주는 형식으로 글을 씁니다. 뿐만 아니라 솔로몬은 지혜롭지 못한 사람은 자신의 욕망에 갇혀 있다고 말하면서 욕망의 노예에서 지식의 반열로, 지식의 반열에서 지혜의 세계로 나아가라고 권면합니다. 또한 솔로몬이 말하는 지혜는 훈계와 징계를 즐겨받는 것입니다.

"내 아들아 여호와의 징계를 경히 여기지 말라 그 꾸지람을 싫어하지 말라"(잠 3:11)

징계와 훈계는 사랑입니다. 겸손히 자신의 허물에 대한 훈계와 가르침을 받아들이고 이를 고치고자 하는 노력이 그 사람을 더욱 지혜로운 사람으로 만들어갑니다.

● 세 번째 포인트
솔로몬이 소개하는 지혜를 얻는 방법은 하나님께 지혜를 구하는 것입니다.

솔로몬은 하나님이 주신 지혜가 충만한 사람이었습니다. 솔로몬이 재물을 구하지 않고 지혜를 구했던 이유는 선악을 올바르게 분별하여 주의 백성들을 잘 다스리기 위함이었습니다(왕상 3장). 그래서 하나님께서 솔로몬에게 지혜를 주셨습니다. 하나님이 솔로몬에게 주신 지혜는 그가 하나님을 영화롭게 하고 이스라엘 백성들을 널리 이롭게 할 수 있는 힘이었습니다. 하나님께서 주신 지혜로 큰 행복을 맛본 솔로몬이 소개하는 지혜를 얻는 방법은 '하나님께 지혜를 구하는 것'입니다.

"대저 여호와는 지혜를 주시며 지식과 명철을 그 입에서 내심이며"(잠 2:6)

그리고 하나님이 주시는 지혜와 지식이 놓이게 되는 곳은 '머리'보다는 '마음'입니다.

"곧 지혜가 네 마음에 들어가며 지식이 네 영혼을 즐겁게 할 것이요"(잠 2:10)

자신을 위한 세상의 지혜는 머리에서 나올지도 모르겠습니다. 그러나 하나님께 받은 지혜는 우리의 마음으로 들어가 우리를 하나님께로 이끕니다.

● 네 번째 포인트
**솔로몬은 창고가 가득 차는 법도 가르쳐줍니다.**

솔로몬은 인류 역사에서 자기 창고를 가장 많이 채워본 사람입니다.

"솔로몬 왕이 마시는 그릇은 다 금이요 레바논 나무 궁의 그릇들도 다 정금이라 은 기물이 없으니 솔로몬의 시대에 은을 귀히 여기지 아니함은"(왕상 10:21)

솔로몬은 소산물의 처음 익은 열매를 드리는 것과 자기 창고의 풍성함이 관계가 있다고 말합니다.

"네 재물과 네 소산물의 처음 익은 열매로 여호와를 공경하라 그리하면 네 창고가 가득히 차고 네 포도즙 틀에 새 포도즙이 넘치리라"(잠 3:9~10)

**이는 사실 솔로몬이 모세에게서 배운 지혜입니다.**

"여호와께서 모세에게 말씀하여 이르시되 이스라엘 자손에게 말하여 이르라 너희는 내가 너희에게 주는 땅에 들어가서 너희의 곡물을 거둘 때에 너희의 곡물의 첫 이삭 한 단을 제사장에게로 가져갈 것이요 제사장은 너희를 위하여 그 단을 여호와 앞에 기쁘게 받으심이 되도록 흔들되 안식일 이튿날에 흔들 것이며"(레 23:9~11)

"네가 네 하나님 여호와의 말씀을 삼가 듣고 내가 오늘 네게 명령하는 그의 모든 명령을 지켜 행하면 네 하나님 여호와께서 너를 세계 모든 민족 위에 뛰어나게 하실 것이라 네가 네 하나님 여호와의 말씀을 청종하면 이 모든 복이 네게 임하며 네게 이르리니"(신 28:1~2)

그뿐 아닙니다. 이제 솔로몬은 지혜를 구하면 얻게 되는 많은 유익에 대해 가르쳐줍니다. 그것은 '하라'의 명령에서 '그리하면'의 약속으로 이어지는 것입니다(잠 3장).

예를 들면, "네 마음으로 하나님의 명령을 지키라. 그리하면 장수하고 평강을 더한다. 인자와 진리를 마음판에 새기라. 그리하면 은총과 귀중히 여김을 받는다. 여호와를 신뢰하고 범사에 그를 인정하라. 그리하면 길을 지도하신다. 여호와를 경외하고 악에서 떠나라. 그리하면 몸에 양약이 되어 골수를 윤택하게 하신다. 처음 익은 열매로 여호와를 공경하라. 그리하면 창고가 가득 찰 것이다. 지혜와 근신을 지키라. 그리하면 영혼의 생명이 되며 네 목에 장식이 된다."라는 말씀입니다.

● 다섯 번째 포인트

지혜는 한 번 얻었다고 해서 마지막 순간까지 지킬 수 있는 것이 아닙니다.

지혜자 솔로몬은 '마음'에 관한 중요한 가르침을 주고 있습니다.

"모든 지킬 만한 것 중에 더욱 네 마음을 지키라 생명의 근원이 이에서 남이니라"(잠 4:23)

지혜란 한 번 얻었다고 해서 마지막 순간까지 지킬 수 있는 것이 아닙니다. 아버지에게 하나님을 경외하는 지혜가 있다고 해서 반드시 아들에게 그 지혜가 이어지는 것이 아닙니다. 그래서 지혜를 얻기 위해 노력해야 하고 또 지혜의 '마음'을 지키기 위해 힘써야 합니다.

솔로몬은 "무릇 지킬 만한 것보다 마음을 지키라."라고 충고합니다. 쉽게 변할 수 있는 '마음'을 마지막 순간까지 지키라는 것입니다. 마음을 놓쳐버리면 지혜를 잃게 되기 때문입니다.

"좌로나 우로나 치우치지 말고 네 발을 악에서 떠나게 하라"(잠 4:27)

그런데 숲에서 보면, 정작 불행하게도 솔로몬은 '하나님을 향한 마음'을 놓친 적이 있었습니다. 일찍이 모세는 무엇보다 '마음'을 다하라고 가르쳐주었습니다.

"이스라엘아 들으라 우리 하나님 여호와는 오직 유일한 여호와이시니 너는 마음을 다하고 뜻을 다하고 힘을 다하여 네 하나님 여호와를 사랑하라 오늘 내가 네게 명하는 이 말씀을 너는 마음에 새기고 네 자녀에게 부지런히 가르치며 집에 앉았을 때에든지 길을 갈 때에든지 누워 있을 때에든지 일어날 때에든지 이 말씀을 강론할 것이며"(신 6:4~7)

하나님께서는 여호수아에게 '마음'을 강하게 하라고 말씀하셨습니다.

"네 평생에 너를 능히 대적할 자가 없으리니 내가 모세와 함께 있었던 것 같이 너와 함께 있을 것임이니라 내가 너를 떠나지 아니하며 버리지 아니하리니 강하고 담대하라 너는 내가 그들의 조상에게 맹세하여 그들에게 주리라 한 땅을 이 백성에게 차지하게 하리라 오직 강하고 극히 담대하여 나의 종 모세가 네게 명령한 그 율법을 다 지켜 행하고 우로나 좌로나 치우치지 말라 그리하면 어디로 가든지 형통하리니"(수 1:5~7)

다윗은 입술의 말과 '마음'의 묵상을 늘 하나님 앞에 두기를 원했습니다.

"나의 반석이시요 나의 구속자이신 여호와여 내 입의 말과 마음의 묵상이 주님 앞에 열납되기를 원하나이다"(시 19:14)

..........................................................................................
..........................................................................................
..........................................................................................
..........................................................................................

"하나님이여 내 마음을 정하였사오니 내가 노래하며 나의 마음을 다하여 찬양하리로다 비파야, 수금아, 깰지어다 내가 새벽을 깨우리로다"
(시 108:1~2)

예수님께서는 우리에게 '예수님의 마음'을 닮고 배우라고 말씀하셨습니다.

"나는 마음이 온유하고 겸손하니 나의 멍에를 메고 내게 배우라 그리하면 너희 마음이 쉼을 얻으리니"(마 11:29)

**디저트** DESSERT

하나님을 경외하는 것이 지식의 근본이고 지혜로운 자의 삶입니다. 하나님께서 끝까지 다윗을 버리시지 않고 사랑하신 까닭은 다윗이 어느 순간에도 하나님에 대한 마음이 변하지 않았기 때문입니다.

"내가 이새의 아들 다윗을 만나니 내 마음에 맞는 사람이라"(행 13:22)

오늘도 우리 마음이 하나님을 향하며 우리 입술이 하나님을 찬양하기를 원합니다. 환난 날에도, 평안한 날에도 우리가 의지해야 할 분은 오직 살아 계신 하나님 아버지 한 분이십니다.

.................................................................................
.................................................................................
.................................................................................
.................................................................................

# 118일

## 지혜와 미련함의 갈림길 (잠 6~9장)

솔로몬이 말하는 지혜는 하나님을 경외하고 두려워하는 것입니다. 그리고 동시에 '하나님을 사랑하는 것'입니다. 그러므로 사람이 하나님을 사랑하는 마음을 잃어버리면 그에게는 이미 지혜가 떠나버린 것입니다.

특히 잠언 7장은 음녀의 유혹에 넘어간 어리석은 한 소년을 희화적으로 표현하고 있는데 이는 결코 그와 같은 어리석음에 빠지지 말라는 당부입니다.

하나님을 경외하는 자세로 모든 일에 근신하는 삶의 태도가

〈잠언〉과 성경 전체가 말하는 지혜입니다.

**성경통독** BIBLETONGDOK

《일년일독 통독성경》 잠언 6~9장

**통通으로 숲이야기 ; 통숲** TONG OBSERVATION

● 첫 번째 포인트
지혜는 구체적인 생활 속에서 표현되어야 합니다.

하나님을 경외하는 마음, 그리고 그 마음에서 비롯된 삶의 자세가 바로 솔로몬이 말하는 지혜의 내용입니다.

"게으른 자여 개미에게 가서 그가 하는 것을 보고 지혜를 얻으라 개미는 두령도 없고 감독자도 없고 통치자도 없으되 먹을 것을 여름 동안에 예비하며 추수 때에 양식을 모으느니라 게으른 자여 네가 어느 때까지 누워 있겠느냐 네가 어느 때에 잠이 깨어 일어나겠느냐 좀더 자자, 좀더 졸자, 손을 모으고 좀더 누워 있자 하면 네 빈궁이 강도 같이 오며 네 곤핍이 군사 같이 이르리라"(잠 6:6~11)

지혜의 반대말은 미련입니다. 미련한 삶은 곧 게으른 삶입니다. 우리의 생명이 순간순간의 삶으로 이루어진 이상 하나님께서 우리에게 주신 시간이 곧 우리의 생명입니다. 생명인 시간을 헛되이 보낸다면 그야말로 어리석은 사람입니다.

그리스도인의 윤리 가운데 중요한 것이 '근면'입니다. 근면하여 나만 잘사는, 그런 생활의 조건을 만드는 것을 넘어서 하나님을 영화롭게 하고 이웃을 내 몸과 같이 사랑하며 기쁘게 할 수 있어야 합니다. 솔로몬은 지혜의 세세한 항목을 전하며 생활 속에서 구체적으로 실천할 것을 가르쳐줍니다.

● 두 번째 포인트
**어떠한 유혹도 지혜로운 사람은 넘어뜨릴 수 없습니다.**

지혜로운 사람은 그 일의 마지막을 미리 생각해보는 사람입니다. 마지막을 생각하지 않는 사람은 마치 도살장으로 들어가는 소와 같고 그물 속으로 들어가는 새와 같습니다.

솔로몬이 말하는 지혜는 하나님을 경외하고 두려워하는 것입니다. 달콤한 세상의 유혹은 지금 당장은 달콤한 것 같지만 결국에는 사망의 길로 인도합니다. 나를 도살장으로 들어가게 하는 유혹이 무엇인지 알고 그 유혹에 이끌리지 않는 것이 참된 지혜입니다.

"여러 가지 고운 말로 유혹하며 입술의 호리는 말로 꾀므로 젊은이가 곧 그를 따랐으니 소가 도수장으로 가는 것 같고 미련한 자가 벌을 받으려고 쇠사슬에 매이러 가는 것과 같도다 필경은 화살이 그 간을 뚫게 되리라 새가 빨리 그물로 들어가되 그의 생명을 잃어버릴 줄을 알지 못함과 같으니라"(잠 7:21~23)

성경 속 인물 중 요셉은 참으로 지혜로운 사람이었습니다. 그래서 요셉은 보디발 아내의 유혹을 이길 수 있었습니다. 요셉이 보디발 아내의 유혹을 거절하며 말합니다.

"내 주인이 집안의 모든 소유를 간섭하지 아니하고 다 내 손에 위탁하였으니 이 집에는 나보다 큰 이가 없으며 주인이 아무것도 내게 금하지 아니하였어도 금한 것은 당신뿐이니 당신은 그의 아내임이라 그런즉 내가 어찌 이 큰 악을 행하여 하나님께 죄를 지으리이까"(창 39:8~9)

또한 성경 속 인물 중 요나단도 참으로 지혜로운 사람이었습니다. 그래서 요나단의 아버지 사울도 요나단을 넘어뜨릴 수 없었습니다.

사울이 요나단에게 화를 내며 말합니다.

"패역무도한 계집의 소생아 네가 이새의 아들을 택한 것이 네 수치와 네 어미의 벌거벗은 수치 됨을 내가 어찌 알지 못하랴 이새의 아들이 땅에 사는 동안은 너와 네 나라가 든든히 서지 못하리라 그런즉 이제 사람을 보내어 그를 내게로 끌어 오라 그는 죽어야 할 자이니라 한지라"(삼상 20:30~31)

**요나단이 대답합니다.**

"그가 죽을 일이 무엇이니이까 무엇을 행하였나이까" (삼상 20:32)

그러자 사울이 요나단에게 단창을 던져 죽이려 합니다. 결국 요나단은 그의 아버지가 다윗을 죽이기로 결심한 줄 알고 다윗을 위하여 슬퍼합니다.

이렇게 지혜로운 사람이 있는 반면 어리석은 암논은 간교한 꾀를 내는 친구 요나답의 유혹에 넘어지고 맙니다. 요나답이 암논에게 말합니다.

"침상에 누워 병든 체하다가 네 아버지가 너를 보러 오거든 너는 그에게 말하기를 원하건대 내 누이 다말이 와서 내게 떡을 먹이되 내가 보는 데에서 떡을 차려 그의 손으로 먹여 주게 하옵소서 하라"(삼하 13:5)

**그러자 암논이 요나답의 말대로 합니다.**

"암논이 왕께 아뢰되 원하건대 내 누이 다말이 와서 내가 보는 데에서 과자 두어 개를 만들어 그의 손으로 내게 먹여 주게 하옵소서"(삼하 13:6)

**결국 어리석은 암논은 자신의 어리석음과 친구의 간교한 꾀**

에 넘어감으로 압살롬에게 죽게 됩니다. 압살롬이 이미 그의 종들에게 명령했던 것입니다.

> "너희는 이제 암논의 마음이 술로 즐거워할 때를 자세히 보다가 내가 너희에게 암논을 치라 하거든 그를 죽이라"(삼하 13:28)

● 세 번째 포인트
**지혜는 진주보다 나으므로 세상의 어떤 것과도 비교할 수 없습니다.**

인간의 욕심은 끝이 없습니다. 욕심은 다른 사람들보다도 내가 무엇이든 더 좋은 것, 더 많은 것을 가지고 싶어 하는 마음으로부터 오는 것입니다. 대부분의 사람들은 하나님의 말씀을 더 알고 싶어 하거나 하나님의 말씀을 좇아 지혜로운 삶을 살고 싶은 데에 힘쓰기보다는 재물이나 명예에 더 큰 욕심을 가지고 삽니다. 이는 은과 금과 같은 세상의 재물을 많이 가지면 행복해질 것이라는 어리석음에서 나오는 생각입니다.

그러나 은보다 훈계를, 정금보다 지식을, 나아가 진주보다 지혜를 얻어야 합니다. 내 마음을 무엇으로 채우느냐에 따라 오히려 손에 쥔 것 이상으로 그것을 뛰어넘는 일들이 가능해지기 때문입니다.

솔로몬은 지혜를 얻은 자, 그는 그 무엇과도 비교할 수 없는 것을 얻은 것이며 이미 성공적인 인생을 송두리째 소유하는 것이라고 말합니다.

"너희가 은을 받지 말고 나의 훈계를 받으며 정금보다 지식을 얻으라 대저 지혜는 진주보다 나으므로 원하는 모든 것을 이에 비교할 수 없음이니라"(잠 8:10~11)

다윗 시대에 나발이라는 자는 지혜보다는 은금을 선택한 어리석은 자였습니다. 나발이 다윗의 사환들에게 이렇게 말합니다.

"다윗은 누구며 이새의 아들은 누구냐 요즈음에 각기 주인에게서 억지로 떠나는 종이 많도다 내가 어찌 내 떡과 물과 내 양 털 깎는 자를 위하여 잡은 고기를 가져다가 어디서 왔는지도 알지 못하는 자들에게 주겠느냐"(삼상 25:10~11)

어리석은 나발은 자기를 도운 다윗을 무시한 불량한 자이며 자신이 곧 죽을지도 모르고 자신의 재물로 왕 같은 잔치나 벌이는 참으로 어리석은 자였습니다.

"아침에 나발이 포도주에서 깬 후에 그의 아내가 그에게 이 일을 말하매 그가 낙담하여 몸이 돌과 같이 되었더니 한 열흘 후에 여호와께서 나발을 치시매 그가 죽으니라"(삼상 25:37~38)

또한 다윗 시대에 어리석은 욕심쟁이 아말렉 청년이 있었습니다. 그는 사울의 면류관을 손에 넣었으면서도 그보다 더 큰 은금을 욕심내어 다윗을 찾아가 거짓말을 했다가 그 자리에서 죽고 맙니다. 아말렉 청년이 마치 사울 왕을 만난 것처럼 다음과 같이 거짓을 말했던 것입니다.

"내게 이르되 너는 누구냐 하시기로 내가 그에게 대답하되 나는 아말렉 사람이니이다 한즉 또 내게 이르시되 내 목숨이 아직 내게 완전히 있으므로 내가 고통 중에 있나니 청하건대 너는 내 곁에 서서 나를 죽이라 하시기로 그가 엎드러진 후에는 살 수 없는 줄을 내가 알고 그의 곁에 서서 죽이고 그의 머리에 있는 왕관과 팔에 있는 고리를 벗겨서 내 주께로 가져왔나이다 하니라"(삼하 1:8~10)

다윗이 아말렉 청년에게 말합니다.

"네가 어찌하여 손을 들어 여호와의 기름 부음 받은 자 죽이기를 두려워하지 아니하였느냐 하고 다윗이 청년 중 한 사람을 불러 이르되 가까이 가서 그를 죽이라 하매 그가 치매 곧 죽으니라"(삼하 1:14-15)

이와는 달리 요나단의 아들 므비보셋은 참으로 지혜로운 자였습니다. 그는 압살롬의 쿠데타 기간 동안 다윗의 고통을 함께 했습니다.

"사울의 손자 므비보셋이 내려와 왕을 맞으니 그는 왕이 떠난 날부터 평안히 돌아오는 날까지 그의 발을 맵시 내지 아니하며 그의 수염을 깎

지 아니하며 옷을 빨지 아니하였더라"(삼하 19:24)

이런 므비보셋인데 므비보셋의 종 시바에게 속은 다윗이 그를 오해했습니다. 다윗 왕이 묻습니다.

"므비보셋이여 네가 어찌하여 나와 함께 가지 아니하였더냐"(삼하 19:25)

므비보셋이 대답합니다.

"내 주 왕이여 왕의 종인 나는 다리를 절므로 내 나귀에 안장을 지워 그 위에 타고 왕과 함께 가려 하였더니 내 종이 나를 속이고 종인 나를 내 주 왕께 모함하였나이다 내 주 왕께서는 하나님의 사자와 같으시니 왕의 처분대로 하옵소서"(삼하 19:26~27)

므비보셋은 자기의 종 시바에게 속은 다윗을 만났을 때 다윗의 진중치 못한 결정까지도 덮어주는 참으로 지혜로운 자였습니다. 그러자 다윗이 그제야 므비보셋의 종 시바에게 속은 줄을 깨닫고 다윗이 시바에게 주었던 밭을 다시 함께 나누라고 말합니다. 그러나 므비보셋은 밭을 가지고자 하는 마음보다 다윗의 마음을 얻습니다.

"내 주 왕께서 평안히 왕궁에 돌아오시게 되었으니 그로 그 전부를 차지하게 하옵소서"(삼하 19:30)

## ● 네 번째 포인트
지혜는 모든 만물이 생기기 전, 창세전에 하나님 안에 있는 것입니다.

세상의 지혜는 모두 하나님의 창조 후에 만들어진 것입니다. 지난 시간 살펴보았듯이 세상의 지혜는 사물의 이치를 깨닫고 정확하게 처리하는 정신적인 능력입니다. 또한 세상의 모든 법을 잘 알고 득과 실, 그리고 옳고 그름을 가려내는 인간의 능력입니다. 그러나 솔로몬은 '하나님의 지혜는 그 시작이 태초부터'라고 말합니다.

"여호와께서 그 조화의 시작 곧 태초에 일하시기 전에 나를 가지셨으며 만세 전부터, 태초부터, 땅이 생기기 전부터 내가 세움을 받았나니 아직 바다가 생기지 아니하였고 큰 샘들이 있기 전에 내가 이미 났으며 산이 세워지기 전에, 언덕이 생기기 전에 내가 이미 났으니 하나님이 아직 땅도, 들도, 세상 진토의 근원도 짓지 아니하셨을 때에라 그가 하늘을 지으시며 궁창을 해면에 두르실 때에 내가 거기 있었고 그가 위로 구름 하늘을 견고하게 하시며 바다의 샘들을 힘 있게 하시며 바다의 한계를 정하여 물이 명령을 거스르지 못하게 하시며 또 땅의 기초를 정하실 때에 내가 그 곁에 있어서 창조자가 되어 날마다 그의 기뻐하신 바

가 되었으며 항상 그 앞에서 즐거워하였으며"(잠 8:22~30)

## 사도 바울도 하나님의 지혜를 다음과 같이 말합니다.

"깊도다 하나님의 지혜와 지식의 풍성함이여, 그의 판단은 헤아리지 못할 것이며 그의 길은 찾지 못할 것이로다 누가 주의 마음을 알았느냐 누가 그의 모사가 되었느냐 누가 주께 먼저 드려서 갚으심을 받겠느냐 이는 만물이 주에게서 나오고 주로 말미암고 주에게로 돌아감이라 그에게 영광이 세세에 있을지어다"(롬 11:33~36)

## 또한 사도 바울은 고린도 교인들에게 다음과 같이 말합니다.

"지혜 있는 자가 어디 있느냐 선비가 어디 있느냐 이 세대에 변론가가 어디 있느냐 하나님께서 이 세상의 지혜를 미련하게 하신 것이 아니냐 하나님의 지혜에 있어서는 이 세상이 자기 지혜로 하나님을 알지 못하므로 하나님께서 전도의 미련한 것으로 믿는 자들을 구원하시기를 기뻐하셨도다 유대인은 표적을 구하고 헬라인은 지혜를 찾으나 우리는 십자가에 못 박힌 그리스도를 전하니 유대인에게는 거리끼는 것이요 이방인에게는 미련한 것이로되 오직 부르심을 받은 자들에게는 유대인이나 헬라인이나 그리스도는 하나님의 능력이요 하나님의 지혜니라 하나님의 어리석음이 사람보다 지혜롭고 하나님의 약하심이 사람보다 강하니라"(고전 1:20~25)

## 세상의 지혜를 좇기보다는 하나님께서 주시는 지혜를 가진

자가 진정한 행복을 깨닫고 기쁨과 감사와 평안을 누리며 살 수 있습니다.

● 다섯 번째 포인트
**모든 인생은 지혜와 미련함 그 갈림길에 서 있습니다.**

솔로몬은 하나님께서는 쉼 없이 우리를 지혜자의 자리로 초대하신다고 말합니다.

"지혜가 그의 집을 짓고 일곱 기둥을 다듬고 짐승을 잡으며 포도주를 혼합하여 상을 갖추고 자기의 여종을 보내어 성중 높은 곳에서 불러 이르기를 어리석은 자는 이리로 돌이키라 또 지혜 없는 자에게 이르기를 너는 와서 내 식물을 먹으며 내 혼합한 포도주를 마시고 어리석음을 버리고 생명을 얻으라 명철의 길을 행하라 하느니라"(잠 9:1~6)

지혜가 잔칫상을 차리고 어리석은 자와 지혜 없는 자를 함께 초대합니다. 그러므로 지혜는 모든 사람이 먹고 마실 수 있는 생명수와 같습니다. 그런데 문제는 미련도 사람들을 함께 불러 모으고 유혹하고 있다는 것입니다. 그렇기 때문에 모든 인생은 지혜와 미련 사이에서 갈팡질팡할 수밖에 없습니다.

하지만 성경은 지혜에 굳건히 서서 미련에 다가서지 않는 방법이 있다는 것을 가르쳐주고 있습니다. 그것은 여호와를 경외하는 것이며 거룩하신 이를 아는 것입니다.

"오호라 너희 모든 목마른 자들아 물로 나아오라 돈 없는 자도 오라 너희는 와서 사 먹되 돈 없이, 값 없이 와서 포도주와 젖을 사라"(사 55:1)

야고보는 하나님께 지혜를 구하라고 가르칩니다. 그러면 하나님께서는 지혜를 구하는 그에게 후하게 주시고 이 일로 꾸짖지 않으신다는 것입니다.

"너희 중에 누구든지 지혜가 부족하거든 모든 사람에게 후히 주시고 꾸짖지 아니하시는 하나님께 구하라 그리하면 주시리라"(약 1:5)

"오직 위로부터 난 지혜는 첫째 성결하고 다음에 화평하고 관용하고 양순하며 긍휼과 선한 열매가 가득하고 편견과 거짓이 없나니 화평하게 하는 자들은 화평으로 심어 의의 열매를 거두느니라"(약 3:17~18)

지혜로운 삶을 사는 방법은 성경에 있습니다. 성경은 지혜를 하나님께 구하라고 가르쳐주고 있습니다. 하나님께서는 우리가 하나님께 지혜를 구하면 넉넉한 지혜를 우리에게 선물로 주겠다고 약속해주셨습니다.

**디저트** DESSERT

지혜는 크게 두 가지로 구분됩니다. 세상이 주는 지혜와 하나님께서 주시는 지혜입니다. 세상이 주는 지혜는 유한합니다. 그러나 하나님께서 주시는 지혜는 무한하며 그 지혜를 받은 자는 겸손히 하나님을 경외하고 진실되게 하나님을 사랑하게 됩니다.

# *119*일

## 지혜자와 동행하면 (잠 10~15장)

솔로몬은 의인과 악인을 대조하면서 지혜로운 의인의 길로 나아갈 것을 권면합니다. 그리고 의인과 악인을 구별함으로 우리가 지금 어느 자리에 있고 또 어느 자리에 서야 할 것인가에 대해 질문하게 합니다. 솔로몬은 또한 의인의 삶의 결과와 악인의 삶의 결과를 분명히 제시하며 의인으로 살아갈 것을 권유합니다. 그리고 솔로몬은 선을 행하기보다 악을 행하기가 쉽기 때문에 자기도 모르는 사이에 죄악 가운데 놓일 수 있음을 경고합니다.

그러므로 믿음의 자녀들에게 속임의 저울과 공평한 저울 추, 교만과 겸손, 거짓과 정직으로 인해 빚어지는 다양한 결과들을 미리 알려주어 지혜자의 길을 스스로 선택할 수 있도록 가르쳐 주고 있습니다.

## 성경통독 BIBLETONGDOK

《일년일독 통독성경》 잠언 10〜15장

## 통通으로 숲이야기 ; 통숲 TONG OBSERVATION

● 첫 번째 포인트
추수 때를 놓치지 말아야 하나님께 예물을 드릴 수 있습니다.

이스라엘은 우리나라와는 달리 여름이 추수의 시기입니다. 농사를 지어본 사람은 누구나 알고 있듯이 추수의 때에 추수하지 않으면 미래를 대비할 수 없습니다. 그 사람은 가난을 면치 못할 뿐 아니라 그로 인해 다른 사람들로부터 부끄러움을 당합니다. 또 추수할 때 추수하지 않으면 그동안 열심히 노력한 한 해의 수고를 물거품으로 만듭니다. 한마디로 헛수고가 되는 것입니다.

모든 일에는 시작도 중요하지만 마무리도 중요합니다. 추수 때에 수확을 해야 가정을 살리고 이웃을 살릴 수 있습니다. 그리고 성전으로 나아가 그 추수물을 가지고 하나님께 감사할 수 있습니다. 이스라엘은 첫 수확의 때에 칠칠절로 감사하고 수확을 마무리할 때에 초막절로 하나님께 감사를 드립니다. 이것이 하나님께서 제사장 나라 이스라엘에게 주신 율법이었습니다.

"칠칠절 처음 익은 열매를 드리는 날에 너희가 여호와께 새 소제를 드릴 때에도 성회로 모일 것이요 아무 일도 하지 말 것이며"(민 28:26)

칠칠절의 처음 익은 열매로 이웃과 함께 여호와 앞에서 즐거워하라고 말씀하십니다.

"네 하나님 여호와 앞에 칠칠절을 지키되 네 하나님 여호와께서 네게 복을 주신 대로 네 힘을 헤아려 자원하는 예물을 드리고 너와 네 자녀와 노비와 네 성중에 있는 레위인과 및 너희 중에 있는 객과 고아와 과부가 함께 네 하나님 여호와께서 자기의 이름을 두시려고 택하신 곳에서 네 하나님 여호와 앞에서 즐거워할지니라"(신 16:10~11)

그리고 모든 추수를 끝내면서 초막절에도 이웃과 함께 여호와 앞에서 즐거워하라고 말씀하십니다.

"너희 타작 마당과 포도주 틀의 소출을 거두어 들인 후에 이레 동안 초막절을 지킬 것이요 절기를 지킬 때에는 너와 네 자녀와 노비와 네 성

중에 거주하는 레위인과 객과 고아와 과부가 함께 즐거워하되 네 하나님 여호와께서 택하신 곳에서 너는 이레 동안 네 하나님 여호와 앞에서 절기를 지키고 네 하나님 여호와께서 네 모든 소출과 네 손으로 행한 모든 일에 복 주실 것이니 너는 온전히 즐거워할지니라"(신 16:13~15)

그러므로 추수할 때를 놓치지 말아야 합니다.

"손을 게으르게 놀리는 자는 가난하게 되고 손이 부지런한 자는 부하게 되느니라 여름에 거두는 자는 지혜로운 아들이나 추수 때에 자는 자는 부끄러움을 끼치는 아들이니라"(잠 10:4~5)

추수 때를 놓치지 말아야 그 추수물을 가지고 하나님께 예물을 드리는 기쁨을 누릴 수 있고 이웃과 나눌 수 있는 복된 인생이 됩니다.


● 두 번째 포인트
**사랑은 허다한 허물을 덮습니다.**


솔로몬은 "사랑은 허물을 덮는 것"이라고 말합니다.

"미움은 다툼을 일으켜도 사랑은 모든 허물을 가리느니라"(잠 10:12)

미움은 더 큰 미움을 만듭니다. 미움으로 인해 다툼이 되고 다툼은 다시 미움이 되는 악순환이 될 뿐입니다. 당연히 그 결과는 파멸입니다. 그러나 사랑은 허물을 덮어 감사를 낳고 감사는 화목을 낳고 모두가 평화롭게 됩니다.

"무엇보다도 뜨겁게 서로 사랑할지니 사랑은 허다한 죄를 덮느니라" (벧전 4:8)

노아의 세 아들 중 두 아들이 아버지의 허물을 뒷걸음쳐 들어가 덮었습니다.

"셈과 야벳이 옷을 가져다가 자기들의 어깨에 메고 뒷걸음쳐 들어가서 그들의 아버지의 하체를 덮었으며 그들이 얼굴을 돌이키고 그들의 아버지의 하체를 보지 아니하였더라"(창 9:23)

사랑도 미움도 마음에서 시작됩니다. 그리고 마음의 생각이 말로 나타납니다.

"의인의 입은 생명의 샘이라도 악인의 입은 독을 머금었느니라"(잠 10:11)

" 말이 많으면 허물을 면하기 어려우나 그 입술을 제어하는 자는 지혜가 있느니라"(잠 10:19)

솔로몬은 반복적으로 입술의 말에 대해 교훈합니다. 지혜는 입술의 말을 조심하는 것입니다. 자신의 혀를 다스릴 수 있는 사람이라면 온몸을 다스릴 수 있는 사람입니다. 사람들이 무슨 생각을 하고 있는지, 어떤 마음의 상태인지는 쉽게 판단하기 어렵습니다. 그런데 이상한 것은 마음에 있는 것을 아무리 숨기려 해도 그의 마음은 언제나 그의 말을 통해 묻어 나온다는 사실입니다. 말은 마음의 거울입니다. 의인의 말은 제어하는 지혜가 있으며 순수한 은 같으며 여러 사람들을 교육하는 힘이 있습니다.

악한 입술로 이웃을 아프게 해서는 안 됩니다. 사랑은 상대의 허물을 덮는 것을 넘어 상대를 위해 기쁨을 만드는 지혜를 만들어냅니다.

"의인의 입은 지혜를 내어도 패역한 혀는 베임을 당할 것이니라 의인의 입술은 기쁘게 할 것을 알거늘 악인의 입은 패역을 말하느니라"(잠 10:31~32)

끊임없이 누군가의 기쁨을 위해서 애를 쓰는 사람, 그는 그 목적을 이루기 위해서 쉬지 않고 지혜를 짜냅니다. 어떻게 하면 그 사람이 기뻐하는 일을 만들어낼 수 있을까 고민합니다.

머리가 좋아서 지혜를 내는 것이 아니라 누군가를 위하려는 마음에서 지혜가 꽃이 피게 되는 것입니다. 그래서 의인은 그 입에서 지혜를 내놓습니다. 그 사람이 있기에 사람들은 삶의 활력을 얻을 뿐만 아니라 기쁨의 이유를 얻게 됩니다. 지혜로워지기를 원하는 사람은 나 아닌 다른 사람들을 '위하는 마음'이 있어야 합니다. 그 '위함' 속에 지혜가 나오고 그 지혜가 바로 기쁨이 솟

아나는 원천이 되는 것입니다.


● 세 번째 포인트
**악인은 그 입술의 허물 때문에 그물에 걸리게 됩니다.**


솔로몬은 의인과 악인의 차이를 입술의 말로 분명하게 구분하고 있습니다. 의인의 정직한 말은 그 생명을 구원하지만 악인은 그 입술의 허물로 말미암아 그물에 걸립니다.

입술의 말은 생각과 마음의 열매입니다. 의인의 선한 생각이 아름다운 열매로 이어지고 악인의 죄악 된 생각이 악하고 거짓된 말로 이어집니다. 의인은 스스로를 행복의 길로 이끌 뿐만 아니라 선한 말로 이웃에게 큰 기쁨을 줍니다. 그러나 악인은 자기 자신과 이웃 그리고 공동체에게 큰 피해를 주기 마련입니다. 예를 들어, 어리석은 말로 화를 자청했던 미갈과 시므이에게서 교훈을 얻는 반면, 곤란한 중에서도 결코 입술로 범죄하지 않았던 다윗과 욥에게서 의인의 모습을 보고 배울 수 있습니다.

입술의 말로 표현되는 의인과 악인의 차이는 이후 예수님과 함께 못 박혔던 좌우의 죄인들에게서도 명확히 드러납니다. 달린 행악자 한 사람이 예수님을 비방합니다.

"네가 그리스도가 아니냐 너와 우리를 구원하라"(눅 23:39)

그러나 또 한 사람은 비방하는 말을 듣고 그를 꾸짖어 말합니다.

"네가 동일한 정죄를 받고서도 하나님을 두려워하지 아니하느냐 우리는 우리가 행한 일에 상당한 보응을 받는 것이니 이에 당연하거니와 이 사람이 행한 것은 옳지 않은 것이 없느니라 하고 이르되 예수여 당신의 나라에 임하실 때에 나를 기억하소서 하니"(눅 23:40~42)

어리석은 미갈의 말과 그 말이 낳은 결과는 다음과 같습니다. 법궤를 예루살렘으로 옮긴 후 다윗이 자기의 가족에게 축복하러 옵니다. 그때 미갈이 다윗에게 이렇게 말합니다.

"이스라엘 왕이 오늘 어떻게 영화로우신지 방탕한 자가 염치 없이 자기의 몸을 드러내는 것처럼 오늘 그의 신복의 계집종의 눈앞에서 몸을 드러내셨도다"(삼하 6:20)

그러자 다윗이 미갈에게 말합니다.

"이는 여호와 앞에서 한 것이니라 그가 네 아버지와 그의 온 집을 버리시고 나를 택하사 나를 여호와의 백성 이스라엘의 주권자로 삼으셨으니 내가 여호와 앞에서 뛰놀리라 내가 이보다 더 낮아져서 스스로 천하게 보일지라도 네가 말한 바 계집종에게는 내가 높임을 받으리라 한지라 그러므로 사울의 딸 미갈이 죽는 날까지 그에게 자식이 없으니라"

(삼하 6:21~23)

이어서 어리석은 시므이의 말과 지혜로운 다윗의 말을 비교
해보면 다음과 같습니다. 시므이가 다윗을 저주하며 말합니다.

"피를 흘린 자여 사악한 자여 가거라 가거라 사울의 족속의 모든 피를
여호와께서 네게로 돌리셨도다 그를 이어서 네가 왕이 되었으나 여호
와께서 나라를 네 아들 압살롬의 손에 넘기셨도다 보라 너는 피를 흘린
자이므로 화를 자초하였느니라"(삼하 16:7~8)

이 독한 말을 들은 다윗이 옆 사람에게 말합니다.

"혹시 여호와께서 나의 원통함을 감찰하시리니 오늘 그 저주 때문에
여호와께서 선으로 내게 갚아 주시리라"(삼하 16:12)

시므이는 다윗과 그의 추종자들을 향해 산비탈로 따라가면
서 계속 저주하고 돌을 던졌지만 다윗은 끝내 자기 입술에 파수
꾼을 세우고 있습니다.

"여호와여 내 입에 파수꾼을 세우시고 내 입술의 문을 지키소서"(시
141:3)

또한 어리석은 욥의 아내의 말과 지혜로운 욥의 말을 비교해
보면 다음과 같습니다. 욥이 재 가운데 앉아서 질그릇 조각을 가
져다가 몸을 긁고 있는데 그의 아내가 욥에게 말합니다.

"당신이 그래도 자기의 온전함을 굳게 지키느냐 하나님을 욕하고 죽으

라"(욥 2:9)

"그대의 말이 한 어리석은 여자의 말 같도다 우리가 하나님께 복을 받았은즉 화도 받지 아니하겠느냐 하고 이 모든 일에 욥이 입술로 범죄하지 아니하니라"(욥 2:10)

이처럼 악인의 말과 의인의 말은 하늘과 땅만큼이나 차이가 나며 결국 의인의 말은 그 입술의 열매가 됩니다.


● 네 번째 포인트
겸손한 자는 권면을 듣는 지혜가 있습니다.


하나님께서는 창조주이시고 인간은 하나님의 피조물입니다. 그러므로 인간이 그 한계를 철저히 인정하고 겸손히 엎드리는 것이 지혜요 존귀하게 되는 길입니다.

"사람이 교만하면 낮아지게 되겠고 마음이 겸손하면 영예를 얻으리라" (잠 29:23)

"여호와의 규례를 지키는 세상의 모든 겸손한 자들아 너희는 여호와를 찾으며 공의와 겸손을 구하라 너희가 혹시 여호와의 분노의 날에 숨김을 얻으리라"(습 2:3)

"나는 마음이 온유하고 겸손하니 나의 멍에를 메고 내게 배우라 그리

하면 너희 마음이 쉼을 얻으리니"(마 11:29)

"젊은 자들아 이와 같이 장로들에게 순종하고 다 서로 겸손으로 허리를 동이라 하나님은 교만한 자를 대적하시되 겸손한 자들에게는 은혜를 주시느니라"(벧전 5:5)

이처럼 여호와를 경외하는 것은 지혜의 훈계이고 겸손은 존귀의 길잡이입니다(잠 15:33). 피조물인 인간이 하나님 앞에 겸손히 행하는 것이 지혜입니다. 그리고 피조물인 인간이 겸손에 더해야 할 지혜로운 일은 바로 권면을 듣는 것입니다.

"교만에서는 다툼만 일어날 뿐이라 권면을 듣는 자는 지혜가 있느니라"(잠 13:10)

성경을 보면 불세출의 지도자 모세가 그의 장인 이드로의 권면을 지혜롭게 경청하여 듣고 그 권면을 실행하는 모습이 기록되어 있습니다.

"모세가 이스라엘 무리 중에서 능력 있는 사람들을 택하여 그들을 백성의 우두머리 곧 천부장과 백부장과 오십부장과 십부장을 삼으매 그들이 때를 따라 백성을 재판하되 어려운 일은 모세에게 가져오고 모든 작은 일은 스스로 재판하더라"(출18:25~26)

그러나 어리석은 남유다의 마지막 왕 시드기야는 끝내 예레미야의 지혜로운 충고를 듣지 않음으로 결국 비참한 최후를 맞게 됩니다. 서둘러 바벨론에게 항복하라는 말을 들은 시드기야 왕이 예레미야에게 이렇게 말합니다.

"나는 갈대아인에게 항복한 유다인을 두려워하노라 염려하건대 갈대아인이 나를 그들의 손에 넘기면 그들이 나를 조롱할까 하노라"(렘 38:19)

그러자 예레미야가 마지막으로 간절히 호소합니다.

"그 무리가 왕을 그들에게 넘기지 아니하리이다 원하옵나니 내가 왕에게 아뢴 바 여호와의 목소리에 순종하소서 그리하면 왕이 복을 받아 생명을 보전하시리이다"(렘 38:20)

끝내 예레미야의 충고를 듣지 않은 시드기야는 자기 두 아들이 바벨론에 의해 죽는 모습을 지켜보게 됩니다.


● 다섯 번째 포인트
**지혜로운 자와 동행하면 지혜를 얻습니다.**


솔로몬은 지혜로운 자와 동행하면 지혜를 얻고 미련한 자와 사귀면 해를 받는다고 말합니다(잠 13:20). 지혜로운 사람을 가까이하여 지혜를 배우며 교훈을 받는다면 곧 그의 삶도 지혜로워질 것입니다. 그러나 만일 지혜로운 친구의 충고를 들을 귀가 없는 사람이라면 그는 아무리 좋은 친구를 옆에 두고 있다 하더라도 그의 얼굴은 빛나지 않을 것입니다. 칭찬에 귀를 좁게 열고 충고에 귀를 넓게 여는 지혜가 주변의 지혜자들을 자신의 귀한 친구로 만드는 비결입니다. 성경에서 지혜로운 친구와 동행해 지혜를 얻은 경우는 다음과 같습니다.

첫째, 여호수아와 갈렙입니다.

"여호수아가 여분네의 아들 갈렙을 위하여 축복하고 헤브론을 그에게 주어 기업을 삼게 하매 헤브론이 그니스 사람 여분네의 아들 갈렙의 기업이 되어 오늘까지 이르렀으니 이는 그가 이스라엘의 하나님 여호와를 온전히 좇았음이라"(수 14:13~14)

둘째, 다윗과 요나단입니다.

"다윗이 사울에게 말하기를 마치매 요나단의 마음이 다윗의 마음과 하나가 되어 요나단이 그를 자기 생명 같이 사랑하니라"(삼상 18:1)

셋째, 다윗과 후새입니다.

"다윗의 친구 후새가 곧 성읍으로 들어가고 압살롬도 예루살렘으로 들어갔더라"(삼하 15:37)

넷째, 에스더와 모르드개입니다.

"아비하일의 딸 왕후 에스더와 유다인 모르드개가 전권으로 글을 쓰고 부림에 대한 이 둘째 편지를 굳게 지키게 하되"(에 9:29)

**다섯째, 다니엘과 다니엘의 세 친구입니다.**

"이에 다니엘이 자기 집으로 돌아가서 그 친구 하나냐와 미사엘과 아사랴에게 그 일을 알리고 하늘에 계신 하나님이 이 은밀한 일에 대하여 불쌍히 여기사 다니엘과 친구들이 바벨론의 다른 지혜자들과 함께 죽임을 당하지 않게 하시기를 그들로 하여금 구하게 하니라"(단 2:17~18)

**여섯째, 바울과 바나바입니다.**

"사울이 예루살렘에 가서 제자들을 사귀고자 하나 다 두려워하여 그가 제자 됨을 믿지 아니하니 바나바가 데리고 사도들에게 가서 그가 길에서 어떻게 주를 보았는지와 주께서 그에게 말씀하신 일과 다메섹에서 그가 어떻게 예수의 이름으로 담대히 말하였는지를 전하니라"(행 9:26~27)

**일곱째, 바울과 오네시모, 그리고 빌레몬입니다.**

"도리어 사랑으로써 간구하노라 나이가 많은 나 바울은 지금 또 예수 그리스도를 위하여 갇힌 자 되어 갇힌 중에서 낳은 아들 오네시모를 위하여 네게 간구하노라 그가 전에는 네게 무익하였으나 이제는 나와 네게 유익하므로 네게 그를 돌려 보내노니 그는 내 심복이라"(몬 1:9~12)

반대로 성경에서 악한 친구와 동행해 지혜를 얻지 못한 경우는 다음과 같습니다.

**첫째, 암논과 요나답입니다.**

"암논에게 요나답이라 하는 친구가 있으니 그는 다윗의 형 시므아의 아들이요 심히 간교한 자라"(삼하 13:3)

**둘째, 르호보암과 그의 친구들입니다.**

"함께 자라난 소년들이 왕께 아뢰어 이르되 이 백성들이 왕께 아뢰기를 왕의 부친이 우리의 멍에를 무겁게 하였으나 왕은 우리를 위하여 가볍게 하라 하였은즉 왕은 대답하기를 내 새끼 손가락이 내 아버지의 허리보다 굵으니"(왕상 12:10)

우리의 가장 지혜로운 친구는 바로 우리 주 예수 그리스도이십니다.

## 디저트 DESSERT

지혜란 많은 지식을 쌓은 것과는 다릅니다. 자신의 행동을 한 번 더 생각해보는 것이 지혜입니다. 말을 하기 전에 한 번 더 생각해보는 것입니다. 다른 사람의 입장에서 생각해보는 것이 필요합니다. 그런 사람은 가정을 세우고, 교회를 세우고 나아가 국가를 세웁니다. 하나님의 입장에서 모든 것을 다시 한번 생각해보는 사람, 그가 곧 〈잠언〉 전체의 숲에서 말하는 하나님을 경외하는 자입니다.

..............................................................................................

..............................................................................................

..............................................................................................

..............................................................................................

# *120*일
## 인생의 참 행복 (잠 16~20장)

솔로몬은 "너의 행사를 여호와께 맡기라 그리하면 네가 경영하는 것이 이루어지리라"(잠 16:3)라고 말하며 하나님께 우리의 길을 맡기는 것이 지혜라고 가르쳐줍니다.

그리고 하나님을 경외할 줄 아는 지혜가 사람들 사이에 화목을 이끌어낸다고 가르쳐줍니다.

《일년일독 통독성경》잠언 16~20장

통通으로 숲이야기 ; 통숲 TONG OBSERVATION

● 첫 번째 포인트
하늘의 인생 법칙은 우리 모든 행사를 여호와께 맡기는 것입니다.

인생의 성공과 실패를 위한 어떠한 발버둥도 하나님 앞에서
는 무의미합니다. 하나님께 우리 삶의 경영을 맡기면 하나님께
서 모든 것을 최적의 상태로 이루어주십니다. 이것이 성경이 가
르치는 인생의 참 법칙입니다.

"마음의 경영은 사람에게 있어도 말의 응답은 여호와께로부터 나오
니라 사람의 행위가 자기 보기에는 모두 깨끗하여도 여호와는 심령을
감찰하시느니라 너의 행사를 여호와께 맡기라 그리하면 네가 경영하
는 것이 이루어지리라"(잠 16:1~3)

세상은 우리가 삶에 대해 생각하고 치밀하게 계획하고 스스
로 경영해 나가야 삶을 성공으로 이끌 수 있다고 말합니다. 그러
나 〈잠언〉의 말씀은 우리에게 분명한 인생 법칙을 들려줍니다.

하나님께서 모든 인생을 주관하신다는 것입니다. 인생의 모습과 삶의 내용은 각자 다양하지만 결국 하나님께서 정하신 뜻과 법칙으로 귀결됩니다. 인생들이 태어나는 것, 죽는 것, 화를 당하는 것, 복을 받는 것 이 모든 것이 하나님의 주권 안에 있습니다. 그러나 만약 인생들이 스스로 경영하여 바벨탑을 쌓는다면 결국 그 모든 경영은 허사가 될 것입니다.

"서로 말하되 자, 벽돌을 만들어 견고히 굽자 하고 이에 벽돌로 돌을 대신하며 역청으로 진흙을 대신하고 또 말하되 자, 성읍과 탑을 건설하여 그 탑 꼭대기를 하늘에 닿게 하여 우리 이름을 내고 온 지면에 흩어짐을 면하자 하였더니"(창 11:3~4)

하나님께서 이 사람들이 건설하는 성읍과 탑을 보시고 이렇게 말씀하십니다.

"자, 우리가 내려가서 거기서 그들의 언어를 혼잡하게 하여 그들이 서로 알아듣지 못하게 하자 하시고 여호와께서 거기서 그들을 온 지면에 흩으셨으므로 그들이 그 도시를 건설하기를 그쳤더라 그러므로 그 이름을 바벨이라 하니 이는 여호와께서 거기서 온 땅의 언어를 혼잡하게 하셨음이니라 여호와께서 거기서 그들을 온 지면에 흩으셨더라"(창 11:7~9)

● 두 번째 포인트

**제비는 사람이 뽑지만 모든 일의 결정은 하나님께서 하십니다.**

"사람이 마음으로 자기의 길을 계획할지라도 그의 걸음을 인도하시는 이는 여호와시니라"(잠 16:9)

"제비는 사람이 뽑으나 모든 일을 작정하기는 여호와께 있느니라"(잠 16:33)

하나님의 역사하심 속에 사람이 제비를 뽑고 하나님께서 결정하신 예들을 살펴보면 다음과 같습니다. 역사를 주관하시는 하나님의 결정들입니다.

첫째, 약속의 땅 가나안에서 열두 지파에게 땅을 분배할 때에 제비뽑기를 했습니다.

"여호와께서 모세에게 명령하신 대로 그들의 기업을 제비 뽑아 아홉 지파와 반 지파에게 주었으니"(수 14:2)

둘째, 이스라엘의 초대 왕을 선택할 때 제비뽑기를 했습니다.

"사무엘이 이에 이스라엘 모든 지파를 가까이 오게 하였더니 베냐민 지파가 뽑혔고 베냐민 지파를 그들의 가족별로 가까이 오게 하였더니 마드리의 가족이 뽑혔고 그 중에서 기스의 아들 사울이 뽑혔으나 그를 찾아도 찾지 못한지라"(삼상 10:20~21)

셋째, 다윗 시대 때 찬양대의 직임을 위해 제비뽑기를 했습니다.

"이 무리의 큰 자나 작은 자나 스승이나 제자를 막론하고 다같이 제비 뽑아 직임을 얻었으니"(대상 25:8)

넷째, 요나는 제비에 뽑혀 물고기 뱃속으로 들어갔습니다.

"그들이 서로 이르되, 자 우리가 제비를 뽑아 이 재앙이 누구로 말미암 아 우리에게 임하였나 알아 보자 하고 곧 제비를 뽑으니 제비가 요나에 게 뽑힌지라"(욘 1:7)

다섯째, 예루살렘 거주자들을 정하기 위해 제비를 뽑았습니다.

"백성의 지도자들은 예루살렘에 거주하였고 그 남은 백성은 제비 뽑아 십분의 일은 거룩한 성 예루살렘에서 거주하게 하고 그 십분의 구는 다 른 성읍에 거주하게 하였으며"(느 11:1)

여섯째, 가룟 유다를 대신할 예수님의 제자를 선택할 때 제비를 뽑았습니다.

"제비 뽑아 맛디아를 얻으니 그가 열한 사도의 수에 들어가니라"(행 1:26)

이렇게 제비는 사람이 뽑았지만 가장 합당한 선택과 결정은 하나님의 역사로 이루어졌습니다. 하나님의 결정은 실수가 없으십니다. 그러므로 모든 일의 결정이 하나님께 있음을 알고 믿는 것이 지혜입니다.

● 세 번째 포인트

**노하기를 더디 하는 것이 성(城)을 빼앗는 것보다 어렵습니다.**

어떤 시대이든지 한 개인이 '나라의 용사'가 된다는 것은 쉽지 않은 일입니다. 특히 고대 사회에서는 용사 중의 용사가 치열한 전투를 치르고서야 취할 수 있는 것이 성(城)인데 성경은 '노하기를 더디 하고 자신의 마음을 다스리는 것'이 용사가 되는 것보다 그리고 심지어 성을 빼앗는 것보다 낫다고 말하고 있습니다.

"노하기를 더디하는 자는 용사보다 낫고 자기의 마음을 다스리는 자는 성을 빼앗는 자보다 나으니라"(잠 16:32)

그러므로 노하기를 더디 하는 것은 그 어려운 공성전(攻城戰)보다도 어려운 일입니다. 그리고 더 나아가 남의 허물을 용서하는 것도 참으로 어려운 일입니다.

"노하기를 더디 하는 것이 사람의 슬기요 허물을 용서하는 것이 자기의 영광이니라"(잠 19:11)

그런데 솔로몬은 노하기를 더디 하고 남의 허물을 용서하는 방법을 우리에게 가르쳐주고 있습니다. 바로 하나님의 성품을 닮는 것입니다. 우리가 배워야 할 하나님의 성품은 다음과 같습니다.

> "여호와께서 그의 앞으로 지나시며 선포하시되 여호와라 여호와라 자비롭고 은혜롭고 노하기를 더디하고 인자와 진실이 많은 하나님이라"
> (출 34:6)

"자비롭고 은혜롭고 노하기를 더디하고…" 이 말씀은 시내산에서 금송아지 우상 사건을 용서하신 후 하나님께서 스스로 드러내신 하나님의 성품입니다.

하나님의 사람 다윗은 노하기를 더디 함으로 큰 유익을 얻습니다. 바로 지혜로운 여인 아비가일의 조언 때문입니다. 아비가일이 다윗에게 나발을 향해 "노하기를 더디 하라."라고 충고합니다.

> "내 주여 여호와께서 살아 계심을 두고 맹세하노니 내 주도 살아 계시거니와 내 주의 손으로 피를 흘려 친히 보복하시는 일을 여호와께서 막으셨으니 내 주의 원수들과 내 주를 해하려 하는 자들은 나발과 같이 되기를 원하나이다"(삼상 25:26)

조금만 참고 하나님의 처분을 기다려보라는 것입니다. 이처럼 아비가일에게 지혜로운 조언을 들은 다윗은 이후에 시므이를 향해서도 노하기를 더디 함으로 큰 성과를 거두게 됩니다. 다윗은 시므이와 천 명의 정적들을 음지에서 양지로 끌어내 국가의 안전을 얻게 됩니다.

"혹시 여호와께서 나의 원통함을 감찰하시리니 오늘 그 저주 때문에 여호와께서 선으로 내게 갚아 주시리라 하고"(삼하 16:12)

"노하기를 더디 하라."라는 말씀이 〈야고보서〉에서도 나옵니다.

"내 사랑하는 형제들아 너희가 알지니 사람마다 듣기는 속히 하고 말하기는 더디 하며 성내기도 더디 하라"(약 1:19)

비록 노하기를 더디 하는 것이 성(城)을 빼앗는 것보다 어려운 일이지만 우리가 하나님의 성품을 닮고자 하면 이 놀라운 지혜를 하나님께서 우리에게 후히 주실 것입니다.


● 네 번째 포인트
남을 대접하는 자는 영혼이 잘되고 범사에 잘되고 강건하게 되는 복을 누리게 됩니다.


지혜자 솔로몬은 다음과 같이 말합니다.

"너그러운 사람에게는 은혜를 구하는 자가 많고 선물 주기를 좋아하는 자에게는 사람마다 친구가 되느니라"(잠 19:6)

........................................................

........................................................

........................................................

........................................................

세상 학문에서는 그 분야에 최고 정점에 이른 사람에게 박사 학위를 주어 그 분야에서 그를 높여줍니다. 그런데 박사보다 더 높고 귀한 학위(?)가 있습니다. 그 학위는 바로 '밥사'입니다. 누군가에게 정치적 목적 없이 순수한 마음으로 밥을 사면서 공궤하는 사람은 참으로 귀한 사람입니다. 성경은 그런 사람을 귀하다고 말합니다.

그러한 대표적인 사람을 꼽으라면 다윗이 어려움에 처해 있었을 때 다윗을 공궤한 바르실래를 들 수 있습니다. 다윗은 그 고마움을 잊지 않고 바르실래의 아들들에게 은혜를 갚습니다.

"바르실래는 매우 늙어 나이가 팔십 세라 그는 큰 부자이므로 왕이 마하나임에 머물 때에 그가 왕을 공궤하였더라 왕이 바르실래에게 이르되 너는 나와 함께 건너가자 예루살렘에서 내가 너를 공궤하리라"(삼하 19:32~33)

"마땅히 길르앗 바르실래의 아들들에게 은총을 베풀어 그들이 네 상에서 먹는 자 중에 참여하게 하라 내가 네 형 압살롬의 낯을 피하여 도망할 때에 그들이 내게 나왔느니라"(왕상2:7)

이후 역사에서도 보면 이웃과 선물을 나누며 기뻐하는 일을 '절기'로 만든 일이 있습니다. 바로 '부림절'입니다.

부림절은 에스더와 모르드개의 목숨을 건 노력으로 말미암아 유다 민족 전체가 다시 살게 되고 이후 유다인들이 이날을 기념하여 절기로 지킨 날입니다. 부림절을 지키는 방법은 유다인들이 잔치를 베풀고 서로 예물을 주고 가난한 자를 구제하며 이웃과 함께 기뻐하는 것입니다.

> "이 달 이 날에 유다인들이 대적에게서 벗어나서 평안함을 얻어 슬픔이 변하여 기쁨이 되고 애통이 변하여 길한 날이 되었으니 이 두 날을 지켜 잔치를 베풀고 즐기며 서로 예물을 주며 가난한 자를 구제하라 하매"(에 9:22)

또한 성경에는 너그럽고 공궤하기를 좋아해 사도 요한에게 큰 칭찬을 받은 가이오에 관한 이야기도 있습니다.

A.D.64년 로마 대화재 사건 이후 로마 제국이 그리스도인들을 핍박하자 예수 그리스도의 복음을 전하는 전도인들이 복음을 전하는 데 많은 어려움을 겪게 됩니다. 바로 그때 가이오가 자신의 집을 개방해서 전도인들이 오갈 때에 먹이고 재우고 여비도 보태주며 잠시나마 편히 쉴 수 있도록 도와주었습니다.

가이오가 주의 복음을 위해 나그네 된 전도자들을 힘껏 섬기고 환대하자 가이오에게 큰 사랑의 빚을 진 전도자들이 전도여행을 마치고 나면 하나 같이 사도 요한에게 가이오를 칭찬하는 것입니다. 그러자 사도 요한이 가이오에게 편지를 보내며 축복의 메시지를 보냅니다. 그 편지가 바로 〈요한삼서〉입니다.

"사랑하는 자여 네 영혼이 잘됨 같이 네가 범사에 잘되고 강건하기를 내가 간구하노라 형제들이 와서 네게 있는 진리를 증언하되 네가 진리 안에서 행한다 하니 내가 심히 기뻐하노라 내가 내 자녀들이 진리 안에서 행한다 함을 듣는 것보다 더 기쁜 일이 없도다"(요삼 1:2~4)

'영혼이 잘되고 범사에 잘되고 강건하게 되는 복'은 가이오처럼 전도인들을 비롯해 누군가에게 선물하기를 좋아하는 사람이 받는 지혜로운 복입니다.

● 다섯 번째 포인트
**가난한 자를 불쌍히 여기는 것은 하나님께 꾸어드리는 것입니다.**

솔로몬은 말합니다.

"가난한 자를 불쌍히 여기는 것은 여호와께 꾸어 드리는 것이니 그의 선행을 그에게 갚아 주시리라"(잠 19:17)

이는 하나님의 눈길이 언제나 가난하고 힘없는 약자들을 향하고 계시다는 것입니다. 예수님께서도 우리가 약자들에게 한 것이 곧 예수님께 행한 것이라고 말씀하십니다.

"이에 의인들이 대답하여 이르되 주여 우리가 어느 때에 주께서 주리신 것을 보고 음식을 대접하였으며 목마르신 것을 보고 마시게 하였나이까 어느 때에 나그네 되신 것을 보고 영접하였으며 헐벗으신 것을 보고 옷 입혔나이까 어느 때에 병드신 것이나 옥에 갇히신 것을 보고 가서 뵈었나이까 하리니 임금이 대답하여 이르시되 내가 진실로 너희에게 이르노니 너희가 여기 내 형제 중에 지극히 작은 자 하나에게 한 것이 곧 내게 한 것이니라 하시고"(마 25:37~40)

하나님께서는 제사장 나라 법을 통해서 사회적 약자들인 고아와 과부와 나그네를 위해 밭모퉁이 일부와 포도나무 일부 열매를 남겨두라고 말씀하십니다. 하나님께서는 이것이 바로 '거룩'이라고 가르쳐주셨습니다. 그리고 하나님께서 명령하신 이 거룩한 일을 해야 하는 이유는 아브라함의 후손들인 이스라엘 백성들이 애굽에 살 때에 사회적 약자들이었기 때문입니다.

"고아와 과부를 위하여 정의를 행하시며 나그네를 사랑하여 그에게 떡과 옷을 주시나니 너희는 나그네를 사랑하라 전에 너희도 애굽 땅에서 나그네 되었음이니라"(신 10:18~19)

약자를 향한 하나님의 관심은 하나님께서 고아의 아버지시며 과부의 재판장이시라는 말씀에서 극에 달합니다.

"그의 거룩한 처소에 계신 하나님은 고아의 아버지시며 과부의 재판장이시라"(시 68:5)

하나님께서는 가난한 자들을 불쌍히 여기고 그들을 도와주면 다음과 같은 상을 주겠다고 말씀하십니다.

"보라 내가 속히 오리니 내가 줄 상이 내게 있어 각 사람에게 그가 행한 대로 갚아 주리라"(계 22:12)

하나님께 상급을 받는 길은 하나님의 눈길이 머무는 사회적 약자들인 고아와 과부와 나그네를 불쌍히 여기고 예수님을 섬기듯 그들을 섬기는 것입니다.

 디저트 DESSERT

"세상에 금도 있고 진주도 많거니와 지혜로운 입술이 더욱 귀한 보배니라"(잠 20:15)

지혜로운 입술의 말로 하나님과 사람 앞에 존귀히 여김을 받는 그리스도인이 되기를 바랍니다.

# *121*일

## 악인의 형통함을 부러워 말라 (잠 21~24장)

〈잠언〉은 지혜를 얻기 위해서는 탐심을 버리라고 충고합니다. 탐심에서 벗어난 눈만이 옳고 그름을 정확하게 분별할 수 있기 때문입니다.

또한 〈잠언〉은 악인의 형통을 보고 마음이 흔들려 정직한 길에서 돌아서는 잘못을 저지르지 말라고 가르칩니다. 하나님을 경외하는 지혜자에게는 악을 행하는 미련한 자가 도저히 따라올 수 없는 고귀함이 있기 때문입니다.

《일년일독 통독성경》 잠언 21~24장

**통通으로 숲이야기 ; 통숲** TONG OBSERVATION

● 첫 번째 포인트

'여호와의 도'를 지킬 때 환난 당한 자, 빚진 자, 원통한 자를 만들지 않을 수 있습니다.

부패한 인생들이 약자의 것을 탈취하여 그들의 탐심을 채우면 세상에는 환난 당한 자, 빚진 자, 원통한 자들이 생길 수밖에 없습니다. 그러나 공의의 하나님께서는 이 땅에 환난 당한 자, 빚진 자, 원통한 자들이 생기지 않도록 아브라함과 그의 후손들에게 '여호와의 도'를 가르쳐주셨습니다.

"내가 그로 그 자식과 권속에게 명하여 여호와의 도를 지켜 의와 공도를 행하게 하려고 그를 택하였나니 이는 나 여호와가 아브라함에게 대하여 말한 일을 이루려 함이니라"(창 18:19)

하나님께서는 모세를 통해 애굽에서 오랜 세월 노예로 살던 아브라함의 후손들로 하여금 제사장 나라를 세워 세상 한복판에

.......................................................................................................

.......................................................................................................

.......................................................................................................

.......................................................................................................

서 하나님의 공의와 정의를 행하도록 하셨습니다.

> "오늘 내가 너희에게 선포하는 이 율법과 같이 그 규례와 법도가 공의
> 로운 큰 나라가 어디 있느냐"(신 4:8)

그런데 출애굽한 지 500여 년 만에 이스라엘의 초대 왕 사울
은 오히려 '권력의 사유화'로 그 시대의 환난 당한 자, 빚진 자, 마
음이 원통한 자들을 만들어냈습니다.

> "그러므로 다윗이 그 곳을 떠나 아둘람 굴로 도망하매 그의 형제와 아
> 버지의 온 집이 듣고 그리로 내려가서 그에게 이르렀고 환난 당한 모든
> 자와 빚진 모든 자와 마음이 원통한 자가 다 그에게로 모였고 그는 그
> 들의 우두머리가 되었는데 그와 함께 한 자가 사백 명 가량이었더라"
> (삼상 22:1~2)

이렇게 된 이유는 사울이 '여호와의 도'를 버렸기 때문입니
다. 앞서 하나님께서 모세를 통해 주신 〈레위기〉의 말씀입니다.

> "너희가 너희의 땅에서 곡식을 거둘 때에 너는 밭 모퉁이까지 다 거두
> 지 말고 네 떨어진 이삭도 줍지 말며 네 포도원의 열매를 다 따지 말며
> 네 포도원에 떨어진 열매도 줍지 말고 가난한 사람과 거류민을 위하여
> 버려두라 나는 너희의 하나님 여호와이니라"(레19:9~10)

> "너희는 재판할 때에 불의를 행하지 말며 가난한 자의 편을 들지 말며
> 세력 있는 자라고 두둔하지 말고 공의로 사람을 재판할지며 너는 네 백

성 중에 돌아다니며 사람을 비방하지 말며 네 이웃의 피를 흘려 이익을 도모하지 말라 나는 여호와이니라"(레 19:15~16)

"거류민이 너희의 땅에 거류하여 함께 있거든 너희는 그를 학대하지 말고 너희와 함께 있는 거류민을 너희 중에서 낳은 자 같이 여기며 자기 같이 사랑하라 너희도 애굽 땅에서 거류민이 되었었느니라 나는 너희의 하나님 여호와이니라"(레 19:33~34)

사울은 이 놀라운 '여호와의 도'를 세상 한복판에서 실행하는 일은 소홀히 한 채, 자신의 이익을 위해 오히려 제사장 나라의 제사를 '도구화'했습니다. 그 예가 바로 아말렉과의 전쟁 후 모든 것을 진멸하라는 명령을 어기고 사울이 '제사를 위해' 좋은 것을 남겼다고 변명한 것입니다. 그러자 사무엘이 사울에게 다음과 같이 말합니다.

"사무엘이 이르되 여호와께서 번제와 다른 제사를 그의 목소리를 청종하는 것을 좋아하심 같이 좋아하시겠나이까 순종이 제사보다 낫고 듣는 것이 숫양의 기름보다 나으니"(삼상 15:22)

제사장 나라 제사는 제사 형식에만 머물지 않습니다. 제사장 나라 제사는 하나님의 공의를 실현하는 통로입니다. 지혜자 솔로몬은 〈잠언〉을 통해 제사와 공의를 행하는 것과 관련하여 다음과 같이 말합니다.

......................................................................................................

......................................................................................................

......................................................................................................

......................................................................................................

"사람의 행위가 자기 보기에는 모두 정직하여도 여호와는 마음을 감찰하시느니라 공의와 정의를 행하는 것은 제사 드리는 것보다 여호와께서 기쁘게 여기시느니라"(잠 21:2~3)

솔로몬의 꿈은 아버지 다윗처럼 하나님 앞에서 춤추며 뛰노는 것은 물론, 온 이스라엘에 공의를 행하여 원통한 자를 없게 만드는 것이었습니다. 이에 솔로몬은 하나님께 원통한 자를 도울 수 있는 공의로운 재판을 위해 지혜를 구했습니다.

"나의 하나님 여호와 주께서 종으로 종의 아버지 다윗을 대신하여 왕이 되게 하셨사오나 종은 작은 아이라 출입할 줄을 알지 못하고 주께서 택하신 백성 가운데 있나이다 그들은 큰 백성이라 수효가 많아서 셀 수도 없고 기록할 수도 없사오니 누가 주의 이 많은 백성을 재판할 수 있사오리이까 듣는 마음을 종에게 주사 주의 백성을 재판하여 선악을 분별하게 하옵소서"(왕상 3:7~9)

결국 하나님께로부터 지혜를 받은 솔로몬은 자신의 실수로 아들을 죽이고 거짓말로 남의 아들까지 죽게 하려는 악한 어미로부터 자식을 지키기 위해 위험에 빠진, 한 어머니의 억울함을 막아주는 재판을 행했습니다.

"왕이 대답하여 이르되 산 아이를 저 여자에게 주고 결코 죽이지 말라 저가 그의 어머니이니라 하매 온 이스라엘이 왕이 심리하여 판결함을

....................................................................................

....................................................................................

....................................................................................

....................................................................................

듣고 왕을 두려워하였으니 이는 하나님의 지혜가 그의 속에 있어 판결함을 봄이더라"(왕상 3:27~28)

이렇게 솔로몬은 세상 한복판에서 원통한 일이 없도록 만들었습니다. 이후 이 세상의 진정한 공의는 예레미야 선지자의 예언대로 우리 예수님께서 이루십니다.

"그 날 그 때에 내가 다윗에게서 한 공의로운 가지가 나게 하리니 그가 이 땅에 정의와 공의를 실행할 것이라"(렘 33:15)

### ● 두 번째 포인트
**이기고 지는 것은 언제나 하나님 손에 달려 있습니다.**

성경은 '전쟁이 하나님께 속한 것'이라고 가르쳐주고 있습니다. 이기고 지는 것이 군인들의 숫자나 무기의 많고 적음에 있지 않고 오직 하나님 손에 달려 있다는 것입니다. 이미 모세, 여호수아, 기드온, 사무엘, 다윗이 그 증인입니다. 지혜로운 솔로몬도 이기고 지는 것이 하나님께 속한 것이라고 가르쳐주고 있습니다.

"싸울 날을 위하여 마병을 예비하거니와 이김은 여호와께 있느니라"
(잠 21:31)

출애굽한 이스라엘 백성들이 아말렉과의 전투에서 하나님의

.........................................................................................

.........................................................................................

.........................................................................................

.........................................................................................

전적인 도우심으로 놀랍게 승리했습니다. 그때 하나님께서 이기게 하신 방법은 다음과 같습니다.

"모세가 손을 들면 이스라엘이 이기고 손을 내리면 아말렉이 이기더니"(출 17:11)

또한 사무엘 시대에 이스라엘이 블레셋을 이긴 일도 이스라엘 군대의 힘이 아닌 하나님의 전적인 도움이셨습니다.

"사무엘이 번제를 드릴 때에 블레셋 사람이 이스라엘과 싸우려고 가까이 오매 그 날에 여호와께서 블레셋 사람에게 큰 우레를 발하여 그들을 어지럽게 하시니 그들이 이스라엘 앞에 패한지라"(삼상 7:10)

다윗이 하나님에 대한 이 믿음이 있었습니다. 그래서 골리앗과 당당히 맞서 싸워 이긴 것입니다.

"전쟁은 여호와께 속한 것인즉 그가 너희를 우리 손에 넘기시리라"(삼상 17:47)

그런데 다윗과 솔로몬 후대의 사람들은 이기고 지는 것이 하나님 손에 달려 있음을 믿으려 하지 않았습니다. 이사야 선지자의 경고의 메시지입니다.

"도움을 구하러 애굽으로 내려가는 자들은 화 있을진저 그들은 말을 의지하며 병거의 많음과 마병의 심히 강함을 의지하고 이스라엘의 거룩하신 이를 앙모하지 아니하며 여호와를 구하지 아니하나니"(사 31:1)

.......................................................................................................

.......................................................................................................

.......................................................................................................

.......................................................................................................

그러나 이후에 남유다의 아사 왕은 결국 이기고 지는 것이 하나님 손에 달려 있음을 고백하며 하나님께 다음과 같이 기도했습니다.

"아사가 그의 하나님 여호와께 부르짖어 이르되 여호와여 힘이 강한 자와 약한 자 사이에는 주밖에 도와 줄 이가 없사오니 우리 하나님 여호와여 우리를 도우소서 우리가 주를 의지하오며 주의 이름을 의탁하옵고 이 많은 무리를 치러 왔나이다 여호와여 주는 우리 하나님이시오니 원하건대 사람이 주를 이기지 못하게 하옵소서 하였더니"(대하 14:11)

우리를 끝내 이기게 하시는 분은 오직 하늘의 하나님 우리 아버지이십니다. 그 사실을 믿는 자는 언제나 믿음으로 승리하며 살게 됩니다.


● 세 번째 포인트
좋은 습관은 어려서 만들어야 백배 유익합니다.


하나님께서는 이스라엘 백성들에게 율법을 부지런히 배우고 익힐 뿐 아니라 자녀들에게 가르치라고 말씀하셨습니다.

"평생에 자기 옆에 두고 읽어 그의 하나님 여호와 경외하기를 배우며 이 율법의 모든 말과 이 규례를 지켜 행할 것이라"(신 17:19)

"오늘 내가 네게 명하는 이 말씀을 너는 마음에 새기고 네 자녀에게 부지런히 가르치며 집에 앉았을 때에든지 길을 갈 때에든지 누워 있을 때에든지 일어날 때에든지 이 말씀을 강론할 것이며"(신 6:6~7)

솔로몬은 더 나아가 교육은 어린아이 때부터 시작하라고 조언합니다. 그래야 늙어서도 어려서 배운 대로 행한다는 것입니다. 이는 다시 말해 교육의 적기는 '어렸을 때'라는 것입니다.

"마땅히 행할 길을 아이에게 가르치라 그리하면 늙어도 그것을 떠나지 아니하리라"(잠 22:6)

디모데가 바로 좋은 예입니다.

"또 어려서부터 성경을 알았나니 성경은 능히 너로 하여금 그리스도 예수 안에 있는 믿음으로 말미암아 구원에 이르는 지혜가 있게 하느니라 모든 성경은 하나님의 감동으로 된 것으로 교훈과 책망과 바르게 함과 의로 교육하기에 유익하니 이는 하나님의 사람으로 온전하게 하며 모든 선한 일을 행할 능력을 갖추게 하려 함이라"(딤후 3:15~17)

디모데처럼 좋은 습관은 어려서 배워야 백배 유익합니다.


● 네 번째 포인트
누군가를 억울하게 하면 결국 자기 손해입니다.

인류 역사상 재판으로 가장 유명한 솔로몬은 재판에 대해 다음과 같이 말하고 있습니다.

"약한 자를 그가 약하다고 탈취하지 말며 곤고한 자를 성문에서 압제하지 말라 대저 여호와께서 신원하여 주시고 또 그를 노략하는 자의 생명을 빼앗으시리라"(잠 22:22~23)

"하나님이여 주의 판단력을 왕에게 주시고 주의 공의를 왕의 아들에게 주소서 그가 주의 백성을 공의로 재판하며 주의 가난한 자를 정의로 재판하리니 의로 말미암아 산들이 백성에게 평강을 주며 작은 산들도 그리하리로다 그가 가난한 백성의 억울함을 풀어 주며 궁핍한 자의 자손을 구원하며 압박하는 자를 꺾으리로다"(시 72:1~4)

〈신명기〉에서 이미 "재판은 하나님께 속해 있다."라고 말했습니다.

"내가 그 때에 너희의 재판장들에게 명하여 이르기를 너희가 너희의 형제 중에서 송사를 들을 때에 쌍방간에 공정히 판결할 것이며 그들 중에 있는 타국인에게도 그리 할 것이라 재판은 하나님께 속한 것인즉 너희는 재판할 때에 외모를 보지 말고 귀천을 차별 없이 듣고 사람의 낯을 두려워하지 말 것이며 스스로 결단하기 어려운 일이 있거든 내게로 돌리라 내가 들으리라"(신 1:16~17)

"너는 재판을 굽게 하지 말며 사람을 외모로 보지 말며 또 뇌물을 받지 말라 뇌물은 지혜자의 눈을 어둡게 하고 의인의 말을 굽게 하느니라"
(신 16:19)

이렇게 재판에 대한 기준을 정해주셨습니다. 또한 하나님께서는 '억울한 자'에게 관심이 참 많으십니다. 때문에 하나님께서는 아벨의 호소도 귀를 기울여주셨습니다.

"이르시되 네가 무엇을 하였느냐 네 아우의 핏소리가 땅에서부터 내게 호소하느니라 땅이 그 입을 벌려 네 손에서부터 네 아우의 피를 받았은즉 네가 땅에서 저주를 받으리니"(창 4:10~11)

"그 품삯을 당일에 주고 해 진 후까지 미루지 말라 이는 그가 가난하므로 그 품삯을 간절히 바람이라 그가 너를 여호와께 호소하지 않게 하라 그렇지 않으면 그것이 네게 죄가 될 것임이라"(신 24:15)

다윗은 사울로 말미암은 자신의 억울함을 하나님께 토로하며 하나님을 '재판장'이라고 표현하기도 했습니다. 이는 하나님께서 억울한 자의 고통을 들어주시는 분임을 알았기 때문입니다.

"그런즉 여호와께서 재판장이 되어 나와 왕 사이에 심판하사 나의 사정을 살펴 억울함을 풀어 주시고 나를 왕의 손에서 건지시기를 원하나이다 하니라"(삼상24:15)

한편 다윗의 아들 압살롬은 재판을 악용해 쿠데타를 미리 모의하는 악을 행하기도 했습니다.

.......................................................................................

.......................................................................................

.......................................................................................

.......................................................................................

"압살롬이 그에게 이르기를 보라 네 일이 옳고 바르다마는 네 송사를 들을 사람을 왕께서 세우지 아니하셨다 하고 또 압살롬이 이르기를 내가 이 땅에서 재판관이 되고 누구든지 송사나 재판할 일이 있어 내게로 오는 자에게 내가 정의 베풀기를 원하노라 하고"(삼하 15:3~4)

하나님께서는 아모스 선지자를 통해 누군가를 억울하게 하는 자에 대해 책망하십니다.

"너희의 허물이 많고 죄악이 무거움을 내가 아노라 너희는 의인을 학대하며 뇌물을 받고 성문에서 가난한 자를 억울하게 하는 자로다"(암 5:12)

그리고 예레미야 선지자를 통해서는 공정하지 못한 재판에 대해 경고하십니다.

"지존자의 얼굴 앞에서 사람의 재판을 굽게 하는 것과 사람의 송사를 억울하게 하는 것은 다 주께서 기쁘게 보시는 것이 아니로다"(애 3:35~36)

그러므로 재판을 공정하게 하지 않는 일, 누군가를 억울하게 하는 일은 하나님께서 반드시 처벌하시며 이는 결국 자신이 손해 보는 일이 됩니다.

● 다섯 번째 포인트

**악인의 형통함은 바람에 나는 겨와 같습니다.**

악인이 잠시 형통한다 해도 그 형통은 부러워할 일이 아닙니다. 물론 모두가 악을 행할 때 홀로 선을 행하는 것은 무척 힘들고 외로운 일입니다. 그러나 평안할 때는 믿음의 깊이가 잘 드러나지 않습니다. 우리 믿음의 깊이는 환난 속에서 그 진가를 발휘하게 됩니다. 고난을 당할수록 더욱 하나님을 경외할 수 있는 믿음이 하나님께서 우리에게 요구하시는 믿음의 분량입니다. 믿음은 고난을 계기로 평가되기 때문입니다.

"너는 악인의 형통함을 부러워하지 말며 그와 함께 있으려고 하지도 말지어다 그들의 마음은 강포를 품고 그들의 입술은 재앙을 말함이니라"(잠 24:1~2)

**다윗의 노래처럼 악인은 오직 바람에 나는 겨와 같습니다.**

"악인들은 그렇지 아니함이여 오직 바람에 나는 겨와 같도다 그러므로 악인들은 심판을 견디지 못하며 죄인들이 의인들의 모임에 들지 못하리로다 무릇 의인들의 길은 여호와께서 인정하시나 악인들의 길은 망하리로다"(시 1:4~6)

**세상에서는 악인이 형통하는 것 같지만 하박국 선지자의 고**

백처럼 결국 의인은 믿음으로 말미암아 살게 됩니다.

"이 묵시는 정한 때가 있나니 그 종말이 속히 이르겠고 결코 거짓되지
아니하리라 비록 더딜지라도 기다리라 지체되지 않고 반드시 응하리
라 보라 그의 마음은 교만하며 그 속에서 정직하지 못하나 의인은 그의
믿음으로 말미암아 살리라"(합 2:3~4)

하나님께서는 공의로우시며 반드시 불의를 심판하시는 분입
니다. 이 사실을 진정으로 깨닫고 기억하는 사람은 당장에는 손
해를 입는 것처럼 보일지라도 공의를 행하며 살 수 있습니다.

지혜로운 자는 약한 자를 탈취하지 않으며 곤고한 자를 압제
하지 않습니다. 이처럼 약자를 존중하고 배려하는 사람은 더 깊
은 하나님의 지혜로 오히려 보상받게 됩니다.

........................................................................................

........................................................................................

........................................................................................

........................................................................................

# 122일

## 미련한 자의 특징 (잠 25~29장)

하나님께서는 우리의 행복을 진심으로 원하십니다. 그래서 때로 우리를 더 징계하기도 하십니다. 그릇된 길을 갈 때, 그 결과는 사망이라는 사실이 명확하기 때문입니다.

하나님의 징계 그리고 부모와 스승의 훈계를 기쁘게 받는 것이 지혜입니다.

 성경통독 BIBLETONGDOK

《일년일독 통독성경》 잠언 25〜29장

 통通으로 숲이야기 ; 통숲 TONG OBSERVATION

● 첫 번째 포인트
솔로몬의 '메타포(metaphor)' 즉 비유를 들어 쉽게 설명해주는 것
은 예수님을 닮았습니다.

비유를 통해 어려운 말이나 의미를 쉽게 설명해주는 것은
우리 예수님을 따라갈 자가 없습니다. 예수님께서는 '하나님 나
라' 즉 천국을 비유를 통해 누구나 쉽게 알아듣도록 가르쳐주셨
습니다.

"또 비유를 들어 이르시되 천국은 마치 사람이 자기 밭에 갖다 심은 겨
자씨 한 알 같으니 이는 모든 씨보다 작은 것이로되 자란 후에는 풀보
다 커서 나무가 되매 공중의 새들이 와서 그 가지에 깃들이느니라"(마
13:31~32)

"또 비유로 말씀하시되 천국은 마치 여자가 가루 서 말 속에 갖다 넣어
전부 부풀게 한 누룩과 같으니라"(마 13:33)

........................................................................................
........................................................................................
........................................................................................
........................................................................................

"천국은 마치 밭에 감추인 보화와 같으니 사람이 이를 발견한 후 숨겨 두고 기뻐하며 돌아가서 자기의 소유를 다 팔아 그 밭을 사느니라"(마 13:44)

"또 천국은 마치 좋은 진주를 구하는 장사와 같으니"(마 13:45)

'비유'란 이처럼 어떤 현상이나 사물을 직접 설명하지 않고 다른 비슷한 현상이나 사물에 빗대어서 설명하는 것입니다.

'비유'는 히브리어로 '멜리차(מְלִיצָה)'인데 이는 직접 그 의미를 설명하지 않고 간접적으로, 풍자적으로 해석하는 함축성 있는 격언을 말합니다. 그런데 솔로몬은 그의 잠언에서 마치 예수님께서 천국을 비유로 설명하시듯 지혜를 쉽게 풀어 비유로 가르쳐주고 있습니다.

"잠언과 비유와 지혜 있는 자의 말과 그 오묘한 말을 깨달으리라"(잠 1:6)

이처럼 잠언은 솔로몬의 범접할 수 없는 비유의 표현들이라 할 수 있습니다(잠 25:11~25). 예를 들어 '경우에 합당한 말'에 대해서 솔로몬은 "아로새긴 은 쟁반에 금 사과"라고 표현합니다. 그만큼 경우에 합당한 말은 모든 사람에게 감동을 주고 탄성을 불러일으킨다는 것입니다. 솔로몬은 '슬기로운 자의 책망'에 대해서는 "청종하는 귀에 금 고리와 정금 장식"이라고 표현합니다.

즉 '슬기롭게' 누군가를 책망하게 되면 책망을 듣는 사람이 오히려 마음 문을 열고 평안하게 경청하며 흔쾌히 받아들여 변화하게 된다는 것입니다. 또한 솔로몬은 '충성된 사자'는 "마치 추수하는 날에 얼음냉수 같아서 능히 그 주인의 마음을 시원하게 한다."라고 표현합니다.

한편 '선물한다고 거짓 자랑하는 자'에 대해서는 "비 없는 구름과 바람"이라고 표현합니다. 이웃을 쳐서 '거짓 증거 하는 사람'에 대해서는 "방망이요, 칼이요, 뾰족한 화살"이라고 표현합니다. 또 '환난 날에 진실하지 못한 자를 의뢰하는 것'에 대해서는 "부러진 이와 위골된 발"이라고 표현합니다. 즉 사람에게 꼭 필요한 이와 발이 그 기능을 상실하면 말할 수 없이 큰 고통을 받는 것처럼 환난 날에 진실하지 못한 자를 의지하면 고통을 받는다는 것입니다.

또한 '마음이 상한 자에게 노래하는 것'은 "추운 날에 옷을 벗는 것이고 소다 위에 식초를 붓는 것"이라고 표현합니다. 이는 아프고 힘든 사람에게 위로는커녕 흥이 넘치는 노래를 들려주는 것은 상처를 헤집고 아프게 하는 것이라는 비유입니다.

이처럼 솔로몬의 모든 비유는 매우 적절하고 지혜로워서 듣는 모든 사람이 마음을 열고 솔로몬의 지혜의 말에 고개를 끄덕이게 하며 그의 말을 따르게 만듭니다.

● 두 번째 포인트
악한 종은 게으르고, 착한 종은 충성됩니다.

앞서 살펴보았듯이 솔로몬은 '충성된 종'은 추수하는 날에 마시는 얼음냉수와 같이 주인의 마음을 시원하게 해주는 사람이라고 말합니다.

"충성된 사자는 그를 보낸 이에게 마치 추수하는 날에 얼음 냉수 같아서 능히 그 주인의 마음을 시원하게 하느니라"(잠 25:13)

이런 충성된 종을 성경에서 꼽는다면 아브라함의 종 다메섹 사람 엘리에셀을 들 수 있습니다.

"그가 이르되 우리 주인 아브라함의 하나님 여호와여 원하건대 오늘 나에게 순조롭게 만나게 하사 내 주인 아브라함에게 은혜를 베푸시옵소서"(창 24:12)

그리고 요셉이 노예의 신분으로 애굽에 내려가 보디발의 집에서 가정 총무가 된 것도 그가 어려움 가운데에서도 충성스러운 종으로 주인에게 최선을 다했기 때문입니다.

"요셉이 그의 주인에게 은혜를 입어 섬기매 그가 요셉을 가정 총무로

삼고 자기의 소유를 다 그의 손에 위탁하니"(창 39:4)

또한 법궤(언약궤) 제작의 총책임을 맡았던 브살렐과 오홀리압도 매우 충성스러운 하나님의 종이었습니다.

"브살렐과 오홀리압과 및 마음이 지혜로운 사람 곧 여호와께서 지혜와 총명을 부으사 성소에 쓸 모든 일을 할 줄 알게 하신 자들은 모두 여호와께서 명령하신 대로 할 것이니라"(출 36:1)

그리고 충성된 종에서 빠질 수 없는 사람은 하나님께서 친히 '내 종'이라고 일컬으신 모세입니다.

"내 종 모세와는 그렇지 아니하니 그는 내 온 집에 충성함이라 그와는 내가 대면하여 명백히 말하고 은밀한 말로 하지 아니하며 그는 또 여호와의 형상을 보거늘"(민 12:7~8)

게으르고 악한 종은 주인에게 정말 민폐입니다. 그러나 착하고 충성된 종은 주인에게 큰 기쁨이고 행복입니다.

충성된 종이 받을 상급은 다음과 같습니다.

"그 주인이 이르되 잘하였도다 착하고 충성된 종아 네가 적은 일에 충성하였으매 내가 많은 것을 네게 맡기리니 네 주인의 즐거움에 참여할지어다 하고"(마 25:21)

## ● 세 번째 포인트

**미련한 자의 특징은 스스로 지혜롭다고 생각하는 것입니다.**

미련한 자에 대한 솔로몬의 지혜의 말입니다.

"미련한 자에게는 영예가 적당하지 아니하니 마치 여름에 눈 오는 것과 추수 때에 비 오는 것 같으니라 까닭 없는 저주는 참새가 떠도는 것과 제비가 날아가는 것 같이 이루어지지 아니하느니라 말에게는 채찍이요 나귀에게는 재갈이요 미련한 자의 등에는 막대기니라 미련한 자의 어리석은 것을 따라 대답하지 말라 두렵건대 너도 그와 같을까 하노라 미련한 자에게는 그의 어리석음을 따라 대답하라 두렵건대 그가 스스로 지혜롭게 여길까 하노라"(잠 26:1~5)

세상에서 가장 미련한 자는 어리석게도 하나님을 경외하지 않는 자입니다. 그리고 자신의 어리석음을 깨닫지 못하고 교만하기까지 한 자입니다. 성경에는 미련한 발람을 위해 나귀가 말을 해야 하는 일까지도 있었습니다.

"나귀가 나를 보고 이같이 세 번을 돌이켜 내 앞에서 피하였느니라 나귀가 만일 돌이켜 나를 피하지 아니하였더면 내가 벌써 너를 죽이고 나귀는 살렸으리라"(민 22:33)

예수님께서는 미련한 다섯 처녀의 비유를 들어 우리에게 하나님 나라를 사모하게 해주셨습니다.

"그 때에 천국은 마치 등을 들고 신랑을 맞으러 나간 열 처녀와 같다 하리니 그 중의 다섯은 미련하고 다섯은 슬기 있는 자라"(마 25:1~2)

어리석고 미련한 자는 예수님의 말씀을 듣지 않고 끝내 모래 위에 집을 짓는 사람입니다. 그는 어리석음으로 말미암아 곧 무너지는 삶을 살게 됩니다.

"나의 이 말을 듣고 행하지 아니하는 자는 그 집을 모래 위에 지은 어리석은 사람 같으리니 비가 내리고 창수가 나고 바람이 불어 그 집에 부딪치매 무너져 그 무너짐이 심하니라"(마 7:26~27)

● 네 번째 포인트

**가난한 자를 구제하는 자는 궁핍하지 않을 것입니다.**

"자기의 토지를 경작하는 자는 먹을 것이 많으려니와 방탕을 따르는 자는 궁핍함이 많으리라"(잠 28:19)

"가난한 자를 구제하는 자는 궁핍하지 아니하려니와 못 본 체하는 자에게는 저주가 크리라"(잠 28:27)

하나님을 경외하는 지혜로운 사람이라도 물질이 없이는 살아갈 수 없습니다. 그렇다고 자신의 욕심을 따라 모든 것을 행동해서는 안 됩니다.

지혜로운 사람은 먼저 하나님의 공의를 지키는 사람입니다. 그리고 불의한 재물을 취하지 않습니다. 지혜로운 사람은 자신의 노력으로 다른 사람을 오히려 구제할 줄 아는 사람입니다. 열심히 일하는 것, 그래서 자신의 재산을 정정당당하게 쌓아가는 것으로 끝나서는 안 됩니다. 하나님께서 인정하시는 참으로 지혜로운 사람은 자신의 노력으로 얻은 것을 가지고 도움이 필요한 누군가를 도와주는 사람입니다.

● 다섯 번째 포인트
나라는 '정의'로 견고해지고 '뇌물'로 망하게 됩니다.

솔로몬은 권력자가 뇌물을 받기 시작하면 그 나라가 망한다고 지적합니다.

"왕은 정의로 나라를 견고하게 하나 뇌물을 억지로 내게 하는 자는 나라를 멸망시키느니라"(잠 29:4)

그러므로 나라를 다스리는 왕에게 있어서는 '공의'가 그 지혜의 핵심이 되어야 합니다. 뇌물로 인해 공의롭게 나라를 다스리지 못하는 일이 있어서는 안 됩니다.

.......................................................................................................

.......................................................................................................

.......................................................................................................

.......................................................................................................

왕이 공의를 구하면 그 나라는 부하게 됩니다. 그러나 뇌물을 가까이하면 그 나라는 무너지게 됩니다. 왕이 공의, 구제, 평화를 놓고 나라를 설계하기보다 자신의 이익만을 고려한다면 그 나라는 참으로 불행한 나라가 되고 맙니다.

또한 과도한 세금을 부여하는 왕 또한 뇌물을 요구하는 왕과 다름없습니다. 과도한 세금은 백성을 위한 일보다는 왕을 위한 일에 쓰려고 거두기 때문입니다. 제사장 나라의 공의와 정의를 행했던 모세와 사무엘 같은 지도자가 있었을 때에 이스라엘은 매우 건강하고 튼튼한 나라였습니다.

이스라엘의 지도자 모세의 증언입니다.

"나는 그들의 나귀 한 마리도 빼앗지 아니하였고 그들 중의 한 사람도 해하지 아니하였나이다"(민 16:15)

이스라엘의 지도자 사무엘의 증언입니다.

"내가 여기 있나니 여호와 앞과 그의 기름 부음을 받은 자 앞에서 내게 대하여 증언하라 내가 누구의 소를 빼앗았느냐 누구의 나귀를 빼앗았느냐 누구를 속였느냐 누구를 압제하였느냐 내 눈을 흐리게 하는 뇌물을 누구의 손에서 받았느냐 그리하였으면 내가 그것을 너희에게 갚으리라"(삼상 12:3)

그런데 모세와 사무엘과는 정반대로 공의롭지 못했던 사울 왕은 오히려 자신의 측근들에게 특권을 주며 권력을 사유화했습니다.

"사울이 곁에 선 신하들에게 이르되 너희 베냐민 사람들아 들으라 이새의 아들이 너희에게 각기 밭과 포도원을 주며 너희를 천부장, 백부장을 삼겠느냐"(삼상 22:7)

B.C.8세기에 미가 선지자는 당시 남유다에서 선하고 정직한 지도자와 재판관과 권세자들을 찾아볼 수 없는 절망적인 시대 상황을 안타까운 마음으로 다음과 같이 비판했습니다.

"두 손으로 악을 부지런히 행하는도다 그 지도자와 재판관은 뇌물을 구하며 권세자는 자기 마음의 욕심을 말하며 그들이 서로 결합하니"(미 7:3)

부패한 권력자들의 모습은 예수님 당시 예루살렘 성전의 대제사장들의 모습에서도 쉽게 찾아볼 수 있습니다. 그들은 예수님의 부활을 감춰서 자신들의 죄악을 덮고 그리스도의 승리를 인정하지 않으려고 수작을 부렸습니다.

"그들이 장로들과 함께 모여 의논하고 군인들에게 돈을 많이 주며 이르되 너희는 말하기를 그의 제자들이 밤에 와서 우리가 잘 때에 그를 도둑질하여 갔다 하라"(마 28:12~13)

예수님 이후에 사도 바울 때에도 부패한 권력자였던 로마의 총독 벨릭스가 사도 바울에게 뇌물을 원했던 일이 성경에 기록되어 있습니다.

"바울이 의와 절제와 장차 오는 심판을 강론하니 벨릭스가 두려워하여 대답하되 지금은 가라 내가 틈이 있으면 너를 부르리라 하고 동시에 또 바울에게서 돈을 받을까 바라는 고로 더 자주 불러 같이 이야기하더라"(행 24:25~26)

이처럼 정의로운 지도자들은 나라를 견고하게 하지만 권력자들이 '뇌물'을 주고받으면 그 나라는 부패해지고 결국 망하게 됩니다.

## 디저트 DESSERT

처음부터 지혜로운 사람은 없습니다. 어린아이 때부터 세상의 이치를 다 알고 그 안에서 자신의 역할을 바르게 찾아갈 수 있는 사람은 아무도 없습니다. 그래서 자라면서 부모와 스승의 교훈을 받아 지혜를 얻게 되는 것입니다.

징계와 훈계를 통해서 지혜를 얻는 것, 그것이 결국 인생을 풍요롭게 사는 비결입니다.

# 123일
## 진주보다 귀한 여인 (잠 30~31장)

〈잠언〉 30장을 쓴 야게의 아들 아굴이 어떤 사람인지 정확한 기록은 없지만 그는 자연이 돌아가는 이치에 대한 깊은 통찰을 가지고 하나님의 존재를 깨달았던 사람으로 보입니다. 자신의 부족과 무지함에 대한 고백으로 시작되는 아굴의 잠언은 특별히 인간사에서 빚어지는 갖가지 선하지 않은 일들이 바로 하나님에 대한 무지와 교만에서 비롯된 것임을 강조하고 있습니다.

〈잠언〉 31장은 르무엘의 어머니가 한 나라의 왕인 아들에게 주는 교훈의 내용입니다. 르무엘 왕의 어머니는 왕이 누리는 혜

택과 아울러 왕의 도리와 책임이 어떠한 것인지를 가르칩니다. 또한 르무엘 왕이 왕으로서 정치를 잘 펼칠 수 있도록 아내의 지혜가 필요하다는 사실도 언급합니다.

"누가 현숙한 여인을 찾아 얻겠느냐 그의 값은 진주보다 더하니라"(잠 31:10)라는 말로 현숙한 여인을 맞이하는 것은 진주보다 더 귀한 보물을 차지하는 것이라고 르무엘의 어머니는 말합니다. 아내의 조언이 남편의 길을 올곧게, 혹은 굽게도 인도할 수 있기 때문입니다.

**성경통독** BIBLETONGDOK

《일년일독 통독성경》 잠언 30~31장

**통通으로 숲이야기 ; 통숲** TONG OBSERVATION

● 첫 번째 포인트
아굴의 기도는 두 가지였습니다.

아굴의 기도입니다.
"내가 두 가지 일을 주께 구하였사오니 내가 죽기 전에 내게 거절하지

........................................................................

........................................................................

........................................................................

........................................................................

마시옵소서 곧 헛된 것과 거짓말을 내게서 멀리 하옵시며 나를 가난하게도 마옵시고 부하게도 마옵시고 오직 필요한 양식으로 나를 먹이시옵소서 혹 내가 배불러서 하나님을 모른다 여호와가 누구냐 할까 하오며 혹 내가 가난하여 도둑질하고 내 하나님의 이름을 욕되게 할까 두려워함이니이다"(잠 30:7~9)

아굴은 하나님의 체면을 생각하는 사람, 그래서 하나님께 사랑받는 지혜로운 사람이었습니다. 아굴은 헛된 것과 거짓말을 자신에게서 멀리 떠나게 해달라고 기도합니다. 그리고 이어서 아굴은 부하게도 마시고 가난하게도 되지 않기를 기도합니다. 여기서 중요한 것은 이러한 간구의 저 밑바닥에 하나님의 이름을 욕되게 하지 않으려는 궁극적인 목적이 깔려 있다는 것입니다. 하나님의 체면을 생각하는 기도가 아굴의 기도였습니다.

아굴은 자신의 무지를 철저하게 깨달은 사람입니다. 아굴의 지혜는 여기서부터 시작되었습니다. 다시 말해 자신의 지혜 없는 모습, 그리고 나약한 상태를 깨닫고 하나님을 의지했습니다. 이것이 아굴의 지혜입니다.


● 두 번째 포인트
아굴은 땅에서 작지만 가장 지혜로운 것, 네 가지를 소개합니다.

아굴이 말하는 '작고도 가장 지혜로운 것'들은 개미, 사반, 메뚜기, 도마뱀입니다. 이것들은 하나같이 보잘것없어 보입니다. 그러나 이들은 틀림없이 지혜롭게 창조된 것입니다. 그러므로 아굴은 자신의 약함을 지혜로 채우고 있는 이들에게서 작지만 깊은 지혜를 배울 수 있다고 말합니다.

> "땅에 작고도 가장 지혜로운 것 넷이 있나니 곧 힘이 없는 종류로되 먹을 것을 여름에 준비하는 개미와 약한 종류로되 집을 바위 사이에 짓는 사반과 임금이 없으되 다 떼를 지어 나아가는 메뚜기와 손에 잡힐 만하여도 왕궁에 있는 도마뱀이니라"(잠 30:24~28)

아굴이 말한 땅에서 작고 가장 지혜로운 것, 네 가지의 디테일(detail)은 다음과 같습니다.

첫째, 개미입니다. 개미는 닥칠 어려움과 환난을 대비해 미리 준비하는 모습을 보여줍니다.

> "게으른 자여 개미에게 가서 그가 하는 것을 보고 지혜를 얻으라 개미는 두령도 없고 감독자도 없고 통치자도 없으되 먹을 것을 여름 동안에 예비하며 추수 때에 양식을 모으느니라"(잠 6:6~8)

둘째, 사반입니다. 사반은 바위 너구리, 바위 토끼 종류입니다. 사반은 반석 위에 집을 지어야 튼튼하다는 사실을 아는 동물입니다. 그래서 약한 동물 사반은 바위 사이에 집을 지어 강한 짐승들에게서 무리를 보호합니다. 우리 주님도 집을 짓되 주추를 반석 위에 놓으라고 가르치십니다.

> "집을 짓되 깊이 파고 주추를 반석 위에 놓은 사람과 같으니 큰 물이 나서 탁류가 그 집에 부딪치되 잘 지었기 때문에 능히 요동하지 못하게 하였거니와"(눅 6:48)

셋째, 메뚜기입니다. 메뚜기는 자신의 약함 때문에 뭉쳐야 산다는 진리를 터득하고 떼를 지어 살아갑니다.

넷째, 도마뱀입니다. 도마뱀은 손에 잡힐 만해도 궁중에 거하며 당당하게 살아가면서 자신의 살길을 찾는 모습을 보여줍니다.

● 세 번째 포인트
르무엘 왕에게 주는 어머니의 충고는 두 가지입니다.

르무엘 왕에게 주는 어머니의 충고입니다.

첫째, 왕의 힘을 어디에 사용할 것인가에 관한 것입니다. 왕이라는 자리는 막대한 권력을 소유한 자리이자, 큰 재산을 소유한 자리이기도 합니다. 그러므로 그 권력과 재물을 어떻게 사용할 것인가는 매우 중요합니다.

둘째, 여인이 가정에서 차지하는 위치가 얼마나 중요한지 강조하며 르무엘 왕에게 충고합니다. 이는 솔로몬 왕마저도 그의 집권 후반기에 잘못된 길로 갔음을 반성했던 내용입니다.

> "솔로몬의 나이가 많을 때에 그의 여인들이 그의 마음을 돌려 다른 신들을 따르게 하였으므로 왕의 마음이 그의 아버지 다윗의 마음과 같지 아니하여 그의 하나님 여호와 앞에 온전하지 못하였으니"(왕상 11:4)

〈잠언〉의 부록과도 같은 이 장은 왕의 권력 사용에 대한 충고와 함께 여인이 가정에서 차지하는 위치가 얼마나 중요한 것인지를 말해주기도 합니다.

> "내 아들아 내가 무엇을 말하랴 내 태에서 난 아들아 내가 무엇을 말하랴 서원대로 얻은 아들아 내가 무엇을 말하랴 네 힘을 여자들에게 쓰지 말며 왕들을 멸망시키는 일을 행하지 말지어다"(잠 31:2~3)

르무엘 왕의 어머니는 하나님께 서원하여 낳은 아들이, 하나님께서 기뻐하시는 공의로운 왕이 되기를 바랐습니다. 그래서 아들에게 이처럼 지혜로운 두 가지 조언을 했던 것입니다.

● 네 번째 포인트
**왕의 본분은 재판을 통해 곤고한 자를 신원하는 것입니다.**

르무엘 왕의 어머니는 아들에게 지도자의 자질에 대해 다음과 같이 제시하고 있습니다.

"너는 말 못하는 자와 모든 고독한 자의 송사를 위하여 입을 열지니라 너는 입을 열어 공의로 재판하여 곤고한 자와 궁핍한 자를 신원할지니라"(잠 31:8~9)

왕의 가장 중요한 본분은 재판을 통해 곤고한 자를 신원하는 것이라고 강조합니다. 성경은 이미 여러 번 언급했듯이 '전쟁은 하나님께 속해 있다' 그리고 '재판이 하나님께 속해 있다'고 강조합니다. 성경에 나오는 재판에 관한 하나님의 말씀들입니다.

"너희는 재판할 때에 불의를 행하지 말며 가난한 자의 편을 들지 말며 세력 있는 자라고 두둔하지 말고 공의로 사람을 재판할지며"(레 19:15)

"내가 그 때에 너희의 재판장들에게 명하여 이르기를 너희가 너희의 형제 중에서 송사를 들을 때에 쌍방간에 공정히 판결할 것이며 그들 중에 있는 타국인에게도 그리 할 것이라"(신 1:16)

성경에 나오는 세 명의 왕들의 재판 이야기와 에스라의 재판 이야기를 간단하게 살펴보면 다음과 같습니다.

첫째, 다윗 왕의 재판입니다.

"다윗이 온 이스라엘을 다스려 다윗이 모든 백성에게 정의와 공의를 행할새"(삼하 8:15)

다윗은 성경의 재판 원리대로 잘 실천했습니다.

.......................................................................................................

.......................................................................................................

.......................................................................................................

.......................................................................................................

둘째, 솔로몬 왕의 재판입니다.

"누가 주의 이 많은 백성을 재판할 수 있사오리이까 듣는 마음을 종에게 주사 주의 백성을 재판하여 선악을 분별하게 하옵소서"(왕상 3:9)

솔로몬 또한 아버지 다윗처럼 공과 의를 행할 재판을 가장 중요한 국정 목표로 삼았습니다.

셋째, 여호사밧 왕의 재판입니다.

"재판관들에게 이르되 너희가 재판하는 것이 사람을 위하여 할 것인지 여호와를 위하여 할 것인지를 잘 살피라 너희가 재판할 때에 여호와께서 너희와 함께 하심이니라"(대하 19:6)

여호사밧 왕은 국가 경영을 하나님의 재판에 집중하였습니다.

넷째, 에스라의 재판입니다.

"에스라여 너는 네 손에 있는 네 하나님의 지혜를 따라 네 하나님의 율법을 아는 자를 법관과 재판관을 삼아 강 건너편 모든 백성을 재판하게 하고 그 중 알지 못하는 자는 너희가 가르치라"(스 7:25)

이는 페르시아 왕이 에스라 재판 솜씨에 반해 레반트 지역 재판의 전권을 에스라에게 맡긴 이야기입니다.

● 다섯 번째 포인트
**진주보다 더 귀한 현숙한 여인이 가정도, 세상도 바꿉니다.**

이스라엘의 왕은 이스라엘을 제사장 나라로 세워가기 위해 하나님의 공의와 정의로 다스려질 수 있도록 자신의 모든 능력을 집중해야 합니다. 그런데 그러다 보면 다른 일들이 소홀해지기 마련입니다. 이럴 때 현숙한 여인, 칭찬받는 아내는 그 남편을 어떻게 내조해야 할지를 압니다. 현숙한 아내는 남편이 왕으로서 최선을 다할 수 있도록 돕습니다.

평범한 가정에서도 지혜로운 여인으로 말미암아 가정이 세워질 수도 있고, 또 어리석은 여인으로 말미암아 가정이 무너질 수도 있습니다. 하물며 국가를 경영하는 왕에게 현숙한 아내는 더욱 소중한 존재입니다. 르무엘 왕의 어머니는 현숙한 여인, 칭찬받는 아내에 대해 말하고 있습니다.

"누가 현숙한 여인을 찾아 얻겠느냐 그의 값은 진주보다 더 하니라 그런 자의 남편의 마음은 그를 믿나니 산업이 핍절하지 아니하겠으며"(잠 31:10~11)

"고운 것도 거짓되고 아름다운 것도 헛되나 오직 여호와를 경외하는 여자는 칭찬을 받을 것이라 그 손의 열매가 그에게로 돌아갈 것이요 그 행한 일로 말미암아 성문에서 칭찬을 받으리라"(잠 31:30~31)

성경에 많은 현숙하고 칭찬받았던 여인들이 나옵니다.

첫째는 모세와 아론의 누이 '미리암'입니다.

"아론의 누이 선지자 미리암이 손에 소고를 잡으매 모든 여인도 그를 따라 나오며 소고를 잡고 춤추니"(출 15:20)

미리암은 출애굽과 홍해를 건넌 기쁨을 앞장서서 하나님께 영광 돌리는 용기 있고 지혜로운 여인이었습니다.

둘째는 여리고성의 지혜로운 여인 '라합'입니다.

"이 성과 그 가운데에 있는 모든 것은 여호와께 온전히 바치되 기생 라합과 그 집에 동거하는 자는 모두 살려 주라 이는 우리가 보낸 사자들을 그가 숨겨 주었음이니라"(수 6:17)

지혜로운 여인 라합은 '출애굽 사건'을 듣고 상천하지(上天下地)의 하나님을 알고, 믿고 그 믿음으로 온 가족을 살렸습니다.

셋째는 사사 '드보라'입니다.

"이르되 내가 반드시 너와 함께 가리라 그러나 네가 이번에 가는 길에서는 영광을 얻지 못하리니 이는 여호와께서 시스라를 여인의 손에 파실 것임이니라 하고 드보라가 일어나 바락과 함께 게데스로 가니라"(삿 4:9)

용기 있고 지혜로운 여인 드보라는 사사가 되어 민족을 가나안 왕 야빈으로부터 구원한 후 구원의 하나님을 찬양했습니다.

넷째는 이방 여인이자 나오미의 며느리 '룻'입니다.

"내 딸아 두려워하지 말라 내가 네 말대로 네게 다 행하리라 네가 현숙

한 여자인 줄을 나의 성읍 백성이 다 아느니라"(룻 3:11)

이방 여인 룻은 하나님을 선택하고 시어머니를 돌봄으로 베들레헴 모든 사람에게 현숙한 여인으로 칭찬을 받았습니다.

다섯째는 다윗의 아내가 된 '아비가일'입니다.

"다윗이 아비가일에게 이르되 오늘 너를 보내어 나를 영접하게 하신 이스라엘의 하나님 여호와를 찬송할지로다"(삼상 25:32)

지혜로운 여인 아비가일은 다윗이 나발을 죽이지 않도록 충고하여 다윗을 크게 깨닫게 하였습니다.

여섯째는 아벨성을 구한 '한 여인'입니다.

"이에 여인이 그의 지혜를 가지고 모든 백성에게 나아가매 그들이 비그리의 아들 세바의 머리를 베어 요압에게 던진지라 이에 요압이 나팔을 불매 무리가 흩어져 성읍에서 물러나 각기 장막으로 돌아가고 요압은 예루살렘으로 돌아와 왕에게 나아가니라"(삼하 20:22)

다윗에게 반란을 일으킨 세바가 아벨성에 들어왔을 때 한 여인이 지혜를 발휘하여 아벨성을 구했습니다.

일곱째는 민족을 구한 용기 있는 '에스더'입니다.

"당신은 가서 수산에 있는 유다인을 다 모으고 나를 위하여 금식하되 밤낮 삼 일을 먹지도 말고 마시지도 마소서 나도 나의 시녀와 더불어 이렇게 금식한 후에 규례를 어기고 왕에게 나아가리니 죽으면 죽으리

이다 하니라"(에 4:16)

용기있고 지혜로운 여인 에스더는 '죽으면 죽으리라'는 각오로 하만의 간계로부터 위기에 처한 유다 민족을 구했습니다.

위에서 언급한 이 여인들은 참으로 지혜롭고 현숙한 여인들로 지혜자의 표현대로 진주보다 더 귀한 여인들입니다. 이런 여인들이 그들의 지혜와 현숙함으로 가정을 살리고 결국 나라까지도 살리게 됩니다.

솔로몬이 〈잠언〉을 쓴 목적은 다음과 같습니다.

첫째, 지혜의 훈계를 알게 하기 위해서입니다.

둘째, 명철의 말씀을 깨닫게 하기 위해서입니다.

셋째, 지혜롭게, 의롭게, 공평하게, 정직하게 행할 일에 대하여 훈계를 주기 위해서입니다.

넷째, 어리석은 자로 슬기롭게 하며 젊은 자에게 지식과 근신함을 주기 위해서입니다.

다섯째, 잠언과 비유와 지혜 있는 자의 말과 그 오묘한 말을 깨닫도록 하기 위해서입니다.

........................................................................

........................................................................

........................................................................

........................................................................

그리고 〈잠언〉에서 가장 중요한 것은 참 지혜가 예수 그리스도이시며 그가 바로 우리 삶의 목적이라는 것을 발견하는 것입니다. 지혜라는 말 대신에 '그리스도'라는 말을 넣으면 그 이해가 가장 빠르게 될 것입니다.

〈시편〉이 기도의 골방을 위한 책이라면 〈잠언〉은 사회 한복판에서 그리스도인의 행위를 위한 책입니다.

# 124일

## 아가서 사랑 이야기 (아 1~4장)

솔로몬의 지혜의 책 〈잠언〉에 이은 솔로몬의 사랑의 책 〈아가〉는 셰익스피어(W. Shakespeare)의 《로미오와 줄리엣》보다도 훨씬 더 보석처럼 빛나는 아름다운 러브 스토리입니다. 솔로몬과 술람미 여인의 순결하고도 강렬한 사랑을 통해 결국 인생들을 향하신 하나님의 사랑을 노래합니다.

〈아가〉란 '노래들 중의 노래' 또는 '가장 아름다운 노래'를 의미합니다. 완성도 높은 최고의 오페라 한 편을 보는 듯합니다.

〈아가〉에 기록된 솔로몬과 술람미 여인의 사랑은 순간적인 감정에 그친 사랑이 아닌 마음에서 마음으로 이어지는 진실하고 애절한, 사랑 노래입니다. 이 노래를 통해 서로를 향한 사랑의 마음이 얼마나 아름다운지 알게 됩니다.

〈아가〉의 등장인물은 솔로몬, 술람미 여인, 예루살렘 여자들, 신랑의 친구들, 신부의 마을 사람들, 그리고 신부의 오빠들입니다. 이들이 만드는 아름다운 사랑 이야기에 빠져 보십시오.

## 성경통독 BIBLETONGDOK

《일년일독 통독성경》 아가 1~4장

## 통通으로 숲이야기 ; 통숲 TONG OBSERVATION

● 첫 번째 포인트
〈아가〉를 통해 우리는 인생들을 향하신 하나님의 끝없는 사랑을 깨닫게 됩니다.

이스라엘 역사상 최고의 번영을 구가했던 솔로몬 왕과 시골 처녀인 술람미 여인과의 사랑은 한계를 넘어선 사랑입니다. 진정한 '끝없는 사랑(Endless love)'이 솔로몬이 말하는 사랑입니다. 이 사랑엔 장벽이 없습니다. 진정한 사랑은 서로에 대한 배려이고 집중입니다. 서로에게 집중할 때 그 주변에 있는 모든 것은 보이지 않거나, 희미하게 보일 뿐입니다. 진정한 사랑은 상대방의 존재와 가치를 최고로 인식하게 만듭니다. 또한 상대를 진심으로 존중하고 배려하게 됩니다.

솔로몬은 사랑하는 여인의 단잠을 깨우지 말 것을 부탁하고 있습니다. 상대방의 기쁨과 행복을 위해 배려하고 주의를 기울이는 것이 자신의 기쁨이기 때문입니다. 또한 사랑은 서로 동행하는 것입니다. 함께 같은 곳을 바라보며 함께 발걸음을 내딛는 데에 기쁨이 있습니다.

솔로몬의 〈아가〉를 통해 우리는 인생들을 향하신 하나님의 그 끝없는 사랑을 깨닫게 됩니다.


● 두 번째 포인트
만남은 사랑의 시작입니다.


솔로몬은 이스라엘의 왕 중에서 가장 월등한 지혜와 지식으로 찬란한 왕국을 이끌어낸 위대한 왕이었습니다. 그리고 솔로몬은 화려함의 대명사였습니다. 그런 솔로몬도 진정한 사랑을 발견하자 작지만 아름답고 깊은 사랑을 꿈꾸는 소박하고 순수한 사람이 되었습니다. 사랑의 힘이 바로 그런 것입니다.

솔로몬의 사랑 고백은 빛나는 보석과 같았습니다. 사랑하는 이를 향해 던지는 진정한 한마디, 한마디에는 솔로몬의 정성이 가득 담겨 있습니다. 솔로몬이 발견한 진정한 사랑을 통해 우리 인생들을 향한 하나님의 아름답고 끝없는 완벽한 사랑을 깨닫게 됩니다.

솔로몬의 사랑을 한 몸에 받은 술람미 여인은 자기의 모습을 이렇게 말합니다.

"내가 비록 검으나 아름다우니 게달의 장막 같을지라도 솔로몬의 휘장 과도 같구나"(아 1:5)

자신의 외적인 모습은 마치 '게달의 장막'과 같이 아름답지는 않다고 말합니다. 게달의 장막 같다는 표현은 염소 털로 만든 검은 장막과도 같은, 햇볕을 받아 검게 그을린 유목민의 피부를 말합니다. 하지만 술람미 여인은 솔로몬의 사랑을 받음으로 자신이 솔로몬의 휘장처럼 아름다워졌다고 기뻐합니다.

솔로몬은 술람미 여인의 아름다움을 이렇게 표현합니다.

"내 사랑아 내가 너를 바로의 병거의 준마에 비하였구나 네 두 뺨은 땋은 머리털로, 네 목은 구슬 꿰미로 아름답구나 우리가 너를 위하여 금 사슬에 은을 박아 만들리라"(아 1:9~11)

솔로몬이 술람미 여인을 비유한 '바로의 병거의 준마'는 당시 최상급 왕의 말로, 온갖 보화로 치장하여 그 위엄과 품위 그리고 강건함이 말로 다할 수 없이 아름답다는 뜻입니다. 또한 술람미 여인의 목을 비유한 '구슬 꿰미'는 결혼을 앞두고 신부에게 선물하는 예물로, 구슬로 꿰어 만든 가장 아름다운 목걸이를 말합니다. 그리고 솔로몬이 술람미 여인을 위해 '금 사슬에 은을 박아 만들겠다는 것'은 왕의 신부, 즉 왕비를 위해 주는 보석과 장식품을 말합니다. 이는 솔로몬이 술람미 여인을 가장 고귀한 왕비처럼 대한 것입니다.

사랑하는 사람의 마음은 한없이 풍성합니다. 신분상으로는 결코 만날 수 없는 술람미 여인과 솔로몬이지만 이들의 사랑은 풍성하기만 합니다. 사랑하는 사람이 원하는 것이면 무엇이든지 다 해줄 수 있는 것이 바로 사랑의 힘입니다. 심지어 사랑하는 사람이 원하는 것을 다 해주지 못할 때 안타까워 가슴 아파하는 것이 또한 사랑입니다. 솔로몬과 술람미 여인이 만남으로 인하여 그들의 사랑은 더 깊어지게 되며 기쁨 또한 배가 됩니다. 사랑하는 사람을 만나는 것보다 더 큰 기쁨은 없습니다.

하나님께서 아담에게 하와를 보내주셨을 때 밝힌 아담의 마음과 고백을 들어보십시오.

> "여호와 하나님이 아담에게서 취하신 그 갈빗대로 여자를 만드시고 그를 아담에게로 이끌어 오시니 아담이 이르되 이는 내 뼈 중의 뼈요 살 중의 살이라 이것을 남자에게서 취하였은즉 여자라 부르리라 하니라"
> (창 2:22~23)

아담과 하와의 만남처럼 우리를 만나시는 하나님의 마음 또한 그렇게 설레고 아름다운 것입니다. 왜냐하면 하나님은 사랑이시기 때문입니다. 사랑의 본체이신 하나님께서 하나님의 형상을 닮은 우리 인간들을 그렇게 설레는 기쁨으로 사랑하신다는 것입니다.

● 세 번째 포인트
진정한 사랑이란 서로 안에 있는 것입니다.

아가 2장은 솔로몬과 술람미 여인의 결혼 약속 노래입니다.

> "여자들 중에 내 사랑은 가시나무 가운데 백합화 같도다 남자들 중에 나의 사랑하는 자는 수풀 가운데 사과나무 같구나 내가 그 그늘에 앉아서 심히 기뻐하였고 그 열매는 내 입에 달았도다"(아 2:2~3)

....................................................................................................
....................................................................................................
....................................................................................................
....................................................................................................

사랑하는 여인은 가시덤불 속에 피어난 백합화로 보일 수밖에 없고, 사랑하는 남자는 잡목 속에 솟은 사과나무로 보일 수밖에 없습니다. 이는 마치 하나님께서 죄인 된 우리를 용서하시고 우리의 존재와 가치를 최고로 봐주시는 것과 같습니다.

　　〈스바냐〉를 통한 하나님의 기쁨입니다.

"너의 하나님 여호와가 너의 가운데에 계시니 그는 구원을 베푸실 전능자이시라 그가 너로 말미암아 기쁨을 이기지 못하시며 너를 잠잠히 사랑하시며 너로 말미암아 즐거이 부르며 기뻐하시리라 하리라" (습 3:17)

　　솔로몬의 가장 아름다운 사랑 고백의 절정은 다음과 같습니다.

"무화과나무에는 푸른 열매가 익었고 포도나무는 꽃을 피워 향기를 토하는구나 나의 사랑, 나의 어여쁜 자야 일어나서 함께 가자"(아 2:13)

　　"일어나서 함께 가자"는 솔로몬의 아름다운 청혼입니다. 그리고 '무화과나무와 포도나무'는 이스라엘의 번영과 평화의 상징으로 앞으로 이룰 행복한 두 사람의 삶을 말합니다. 참으로 사랑과 행복 그 자체인 것입니다.

"솔로몬이 사는 동안에 유다와 이스라엘이 단에서부터 브엘세바에 이르기까지 각기 포도나무 아래와 무화과나무 아래에서 평안히 살았더라"(왕상 4:25)

포도원 지기를 했던 술람미 여인은 자신을 괴롭혔던 여우를 비유로 들며 사랑을 방해하는 장애물들을 없애고 사랑을 이루자며 솔로몬에게 사랑을 고백합니다.

"우리를 위하여 여우 곧 포도원을 허는 작은 여우를 잡으라 우리의 포도원에 꽃이 피었음이라 내 사랑하는 자는 내게 속하였고 나는 그에게 속하였도다 그가 백합화 가운데에서 양 떼를 먹이는구나"(아 2:15~16)

포도원을 허는 작은 여우는 이스라엘 전역에 있는 잡식성 동물로 포도원에 침입해 울타리를 헐고 나무를 갉아먹어 포도 농사를 망치게 합니다. 술람미 여인은 포도 농사를 망치게 하는 여우와 같은 사랑의 방해꾼을 잡아서 그들의 아름다운 사랑이 방해받지 않기를 원했습니다. 이렇게 아름답게 시작된 두 사람의 사랑의 만남은 계속해서 더 깊은 관계로 지속됩니다.

상대방을 향한 집중은 사랑의 열병으로 이어지고 서로를 서로에게 속하게 만들었습니다. 사랑하는 사람은 더 이상 둘이 아닌 하나가 됩니다. 그렇기에 같이 아파하고 같이 기뻐할 수 있는 존재가 되는 것입니다.

"나는 포도나무요 너희는 가지라 그가 내 안에, 내가 그 안에 거하면 사람이 열매를 많이 맺나니 나를 떠나서는 너희가 아무 것도 할 수 없음이라"(요 15:5)

사랑은 이처럼 모든 것을 덮고 모든 어려움을 이겨냅니다. 그래서 사랑은 놀라운 힘이 있습니다.

● 네 번째 포인트
**사랑은 신분의 차이까지도 뛰어넘습니다.**

아가 3장은 신랑을 그리워하는 신부의 노래(1~5절)와 결혼을 기리는 예루살렘 여자들의 노래(6~11절)가 이어집니다.

"내가 밤에 침상에서 마음으로 사랑하는 자를 찾았노라 찾아도 찾아내지 못하였노라 이에 내가 일어나서 성 안을 돌아다니며 마음에 사랑하는 자를 거리에서나 큰 길에서나 찾으리라 하고 찾으나 만나지 못하였노라 성 안을 순찰하는 자들을 만나서 묻기를 내 마음으로 사랑하는 자를 너희가 보았느냐 하고"(아 3:1~3)

수고와 애씀이 동반되지 않은 사랑은 오래가지 못할 뿐만 아니라 진실된 사랑이 될 수도 없습니다. 사랑하는 사람을 만나기 위해서는 모든 노력을 아끼지 말아야 합니다. 온 성을 돌아다니며 만나는 사람들에게 "내 사랑하는 사람을 본 적 있느냐?"라고 물을 만큼 담대해야 합니다. 성안으로 돌아다니며 사랑하는 자를 거리에서나 큰길에서나 순찰하는 사람들에게 물으며 찾아다니는 노력을 기울여야 합니다. 그럼에도 사랑하는 사람을 찾는 일이기에 힘들거나 수고스럽지 않습니다. 이것이 사랑의 수고입니다.

우리가 하나님을 전심으로 찾으면 하나님께서도 같은 마음으로 우리를 만나주실 것입니다.

"네가 거기서 네 하나님 여호와를 찾게 되리니 만일 마음을 다하고 뜻을 다하여 그를 찾으면 만나리라"(신 4:29)

"너희가 온 마음으로 나를 구하면 나를 찾을 것이요 나를 만나리라"(렘 29:13)

이렇게 사랑의 수고 후에 마침내 두 사람이 결혼에 이르게 됩니다.

"볼지어다 솔로몬의 가마라 이스라엘 용사 중 육십 명이 둘러쌌는데 다 칼을 잡고 싸움에 익숙한 사람들이라 밤의 두려움으로 말미암아 각기 허리에 칼을 찼느니라 솔로몬 왕이 레바논 나무로 자기의 가마를 만들었는데 그 기둥은 은이요 바닥은 금이요 자리는 자색 깔개라 그 안에는 예루살렘 딸들의 사랑이 엮어져 있구나 시온의 딸들아 나와서 솔로몬 왕을 보라 혼인날 마음이 기쁠 때에 그의 어머니가 씌운 왕관이 그 머리에 있구나"(아 3:7~11)

이스라엘 왕 솔로몬이 위풍당당한 모습으로 술람미 여인과 결혼하기 위해 찾아옵니다. 이스라엘 최고의 권력자로 부귀영화를 누렸던 솔로몬이 한낱 포도원 지기에 불과한 술람미 여인을 만나 결혼하게 된 것입니다. 진정한 사랑은 신분까지도 초월합니다. 사랑하기에 높은 신분의 벽조차 녹아 없어질 수밖에 없습니다.

하나님께서 우리의 모든 조건과 결함을 아시면서도 끝까지 사랑을 쏟아부어주십니다. 하나님께서는 우리를 향한 사랑 때문에 기꺼이 하늘의 보좌를 내려놓으시고 독생자를 우리를 위해 내어주셨습니다.

● 다섯 번째 포인트
**하나님의 마음이 머무는 곳에 우리의 시선이 가야 합니다.**

아가 4장은 신부를 향한 신랑의 노래(1~5절), 신부의 화답 노래(6절), 혼인 첫날밤을 맞이한 신랑의 노래(7~15절), 신부의 화답 노래(16절)로 구성되어 있습니다. 정말 한 편의 아름다운 오페라를 보는 듯합니다. 솔로몬은 술람미 여인에게 사랑 노래를 들려주고 술람미 여인 또한 화답함으로써 이 둘의 사랑은 어느 한쪽만의 사랑이 아닌 서로 간의 사랑임을 다시 한번 확인하게 됩니다.

"내 사랑 너는 어여쁘고도 어여쁘다 너울 속에 있는 네 눈이 비둘기 같고 네 머리털은 길르앗 산 기슭에 누운 염소 떼 같구나 네 이는 목욕장에서 나오는 털 깎인 암양 곧 새끼 없는 것은 하나도 없이 각각 쌍태를 낳은 양 같구나 네 입술은 홍색 실 같고 네 입은 어여쁘고 너울 속의 네 뺨은 석류 한 쪽 같구나 네 목은 무기를 두려고 건축한 다윗의 망대 곧 방패 천 개, 용사의 모든 방패가 달린 망대 같고"(아 4:1~4)

솔로몬의 마음에는 오직 사랑하는 그 여인만이 자리하고 있고 그의 눈에 그려지는 것은 술람미 여인의 모습뿐입니다. 솔로몬은 자신이 사랑하는 그 사람에 대해서 관심을 가지고 조목조목 이렇게 묘사합니다. 그녀의 눈이 비둘기 같고 이는 목욕장에서 나온 털 깎인 암양 같고 입술은 홍색 실 같다고 말입니다.

솔로몬은 이 세상에서 가장 좋은 것과 값진 것, 그리고 모든 부귀영화를 누리고 있는 사람이었습니다. 그런 그가 모든 값진 것보다 더 귀하게 여기는 한 가지가 술람미 여인이라니, 놀라울 따름입니다. 그러나 이것이 사랑입니다. 이 사랑의 논리를 이해하지 않고서는 우리를 위하여 독생자 예수를 보내신 하나님의 사랑을 이해할 수 없습니다.

우리가 예수님을 사랑한다면 우리도 우리 구주 예수님의 모든 것에 관심을 가져야 합니다. 우리 주님의 시선이 머무는 곳, 우리 주님의 마음이 머무는 곳에 관심을 가져야 합니다.

솔로몬 자신은 사랑에 감사하고 기뻐하며 다음과 같이 그의 사랑을 노래합니다.

"내 누이, 내 신부야 네가 내 마음을 빼앗았구나 네 눈으로 한 번 보는 것과 네 목의 구슬 한 꿰미로 내 마음을 빼앗았구나 내 누이, 내 신부야 네 사랑이 어찌 그리 아름다운지 … 너는 동산의 샘이요 생수의 우물이요 레바논에서부터 흐르는 시내로구나"(아 4:9~15)

솔로몬은 거의 넋을 잃을 만큼, 아니 그는 신부의 사랑 고백으로 인해 이미 넋을 잃고 말았습니다. 솔로몬이 물을 얻는 것이 쉽지 않은 이스라엘 상황에서 자신의 마음을 앗아간 사랑의 대상을 일컬어 '샘', '우물', '시내'라고 표현한 것은 상대를 향한 사랑이 자신에게 삶의 에너지를 주기 때문이었을 것입니다.

우리 구주 예수님에 대한 사랑도 우리가 살아가는 데 필요한 에너지를 제공합니다. 예수님은 우리 심령의 갈급함을 만족시키시는 생명수 같은 분입니다.

# 125일
## 참사랑 (아 5~8장)

사랑은 서로의 허물을 덮는 것입니다. 사랑은 서로에게 속하는 것입니다. 그리고 사랑은 서로를 배려하게 하고 마침내 서로를 서로에게 속하게 만듭니다. 사랑하는 사람은 더 이상 타인으로 머물지 않습니다. 같이 아파하고 같이 기뻐할 수 있는 존재가 되는 것입니다.

사랑은 죽음까지도 이깁니다. 솔로몬과 술람미 여인은 결코 끊어질 수 없는 사랑에 도달합니다. 그 사랑에는 상대를 소중히 여기는 마음이 담겨 있으며 서로에 대한 강한 책임감이 있습니다.

《일년일독 통독성경》 아가 5~8장

**통通으로 숲이야기 ; 통숲** TONG OBSERVATION

● 첫 번째 포인트
하나님께서 우리와 함께하신다는 '임마누엘' 그것이 가장 크고 놀라운 사랑입니다.

아가 5장에서 8장까지는 모두 솔로몬과 술람미 여인의 노래입니다. 그래서 참으로 달콤하고 아름답습니다. 술람미 여인은 솔로몬이 아가 4장에서 불러주었던 사랑 노래에 응답이라도 하듯이 아가 5장에서 솔로몬에게 사랑의 화답을 합니다.

> "내가 잘지라도 마음은 깨었는데 나의 사랑하는 자의 소리가 들리는구나 문을 두드려 이르기를 나의 누이, 나의 사랑, 나의 비둘기, 나의 완전한 자야 문을 열어 다오 내 머리에는 이슬이, 내 머리털에는 밤이슬이 가득하였다 하는구나"(아 5:2)

사랑에 빠진 사람은 자신이 사랑하는 사람의 말 한마디, 행동 하나하나에 민감하게 반응합니다. 술람미 여인은 잠결에 사랑하는 이의 기척을 듣는 데서 사랑에 빠진 자신의 모습을 보여주고 있습니다. 잠을 자고 있지만 작은 기척에도 사랑하는 이가 들어오는 소리가 아닐까 생각하며 민감하게 반응하는 것입니다.

이는 우리와 하나님과의 관계에서도 그대로 적용됩니다. 하나님을 사랑하는 사람이라면 하나님의 마음, 하나님의 관심, 하나님의 눈길 그리고 하나님의 말씀에 관심을 기울이고 하나님께서 어떻게 역사하시는가에 민감할 수밖에 없습니다.

특별히 우리에게 어떻게 말씀하실지, 어떤 방법으로 다가오실지에 대하여 항상 기도하며 깨어서 하나님께로 집중하는 모습이 우리 안에 있어야 합니다. 한때 사랑 가득했던 솔로몬과 술람미 여인에게 잠시지만 잠깐의 위기가 찾아옵니다. 술람미 여인이 솔로몬을 놓친 것입니다. 어디선가 사랑하는 솔로몬의 목소리는 계속해서 들려옵니다. 그러자 술람미 여인이 급히 문을 열고 사랑하는 사람을 찾습니다. 그러나 솔로몬의 모습이 보이지 않습니다. 깊어진 사랑은, 잠시 잠깐이지만 사랑하는 이의 부재로 인해 아파하며 괴로워합니다.

이처럼 사랑은 함께 있음을 추구하고 함께 있음으로 인해 그 어떤 것보다도 더 행복할 수 있습니다. 하나님과의 깊은 관계에 들어간다면 하나님이 우리와 함께하시는 '임마누엘'을 추구하게 되지만 만약 그 반대의 상황이라면 그 영혼이 하나님의 부재로 인해 아파하며 괴로워할 것입니다.

### ● 두 번째 포인트
**솔로몬과 술람미 여인의 사랑, 그 최고의 표현은 "나는 내 사랑하는 자에게 속하였고 내 사랑하는 자는 내게 속하였다"입니다.**

아가 6장도 솔로몬과 술람미 여인의 노래가 이어집니다.

"내 사랑하는 자가 자기 동산으로 내려가 향기로운 꽃밭에 이르러서 동산 가운데에서 양 떼를 먹이며 백합화를 꺾는구나 나는 내 사랑하는 자에게 속하였고 내 사랑하는 자는 내게 속하였으며 그가 백합화 가운데에서 그 양 떼를 먹이는도다"(아 6:2~3)

사랑하는 사람이 움직이는 동선(動線)을 따라 술람미 여인의 시선이 따라가고 있습니다. 이렇게 사랑은 지속적인 관심으로 나타납니다. 그리하여 사랑하는 두 연인의 삶이 하나로 엮어집니다. 그리고 두 사람 사이의 구분이 흐릿해지고 마침내는 하나가 됩니다. 오랫동안 사랑을 찾았던 술람미 여인은 "나는 내 사

랑하는 자에게 속하였고 내 사랑하는 자는 내게 속하였다"(아 6:3)
라고 고백합니다.

이는 아가서의 내용 중 최고의 사랑 표현 문장입니다. 이것이
솔로몬과 술람미 여인의 사랑의 관계였고 또 하나님과 그의 백
성들의 관계입니다.

"그 날에는 내가 아버지 안에, 너희가 내 안에, 내가 너희 안에 있는 것
을 너희가 알리라"(요 14:20)

솔로몬의 사랑 고백 또한 참으로 아름답습니다.

"내 사랑아 너는 디르사 같이 어여쁘고, 예루살렘 같이 곱고, 깃발을 세
운 군대 같이 당당하구나 네 눈이 나를 놀라게 하니 돌이켜 나를 보지
말라 네 머리털은 길르앗 산 기슭에 누운 염소 떼 같고"(아 6:4~5)

"왕비가 육십 명이요 후궁이 팔십 명이요 시녀가 무수하되 내 비둘기,
내 완전한 자는 하나뿐이로구나 그는 그의 어머니의 외딸이요 그 낳은
자가 귀중하게 여기는 자로구나 여자들이 그를 보고 복된 자라 하고 왕
비와 후궁들도 그를 칭찬하는구나"(아 6:8~9)

솔로몬 집권 초기에 그에게는 왕비 60명과 후궁 80명이 있었
습니다. 그러나 솔로몬에게 진정한 사랑은 술람미 여인 한 사람
이었습니다.

● 세 번째 포인트

우리는 하나님의 택하신 족속, 왕 같은 제사장, 거룩한 나라, 그리고 그의 소유된 백성입니다.

아가 7장도 솔로몬과 술람미 여인의 노래입니다. 아름다움의 비결은 '사랑'입니다.

"사랑아 네가 어찌 그리 아름다운지, 어찌 그리 화창한지 즐겁게 하는구나"(아 7:6)

사람은 사랑하고 있을 때 가장 아름답습니다. 또 사랑받고 있을 때 한 인간은 가장 아름다운 꽃이 됩니다. 술람미 여인을 향한 솔로몬의 사랑은 극진합니다.

한 여인을 향한 사랑의 노래로 세상의 그 어떤 찬가가 이보다 더 아름다울 수 있을까요? 머리에서부터 발끝까지 그의 사랑이 머물지 않는 곳이 없고 그의 마음이 다다르지 않은 곳이 없습니다. 솔로몬은 표현할 수 있는 최고의 찬사로 술람미 여인을 묘사합니다. 솔로몬의 이 사랑을 보니 사람을 끝까지 사랑하신 예수님께서 보여주신 그 사랑 그리고 그 사랑을 품고 시대를 껴안았던 바울의 열정적인 사랑이 떠오릅니다.

"누가 우리를 그리스도의 사랑에서 끊으리요 환난이나 곤고나 박해나

기근이나 적신이나 위험이나 칼이랴"(롬 8:35)

또한 죄인인 우리를 하나님의 아름다운 '걸작품'으로 바꾸어 놓으신 그 사랑이 떠오릅니다. 하나님의 사랑은 죄인인 우리를 택하신 족속, 왕 같은 제사장들, 거룩한 나라, 그의 소유된 백성으로 바꾸어주십니다. 이것이 사랑의 힘입니다.

"너희는 택하신 족속이요 왕 같은 제사장들이요 거룩한 나라요 그의 소유가 된 백성이니"(벧전 2:9)

솔로몬의 관심이 오직 사랑하는 술람미 여인에게만 향하듯 술람미 여인 또한 모든 관심을 사랑하는 솔로몬에게만 집중합니다.

"내 사랑하는 자야 우리가 함께 들로 가서 동네에서 유숙하자 우리가 일찍이 일어나서 포도원으로 가서 포도 움이 돋았는지, 꽃술이 퍼졌는지, 석류 꽃이 피었는지 보자 거기에서 내가 내 사랑을 네게 주리라 합환채가 향기를 뿜어내고 우리의 문 앞에는 여러 가지 귀한 열매가 새 것, 묵은 것으로 마련되었구나 내가 내 사랑하는 자 너를 위하여 쌓아 둔 것이로다"(아 7:11~13)

솔로몬과 술람미 여인은 서로에게 좋은 것을 주고 싶어 합니다. 누군가에게 조건 없이 나눠준다는 것, 사실 그것은 생각보다 쉽지 않은 일입니다.

그러나 사랑은 자신이 사랑하는 값지고 소중한 것들을 함께 나눔으로 더욱 깊어집니다. 사랑하는 사람과 소중한 것을 함께 나누는 일은 기쁨이요, 행복인 것입니다.

● 네 번째 포인트
**우리를 향한 하나님의 사랑은 끊을 수가 없습니다.**

아가 8장도 여전히 솔로몬과 술람미 여인의 노래입니다. 사랑은 그 어떤 것과도 바꿀 수 없으며 죽음보다도 강합니다. 이것이 사랑의 힘입니다. 사랑은 세상의 어떤 장애물이라도 극복할 수 있습니다. 그러므로 진정한 사랑은 그 누구도 그 사랑을 끊을 수 없습니다.

"너는 나를 도장 같이 마음에 품고 도장 같이 팔에 두라 사랑은 죽음 같이 강하고 질투는 스올 같이 잔인하며 불길 같이 일어나니 그 기세가 여호와의 불과 같으니라 많은 물도 이 사랑을 끄지 못하겠고 홍수라도 삼키지 못하나니 사람이 그의 온 가산을 다 주고 사랑과 바꾸려 할지라도 오히려 멸시를 받으리라"(아 8:6~7)

도장은 구약에서 자신의 모든 권리를 보증하는 중요한 물건으로 보통 끈으로 팔에 매달아 몸에 지니고 다녔습니다. 술람미 여인이 솔로몬에게 자신의 존재를 도장처럼 늘 가까이 있는 소중한 존재로 여겨달라고 말하고 있습니다.

한편 술람미 여인은 잘 커서 결혼할 시기가 되기까지 그녀의 오빠들이 그녀를 보호했던 것 같습니다. 술람미 여인은 그녀의 오빠들이 은 망대가 되어 자신을 지켰고 백향목 판자가 되어 그녀를 강력히 보호했기에 이제 솔로몬의 아름다운 신부가 될 수 있었음을 노래합니다. 그리고 하이라이트로 사랑의 절정을 노래합니다.

"너 동산에 거주하는 자야 친구들이 네 소리에 귀를 기울이니 내가 듣게 하려무나 내 사랑하는 자야 너는 빨리 달리라 향기로운 산 위에 있는 노루와도 같고 어린 사슴과도 같아라"(아 8:13~14)

〈아가〉의 마지막은 활기가 넘칩니다. 마지막을 장식하고 있는 솔로몬과 술람미 여인의 대화를 듣노라면 서로에 대한 신뢰와 다정함이 깊게 묻어납니다.

우여곡절 끝에 얻어낸 사랑, 그 안에는 함께 겪었던 고통, 때로는 포기하고 싶었던 순간의 괴로움, 사랑하는 이에 대한 그리움으로 말미암아 뜬눈으로 밤을 새우던 나날들이 있었습니다. 그들의 사랑의 힘은 그 모든 것을 뛰어넘기에 충분했습니다.

이제 그들의 사랑은 끊을 수가 없습니다. 우리를 향하신 하나님의 사랑도 끊을 수가 없습니다. 바울은 하나님의 끊을 수 없는 사랑에 대해 다음과 같이 말합니다.

"높음이나 깊음이나 다른 어떤 피조물이라도 우리를 우리 주 그리스도 예수 안에 있는 하나님의 사랑에서 끊을 수 없으리라"(롬 8:39)

● 다섯 번째 포인트
**진실한 사랑은 죽음보다 강합니다.**

꾸밈없이 진실하며 서로를 하나 되게 하는 참사랑은 그 어떤 것과도 바꿀 수 없으며 죽음보다 더 강한 힘을 가지고 있습니다.

"사랑은 죽음 같이 강하고"(아 8:6)

서로를 향한 진실한 사랑은 세상의 어떤 장애물이라도 극복할 수 있습니다. 아가서에 흐르는 이 사랑은 성경 전체에 흐르는 하나님의 사랑, 특히 인생들을 향한 하나님의 사랑과도 같습니다.

독생자를 보내시기까지 베푸신 하나님 아버지의 그 사랑, 자신의 생명을 다 주시기까지 희생하신 그리스도 예수의 큰 사랑, 이 사랑을 누구도 끊을 수 없어서 지금 우리에게까지 내려오고 있습니다.

　솔로몬의 사랑의 노래 〈아가〉를 통해 우리의 삭막했던 마음에 촉촉한 봄비와 같은 하나님의 사랑을 다시금 깨닫게 됩니다. 사랑은 허다한 허물을 덮습니다. 사랑은 서로에게 집중합니다. 그리고 사랑은 서로에게 속하게 되고 사랑은 죽음보다 강합니다. 그래서 죽음보다 강한 하나님의 그 사랑에서 우리를 끊을 자는 아무도 없습니다.

성경, 通으로 숲 이야기

# 통숲 3 : 왕정 500년 1

초판 1쇄 발행  2019년 12월 13일
　　 2쇄 발행  2022년 6월 30일

지은이·조병호
펴낸곳·도서출판 통독원
디자인·전민영

주소·서울시 강남구 선릉로 806
전화·02)525-7794   팩 스·02)587-7794   홈페이지·www.tongbooks.com
등록·제21-503호(1993.10.28)

ISBN 979-11-90540-00-1 04230
　　 978-89-85738-00-2 04230 (세트)

## ＊ 통박사 조병호의 通성경 컬렉션 ＊

- 일년일독 통독성경
- 성경통독
- 通성경 길라잡이
- 제사장 나라 하나님 나라
- 성경과 5대제국
- 성경과 고대전쟁
- 성경과 고대정치
- 신구약 중간사
- 통하는 마지막 유월절 첫번째 성찬식
- 통하는 사도행전 30년
- 통하는 레위기
- 통하는 영적 예배
- 와우! 예레미야 70년
- 선지자와 5대제국
- 성경과 5대제국 스터디북
- 성경 한 권이면 충분합니다

- 通성경학교 7스텝 (전 7권)
- 창세기 숲과나무
- 출애굽기 숲과나무
- 레위기 숲과나무
- 네 자녀에게 가르치라
- 365일 성경통독
- 1년1독 큐티 성경통독 (전 4권)
- 소그룹 성경통독 교재 시리즈 (전 20권 / 지도자 지침서)
- 청소년 성경통독 (전 2권 / 지도자 지침서)
- 어린이 성경통독 (지도자 지침서)
- 48시간 역사순 성경듣기 가이드북
- 성경인물 33 스토리
- 성경통독과 通신학
- 기적을 만나는 기도 (조병호, 박영호 공저)
- 통독큐티 마음과 생각 (격월지)
- 하나님 나라 복음 (근간)
- 역대기 숲 (근간)